O ECOSSOCIALISMO DE KARL MARX

KOHEI SAITO

O ECOSSOCIALISMO DE KARL MARX

CAPITALISMO, NATUREZA E A CRÍTICA
INACABADA À ECONOMIA POLÍTICA

TRADUÇÃO
PEDRO DAVOGLIO

© desta edição, Boitempo, 2021
© Monthly Review Press, 2017

Traduzido do original em inglês de Kohei Saito, *Karl Marx's Ecosocialism: Capitalism, Nature, and the Unfinished Critique of Political Economy* (Nova York, Monthly Review Press, 2017)

Direção-geral	Ivana Jinkings
Edição e preparação	Tiago Ferro
Coordenação de produção	Livia Campos
Assistência editorial	Carolina Mercês
Tradução	Pedro Davoglio
Revisão	Carmen T. S. Costa
Diagramação	Mika Matsuzake
Capa	Maikon Nery

Equipe de apoio Artur Renzo, Camila Nakazone, Débora Rodrigues, Elaine Ramos, Frederico Indiani, Heleni Andrade, Higor Alves, Ivam Oliveira, Jéssica Soares, Kim Doria, Luciana Capelli, Marcos Duarte, Marina Valeriano, Marissol Robles, Marlene Baptista, Maurício Barbosa, Raí Alves, Thais Rimkus, Tulio Candiotto

---

CIP-BRASIL. CATALOGAÇÃO NA PUBLICAÇÃO
SINDICATO NACIONAL DOS EDITORES DE LIVROS, RJ

S151e

Saito, Kohei, 1987-
 O ecossocialismo de Karl Marx : capitalismo, natureza e a crítica inacabada à economia política / Kohei Saito ; tradução Pedro Davoglio ; [prefácio Sabrina Fernandes]. - 1. ed. - São Paulo : Boitempo, 2021.

 Tradução de: Karl Marx's ecosocialism : capitalism, nature, and the unfinished critique of political economy
 Inclui bibliografia e índice
 ISBN 978-65-5717-059-5

 1. Economia marxista. 2. Economia ambiental. 3. Desenvolvimento econômico - Aspectos ambientais. 4. Comunismo e ecologia. I. Davoglio, Pedro. II. Fernandes, Sabrina. III. Título.

21-70179 CDD: 335.412
 CDU: 330.85:574

Camila Donis Hartmann - Bibliotecária - CRB-7/6472

É vedada a reprodução de qualquer
parte deste livro sem a expressa autorização da editora.

1ª edição: maio de 2021

BOITEMPO

Jinkings Editores Associados Ltda.
Rua Pereira Leite, 373
05442-000 São Paulo SP
Tel.: (11) 3875-7250 / 3875-7285
editor@boitempoeditorial.com.br
www.boitempoeditorial.com.br | www.blogdaboitempo.com.br
www.facebook.com/boitempo | www.twitter.com/editoraboitempo
www.youtube.com/tvboitempo | www.instagram.com/boitempo

SUMÁRIO

Agradecimentos 7
Prefácio, por Sabrina Fernandes 9
Introdução 17

PARTE I: ECOLOGIA E ECONOMIA

1. A alienação da natureza como surgimento do moderno 39
2. O metabolismo da economia política 85
3. *O capital* como uma teoria do metabolismo 129

PARTE II: A ECOLOGIA DE MARX E A *MARX-ENGELS-GESAMTAUSGABE*

4. Liebig e *O capital* 179
5. Fertilizantes contra a agricultura de roubo? 221
6. A ecologia de Marx após 1868 271
Conclusão 319

Referências bibliográficas 331
Índice remissivo 343
Sobre o autor 351

AGRADECIMENTOS

Este livro é uma versão em inglês de *Natur gegen Kapital: Marx' Ökologie in seiner unvollendeten Kritik des Kapitalismus*[1], que foi baseado em minha tese. Na edição alemã, agradeci a Andreas Arndt, que como meu orientador sempre me motivou e me inspirou em Berlim, e aos meus colegas japoneses Shigeru Iwasa, Teinosuke Otani, Tomonaga Tairako, Ryuji Sasaki, Hideto Akashi e Soichiro Sumida por seus comentários e suas críticas construtivas ao longo do projeto. Eu também fui grato aos editores da MEGA na *Berlin-Brandenburgische Akademie der Wissenschaften* (BBAW) [Academia de Ciências e Humanidades de Berlim-Brandemburgo], especialmente a Gerald Hubmann, Claudia Reichel e Timm Graßmann, que me encorajaram a lutar com os cadernos de Marx. Agradeço também a Frieder Otto Wolf, Harald Bluhm, Michael Heinrich, Michael Perelman, Ingo Stülze, Kolja Lindner e Elena Louisa Lange por seus comentários úteis em várias conferências.

Ao preparar o manuscrito em inglês, tive a sorte de receber ajuda adicional. Antes de tudo, quero agradecer a Kevin Anderson, que gentilmente me recebeu como pesquisador visitante no departamento de sociologia da Universidade da Califórnia, Santa Bárbara. Ele me proporcionou oportunidades de compartilhar minha pesquisa com os membros do departamento, e também com a International Humanist Marxist Organization [Organização Marxista Humanista Internacional] em Los Angeles. Nenhum agradecimento seria o bastante a John Bellamy Foster. Ele tem me apoiado muito, publicando meus artigos na *Monthly Review* e também este livro pela *Monthly Review Press*. Em

---

[1] Kohei Saito, *Natur gegen Kapital: Marx' Ökologie in seiner unvollendeten Kritik des Kapitalismus* (Frankfurt am Main, Campus, 2016).

cada etapa do projeto, seus comentários e sua edição sempre aperfeiçoaram a clareza e a precisão da redação. Não menos importante foi Brett Clark, que leu meu primeiro rascunho em inglês e o melhorou significativamente. Graças à sua ajuda, tornou-se possível transmitir minha interpretação em uma língua estrangeira, embora quaisquer erros remanescentes devam, obviamente, ser atribuídos a mim. Também sou grato a Michael Yates, da *Monthly Review Press*, que, juntamente com seu comitê editorial, ofereceu a um acadêmico japonês desconhecido esta maravilhosa oportunidade de publicar meu primeiro livro em inglês. Finalmente, gostaria de agradecer a Martin Paddio, da *Monthly Review Press*, e à editora de texto Erin Clermont, pelo trabalho árduo durante o processo de publicação.

A Sociedade Japonesa para a Promoção da Ciência financiou minha pesquisa na Universidade da Califórnia, Santa Bárbara, permitindo-me concluir este livro.

PREFÁCIO

Propor que exista um ecossocialismo em Karl Marx pode soar estranho e até mesmo anacrônico. Como corrente política marxista, o ecossocialismo passou a existir décadas após a morte de Marx. O filósofo da práxis nunca usou o termo "ecossocialismo", tampouco diferenciava entre supostas correntes do marxismo. De fato, a noção de um marxismo era estranha a Marx. Como escola de pensamento e ação, o marxismo se estabeleceu após Marx, e como corrente política do marxismo, o ecossocialismo se estabeleceu após debates e experiências distintas sobre a construção de uma sociedade comunista no século XX. O ecossocialismo data de discussões que emergiram com maior força a partir da década de 1970 e é uma corrente de pensamento e ação focada na superação da dicotomia entre humanos e natureza, tendo como base uma síntese marxista ecológica voltada para a construção de uma sociedade global socialista[1].

Como bem aponta Kohei Saito, no seu surgimento, o ecossocialismo buscava atender à necessidade de incorporar um debate sério sobre os limites da natureza aos movimentos socialistas e a correção de vícios ideológicos e estratégicos, como o produtivismo. O produtivismo representa uma lógica que confunde o desenvolvimento das forças produtivas para atender às necessidades da classe trabalhadora com uma dinâmica de produção intensa, focada na indústria e no uso de recursos naturais, de modo a competir com o ritmo produtivo de sociedades capitalistas avançadas. Um grande "porém" dessa crítica ao produtivismo das experiências socialistas, que embora tenha sua validade quanto a

---

[1] Sabrina Fernandes, *Se quiser mudar o mundo: um guia político para quem se importa* (São Paulo, Planeta, 2020), p. 131.

elementos contraditórios do desenvolvimento industrial e do tratamento da natureza na União Soviética, é que ela respingava no próprio Marx, que era acusado do crime de "prometeísmo" e fé acrítica no desenvolvimento eterno da indústria. Baseado nisso, tanto Kohei Saito, quanto autores como John Bellamy Foster e Paul Burkett, propõem uma visão do desenvolvimento do ecossocialismo em estágios. No primeiro estágio, sob influência do movimento ambiental moderno, que se consolida a partir da década de 1970, preocupado com a mudança climática e os limites ecológicos, os ecossocialistas trataram da importância de incorporar a regulação da natureza ao socialismo. Esse momento, acrescento, não se distanciou do marxismo em método, mas carecia de uma atenção especial aos escritos de Karl Marx e Friedrich Engels para que pudessem escapar de estereótipos e equívocos sobre a produção marxiana a respeito da natureza.

O movimento de culpabilização por marxistas acerca de negligências e equívocos de Karl Marx em sua obra não foi exclusivo dos ecossocialistas do primeiro estágio. É possível observar como a história do feminismo marxista passa pelo mesmo conflito. Muitas feministas socialistas, que se referenciam no marxismo como método para a emancipação da classe trabalhadora, não pouparam adjetivos ao acusar Marx de ser um machista de sua época que teria ignorado como o sistema capitalista se aproveita do trabalho não pago de mulheres e como ele teria escrito análises sob e para a ótica do operário urbano industrial europeu. Tais acusações possuem um fundo de verdade, uma vez que as mulheres não ocuparam um espaço de destaque na análise marxiana; todavia, é também estranha a insistência tão comum em cobrar de Marx que tivesse analisado, em vida, todos os elementos possíveis do impacto do capitalismo e todas as facetas de opressão. Afinal, embora não houvesse esse foco com Marx, é possível encontrar satisfação nas contribuições posteriores de Clara Zetkin e Alexandra Kollontai, entre tantos autores e autoras que preenchem lacunas e constroem a partir dos debates pungentes de cada época.

Seria, sim, desejável que mulheres, pessoas negras, povos indígenas, pessoas com deficiência e LGTQIA+ pudessem ter ocupado maior espaço na análise de Marx. Isso certamente teria enriquecido sua obra e nos poupado de debates insossos no interior de organizações socialistas que negavam (e ainda negam!) a importância do posicionamento antiopressão e que alegavam (e ainda alegam!) que primeiro deveria ser feita a revolução proletária e, depois, caso possível, nos preocuparíamos com outros assuntos. O importante é que, tratando do que Marx (e Engels) realmente escreveu, analisou, produziu, criticou e respondeu, há tanto indicações úteis para o debate do feminismo marxista, por exemplo, como um método de análise para a transformação da sociedade que transcende o próprio Marx. O materialismo histórico e dialético, como método de apreensão de uma realidade que desejamos mudar, permite que feministas marxistas produzam hoje para além de Marx sobre o patriarcado, trabalho de reprodução social, e o papel das mulheres na revolução socialista. É por meio do método que é possível tratar da contribuição de Engels para o debate sobre a família monogâmica e o capitalismo, ao mesmo tempo que se corrigem equívocos e se atualiza o que ficou ultrapassado. Trata-se então do valor de buscar seriamente o que foi escrito por Marx e Engels sobre as temáticas em questão, considerando os limites estruturais da época, e acrescentar tal produção dos desenvolvedores do materialismo histórico e dialético ao que o método nos oferece hoje em análise e perspectiva.

É baseado num princípio similar que surgiram esforços de retornar a Marx e Engels para analisar se seus escritos eram realmente culpados de uma crença otimista no desenvolvimento eterno das forças produtivas, sem consideração ecológica, ou se o erro estava nos marxismos que ignoraram, e seguiam ignorando, a ecologia de Karl Marx. O livro de John Bellamy Foster sobre a ecologia de Marx, lançado em 2000, foi desbravador nesse sentido. Se antes era possível alegar que Marx não teria se preocupado com a natureza, o que trazia críticas por parte de ecossocialistas e justificativas cômodas por parte de socialistas produtivistas, os esforços de ecossocialistas do segundo estágio tornaram o argumento cada vez mais vazio. É nesse sentido que *O ecossocialismo de Karl Marx*, de Kohei Saito, enterra de vez a perspectiva de que Marx pudesse ter sido antiecológico em sua crítica do capital e sua proposta para uma sociedade emancipada.

Um dos aspectos que mais impressiona na análise de Saito é seu olhar para escritos diversos de Marx que possuem importância elevada para o marxismo humanista sem a tentação de fetichizá-los na disputa contra o estruturalismo e a tese de ruptura entre um jovem e um velho Marx que se tornou famosa por meio de Louis Althusser. Sem o peso desse conflito, que por vezes contrapôs a filosofia à economia política em Marx, como é o caso da interpretação de Erich Fromm (muito mais do que a de Herbert Marcuse, eu diria a Saito), é possível resgatar outros elementos, por exemplo, dos *Cadernos de Paris*, que foram menos explorados até então. Esse esforço acrescenta ao ecossocialismo e revigora ecossocialistas que possuem referência humanista, mas que não possuem a pretensão de tratar os *Cadernos* como obra completa em si; afinal, são manuscritos inacabados que Marx não cogitava publicar. O valor se encontra em ligar a leitura que Marx faz da alienação nos *Cadernos*, embora ainda em seus estágios primordiais, e uma visão preocupada da separação entre ser humano e natureza que figura no desenvolvimento do pensamento marxiano.

Isso possibilita que Saito trace um estudo que liga os aspectos econômicos dos *Cadernos* sobre a alienação, terra, forma mercadoria e o rompimento do lado afetivo do trabalho com a própria teoria da ruptura metabólica que é explorada por John Bellamy Foster em *A ecologia de Marx*, e que demonstra a relevância do Livro 3 de *O capital* e os estudos que influenciavam Marx em seu tempo, como sua atenção especial ao químico alemão Justus von Liebig. Com isso, Saito estabelece como a visão marxiana da alienação do trabalho não pode ser dissociada da transformação que também ocorre na relação entre humanos e natureza. Tal visão ampliada confere ênfase e sentido mais explícito à formulação de Marx de que "humanismo = naturalismo". Por consequência, seria viável até mesmo argumentar que, se marxistas humanistas não estivessem tão envolvidos no conflito com a leitura althusseriana sobre a essencialidade de anotações privadas de Marx, poderiam ter sido os primeiros a conjecturar sobre o ecossocialismo de Marx, seja nas investigações do segundo estágio, seja em sínteses prévias no próprio surgimento da corrente ecossocialista.

O esforço herculano de coletar e sistematizar a obra completa de Marx e Engels no projeto *Marx-Engels-Gesamtausgabe* (MEGA) auxilia na tarefa de compreender mais do pensamento de nossas referências. Se em 1844 Marx demonstrava preocupação com a cisão entre ser humano e natureza impulsionada pelo capitalismo, em 1865 escrevia a Engels sobre seu interesse em química e fertilidade do solo. A partir dessa análise, Marx nos entrega elementos para a discussão de ruptura metabólica que nos permite questionar os limites ecológicos do sistema capitalista e, ao mesmo tempo, criticar os impactos da agricultura em larga escala cerca de um século antes da infame "Revolução Verde" e sua manipulação química e tecnológica do solo e de sementes. Se mesmo antes da MEGA, o fundamento de Marx ao explorar a condição ecológica no desenvolvimento produtivo viria a informar análises como a do climatologista soviético Evgenii Konstantinovich Fedorov em *Man and Nature* [Homem e natureza], um mergulho nos debates e processo de aprendizado de Marx sobre ciências naturais em relação à sua crítica ao capitalismo possibilita novas formulações e arejamento de debates necessários hoje – sobretudo quando especialistas em mudanças climáticas nos alertam para a importância de descarbonizar a sociedade radicalmente antes de 2030. Essa urgência informa o debate ecossocialista e a certeza de que o materialismo histórico e dialético é um método que carrega a ecologia em seu interior.

Porém, mesmo que as considerações da natureza já estivessem nos escritos de Marx de 1844, cabe falar de ecossocialismo? Afinal, Marx também oscilou em linguagem. Expressões do *Manifesto Comunista* onde Marx e Engels aparentam se entusiasmar com o potencial tecnológico de dominação da natureza são frequentemente utilizadas para indicar a ausência de pensamento ecológico, por parte, principalmente, de Marx. De fato, Saito argumenta que, quando Michael Löwy alega que Marx e Engels prestam "homenagem à burguesia por sua capacidade sem precedentes de desenvolver as forças produtivas" no *Manifesto*, trata-se de uma interpretação viável do que fora desenvolvido no *Manifesto* (e na linguagem "panfletária" do texto)[2]. Mas como Saito ressalta, anos depois, no primeiro livro de *O capital* Marx já se distanciará dessa leitura para enfatizar a importância de zelar pelas condições materiais de produção. Não se trata, portanto, de supor que Marx já pensava ecologicamente, mas sim que o raciocínio ecológico se manifestou à medida que Marx precisava compreender e explicar as diferentes condições materiais e históricas. É por isso mesmo que se torna tão importante entender como o materialismo histórico e dialético é, como método, extremamente compatível com uma visão metabólica da realidade. Tal aspecto foi levantado por Lukács, mas profundamente desenvolvido por István Mészáros na forma de análise sobre o capital e o metabolismo social. Embora parta de outra linha analítica, a investigação sobre o metabolismo social completa a de um metabolismo ecológico justamente por se tratar de uma formulação que destaca o papel do capital em separar seres humanos da natureza, especialmente através da apropriação do trabalho humano, que age como mediador dessa relação.

E é o próprio Mészáros que aponta a contribuição de Marx para essa formulação:

> Marx compreendeu perfeitamente, já naquela altura, que uma reestruturação radical do modo prevalecente de intercâmbio e controle humano é o pré-requisito necessário para um controle efetivo das forças da natureza, que são postas em movimento de forma cega e fatalmente autodestrutiva precisamente em virtude do modo prevalecente, alienado e reificado de intercâmbio e controle humanos.[3]

---

[2] Kohei Saito, *O ecossocialismo de Karl Marx* (trad. Pedro Davoglio, São Paulo, Boitempo, 2021), p. 316.

[3] István Mészáros, *Para além do capital* (trad. Paulo Cezar Castanheira e Sérgio Lessa, São Paulo, Boitempo, 2002), p. 988.

Saito proporciona uma análise meticulosa que traça os usos da noção de metabolismo em Marx, de acordo com o contexto. Essa exposição permite o argumento de que o conceito de metabolismo, embora não fosse utilizado uniformemente por Marx, embasa sua compreensão da natureza, e por consequência dos seres humanos, sob o capital. Percebe-se que Marx trouxe a relevância da regulação das trocas sócioecológicas muito antes do movimento ambiental moderno e da corrente ecossocialista, e sua análise apresenta ainda um embasamento capaz de blindar ambientalistas das falácias capitalistas e de elevar o ecossocialismo à condição de um projeto realmente afiado com a convicção de que não é possível construir o socialismo em um planeta arrasado. Falar de regular o metabolismo social com a natureza implica a compreensão de que, embora seja impossível regular racionalmente cada elemento dessa relação, tamanha sua dimensão, os processos produtivos humanos devem reconhecer na regulação a sua própria condição de existência. É impossível que seres humanos deixem de impactar a natureza de uma forma ou outra, tal a lógica de ação e reação material, mas é possível romper com o modo desenfreado de produção do capitalismo e considerar custos e impactos como parte da produção em si e não como externalidades. Daí também é viável explorar outras formas de relação com a natureza, resgatando conhecimentos de povos diversos e destacando as sociedades cujas cosmovisões, embora não materialistas, nos auxiliam na busca de um reino da liberdade distante do abismo.

Isso levanta perguntas sobre planejamento, divisão de tarefas, conhecimento tecnológico, escala e resiliência. A discussão de Mészáros sobre ir além do capital também retorna com relevância. O olhar ecológico enfatiza que não basta mudar a propriedade dos meios de produção sem transformar também como e por que se produz. Se o objetivo do marxismo é transcender os limites do capital, até mesmo a concepção de avanço produtivo deve mudar, e a ecologia aponta para os retrocessos da produção excessiva de armamentos e produtos de luxo, que falham de acordo com o interesse de classe de quem os produz e os detém e de acordo com o desequilíbrio que causam. Não é o caso de se apropriar das ferramentas de produção deixadas pelo capitalismo, mas de reorientá-las radicalmente até que uma sociedade socialista desenvolvida não possa ser medida de acordo com parâmetros do desenvolvimento capitalista[4].

A busca pelo ecossocialismo de Karl Marx não trata, portanto, de uma afirmação anacrônica de que Marx já era ecossocialista ou uma conclusão simplista

---

[4] Ibidem, p. 527.

de que toda e qualquer construção do socialismo a partir do marxismo já seja ecossocialista. Conhecemos bem as contradições históricas limitadoras sob as quais as experiências socialistas até hoje foram desenvolvidas e onde levaram a colapsos ecológicos. Sabemos também, todavia, onde as falhas partiram de uma visão produtivista e antiecológica de desenvolvimento, soberania e qualidade de vida. Respostas de que todo e qualquer socialismo marxista já é ecológico simplesmente porque haveria ecologia em Marx não satisfazem, visto que não explicam a falta de ênfase dada por tantas correntes socialistas que insistem em deixar, na prática, a natureza em segundo plano. Uma vez que se compreende que ecossocialismo não é ambientalismo, mas é a expressão da síntese ecológica na crítica de Marx ao capital, é possível identificar em que medida a ecologia realmente permeia todo o projeto alternativo de sociedade e quando surge apenas para atender a demandas e preocupações pontuais.

Por isso, enfatizar que há ecologia em Marx não deve servir de desculpa meramente retórica para correntes marxistas que, de fato, não carregam essa ecologia em sua práxis, mas sim de impulso para a formulação de sínteses sócioecológicas cada vez mais ousadas a partir do marxismo. Se acrescentamos ainda os debates de Engels em *Anti-Dühring*, *Dialética da natureza* e até mesmo elementos de *A situação da classe trabalhadora na Inglaterra*, fica evidente o equívoco de tratar da ecologia de forma secundarizada, ou apenas quando convém, na construção de um projeto socialista. A centralidade da ruptura metabólica e da impossibilidade de derrotar o capital sem levar os impactos ecológicos em consideração dá forma ao projeto do ecossocialismo hoje, que em seu terceiro estágio deve analisar a fundo também as premissas que herdou do movimento ambiental, e, mais ainda, formas de ampliar a ação radical urgente de que necessitamos[5]. Essa base é capaz de salientar caminhos e conectar lutas ao redor do mundo, com foco na classe trabalhadora e nos grupos mais investidos em agir contra a catástrofe ecológica, dos povos indígenas da América Latina aos habitantes de ilhas do Pacífico.

Assim, quando Kohei Saito fala do ecossocialismo de Karl Marx, ele não fala da corrente política marxista que se concretizou somente após Marx, tal qual o próprio marxismo, mas sim de um princípio que emana não somente do materialismo histórico e dialético como também data das próprias reflexões de Marx sobre o capital. O princípio do ecossocialismo de Karl Marx existe

---

[5] John Bellamy Foster e Paul Burkett, *Marx and the Earth: An Anti-Critique* (Leiden, Brill, 2016), p. 11-2.

porque "o socialismo de Marx prevê uma luta ecológica contra o capital"[6]. Se entendermos ecossocialismo sob essa luz, a verdade é que nem todo socialismo é ecossocialismo, mas seria um avanço se fosse.

Sabrina Fernandes

---

[6] Kohei Saito, *O ecossocialismo de Karl Marx*, cit., p. 165.

INTRODUÇÃO

Por um longo tempo, a expressão "ecologia de Marx" foi considerada um oximoro. Não apenas os críticos de Marx, mas até mesmo muitos autoproclamados marxistas acreditavam que Marx pressupunha desenvolvimentos econômicos e tecnológicos ilimitados como uma lei natural da história e propagava o domínio absoluto sobre a natureza, ambos contrários a qualquer consideração teórica e prática séria de questões ecológicas, como a escassez de recursos naturais e a sobrecarga de ecosferas. Desde a década de 1970, quando graves ameaças ambientais à civilização humana tornaram-se gradualmente, mas indubitavelmente, mais discerníveis nas sociedades ocidentais, Marx foi repetidamente criticado por novos estudos ambientais e por um movimento ambiental emergente por sua aceitação ingênua da ideia comum no século XIX da completa dominação humana da natureza. Segundo os críticos, essa crença inevitavelmente o levou a negligenciar o caráter destrutivo imanente à indústria e à tecnologia modernas que acompanham a produção e o consumo em massa. Nesse sentido, John Passmore chegou ao ponto de escrever que "nada poderia ser mais ecologicamente danoso que a doutrina hegeliano-marxista"[1].

Nos anos subsequentes, a crítica contra o "prometeísmo" de Marx, ou hiperindustrialismo, segundo o qual o desenvolvimento tecnológico ilimitado sob o capitalismo permite que os humanos manipulem arbitrariamente a natureza

---

[1] John Passmore, *Man's Responsibility for Nature: Ecological Problems and Western Traditions* (Nova York, Scribner, 1974), p. 185.

externa, tornou-se um estereótipo bastante difundido[2]. Não era raro ouvir o mesmo tipo de crítica, de que a teoria de Marx, especialmente no que diz respeito à ecologia, era fatalmente falha da perspectiva de hoje. Dizia-se que seu materialismo histórico louvava acriticamente o progresso da tecnologia e das forças produtivas no capitalismo e antecipava, com base nessa premissa, que o socialismo resolveria todos os aspectos negativos da indústria moderna simplesmente porque realizaria o pleno potencial das forças produtivas por meio da apropriação social radical dos meios de produção que eram monopolizados pela classe capitalista. Marx foi retratado como um utopista tecnológico incapaz de compreender a "dialética do esclarecimento", que acabaria provocando a vingança da natureza quando o produtivismo final estivesse realizado[3].

Essa crítica em particular, que era comum no mundo anglo-saxão, permanece amplamente aceita na Alemanha, terra natal de Marx. Mesmo nos últimos anos, Thomas Petersen e Malte Faber repetiram a famosa crítica contra o produtivismo de Marx, embora sem muita análise textual. De acordo com esses estudiosos alemães, Marx era "otimista demais em sua suposição de que qualquer processo de produção pode ser organizado de modo a não incorrer em práticas prejudiciais ao meio ambiente. [...] Esse otimismo do progresso é certamente devido a seu grande respeito pela burguesia capitalista, já documentado no *Manifesto do Partido Comunista*"[4]. Rolf P. Sieferle, outro estudioso alemão,

---

[2] Anthony Giddens, *A Contemporary Critique of Historical Materialism*, v. 1: *Power, Property and the State* (Berkeley, University of California Press, 1981), p. 60. Embora totalmente negligenciada por Giddens e outros, é digno de nota que de fato existe uma rica tradição marxista clássica que integrou o pensamento ecológico em sua crítica do capitalismo nas décadas de 1960 e 1970. Os estudiosos dessa tradição incluem Shigeto Tsuru, Paul Sweezy, Herbert Marcuse, Raymond Williams e István Mészáros. Para mais detalhes, ver John Bellamy Foster e Paul Burkett, *Marx and the Earth: An Anti-Critique* (Leiden, Brill, 2016), p. 2.

[3] Uma visão estereotipada pode ser encontrada, por exemplo, no resumo de Alexander Gillespie: "O marxismo tradicional envolveu uma compreensão do 'produtivismo' e de como ele pode ser aplicado para atender às necessidades de todos, e não apenas das classes dominantes. Essa tendência continuou até as doutrinas modernas do socialismo. Portanto, ainda se argumenta que a mobilização total das forças produtivas modernas é necessária antes que o socialismo possa ser estabelecido. Essa percepção sugere que 'há muito pouco crescimento' e quaisquer limites que venham a representar questões políticas e sociais *não* são ecológicos". Alexander Gillespie, *The Illusion of Progress: Unsustainable Development in International Law and Policy* (Nova York, Earthscan Publications, 2001), p. 16.

[4] Thomas Petersen e Malte Faber, *Karl Marx und die Philosophie der Wirtschaft* (Freiburg, Karl Alber, 2014), p. 139.

também rejeitou a possibilidade da ecologia de Marx porque ele acreditaria erroneamente, com base em sua compreensão histórica do capitalismo, que os "limites do crescimento de fatores naturais seriam desarticulados" no futuro. Compartilhando a tendência modernista da época e a ideia de domínio da natureza, o suposto prometeísmo de Marx sucumbiria ao antropocentrismo[5]. Hans Immler, mais conhecido como o autor de *Natur in der ökonomischen Theorie* [A natureza nas teorias econômicas], considerada uma das primeiras obras da ecologia política na Alemanha, também reforçou recentemente sua rejeição ao inaceitável produtivismo de Marx. Segundo Immler, o ponto de vista antiecológico de Marx está fundamentado em sua teoria antropocêntrica do valor, que absolutiza o trabalho humano como a única fonte de valor e descarta a contribuição da natureza na produção de valor. Ele argumenta que, "devido a seu foco unilateral no valor e na análise do valor e devido a sua negligência fundamental das esferas física e natural (valores de uso, natureza, sensibilidade)", a crítica de Marx "permanece incapaz de abordar e analisar [...] os desenvolvimentos da prática social que resultam não apenas nas ameaças mais fundamentais à vida, mas também representam impulsos decisivos em direção a uma transformação socioeconômica, tal como a ecologia política"[6]. Tanto Sieferle como Immler concordam com outros críticos ao afirmar que o fundador do materialismo histórico era decisivamente antiecológico em sua fé nos efeitos positivos do crescimento tecnológico e econômico ilimitado, uma visão que não pode mais ser aceita no século XXI. Immler conclui assim: "Então esqueçam Marx"[7].

O estado atual dos debates alemães sobre a ecologia de Marx dá certamente uma impressão de desatualização para os leitores de língua inglesa, que estão mais familiarizados com o desenvolvimento da ecologia marxista nos últimos quinze anos, iniciado por duas obras importantes: *Marx and Nature* [Marx e a natureza], de Paul Burkett, e *A ecologia de Marx*, de John Bellamy Foster[8]. Esse reexame dos textos de Marx mostrou de modo convincente várias dimensões

---

[5] Rolf P. Sieferle, *Karl Marx zur Einführung* (Hamburgo, Junius, 2011), p. 215.
[6] Hans Immler e Wolfdietrich Schmied-Kowarzik, *Marx und die Naturfrage: Ein Wissenschaftsstreit* (Kassel, Kassel University Press, 2011), p. 36.
[7] Ibidem, p. 12.
[8] Paul Burkett, *Marx and Nature: A Red and Green Perspective* (Nova York, Palgrave, 1999); John Bellamy Foster, *Marx's Ecology: Materialism and Nature* (Nova York, Monthly Review Press, 2000) [ed. bras.: *A ecologia de Marx: materialismo e natureza*, trad. Maria Teresa Machado, Rio de Janeiro, Civilização Brasileira, 2005].

que passavam desapercebidas ou eram suprimidas de sua crítica à economia política e abriu caminho para emancipar a teoria de Marx do estereótipo prometeico, dominante nas décadas de 1980 e 1990. Hoje, muitos estudiosos e ativistas marxistas não consideram um exagero quando Burkett afirma que a crítica de Marx ao capitalismo e sua visão do socialismo podem ser "muito úteis" para a reflexão crítica sobre as ecocrises globais em curso[9].

Como Foster retoma desenvolvimentos recentes relacionados ao pensamento socialista ambiental em sua introdução à nova edição de *Marx and Nature* de Burkett, a constelação discursiva em torno da ecologia de Marx mudou significativamente com uma série de publicações marxistas inspiradas nos dois autores. Elas analisam as crises ambientais com base na abordagem da "ruptura metabólica":

> Uma década e meia atrás, a contribuição de Marx e do marxismo para a compreensão da ecologia era vista em termos quase inteiramente negativos, mesmo por muitos ecossocialistas autoproclamados. Hoje, a compreensão de Marx do problema ecológico está sendo estudada em universidades do mundo todo e inspira ações ecológicas ao redor do globo.[10]

Vários estudos examinam questões ecológicas atuais, como ecofeminismo (Ariel Salleh), mudança climática (Del Weston, Brett Clark e Richard York), imperialismo ecológico (Brett Clark) e ecologia marinha (Rebecca Clausen e Stefano Longo)[11]. O conceito de ruptura metabólica tornou-se em seguida

---

[9] Paul Burkett, "Marx's Vision of Sustainable Human Development", *Monthly Review*, v. 57, n. 5, out. 2005, p. 34-62, citação p. 34.

[10] John Bellamy Foster, "Paul Burkett's *Marx and Nature* Fifteen Years After", *Monthly Review*, v. 66, n. 7, dez. 2014, p. 56-62, citação p. 56. Ver também John Bellamy Foster, *The Ecological Revolution: Making Peace with the Planet* (Nova York, Monthly Review Press, 2009); John Bellamy Foster, Brett Clark e Richard York, *The Ecological Rift: Capitalism's War on the Earth* (Nova York, Monthly Review Press, 2010).

[11] Ariel Salleh, *Ecofeminism as Politics: Nature, Marx and the Postmodern* (Londres, Zed, 1997); Del Weston, *The Political Economy of Global Warming: The Terminal Crisis* (Londres, Routledge, 2014); Stefano B. Longo, Rebecca Clausen e Brett Clark, *The Tragedy of the Commodity: Oceans, Fisheries, and Aquaculture* (Nova Brunswick, NJ, Rutgers University Press, 2015); Brett Clark e Ricard York, "Carbon Metabolism: Global Capitalism, Climate Change, and Biospheric Rift", *Theory and Society*, v. 34, n. 4, jul. 2005, p. 391-428; Rebecca Clausen e Brett Clark, "The Metabolic Rift and Marin Ecology", *Organization & Environment*, v. 18, n. 4, dez. 2005, p. 422-44; Stefano Longo, "Mediterranean Rift", *Critical Sociology*, v. 38, n. 3,

influente além de um pequeno círculo da esquerda radical. Notavelmente a crítica de Naomi Klein ao aquecimento global capitalista em *This Changes Everything* [Isso muda tudo] baseia-se na abordagem de Foster de maneira afirmativa, embora ela não seja marxista[12]. A importância da "ecologia de Marx" já é reconhecida positivamente tanto em nível teórico quanto prático, a tal ponto que as alegações do prometeísmo de Marx são hoje em geral vistas como comprovadamente falsas.

Contudo, apesar ou precisamente por causa da crescente influência hegemônica da tradição marxista "clássica" representada por "ecossocialistas do segundo estágio", como Foster e Burkett no movimento ambiental, permanece a reserva em aceitar a ecologia de Marx entre os chamados ecossocialistas do primeiro estágio, como Ted Benton, André Gorz, Michael Löwy, James O'Connor e Alain Lipietz[13]. Recentemente, os ecossocialistas do primeiro estágio encontraram novos adeptos, que de várias maneiras buscam rebaixar as contribuições ecológicas de Marx. Reconhecendo a validade da análise ecológica de Marx apenas até certo ponto, esses pensadores sempre acabam alegando que sua análise fatalmente continha falhas por não ser totalmente ecológica e que suas discussões do século XIX sobre o sistema ecológico são de pouca importância hoje[14]. Por exemplo, eles argumentam que Marx "não era nenhum tipo de deus", pois não antecipou adequadamente a mudança climática atual que ocorre graças ao uso massivo de energia fóssil. Daniel Tanuro sustenta que o tempo de Marx está hoje tão distante em termos de tecnologia e ciências naturais que sua teoria

---

maio 2012, p. 417-36; John Bellamy Foster e Brett Clark, "Ecological Imperialism: The Curse of Capitalism", em Leo Panitch e Colin Leys (orgs.), *Socialist Register 2004: The New Imperial Challenge* (Nova York, Monthly Review Press, 2004), p. 186-201.

[12] Naomi Klein, *This Changes Everything: Capitalism vs. the Climate* (Nova York, Simon and Schuster, 2014), p. 177.

[13] Os principais trabalhos dos "ecossocialistas do primeiro estágio" que contribuíram para estabelecer o estereótipo do produtivismo de Marx são Ted Benton, "Marxism and Natural Limits", *New Left Review*, 178, nov.-dez. 1989, p. 51-86; André Gorz, *Capitalism, Socialism, Ecology* (Londres, Verso, 1994); Michael Löwy, "For a Critical Marxism", *Against the Current*, v. 12, n. 5, nov.-dez. 1998, p. 33-4; James O'Connor, *Natural Causes: Essays in Ecological Marxism* (Nova York, Guilford, 1998); Alain Lipietz, "Political Ecology and the Future of Marxism", *Capitalism Nature Socialism*, v. 11, n. 1, mar. 2000, p. 69-85. Para uma crítica geral, ver também Foster, "Paul Burkett's *Marx and Nature* Fifteen Years After", cit., p. 57-8.

[14] Joel Kovel, *The Enemy of Nature: The End of Capitalism or the End of the World?* (Londres, Zed Books, 2002), p. 232; Salvatore Engel-Di Mauro, *Ecology, Soils, and the Left: An Ecosocial Approach* (Nova York, Palgrave, 2014), p. 136-42.

não é apropriada para uma análise sistemática das questões ambientais atuais, especialmente porque Marx não prestou atenção suficiente à especificidade da energia fóssil em contraste com outras formas renováveis de energia[15]. Além disso, Jason W. Moore, modificando sua avaliação anterior da abordagem da ruptura metabólica, agora dirige sua crítica a Foster, alegando que falta uma teoria do valor à abordagem dele da ruptura metabólica. Foster, alega Moore, falha em compreender a transformação histórica dinâmica de todo o ecossistema – Moore o chama de *"oikeios"* – pelo processo de acumulação capitalista. De acordo com Moore, a análise de Foster descreve nada mais que "uma teoria estatística e a-histórica dos limites naturais" e, portanto, é inevitável que a abordagem da ruptura metabólica tenha implicações "apocalípticas"[16]. Os críticos da teoria da ruptura metabólica reclamam que a "ecologia de Marx", como tal, pode, na melhor das hipóteses, apontar o fato banal de que o capitalismo é prejudicial ao meio ambiente.

A fim de refutar essas persistentes más compreensões da ecologia de Marx e demonstrar seu significado teórico maior, este livro busca uma reconstrução mais *sistemática* e *completa* da crítica ecológica de Marx ao capitalismo. Embora Foster e Burkett tenham examinado cuidadosamente vários textos de Marx com o objetivo de demonstrar o poder de sua teoria ecológica, suas análises às vezes dão uma falsa impressão de que Marx não lidou com o tópico de forma sistemática, mas apenas esporádica e marginal. Por um lado, é necessário, portanto, revelar o caráter sistemático imanente da ecologia de Marx, que está em clara continuidade com sua crítica à economia política. Isso constitui a principal tarefa da primeira parte deste livro. Por outro lado, na segunda parte, ofereço um exame mais completo da ecologia de Marx do que a literatura anterior, examinando seus cadernos de ciências naturais, que serão publicados pela primeira vez na nova *Marx-Engels-Gesamtausgabe*, conhecida como MEGA². Esses cadernos permitirão que os estudiosos rastreiem o surgimento e o desenvolvimento da crítica ecológica de Marx ao capitalismo de uma maneira mais vívida, revelando vários aspectos desconhecidos de seu surpreendente e abrangente projeto

---

[15] Daniel Tanuro, *Green Capitalism: Why It Can't Work* (Londres, Fernwood Publishing, 2013), p. 138-9. Foster e Burkett recentemente forneceram uma convincente "anticrítica". Ver Foster e Burkett, *Marx and the Earth*, cit., p. 15-25.

[16] Jason W. Moore, *Capitalism in the Web of Life. Ecology and the Accumulation of Capital* (Londres, Verso, 2015), p. 80; "Toward a Singular Metabolism. Epistemic Rifts and Environment-Making in the Capitalist World-Ecology", *New Geographies*, 6, 2014, p. 10-9.

de *O capital*. Os cadernos mostram o quão seriamente e laboriosamente Marx estudou o rico campo da teoria ecológica do século XIX e integrou novas ideias à sua própria dissecção da sociedade capitalista. Nesse processo, Marx afastou-se conscientemente de qualquer forma de prometeísmo ingênuo e passou a considerar as crises ecológicas como a contradição fundamental do modo de produção capitalista. O conceito-chave nesse contexto é o de "metabolismo" (*Stoffwechsel*), que nos leva a uma interpretação sistemática da ecologia de Marx.

A importância de uma leitura sistemática fica mais clara se observarmos uma interpretação típica dos ecossocialistas do primeiro estágio. Por exemplo, acreditando que o trabalho de Marx pode ser usado, no melhor dos casos, como uma fonte de citações que possam estar relacionadas à preocupação ambiental de hoje, Hubert Laitko, marxista alemão, argumenta que a ecologia de Marx "carece de caráter sistemático e rigor, e que ela possivelmente dá algum estímulo a trabalhos teóricos, mas não mais que isso"[17]. Obviamente, é verdade que Marx não era de modo algum um "profeta" e, portanto, seus textos não podem ser literal e diretamente aplicados e identificados com a situação atual. No entanto, esse fato bastante trivial não justifica o julgamento de Laitko. Se *O capital* de Marx só pudesse ser usado com a finalidade de meras citações, então por que se referir a Marx para conduzir uma investigação ecológica do capitalismo contemporâneo? Na verdade, essa é a implicação oculta quando os ecossocialistas do primeiro estágio apontam uma falha fatal na ecologia de Marx, e é precisamente por isso que devemos ser cautelosos quando muitos ecossocialistas parecem valorizar essa "herança preciosa para a ecologia política" sem de fato fornecer qualquer razão positiva para retornar a Marx. Alain Lipietz argumenta sem rodeios que "a estrutura geral, o andaime intelectual do paradigma marxista, juntamente com as principais soluções que ele sugere, devem ser abandonados; virtualmente todas as áreas do pensamento marxista devem ser completamente reexaminadas para que sejam de fato úteis"[18]. Da mesma forma, André Gorz, outra figura importante entre os ecossocialistas do primeiro estágio, vai além e admite explicitamente que "o socialismo está morto"[19]. Se a estrutura geral do pensamento de Marx, assim como sua teoria da classe, do

---

[17] Hubert Laitko, "Marx' theoretisches Erbe und die Idee der nachhaltigen Entwicklung", em *Beiträge zur Marx-Engels-Forschung Neue Folge 2006: Karl Marx und die Naturwissenschaften im 19 Jahrhundert* (Hamburgo, Argument Verlag, 2006), p. 63-81.

[18] Lipietz, "Political Ecology and the Future of Marxism", cit., p. 74.

[19] Gorz, *Capitalism, Socialism, Ecology*, cit., p. vii.

valor e do socialismo devem ser abandonadas porque "o socialismo está morto", torna-se extremamente difícil imaginar por que aqueles que estão seriamente preocupados com as atuais crises ecológicas deveriam desperdiçar seu tempo lendo textos "obsoletos" de Marx, quando são necessárias ações urgentes em escala global. Ao descartar os pilares da crítica de Marx à economia política, os ecossocialistas do primeiro estágio negam toda a relevância da teorização de Marx sobre o modo de produção capitalista.

Para evitar essa avaliação negativa do legado intelectual de Marx, neste livro, demonstrarei que a crítica ecológica de Marx possui um *caráter sistemático* e constitui um *momento essencial* no interior da totalidade de seu projeto de *O capital*. A ecologia não apenas existe no pensamento de Marx – minha tese é mais forte. Defendo que *não é possível compreender todo o escopo de sua crítica da economia política se ignorarmos sua dimensão ecológica*. Para fundamentar essa afirmação, vou explorar a teoria do "valor" e da "reificação" (*Versachlichung*) de Marx, pois essas categorias-chave revelam que Marx lida de fato com o todo da natureza, o mundo "material", como um local de resistência contra o capital, onde as contradições do capitalismo manifestam-se mais claramente. Nesse sentido, a ecologia de Marx não apenas constituiu um elemento imanente de seu sistema econômico e de sua visão emancipatória do socialismo, mas também nos fornece um dos andaimes metodológicos mais úteis para investigar as crises ecológicas como contradição central do atual sistema histórico de produção e reprodução. A "herança preciosa" da teoria de Marx só pode ser apreciada completamente com sua ecologia.

A rigor, é importante admitir que no início Marx não era necessariamente "ecológico", mas as vezes pareceu "produtivista". Somente após um longo e árduo processo de desenvolvimento e sofisticação de sua própria economia política, durante o qual ele estudou seriamente vários campos das ciências naturais, Marx tornou-se consciente da necessidade de lidar com o problema do desastre ambiental como uma limitação imposta ao processo de valorização do capital.

No entanto, é vital reconhecer que um motivo ecológico chave já está presente nos cadernos de Marx de 1844 (conhecidos como *Manuscritos econômico--filosóficos de 1844*). No capítulo 1, mostro que em 1844 Marx já está lidando com a relação entre humanidade e natureza como um tema central de sua famosa teoria da alienação. Marx vê a razão do surgimento da vida alienada moderna em uma dissolução radical da unidade original entre humanos e natureza. Em outras palavras, o capitalismo é fundamentalmente caracterizado pela alienação da natureza e por uma relação distorcida entre humanos e natureza. Nesse sentido, ele visualiza a ideia emancipatória de "humanismo = naturalismo" como um projeto de restabelecer a unidade entre humanidade e natureza contra a alienação capitalista.

Contudo, em *A ideologia alemã* Marx discerne a inadequação de seu projeto anterior, que simplesmente opõe uma "ideia" filosófica a uma realidade alienada. Como resultado de seu distanciamento do esquema filosófico de Ludwig Feuerbach, Marx examina a relação entre humanos e natureza usando o conceito filosófico de "metabolismo" para criticar a degradação do ambiente natural como uma manifestação das contradições do capitalismo. No capítulo 2, traço a formação do conceito de metabolismo na teoria de Marx. Marx usou-o pela primeira vez em seus negligenciados *Cadernos de Londres* e elaborou-o ainda mais nos *Grundrisse* e em *O capital*. O conceito de metabolismo permitiu a ele não apenas compreender as condições naturais universais transistóricas da produção humana, mas também investigar suas transformações históricas radicais sob o desenvolvimento do sistema moderno de produção e o crescimento das forças de produção. Em outras palavras, Marx examinou como a dinâmica historicamente específica da produção capitalista, mediada por categorias econômicas reificadas, constitui formas particulares de práxis social humana em relação à natureza – a saber, a subordinação da natureza às necessidades de máxima acumulação de capital – e como várias desarmonias e discrepâncias na natureza devem emergir dessa deformação capitalista do metabolismo universal da natureza. A contribuição seminal de Marx no campo da ecologia reside em seu exame detalhado da relação entre humanos e natureza no capitalismo.

Para descrever o caráter não ecológico da relação moderna específica dos seres humanos com seu meio ambiente, forneço no capítulo 3 uma reconstrução sistemática da ecologia de Marx por meio de sua teoria da "reificação", conforme desenvolvida em *O capital*. Foco nas dimensões "materiais" (*stofflich*) do mundo como componentes essenciais de sua crítica à economia política, frequentemente subestimadas em discussões anteriores sobre *O capital*. *O capital* de Marx desenvolve sistematicamente as categorias formais puras do modo de produção capitalista, como "mercadoria", "valor" e "capital", revelando o caráter específico das relações sociais de produção constituídas de maneira capitalista, que operam como forças econômicas independentes do controle humano. Nesse sentido, na Alemanha, a "nova leitura de Marx" (*neue Marx-Lektüre*), iniciada por Helmut Reichelt e Hans--Georg Backhaus – e agora levada adiante com mais profundidade e rigor por Michael Heinrich, Ingo Elbe e Werner Bonefeld –, reinterpretou de maneira convincente a crítica de Marx à economia política clássica como uma crítica do entendimento fetichista (isto é, a-histórico) das categorias econômicas, que identifica a aparência da sociedade capitalista com as leis econômicas universais e transistóricas da natureza[20]. Marx, em contraste, compreende essas categorias econômicas como "formas sociais específicas" e revela as relações sociais subjacentes que conferem validade objetiva a esse mundo invertido, no qual as coisas econômicas dominam os seres humanos[21]. A crítica de Marx não pode ser reduzida a uma simples reconstrução categorial da totalidade historicamente constituída da sociedade capitalista, pois essa abordagem não pode explicar adequadamente por que ele estudou intensamente as ciências naturas. De fato, a "nova leitura de Marx" permanece em silêncio sobre essa questão.

Em contraste, enfatizo neste livro que o método prático e crítico do materialismo de Marx vai além desse tipo de análise da "forma" e lida com *a inter-relação entre formas econômicas e o mundo material concreto*, que está intimamente relacionada às dimensões ecológicas. Na medida em que a análise de Marx considera a destruição da natureza sob o capitalismo uma manifestação da discrepância decorrente da transformação formal capitalista da natureza, torna-se possível, após o exame de categorias econômicas formais em estreita relação com as dimensões físicas e materiais da natureza, revelar sistematicamente a crítica de Marx ao capitalismo. Assim, argumento que o "material" (*Stoff*) é uma categoria central no projeto crítico de Marx. Esse não é um ponto menor. Se o caráter sistemático da ecologia de Marx em *O capital* não é compreendido corretamente, seus comentários sobre a natureza e sua destruição sob o capitalismo parecem apenas esporádicos e vagos, sem oferecer uma crítica abrangente da destruição ambiental no capitalismo hoje. Contudo, se é possível conceber corretamente o papel do "material" em sua

---

[20] Helmut Reichelt, *Zur logischen Struktur des Kapitalbegriffs bei Karl Marx* (Freiburg, Europäische Verragsanstalt, 1970); Hans-Georg Backhaus, *Dialektik der Wertform: Untersuchungen zur marxschen Ökonomiekritik* (Freiburg im Breisgau, ça-ira-Verlag, 2011); Michael Heinrich, *Wissenschaft vom Wert: Die Marxsche Kritik der politischen Ökonomie* (Münster, Verlag Westfälisches Dampfboot, 1999); Ingo Elbe, *Marx im Westen: Die neue Marx-Lektüre in der Bundesrepublik seit 1965* (Berlim, Akademie Verlag, 2010); Werner Bonefeld, *Critical Theory and the Critique of Political Economy: On Subversion and Negative Reason* (Nova York, Bloomsbury, 2014).

[21] Helmut Brentel, *Soziale Form und ökonomisches Objekt: Studien zum Gegenstands und Methodenverständnis der Kritik der politischen Ökonomie* (Oplanden, Westdeutscher Verlag, 1989), p. 13; Ingo Elbe, "Soziale Form und Geschichte. Der Gegenstand des Kapital aus der Perspektive neuerer Marx-Lektüren", *Deutsche Zeitschrift für Philosophie*, v. 58, n. 2, abr. 2010, p. 221-40.

relação com as "formas" econômicas, a ecologia de Marx acaba se revelando não apenas como um componente imanente de seu sistema, mas também como base metodológica útil para analisar a crise ecológica global em curso.

Nesse contexto, é importante acrescentar que, mesmo que eu pretenda apresentar uma interpretação sistemática da ecologia de Marx contra os ecossocialistas do primeiro estágio, Marx não foi capaz de completar seu próprio sistema da economia política. Os Livros 2 e 3 de *O capital* foram editados por Friedrich Engels após a morte de Marx e publicados em 1885 e 1894, respectivamente. Como o sistema de Marx permaneceu inacabado, sua reconstrução completa é uma tarefa importante, o que poderia ser um empreendimento impossível. Não obstante, isso implica que toda tentativa de reconstrução pode ser inútil e improdutiva. Nos últimos anos, a edição histórica e crítica completa das obras de Marx e Engels continua a publicar um grande número de materiais desconhecidos, mesmo após mais de cem anos da morte de Marx. Eles contêm passagens altamente informativas que documentam seus longos esforços para concluir o projeto de *O capital*. Notavelmente, todos os oito manuscritos originais para o Livro 2 de *O capital* foram publicados na segunda seção da MEGA² em 2012, para que agora, em vez de ler uma mistura de manuscritos reunidos por Engels, possamos ver com mais clareza como a teoria da circulação do capital de Marx se desenvolveu até o último momento de sua vida. O manuscrito original para o Livro 3 também está disponível, e uma comparação cuidadosa revela diferenças importantes entre Marx e Engels[22].

---

[22] Embora não esteja disponível em inglês, Teinosuke Otani em sua *Teoria do capital portador de juros* (Tóquio, Sakurai Shoten, 2016), em quatro volumes, conduziu uma comparação surpreendentemente cuidadosa entre a seção 5 do manuscrito original de Marx e a parte 5 da edição de Engels sobre o "capital portador de juros". Traduzo aqui alguns exemplos de suas descobertas dados em seu recente discurso de recebimento do Prêmio de Distinção em Economia Política Mundial do Século XXI da Associação Mundial de Economia Política: "A propósito, nos capítulos 25 e 27 da edição de Engels, certas frases foram citadas repetidamente como uma dica para a compreensão da tarefa e da estrutura teórica da seção 5 do manuscrito original de Marx. No entanto, Engels mudou algumas delas significativamente, alterando até mesmo seus significados originais. Dois exemplos são suficientes por enquanto. Primeiro, no início da seção 5, 'Crédito. Capital fictício', Marx escreve: 'Está fora do escopo de nosso plano fazer uma análise do sistema de crédito e dos instrumentos que ele cria, como dinheiro creditício etc.'. Engels mudou o termo 'análise' para 'análise detalhada'. Com 'nosso plano' Marx está se referindo a todo o plano de *O capital* como uma 'análise geral do capital', então ele quer dizer que uma 'análise do sistema de crédito' está fora do escopo de *O capital*. Mas Engels, adicionando o adjetivo 'detalhado', mudou o significado de tal forma que uma 'análise do sistema de crédito' é de fato incluída em *O capital*, embora ela

Além disso, a importância do projeto MEGA ultrapassa tal esclarecimento das ideias de Marx em relação às de Engels. A quarta seção dos novos trabalhos completos publicará excertos, memorandos e comentários de Marx em seus cadernos pessoais. Esses materiais são de grande importância para o projeto atual. Na medida em que Marx não foi capaz de elaborar o que publicou durante sua vida, e sua principal obra, *O capital*, permaneceu inacabada, esses cadernos de excertos tornam-se ainda mais importantes. Eles são frequentemente a única fonte que nos permite traçar o desenvolvimento teórico de Marx após 1868, pois ele não publicou muito após a publicação do Livro 1 de *O capital*. Curiosamente, durante os últimos quinze anos de sua vida, Marx produziu um terço de seus cadernos. Além disso, metade deles lida com ciências naturais, como biologia, química, botânica, geologia e mineralogia, com um escopo surpreendentemente amplo[23]. Apesar de esforços exaustivos, Marx não conseguiu integrar a maior parte de suas últimas pesquisas em ciências naturais em sua crítica à economia política.

---

não seja detalhada. Na verdade, muitos se referiram repetidamente a essa frase para argumentar que Marx trata do problema do sistema de crédito na parte 5. Em segundo lugar, no final do capítulo 27, Marx escreve sobre o que vai analisar: 'Agora, passemos a considerar o capital portador de juros como tal'. E prossegue entre colchetes: 'Efeito sobre isso pelo sistema de crédito e a forma que ele assume'. Engels mudou a parte 'Agora, passemos a considerar o capital portador de juros como tal' para 'No capítulo seguinte, discutiremos o crédito em relação ao capital portador de juros como tal'. Qual é o objeto de análise aqui? De acordo com Marx é o 'capital portador de juros como tal', mas de acordo com Engels é o 'crédito'. Além disso, Marx colocou entre colchetes 'Efeito sobre isso pelo sistema de crédito e a forma que ele assume', mas Engels mudou para 'Efeito tanto do crédito sobre o capital portador de juros quanto da forma que o crédito assume nessa conexão'. Ou seja, Marx pretendia analisar o 'capital portador de juros', mas Engels mudou o objeto da análise para 'crédito'. Devido à modificação de Engels, a declaração de Marx foi totalmente revertida da análise sobre o 'capital portador de juros como tal' em sua relação com o sistema de crédito para a análise do 'crédito', i.e., do sistema de crédito em sua relação com o capital portador de juros. Essa frase também foi frequentemente citada para apontar um lugar onde Marx afirma explicitamente que as passagens seguintes tratam do sistema de crédito. Por que Engels fez tais mudanças que modificam os significados? A única razão possível é que ele estava erroneamente convencido de que o capítulo 25 e os subsequentes tratam de crédito ou de sistema de crédito, e modificou as frases de acordo com essa ideia".

[23] Richard Sperl, "Der Beitrag von Anneliese Griese zur historisch-kritischen Edition der naturwissenschaftlichen Manuskripte von Marx und Engels", em *Beiträge zur Marx-Engels--Forschung: Neue Folge 2006* (Hamburgo, Argument Verlag, 2006), p. 10-25. É verdade que a saúde em deterioração de Marx o impedia de escrever *O capital*, e por isso ele gastou mais tempo com as leituras. Contudo, esse fato por si só não explica por que ele leu tantas obras sobre ciências naturais.

Portanto, a importância desse trabalho permaneceu negligenciada por mais de um século. Contudo, se olharmos cuidadosamente para esses cadernos relacionando-os com *O capital*, eles se tornam uma fonte original valiosa que permite entender a ecologia de Marx como parte fundamental de sua crítica da economia política. Argumento que Marx teria dado mais ênfase ao problema da crise ecológica como contradição central do modo de produção capitalista se tivesse conseguido completar os Livros 2 e 3 de *O capital*[24].

É lamentável que os estudiosos marxistas tenham negligenciado e marginalizado os cadernos de Marx por tanto tempo. Esse foi o caso desde o início, quando David Riazanov (1870-1938), o proeminente filólogo marxista e diretor do Instituto Marx-Engels em Moscou, tomou decisões sobre o plano de publicação da antiga *Marx-Engels-Gesamtausgabe* (MEGA¹). Ele certamente reconheceu que "aproximadamente 250 cadernos de excertos que foram preservados [...] certamente constituem uma fonte muito importante para o estudo do marxismo em geral e para a avaliação crítica dos trabalhos individuais de Marx em particular"[25]. Apesar dessa declaração, seu plano era apenas uma publicação parcial dos cadernos de Marx, sem uma seção independente para os excertos. Em outras palavras, Riazanov não via muito valor nos cadernos; ele acreditava que a maioria deles eram apenas "meras" cópias tiradas de livros e artigos e, portanto, só poderiam ser úteis aos "biógrafos de Marx"[26].

A decisão de Riazanov sobre a publicação parcial dos cadernos foi criticada em 1930 por Benedikt Kautsky, que defendia que "excertos de excertos não serviriam para nada"[27]. Não obstante, Paul Weller, um colega de Riazanov no Instituto Marx-Engels e outro editor extremamente talentoso,

---

[24] Burkett e Foster referem-se aos cadernos de Marx para enfatizar seu sério compromisso com a ecologia. No entanto, eles não lidam diretamente com eles. Como resultado, sua cronologia e conexão interna não são discerníveis. Ver Paul Burkett e John Bellamy Foster, "The Podolinsky Myth: An Obituary Introduction to 'Human Labour and Unity of Force' by Sergei Podolinsky", *Historical Materialism*, v. 16, n. 1, 2008, p. 115-61.

[25] Citado em Richard Sperl, *Edition auf dem hohen Niveau: Zu den Grundsätzen der Marx-Engels-Gesamtausgabe* (Hamburgo, Argument Verlag, 2000), p. 68-9.

[26] David Riazanov, "Neueste Mitteilungen über den literarischen Nachlaß von Karl Marx und Friedrich Engels", *Archiv für die Geschichte des Sozialismus und der Arbeiterbewegung*, 11, 1925, p. 385-400.

[27] Benedikt Kautsky, "Die Marx-Engels-Gesamtausgabe", *Die Gesellschaft*, v. 7, n. 2, 1930, p. 260-70.

sugeriram criar uma seção adicional independente da MEGA¹, em quinze volumes, para os cadernos de estudo de Marx e Engels. Infelizmente, essa sugestão não foi realizada devido ao terror do stalinismo e à interrupção do primeiro projeto MEGA. Riazanov foi preso em 1937 e executado no ano seguinte, e Weller, que sobreviveu ao grande terror e até terminou de editar os *Grundrisse*, morreu na guerra logo após o início das batalhas no Front Oriental. Muito tempo depois, a percepção de Weller de que os cadernos de Marx documentavam com precisão seu processo de pesquisa mostrou-se correta, de modo que o conselho editorial do segundo projeto MEGA decidiu seguir sua gestão de publicação completa dos excertos de Marx e Engels, dessa vez em 32 volumes.

Assim, Hans-Peter Harstick, que editou os cadernos etnológicos de Marx na década de 1970, estava correto ao enfatizar a importância da quarta seção da MEGA durante uma conferência em março de 1992 em Aix-en-Provence:

> O grupo de fontes que consiste em excertos, notas bibliográficas e comentários marginais constitui uma *base material* do mundo intelectual e das obras de Marx e Engels, e para a pesquisa e o trabalho editorial de Marx e Engels é *a chave* que abre as portas para a oficina intelectual de ambos os autores e assim *oferece acesso* ao contexto histórico do tempo de Marx e Engels durante a conveniente reconstrução dos editores.[28]

Todo pesquisador que tenha lidado anteriormente com a MEGA concordaria com a declaração de Harstick. Martin Hundt, outro editor da MEGA, observou que a quarta seção é "mais interessante" porque os cadernos com alterações na ordem original das frases, abreviações e marginálias oferecem várias dicas a respeito do que estava interessando a Marx e o que ele tentava criticar ou aprender[29]. Contudo, se há uma fraqueza nos estudos marxistas atuais, vinte anos após as observações de Harstick, é a continuidade da

---

[28] Karl Marx e Friedrich Engels, *Gesamtausgabe*, seção IV, v. 32 (Berlim, De Gruyter, 1976), p. 21, ênfase no original. Quando citar a *Marx-Engels-Gesamtausgabe*, usarei a abreviação "MEGA²" seguida pelos números da seção e do volume e pelos números de página (ex.: MEGA² IV/32, p. 21, neste caso).

[29] Martin Hundt, "Der Fortgang der MEGA und einige aktuelle Debatten um Marx' Werk", *Z. Zeitschrift Marxistische Erneuerung*, n. 85, mar. 2011, p. 105-21.

pouca atenção aos cadernos de Marx[30]. É urgente mudar essa situação, a fim de demonstrar ao público a importância inestimável de dar continuidade ao projeto MEGA[31].

Com a reconstrução do processo de trabalho de Marx documentado em seus cadernos de ciências naturais, será possível ver como a ecologia ganha com o tempo um significado maior em seu projeto. Ao longo do caminho, ele abandonou conscientemente sua avaliação otimista do potencial emancipatório do capitalismo. Como já foi observado, o materialismo histórico de Marx tem sido repetidamente criticado por suas ingênuas suposições tecnocráticas. Uma leitura cuidadosa de seus cadernos, no entanto, revela que Marx não sonhou com uma visão utópica do futuro socialista, baseada no aumento infinito de forças produtivas e na livre manipulação da natureza. Pelo contrário, ele reconheceu seriamente os limites naturais, tratando a complexa e intensa relação entre capital e natureza como uma contradição central do capitalismo. Na verdade, ele leu avidamente vários livros de ciências naturais durante a preparação da teoria da renda fundiária de *O capital*, principalmente a *Química agrícola* de Justus von Liebig, que forneceu a ele uma nova base científica para sua crítica à "lei dos rendimentos decrescentes" de Ricardo. Em *O capital*, Marx passou a exigir a regulação consciente e sustentável do metabolismo entre humanos e natureza como tarefa essencial do socialismo, conforme discuto no capítulo 4.

Nesse contexto, é essencial enfatizar que os cadernos de Marx precisam ser analisados em estreita conexão com a formação de sua crítica à economia política, e não como um projeto materialista grandioso de explicação do universo. Em outras palavras, o significado dos cadernos não pode ser

---

[30] Somente a introdução de Annelise Griese aos volumes IV/26 e IV/31 da MEGA² e a introdução de Carl-Erich Vollgraf ao volume II/4.3 da MEGA² examinam os cadernos de ciências naturais de Marx detalhadamente. Em relação a outras literaturas sobre os cadernos de Marx em geral, há várias: Fred E. Schrader, *Revolution und Restauration. Die Vorbereiten zum "Capital" von Karl Marx in seinen Studienheften 1850-1858* (Hildesheim, Gerstenberg, 1980); Kevin Anderson, *Marx at the Margins: Nationalism, Ethnicity, and Non-Western Societies* (2. ed. rev., Chicago, University of Chicago Press, 2016) [ed. bras.: *Marx nas margens: nacionalismo, etnia e sociedades não ocidentais*, trad. Allan M. Hillani e Pedro Davoglio, São Paulo, Boitempo, 2019]; Kolja Lindner, "Marx's Eurocentrism. Postcolonialism Studies and Marx Scholarship", *Radical Philosophy*, 161, maio-jun. 2010, p. 27-41.

[31] Foster e Burkett não veem nenhuma diferença significativa entre Marx e Engels em termos de ecologia. No entanto, vou me concentrar apenas na ecologia de Marx, sem entrar na de Engels.

reduzido à sua busca por uma visão de mundo científica. A literatura anterior frequentemente afirma que, por meio de novas descobertas nas ciências naturais, Marx seguiu a tradição clássica da filosofia da natureza de Hegel e Schelling, tentando descobrir as leis universais que explicariam de modo materialista todos os fenômenos no interior da totalidade do mundo[32]. Em contraste, inspeciono a pesquisa de Marx sobre ciências naturais independentemente de qualquer visão de mundo totalizadora, examinando-a em estreita relação com seu projeto inacabado de economia política[33]. Para cumprir essa tarefa, a ecologia de Marx é ainda mais importante, pois foi em sua crítica ecológica do capitalismo que ele empregou novas descobertas das ciências naturais para analisar as modificações destrutivas do mundo material pela lógica reificada do capital.

Como discuto no capítulo 5, a recepção por Marx da teoria de Liebig em 1865-1866 o levou a abandonar de forma consciente qualquer modelo reducionista prometeico de desenvolvimento social e a estabelecer uma teoria crítica que convergisse com sua visão de desenvolvimento humano sustentável. Em comparação com os *Cadernos de Londres* de 1850, nos quais o otimismo de Marx negligenciou bastante o problema do esgotamento do solo na agricultura moderna, seus cadernos de 1865-1866 demonstram vividamente que diversos cientistas e economistas como Justus von Liebig, James F. W. Johnston e Léonce de Lavergne o ajudaram a desenvolver uma crítica mais sofisticada da agricultura moderna. Como resultado, Marx começou a analisar as contradições da produção capitalista como uma perturbação global do metabolismo natural e social. A crítica de Marx a Ricardo, especialmente como vista em "A questão irlandesa", mostra claramente que seu uso das ciências naturais não se restringia apenas à teoria da renda fundiária, mas também pretendia preparar uma base para sua análise do imperialismo ecológico.

---

[32] Ver também Hans Jörg Sandkühler, "Wissenschaftliches Weltbild als naturalisierte Philosophie. Der Theorietypus Marx und die epistemologische Bedeutung der Naturwissenschaften im Marxschen Werk Teil 1", em *AG Marx-Engels-Forschung, Naturwissenschaften und Produktivkräfte bei Marx und Engels. MarxEngels-Forschung heute 3* (Frankfurt am Main, IMSF, 1991), p. 11-23, p. 22; Manfred Kliem, *Karl Marx: Dokumente seines Lebens 1818 bis 1883* (Leipzig, Reclam, 1970), p. 482.

[33] Carl-Erich Vollgraf, "Marx auf Flucht vor dem Kapital?", em *Beiträge zur Marx-Engels--Forschung, Neue Folge 1994: Quellen und Grenzen von Marx' Wissenschaftsverständnis* (Hamburgo, Argument, 1994), p. 89-93.

No entanto, Marx não absolutizou a *Química agrícola* de Liebig para sua crítica ao capitalismo, apesar da importância óbvia da teoria do metabolismo de Liebig. No capítulo 6, informo por que Marx em 1868 – isto é, logo após a publicação do Livro 1 de *O capital*, em 1867 – optou por estudar mais livros e de forma mais intensa de ciências naturais. Chama a atenção ele ter lido nessa época vários livros que eram altamente críticos da teoria de Liebig sobre o esgotamento do solo. Depois de um tempo, Marx relativizou sua avaliação da teoria de Liebig e argumentou ainda mais apaixonadamente pela necessidade de uma sociedade pós-capitalista realizar um intercurso racional com a natureza. A figura importante nesse contexto é um engenheiro agrônomo alemão, Carl Fraas, que criticou Liebig. Na pesquisa histórica de Fraas, Marx chegou a encontrar uma "tendência socialista inconsciente". Mesmo que Marx não tenha conseguido integrar totalmente sua nova avaliação de Fraas em *O capital*, seus excertos sobre Fraas documentam por que as ciências naturais adquiriram um significado cada vez maior para seu projeto econômico. Nesse sentido, o ano de 1868 marca o início de um novo período para sua crítica à economia política, com um escopo muito mais amplo. Infelizmente, isso tornou a conclusão de sua crítica extremamente difícil.

Apesar de seu estado inacabado, a economia política de Marx nos permite compreender a crise ecológica como uma contradição do capitalismo, porque descreve a dinâmica imanente do sistema capitalista, segundo a qual o impulso desmedido do capital pela valorização destrói suas próprias condições materiais e eventualmente o confronta com os limites da natureza. Aqui é importante compreender que se referir aos limites da natureza não significa que ela se "vingaria" do capitalismo e poria fim ao regime do capital. Pelo contrário, na verdade é possível ao capitalismo lucrar com a extração implacável da riqueza natural indefinidamente, destruindo o ambiente natural até o ponto em que uma grande parte da terra se torne inadequada para a ocupação humana[34]. Na teoria do metabolismo de Marx, a natureza possui uma posição importante para a resistência ao capital, pois este não pode subsumir arbitrariamente a natureza em prol de sua máxima valorização. Na verdade, ao tentar fazê-lo, o capital não pode deixar de destruir, em escala crescente, as condições materiais fundamentais para o desenvolvimento humano livre. Marx viu nessa destruição irracional do meio ambiente e na relevante experiência de alienação criada pelo

---

[34] Paul Burkett, *Marxism and Ecological Economics: Toward a Red and Green Political Economy* (Chicago, Haymarket Books, 2009), p. 136.

capital uma chance de construir uma nova subjetividade revolucionária que reivindique conscientemente uma transformação radical do modo de produção, a fim de realizar o desenvolvimento humano livre e sustentável. Nesse sentido, a ecologia de Marx não é determinista nem apocalíptica. Em vez disso, sua teoria do metabolismo enfatiza a importância estratégica de restringir o poder reificado do capital e transformar a relação entre humanos e natureza, de modo a garantir um metabolismo social mais sustentável. Aqui existe o ponto nodal entre o projeto "vermelho" e o "verde" no século XXI, a respeito do qual a teoria de Marx ainda tem muito a oferecer.

PARTE I
ECOLOGIA E ECONOMIA

CAPÍTULO I
A ALIENAÇÃO DA NATUREZA COMO SURGIMENTO DO MODERNO

Depois de se casar com Jenny von Westphalen e se mudar para Paris no outono de 1843, Marx começa a estudar intensamente a economia política pela primeira vez. Durante esse processo de pesquisa, fez uma série de cadernos que contém excertos e anotações, que hoje são geralmente chamados de *Cadernos de Paris*. Na época, Marx não lia em inglês e teve que usar as traduções francesas das principais obras da economia política de Adam Smith e David Ricardo. Ele estava ciente de que ainda tinha muito a estudar na disciplina da economia política, por isso não publicou nenhuma parte desses cadernos durante a vida e os guardou como referência pessoal[1]. É notório que parte desses cadernos, escrita entre maio e agosto de 1844, foi publicada no século XX como *Manuscritos econômico-filosóficos*, um nome impróprio, pois não eram manuscritos. Esse texto tornou-se controverso depois que alguns marxistas se apaixonaram por ele. Esses autodeclarados marxistas humanistas encontraram no jovem Marx uma filosofia inteiramente diferente da análise econômica presente em *O capital*

---

[1] Os *Cadernos de Paris* já estão disponíveis em MEGA² IV/2, com exceção dos chamados *Manuscritos econômico-filosóficos*, também publicados no volume I/2. Essa publicação separada reflete a preferência dos editores alemães por tratar o conjunto de textos como uma obra independente. A decisão de fazer uma publicação separada tornou mais difícil rastrear o processo de trabalho de Marx e contradiz o princípio editorial da MEGA² de apresentar os textos como originais (*Originaltreue*). Jürgen Rojahn argumenta que a separação artificial entre os volumes I/2 e IV/2 pelos editores, tratando alguns dos cadernos como "manuscritos" e o resto como "excertos", tornou impossível para os leitores atingirem a visão completa dos *Cadernos de Paris*. Ver Jürgen Rojahn, "Die Marxschen Manuskripte aus dem Jahre 1844 in der neuen Marx-Engels-Gesamtausgabe (MEGA)", *Archiv für Sozialgeschichte*, 25, 1985, p. 647-63.

e a usaram contra o dogma partidário do materialismo dialético soviético[2]. A tentativa deles de resgatar o jovem Marx do terror do stalinismo foi, em certa medida, bem-sucedida e o humanismo tornou-se uma tendência do discurso marxista, mas sem dúvida a interpretação humanista estava intimamente ligada a uma situação histórico-política específica, e subordinava a intenção de Marx a esses interesses. Hoje, após o colapso do "socialismo realmente existente", é necessário analisar os *Cadernos de Paris* de uma perspectiva mais neutra, com evidências filológicas recentes, para que se possa contextualizar os cadernos de Marx no desenvolvimento de sua teoria, em vez de impor interesses políticos arbitrários a eles.

Certamente seria fútil e uma contradição da intenção de Marx tentar descobrir uma versão totalmente desenvolvida de sua ecologia em seus cadernos de 1844. Contudo, esses cadernos contêm inegavelmente o reconhecimento precoce de Marx da importância estratégica de restabelecer uma "unidade" consciente entre humanos e natureza como uma tarefa central da sociedade comunista. Se Marx mais tarde foi capaz de conceituar a destruição ambiental como uma contradição imanente do capitalismo, sua crítica ecológica em *O capital* originou-se parcialmente de sua percepção anterior sobre a desunião moderna da relação humanos-natureza. Esse é o caso, mesmo que sua teorização posterior tenha exigido muitos anos, durante os quais ele enfrentou uma enorme quantidade de livros de ciências econômicas, históricas e naturais e desenvolveu seu próprio sistema de economia política, muito mais sofisticado que o de 1844. O jovem Marx formulou a unidade entre humanidade e natureza na sociedade futura com a ideia totalmente desenvolvida de que "humanismo = naturalismo", uma concepção retida mesmo depois de várias modificações posteriores de sua própria teoria.

Focando o tema "humanismo = naturalismo" neste capítulo, reconstruirei a importância dos *Cadernos de Paris* do ponto de vista da crítica *econômica* de Marx, em contraste com os debates anteriores entre marxistas "humanistas" e "científicos" sobre o conceito filosófico de "alienação". Segundo Marx, a causa fundamental da alienação sob a produção capitalista reside na relação especificamente moderna dos produtores com suas condições objetivas de produção. Após a dissolução histórica da unidade original entre os seres humanos e a Terra, os produtores só podem se relacionar com as condições de produção como uma propriedade alheia. A afirmação de Marx de que a dissolução da

---

[2] Iring Fetscher, *Marx and Marxism* (Nova York, Herder and Herder, 1971), p. 314.

unidade original constitui o paradigma da sociedade moderna marca uma diferença decisiva em relação ao ponto de vista da maioria dos economistas, que pressupõe as relações sociais existentes como dadas.

No entanto, Marx ainda era muito influenciado pela filosofia de Ludwig Feuerbach. Como resultado, tendeu a conectar sua análise histórica a uma "essência humana" abstrata e a-histórica e, além disso, sua compreensão crítica do modo de produção capitalista não era muito profunda. Contudo, Marx logo percebeu as limitações teóricas da filosofia da essência de Feuerbach e conseguiu rejeitar completamente sua crítica abstrata à alienação em suas *Teses sobre Feuerbach* e em *A ideologia alemã*, estabelecendo assim em 1845 uma base teórica para suas pesquisas posteriores em ciências naturais.

"ALIENAÇÃO" COMO CATEGORIA FILOSÓFICA?

O popular conceito marxista de "alienação" e "estranhamento" encontrado nos *Manuscritos econômico-filosóficos* certamente documenta a brilhante visão do jovem Marx sobre as características negativas da produção capitalista moderna. No entanto, esse conceito também foi objeto de intermináveis e acalorados debates no século XX. De um lado, marxistas humanistas argumentavam que Marx sempre se apegou à teoria do trabalho alienado para criticar a contradição central do capitalismo e visualizar a emancipação humana no pós-capitalismo[3]. De outro, Louis Althusser ficou famoso por apontar uma "ruptura epistemológica" radical na teoria de Marx, sustentando que após *A ideologia alemã* Marx abandonou completamente seu esquema antropológico e hegeliano de 1844 e se moveu para uma problemática "científica" totalmente diferente[4]. Althusser criticou de maneira notável as ilusões de humanistas que fetichizavam os *Manuscritos econômico-filosóficos* e adotavam a concepção de alienação do Marx jovem hegeliano como base adequada para o materialismo histórico. A "ruptura epistemológica" seria observável no fato de que a alienação não teve mais nenhum papel teórico importante após 1845. Os intermináveis debates entre duas interpretações completamente diferentes serviram para aprofundar várias dimensões do conceito de alienação, mas, ao mesmo tempo,

---

[3] Eric Fromm, *Marx's Concept of Man* (Nova York, Frederick Ungar Publishing, 1961) [ed. bras.: *Conceito marxista do homem*, trad. Octavio Alves Velho, Rio de Janeiro, Zahar, 1983].

[4] Louis Althusser, *For Marx* (Londres, The Penguin Press, 1969), p. 33 [ed. bras.: *Por Marx*, trad. Maria Leonor F. R. Loureiro, Campinas, Editora Unicamp, 2015].

certa unilateralidade teórica existia devido às discussões pesadamente filosóficas dos textos de Marx[5].

Um pressuposto foi dado como certo nesse debate filosófico. Independentemente de defender a continuidade ou a ruptura na teoria de Marx, ambas as interpretações consideravam o texto como uma "obra" completa. Contudo, essa posição não é mais aceitável depois que o cuidadoso exame filológico de Jürgen Rojahn mostrou de maneira convincente que o conjunto de textos chamado *Manuscritos econômico-filosóficos* não constitui uma obra independente; isto é, ele não é um tratado coerente e sistemático. Em vez disso, é parte de suas anotações de estudo, semelhantes àquelas dos *Cadernos de Paris*. Esses textos foram escritos espontaneamente como parte de um processo que incluía a criação de excertos (*Exzerpte*), sem a intenção de publicá-los. Como argumenta Rojahn:

> Para resumir: os *Manuscritos* de 1844 não devem ser vistos como uma entidade distinta, isolada de seus cadernos daquele período. Suas várias partes não formam uma "obra" propriamente pensada com base em estudos anteriores, mas refletem diferentes estágios do *desenvolvimento* de suas ideias, que prosseguia em ritmo acelerado na época, e era alimentado por leitura contínua. Marx fez seus *exzerpete*, mas, ao mesmo tempo, também anotou seus pensamentos. Ele fez isso alternadamente em seus cadernos e manuscritos. Somente o *conjunto integral* dessas anotações, visto como uma sequência de *exzerpete*, comentários, resumos, reflexões e mais *exzerpete*, fornece uma ideia adequada de *como* suas visões se desenvolveram.[6]

Assim, uma vez que o texto hoje conhecido como *Manuscritos econômico-filosóficos* foi escrito espontaneamente durante o processo de copiar excertos de suas leituras, ele não inclui nenhuma formulação final do pensamento de Marx,

---

[5] Mandel nos fornece um bom resumo desse debate. Ver Ernest Mandel, *The Formation of the Economic Thought of Karl Marx* (Nova York, Monthly Review Press, 1971), p. 163-75 [ed. bras.: *A formação do pensamento econômico de Karl Marx*, trad. Carlos Henrique de Escobar, Rio de Janeiro, Zahar, 1980].

[6] Jürgen Rojahn, "The Emergence of a Theory: The Importance of Marx's Notebooks exemplified by Those from 1844", *Rethinking Marxism*, v. 14, n. 4, 2002, p. 29-46. A falsa impressão da intenção de Marx de escrever uma obra para publicação foi criada pelos editores dos *Manuscritos*, quando pegaram o prefácio do terceiro manuscrito e o trouxeram para o início, como se fosse um prefácio de toda a obra. Musto também oferece algumas explicações em inglês com base na pesquisa de Rojahn. Ver Marcello Musto, "Marx in Paris. Manuscripts and Notebooks of 1844", *Science & Society*, v. 73, n. 3, jul. 2009, p. 386-402.

e este nunca teria imaginado que suas anotações causariam debates acalorados após sua morte, pois escreveu seus cadernos apenas para uso privado. Nesse sentido, os humanistas exageram o significado teórico dessas "notas de estudo". Eles não são capazes de admitir esse fato filológico, apegando-se à ideia de que essas notas são "manuscritos" para um trabalho independente. A prioridade que concedem aos *Manuscritos econômico-filosóficos* tende a negligenciar os textos econômicos posteriores, nos quais a teoria da alienação perde seu papel central. E mesmo que se refiram a eles, geralmente o fazem de maneira superficial, olhando apenas para termos como "alheio" e "alienação" para afirmar a continuidade do pensamento de Marx[7]. Se o conceito de "trabalho alienado" é superestimado como uma teoria normativa, essa abordagem contradiz a posição não filosófica de Marx após *A ideologia alemã*, que rejeita qualquer oposição de uma ideia filosófica contra a realidade alienada[8].

Em contraste, a interpretação "científica" representada por Althusser também negligencia o aspecto crítico único da teoria de Marx nos cadernos de 1844 por enfatizar demais a ruptura, sem lhes reconhecer nenhum valor. É verdade que a abordagem jovem hegeliana de Marx é problemática, abandonada mais tarde por ele. Ainda assim, daí não decorre automaticamente que não haja qualquer continuidade na teoria de Marx antes e depois de 1845 e que

---

[7] Os humanistas criticam Althusser por sua ênfase exagerada na importância da "ruptura epistemológica" de Marx em 1845. No entanto, sua "absolutização" do jovem Marx também exige outro avanço. Por exemplo, Merleau-Ponty justifica sua completa dispensa de *O capital* apontando para a ruptura de Marx a partir de 1850, quando abandonou a teoria da alienação a fim de construir um sistema científico desumanizado da economia política. Maurice Merleau-Ponty, *Adventures of the Dialectic* (Evanston, IL, Northwestern University Press, 1973), p. 62-5. Daniel Bell também argumenta de maneira similar em *The End of Ideology: On the Exhaustion of Political Ideas in the Fifties* (Cambridge, MA, Harvard University Press, 2001), p. 366-7. Outros se referem à análise cuidadosa dos *Grundrisse* por Mészáros como prova de que Marx usou o termo "alienação" ou "alheio"; ver István Mészáros, *Marx's Theory of Alienation* (Londres, Merlin, 1970), p. 221-6.

[8] Axel Honneth e Daniel Brudney, que enfatizam a necessidade de uma crítica normativa do capitalismo, não compreendem o objetivo principal de Marx. O projeto de Marx após 1845 não pretende julgar o capitalismo como um sistema bom ou ruim. Estava claro para ele que o capitalismo não é sustentável devido à destruição da força de trabalho e da natureza. Provar o erro do capitalismo não era tarefa da teoria. Em vez disso, Marx visa compreender as relações sociais e materiais do capitalismo que produzem estruturalmente a miséria dos trabalhadores e o esgotamento dos recursos naturais. Ver Axel Honneth, *Reification: A New Look at an Old Idea* (Oxford, Oxford University Press, 2012); Daniel Brudney, *Marx's Attempt to Leave Philosophy* (Cambridge, MA, Harvard University Press, 1998).

alguém possa simplesmente ignorar os *Cadernos de Paris*. Tal interpretação reduz apressadamente a riqueza da crítica de Marx aos Jovens Hegelianos e não pode rastrear a formação do pensamento de Marx porque perde o verdadeiro ponto de partida de sua crítica à economia política. Em sua análise da alienação em 1844, já existe um tema central de sua crítica ao capitalismo, qual seja, *a separação e a unidade entre humanidade e natureza*. É por isso que, em contraste com as discussões filosóficas anteriores, é necessário realizar um exame sistemático do desenvolvimento do conceito de natureza de Marx em relação a sua economia política. Em vez de tratar apenas dos *Manuscritos econômico-filosóficos*, precisamos levar em consideração os *Cadernos de Paris* como um todo, a fim de saber que tipo de teoria surgiu em 1844.

Antes de tudo, é útil ter uma compreensão geral da teoria da alienação ou do estranhamento de Marx em seus *Cadernos de Paris*. De acordo com a interpretação-padrão, existem quatro tipos de alienação, começando pela referência de Marx à realidade sob o sistema de propriedade privada, no qual a "efetivação do trabalho" aparece como "desefetivação" e a "objetivação" do trabalho aparece como "perda do objeto"[9]. O produto do trabalho, no qual os trabalhadores objetivam sua própria atividade, não aparece como seu próprio produto. Não satisfaz suas necessidades nem confirma suas habilidades criativas. Pelo contrário, aparece aos trabalhadores como um objeto alheio, como um poder independente dos produtores:

> Quanto mais o trabalhador se desgasta trabalhando (*ausarbeitet*), tanto mais poderoso se torna o mundo objetivo, alheio (*fremd*) que ele cria diante de si, tanto mais pobre se torna ele mesmo, seu mundo interior, [e] tanto menos [o trabalhador] pertence a si próprio. É do mesmo modo na religião. Quanto mais o homem põe em Deus, tanto menos ele retém em si mesmo. O trabalhador encerra a sua vida no objeto; mas agora ela não pertence mais a ele, mas sim ao objeto. Por conseguinte, quão maior esta atividade, tanto mais sem-objeto é o trabalhador.[10]

Aparentemente, Marx aplica a crítica de Feuerbach à alienação religiosa à esfera da economia política para problematizar a situação paradoxal no

---

[9] Marx e Engels, *Collected Works*, v. 3 (Moscou, Progress Publishers, 1975), p. 272 [ed. bras.: Karl Marx, *Manuscritos econômico-filosóficos*, trad. Jesus Ranieri, São Paulo, Boitempo, 2004, p. 80].

[10] Idem [ed. bras.: ibidem, p. 81].

capitalismo em que um ato de apropriação aparece como uma perda do objeto. Não se pode apropriar-se do mundo sensível por meio de um ato teleológico de trabalho, mas o mundo exterior das coisas domina e empobrece os produtores. Ele se perde precisamente pelo ato de produção.

A partir desse primeiro tipo de estranhamento do mundo exterior sensível, Marx deduz a segunda alienação do trabalho. Se o produto dos trabalhadores aparece como alienado, diz Marx, é porque as atividades dos produtores não pertencem a eles próprios, mas a outra pessoa, resultando a perda de si. Em outras palavras, o ato de produção não é uma atividade voluntária de objetificação da própria subjetividade livre, mas "trabalho forçado":

> Primeiro, que o trabalho é externo (*äusserlich*) ao trabalhador, isto é, não pertence ao seu ser, que ele não se afirma, portanto, em seu trabalho, mas nega-se nele, que não se sente bem, mas infeliz, que não desenvolve nenhuma energia física e espiritual livre, mas mortifica sua physis e arruína o seu espírito. [...] O seu trabalho não é portanto voluntário, mas forçado, *trabalho obrigatório*. O trabalho não é, por isso, a satisfação de uma carência, mas somente um *meio* para satisfazer necessidades fora dele.[11]

Como resultado da redução do trabalho a mero "meio" da própria subsistência, não há espaço para os produtores realizarem sua autoafirmação livre por meio do trabalho. O conteúdo da atividade humana livre agora está limitado a funções animais, como comer, beber e procriar, e, portanto, o principal objetivo dos trabalhadores torna-se a manutenção da subsistência física. No entanto, mesmo a realização dessa expectativa não está garantida sob o trabalho alienado, pois estão constantemente expostos à pobreza e à doença. Marx problematiza a inversão moderna da atividade humana livre e consciente do trabalho no ato de desumanização.

Desses dois primeiros tipos de alienação, Marx infere a terceira forma de alienação: "Ao estranhar do homem (1) a natureza, e (2) ele próprio, suas próprias funções ativas, sua atividade vital, o trabalho estranha do homem seu

---

[11] Ibidem, p. 274, ênfase no original [ed. bras.: ibidem, p. 83]. Aqui Marx se refere explicitamente à semelhança na alienação religiosa: "Assim como na religião a autoatividade da fantasia humana, do cérebro e do coração humanos, atua independentemente do indivíduo e sobre ele, isto é, como uma atividade estranha, divina ou diabólica, assim também a atividade do trabalhador não é a sua autoatividade".

gênero"[12]. Aqui Marx toma o conceito de Feuerbach e argumenta que, mesmo que os indivíduos sejam seres finitos, a humanidade como tal é universal e infinita como um "ser genérico"[13]. Marx vê a manifestação essencial da universalidade do gênero humano em seu ato único de produção livre e consciente. Ao trabalhar, os produtores podem refletir sobre uma determinada situação e realizar ativamente suas próprias ideias subjetivas no mundo objetivo, modificando livremente o último. Nesse sentido, os seres humanos são um ser "universal" e se diferenciam dos outros animais. Segundo Marx, enquanto os animais permanecem presos a uma determinada situação específica e só podem trabalhar e consumir de uma certa maneira – embora saibamos agora que isso não é exatamente verdade –, os seres humanos podem se relacionar teleologicamente com a natureza como seu corpo "inorgânico" e modificar suas formas atuais de acordo com suas próprias necessidades, inventando novas tecnologias e criando um ambiente totalmente novo[14]. Além disso, Marx argumenta que o trabalho humano também é uma atividade "livre" porque nem sempre está direcionada à satisfação de necessidades físicas imediatas em prol de uma simples subsistência. Os seres humanos também podem produzir algo totalmente independente de suas necessidades físicas. Por exemplo, pode-se produzir um objeto artístico "segundo as leis da beleza" e obter autoconfirmação e prazer nesse ato[15]. Marx lamenta o fato de a alienação negar essa atividade criativa, que nada mais é que uma manifestação do ser do gênero humano, uma vez que o trabalho está agora subordinado a meros propósitos individuais como um meio de sustentar a vida do indivíduo: "O trabalho estranhado inverte a relação a tal ponto que o homem, precisamente porque é um ser consciente, faz da sua atividade vital, da sua *essência*, apenas um meio para sua *existência*"[16]. A dimensão universal do trabalho humano se perde, pois suas funções são instrumentalizadas para aumentar a riqueza dos outros.

Por fim, Marx acrescenta a quarta forma de alienação: "Uma consequência imediata disso, de o homem estar estranhado do produto do seu trabalho,

---

[12] Ibidem, p. 276, ênfase no original [ed. bras.: ibidem, p. 84].

[13] Ver Ludwig Feuerbach, *Gesammelte Werke*, v. 5 (Berlim, Akademie Verlag, 1973), p. 29.

[14] Há um debate sobre esse conceito de "corpo inorgânico" ser antropocêntrico e antiecológico. Para uma defesa ecológica do conceito, ver John Bellamy Foster e Paul Burkett, *Marx and the Earth: An Anti-Critique* (Leiden, Brill, 2016), cap. 1.

[15] Marx e Engels, *Collected Works*, cit., v. 3, p. 277 [ed. bras.: *Manuscritos econômico-filosóficos*, cit., p. 85].

[16] Ibidem, p. 276, ênfase no original [ed. bras.: ibidem, p. 84-5].

de sua atividade vital e de seu ser genérico é o *estranhamento do homem* pelo [próprio] *homem*"[17]. Se os indivíduos precisam se esforçar desesperadamente por sua existência física, sua cooperação e comunicação social intersubjetiva se tornam extremamente problemáticas. Consequentemente, não é mais possível enriquecer as dimensões física e espiritual do gênero humano juntas. Em vez de relações e colaboração mútuas gratuitas, surge uma competição antagônica e atomística pela sobrevivência.

Para resumir, a análise de Marx do trabalho alienado delineia a realidade moderna não livre, na qual não se pode executar o trabalho como um fim em si mesmo, mas o trabalho funciona como um processo de perda da realidade, empobrecimento, desumanização e atomização. Marx argumenta que a única maneira de superar essa realidade alienada é transcender o sistema de propriedade privada para que os humanos possam se relacionar com a natureza por meio do trabalho de maneira completamente consciente, livre, cooperativa e universal e obter autoconfirmação com a totalidade do mundo externo com seus próprios produtos objetivados. Isso levará à realização absoluta da essência humana como ser genérico. Marx vê o comunismo como uma meta do processo histórico, no qual os humanos superam a dicotomia alienada do sujeito e do objeto por meio de uma revolução para realizar a unidade absoluta entre humanidade e natureza sob o nome do gênero humano.

É óbvio que o projeto de Marx de 1844 é fortemente influenciado por Feuerbach, que supostamente teria alcançado "a fundação do *verdadeiro materialismo e da ciência real*"[18]. Em *A essência do cristianismo*, Feuerbach apresentou uma teoria da alienação como uma crítica da religião. Os indivíduos sofrem com a alienação religiosa porque são seres finitos e projetam um ser infinito (isto é, Deus) em oposição ao qual se acham impotentes. Feuerbach argumenta que esse estranhamento religioso pode ser superado se eles forem capazes de reconhecer a verdade oculta de que os humanos estão na verdade projetando sua própria essência como ser genérico em Deus. Deus não é senão o produto da imaginação humana que depois se tornou cada vez mais poderoso e independente, dominando os seres humanos como uma existência alheia. Contra essa realidade invertida, Feuerbach opõe a importância da "sensibilidade", e particularmente do "amor", como único fundamento materialista da verdade:

---

[17] Ibidem, p. 277, ênfase no original [ed. bras.: ibidem, p. 85].
[18] Ibidem, p. 328, ênfase no original [ed. bras.: ibidem, p. 118].

O amor é o laço de união, o princípio de mediação entre o perfeito e o imperfeito, entre o ser sem pecado e o pecador, entre o geral e o individual, a lei e o coração, o divino e o humano. O amor é o próprio Deus e sem ele não há Deus. O amor transforma o homem em Deus e Deus no homem. O amor fortifica o fraco e enfraquece o forte, humilha o soberbo e enaltece o humilde, idealiza a matéria e materializa o espírito. O amor é a verdadeira unidade Deus e homem, espírito e natureza. No amor é a natureza comum espírito e o espírito refinado é a natureza.[19]

Feuerbach afirma que, com o poder do amor, os seres humanos serão capazes de transcender o estranhamento religioso, porque, dessa forma, podem cooperar entre si para superar seu estado de isolamento, e essa unidade intersubjetiva lhes permite ver através de sua própria essência como ser genérico.

A explicação de Feuerbach da alienação, juntamente com sua transcendência, teve um enorme impacto sobre os Jovens Hegelianos. Na época, Marx acreditava firmemente que Feuerbach havia realizado uma crítica completa da religião e revelado o verdadeiro princípio de uma vindoura e revolucionária "filosofia do futuro". Considerou necessário apenas estender seu escopo para incluir outras esferas da sociedade burguesa moderna: "Na Alemanha, a *crítica da religião* está, no essencial, terminada; e a crítica da religião é o pressuposto de toda a crítica"[20]. Os *Cadernos de Paris* documentam a tentativa de Marx de realizar esse tipo de crítica da alienação, combinando-a com suas recentes descobertas no campo da economia política. Contudo, ele não publicou esses cadernos nem discutiu o conceito de alienação de maneira extensiva novamente.

É objeto de acalorada disputa definir se Marx seguiu seu plano original de estender o conceito de alienação à economia política em trabalhos posteriores. A teoria da alienação de Marx foi interpretada de uma perspectiva *filosófica* desde a publicação do texto como *Manuscritos econômico-filosóficos* em 1932. Mais que isso, os participantes desse debate nunca questionaram essa tendência, algo que agora deve mudar com base em recentes descobertas filológicas. Na época, Marx estava lendo diversos trabalhos de economia política, e se ele iniciou sua discussão sobre

---

[19] Feuerbach, *Gesammelte Werke*, cit., v. 5, p. 99 [ed. bras.: *A essência do cristianismo*, trad. José da Silva Brandão, Petrópolis, Vozes, 2013, p. 75].

[20] Marx e Engels, *Collected Works*, cit., v. 3, p. 175, ênfase no original [ed. bras.: Karl Marx, *Crítica da filosofia do direito de Hegel*, trad. Rubens Enderle e Leonardo de Deus, São Paulo, Boitempo, 2013, p. 151].

a alienação de maneira espontânea enquanto organizava outros excertos sobre economia política em seus *Cadernos de Paris*, a economia política deve ter afetado seu interesse teórico, mesmo em relação à alienação.

Em termos de oferecer uma abordagem filosófica ao texto e ignorar a economia política, Herbert Marcuse desempenhou um papel decisivo. Publicou um artigo sobre os manuscritos recém-descobertos em 1932, intitulado " Novas fontes para a fundamentação do materialismo histórico", e lançou luz sobre a nova dimensão da "crítica filosófica" de Marx à alienação. Marcuse argumentou que há uma importante "ruptura" no interior do primeiro manuscrito, e que a análise de Marx "parece inicialmente proceder completamente no terreno da economia política tradicional e de seus teoremas. Marx, de maneira significativa, inicia dividindo sua investigação nos três conceitos tradicionais da economia política: 'Salário', 'Ganho do capital' e 'Renda da terra'". Contudo, de acordo com Marcuse, a crítica radical de Marx à alienação e ao estranhamento "apont[ou] numa direção completamente nova", e sua crítica emergiu apenas depois que "essa divisão em três [foi] explodida e abandonada". Marcuse foi além, afirmando que o "desenvolvimento do conceito de trabalho rompe a estrutura tradicional com a qual se lidava com os problemas"[21]. Assim, a crítica filosófica de Marx à sociedade burguesa moderna e à economia política como sua ideologia só começa quando ele substitui os "três conceitos tradicionais da economia política". Uma ruptura radical entre as partes econômica e filosófica.

Como Marcuse enfatizou, Marx primeiro extraiu frases relevantes de Jean-Baptiste Say e Adam Smith de seus cadernos para os *Manuscritos* e, em seguida, acrescentou comentários detalhados sobre eles[22]. Posteriormente, iniciou sua discussão sobre o trabalho estranhado após a página XXII do primeiro "Manuscrito". No entanto, esse fato não significa que os comentários de Marx sobre esses economistas em seu marco analítico sejam insignificantes para seu conceito de alienação, como implica a interpretação de Marcuse. A análise deste negligencia quase completamente a crítica econômica de Marx na primeira

---

[21] Herbert Marcuse, *Studies in Critical Philosophy* (Boston, Beacon Press, 1972), p. 7 [ed. bras.: *Materialismo histórico e existência*, trad. Vamireh Chacon, Rio de Janeiro, Tempo Brasileiro, 1968, p. 110. Para respeitar a fidelidade ao original usado pelo autor, optamos por tradução própria – N. E].

[22] Antes de sua estadia em Manchester em 1845, Marx lia livros sobre economia política em traduções francesas e os traduzia os trechos para o alemão em seus cadernos. Ele também citou diretamente Wilhelm Schulz, Constantin Pecqueur e Eugène Buret.

metade do primeiro manuscrito[23]. Essa tendência de Marcuse de subestimar a parte econômica do primeiro manuscrito foi amplamente compartilhada por marxistas posteriores, mostrando que a interpretação de Marcuse foi bastante influente. Por exemplo, Erich Fromm tinha a mesma opinião, e sua edição popular dos *Manuscritos econômico-filosóficos* omitiu a parte econômica do primeiro manuscrito, o que reforçou a interpretação filosófica da alienação[24]. Marcuse e Fromm só reconheceram a contribuição teórica original do jovem Marx em sua crítica *filosófica* ao "trabalho alienado", sem discutir a parte inicial, que trata da crítica à economia política.

A impressão da "ruptura" de Marx foi reforçada por um título editorial, "Trabalho estranhado", no início da segunda metade do primeiro *Manuscrito*, que *não existe* nos cadernos de anotações de Marx. Em contraste com a tendência dominante, argumento que o "surgimento de uma teoria" no caderno de Marx deve ser entendido em estreita relação com sua análise da economia política, porque sua teoria original da alienação é formulada no processo de crítica a ela. Se se perde a importância da primeira parte do primeiro *Manuscrito*, não se pode evitar ser confrontado com uma dificuldade teórica, como foi o caso da literatura anterior. Em outras palavras, o jovem Marx foi injustamente criticado por não conseguir explicar *a causa do trabalho alienado moderno*.

Em 1844, Marx estava tentando analisar os "fatos" da propriedade privada, cuja existência os economistas burgueses simplesmente consideravam como um dado. Ele pretendia revelar as condições históricas do sistema de propriedade privada e argumentou que sua "essência" repousa sobre certa forma do trabalho na sociedade capitalista. Nesse sentido, Marx estabeleceu que a propriedade privada é o "produto" e a "consequência necessária" do trabalho estranhado:

> A *propriedade privada* é, portanto, o produto, o resultado, a consequência necessária do *trabalho exteriorizado*, da relação externa (*äusserlichen*) do trabalhador com a natureza e consigo mesmo.

---

[23] Marcuse refere-se à primeira metade do primeiro manuscrito apenas uma vez.
[24] Erich Fromm, *Marx's Concept of Man: Including "Economic and Philosophical Manuscripts"* (Londres, Bloomsbury, 2013) [ed. bras.: *Conceito marxista do homem*, cit.].

> A *propriedade privada* resulta, portanto, por análise, do conceito de *trabalho exteriorizado*, isto é, de *homem exteriorizado*, de trabalho estranhado, de vida estranhada, de homem *estranhado*.
> Herdamos certamente o conceito de *trabalho exteriorizado* (de *vida exteriorizada*) da economia nacional como resultado do *movimento da propriedade privada*. Mas evidencia-se na análise desse conceito que, se a propriedade privada aparece como fundamento, como razão do trabalho exteriorizado, ela é antes uma consequência do mesmo, assim como também os deuses são, *originariamente*, não a causa, mas o efeito do erro do entendimento humano. Mais tarde esta relação se transforma em ação recíproca.[25]

Marx apontou a relação "recíproca", segundo a qual a propriedade privada e o trabalho alienado funcionam como "causa" e "efeito" e reforçam um ao outro. Contudo, essa situação só se deu mais tarde. Dessa maneira, ele pretendia deixar claro que, no início, a propriedade privada não deve ser tratada como um "fato" dado, precisamente porque é o "resultado" histórico e lógico específico que surgiu do trabalho alienado.

Então Marx continua perguntando: "Admitimos o *estranhamento do trabalho*, sua exteriorização, enquanto um factum e analisamos este fato. Como, perguntamos agora, o *homem* chegou ao ponto de *exteriorizar*, de estranhar o seu *trabalho*? Como este estranhamento está fundado na essência do desenvolvimento humano?"[26]. Aqui, a pergunta parece indicar que Marx sentiu a necessidade de explicar a causa última do estranhamento do trabalho na sociedade capitalista, mas nas frases seguintes ele não a explicou, e o caderno é interrompido sem entrar na questão. O texto dá a impressão de que Marx teve dificuldade em revelar a causa da alienação, ou seja, quando tentou propor a noção de que a propriedade privada surgiu do trabalho alienado, ele pareceu cair em uma explicação circular de que o trabalho é alienado por causa do sistema de propriedade privada. Nesse sentido, Lars Tummers perguntou: "Como a propriedade privada pode ser tanto um efeito quanto um fator que influencia a alienação?". Essa é uma pergunta comum, e Tummers segue Ignace Feuerlicht, que também apontou a limitação teórica do jovem Marx de maneira semelhante: "Uma das contradições mais evidentes reside no fato

---

[25] Marx e Engels, *Collected Works*, cit., v. 3, p. 279-80, ênfase no original [ed. bras.: *Manuscritos econômico-filosóficos*, cit., p. 87-8].

[26] Ibidem, p. 281, ênfase no original [ed. bras.: ibidem, p. 34].

de o jovem Marx considerar a propriedade privada algumas vezes como causa e outras como efeito ou sintoma da alienação"[27]. Feuerlicht lamenta que só se pode tentar em vão encontrar a resposta para a pergunta óbvia sobre a exata gênese histórica e lógica do trabalho alienado.

De forma diferente, Michael Quante tenta resolver a explicação circular de Marx, embora compartilhe com Marcuse o mesmo pressuposto de que a "própria análise filosoficamente fundamentada de Marx dos fenômenos econômicos nacionais" é "exposta na segunda parte do primeiro manuscrito com o conceito de trabalho alienado". Como Quante negligencia a crítica econômica de Marx na primeira parte, ele naturalmente alcança outra "resposta filosófica" ao problema referente à causa da alienação, que é o movimento lógico e histórico hegeliano da "negação da negação". Ele explica que a emergência da alienação é um "passo intermediário inevitável" no caminho para a "apropriação consciente do ser genérico"[28]. Sem dúvida, esse tipo de relato esquemático não fornece nenhuma solução atraente e convincente para o problema, pois seu entendimento reducionista da dialética lógica e histórica de Hegel não pode evitar as críticas de determinismo, embora Quante não esteja interessado em defender Marx de tais consequências.

Como será mostrado a seguir, tanto Feuerlicht quanto Quante deixam de enxergar a intenção original de Marx e acabam dirigindo uma crítica "imaginada". "Imaginada" porque a aporia da alienação não existe de forma alguma. Ela parece existir apenas porque estudos anteriores dividiram arbitrariamente o texto do caderno em duas partes e se concentraram exclusivamente na metade "filosófica". Um estudioso marxista japonês, Masami Fukutomi, apontou a importância da primeira parte econômica, especialmente a discussão de Marx sobre a "ligação afetiva do homem com a terra"[29]. Isso nos fornecerá uma base sólida para compreender de modo consistente todo o projeto de Marx.

---

[27] Lars Tummers, *Policy Alienation and the Power of Professionals* (Cheltenham, Edward Elgar, 2013), p. 26; Ignace Feuerlicht, *Alienation: From the Past to the Future* (Westport, CT, Greenwood Press, 1978), p. 130. Na Alemanha, recentemente, Ingo Elbe julgou negativamente uma falha na explicação de Marx em "Entfremdete und abstrakte Arbeit: Marx' Ökonomisch--philosophische Manuskripte im Vergleich zu seiner späteren Kritik der politischen Ökonomie", *Oldenburger Jahrbuch für Philosophie 2012* (Oldenburg, BIS Verlag, 2014), p. 7-69.

[28] Michael Quante, "Kommentar", em Karl Marx, *Ökonomisch-philosophische Manuskripte* (Frankfurt am Main, Suhrkamp, 2009), p. 231, p. 258.

[29] Marx, *Collected Works*, cit., v. 3, p. 268 [ed. bras.: *Manuscritos econômico-filosóficos*, cit., p. 76].

A DISSOLUÇÃO DA UNIDADE ORIGINAL ENTRE HUMANIDADE E NATUREZA

Em um parágrafo do primeiro caderno que ganhou pouca atenção na literatura filosófica, Marx compara a forma capitalista de propriedade com a forma feudal de posse. A negligência é surpreendente, pois é nesse parágrafo dos *Cadernos de Paris* que Marx discute pela primeira vez a relação entre a realidade patológica da produção moderna e o conceito de trabalho estranhado. Depois de descrever a mercantilização total da propriedade fundiária como o que torna completas as relações capitalistas, Marx fornece uma razão pela qual essa transformação da propriedade fundiária exerce um impacto decisivo no surgimento do trabalho alienado.

Primeiro ele deixa claro que sua comparação histórica não deve ser confundida com uma idealização romântica da sociedade feudal, como se não houvesse trabalho alienado nas sociedades pré-capitalistas. Argumenta que essa idealização ocorre apenas por falta de investigação científica:

> Não compartilhamos as lágrimas sentimentais que o romantismo verte a esse respeito. Ele confunde sempre a ignomínia que reside no *regateio da terra* com a consequência inteiramente racional, necessária e desejável no interior da propriedade privada, [consequência] que está encerrada no *regateio da propriedade privada* da terra. Em primeiro lugar, já a propriedade fundiária feudal é, na sua essência, a terra vendida ao desbarato, *a terra estranhada (entfremdete) do homem* e, por isso, a terra fazendo frente a ele na figura de alguns poucos grandes senhores.[30]

Os românticos choram o colapso da dominação feudal e a resultante mercantilização da terra e a perda dos nobres valores dos senhores para a avareza dos comerciantes. Rejeitando essa visão, Marx argumenta que o "regateio" da terra também existia em propriedades feudais, de modo que o trabalho e a

---

[30] Ibidem, p. 266 [ed. bras.: ibidem, p. 74. Para respeitar a opção do autor explicada na sequência, optamos por alterar a tradução da Boitempo aqui mencionada – N. E.]. Última ênfase na citação adicionada por Kohei Saito. Embora Marx não cite a fonte aqui, ele constrói sua própria crítica com o *Esboço de uma crítica da economia política* de Engels. Antes de Marx, Engels havia escrito assim sobre esse tema: "Fazer da terra um objeto de regateio – a terra que é tudo pra nós, a primeira condição de nossa existência – era o último passo para nos tornarmos objeto de regateio" (ibidem, p. 429). Marx retoma a ideia de Engels em sua própria análise, a fim de compreender a alienação, o regateio de si mesmo, como um resultado do regateio da terra.

terra eram estranhados dos seres humanos *até certo ponto* sob o domínio "de alguns poucos grandes senhores".

Além disso, diz Marx, "a vergonha" não é a característica fundamental da moderna aristocracia do dinheiro, pois o desejo ilimitado por dinheiro que os defensores dos ideais românticos consideram inaceitável é na verdade um resultado "inevitável" e até "desejável", visto de uma perspectiva histórica mais ampla, já que nada mais é do que uma personificação da racionalidade da sociedade burguesa moderna. Em outras palavras, o comportamento "vergonhoso" dos proprietários de terras modernos não é um defeito moral, mas a concretização da nova racionalidade social após uma transformação radical da estrutura social. Românticos como Pierre le Pesant de Boisguilbert não podem reconhecer isso; podem apenas reprovar moralmente o comportamento vergonhoso dos indivíduos no capitalismo[31]. Em clara oposição à idealização do passado, Marx aponta o fato de que havia relações de dominação fundamentadas em propriedades fundiárias feudais e que sob tal sistema as pessoas também eram "estranhadas" da terra e "confrontadas" por ela[32].

Marx continua sua análise da posse feudal da terra ilustrando a situação dos servos em oposição aos senhores:

> Já na posse fundiária feudal situa-se o domínio da terra como um poder estranho [posto] acima dos homens. O servo é o acidente da terra. De igual modo, o morgado, o primogênito, pertence à terra. Ela o herda. Em geral, a dominação da propriedade privada começa com a posse fundiária, ela é a sua base. Mas na

---

[31] Ver MEGA² II/2, p. 20.

[32] É precisamente essa forma específica de alienação capitalista que a interpretação "filosófica" não pode explicar adequadamente. Como resultado, ela compartilha da unilateralidade dos românticos. Qualquer análise crítica requer uma investigação sobre como o trabalho alienado no capitalismo se diferencia de sua forma feudal. Margaret A. Fay é uma das poucas que leva em conta a comparação de Marx da alienação na sociedade capitalista e na feudal, mas acaba negando qualquer "ruptura" no processo de emergência da sociedade moderna. Em vez disso, enfatiza a "continuidade" e a "similaridade" dos modos como o servo e o diarista são explorados pelo proprietário dos meios de produção. Consequentemente, toda a problemática da alienação se reduz ao problema da propriedade privada dos meios de produção. No entanto, Marx questiona não apenas o fato da alienação e da exploração, mas também as formas históricas específicas de apropriação. Ver Margaret A. Fay, *Der Einfluß von Adam Smith auf Karl Marx' Theorie der Entfremdung: Eine Rekonstruktion der Ökonomisch-philosophische Manuskripte aus dem Jahr 1844* [A teoria da alienação de Marx: uma reconstrução dos *Manuscritos econômico-filosóficos de 1844*] (Frankfurt am Main, Campus 1986), p. 166-72.

posse fundiária feudal, o senhor *aparece* pelo menos como rei da posse fundiária. Do mesmo modo, existe ainda a aparência de uma relação mais íntima entre o possuidor e a terra do que a mera riqueza *coisal*. A propriedade rural (*Grundstück*) individualiza-se com o senhor, ela tem o seu lugar, é baronial ou condal com ele, tem os seus privilégios, sua jurisdição, sua relação política etc. Ela aparece na condição de corpo inorgânico do seu senhor.[33]

Os servos, por outro lado, perderam sua capacidade de conduzir atividades independentes e livres, na medida em que não podem se relacionar com a terra como sua propriedade, mas apenas como propriedade do senhor. Sua existência é reduzida a um mero "acidente" da terra, que é o fundamento da riqueza material. Marx reconhece que, devido a essa subjugação, há um certo nível de alienação da natureza e da própria atividade sob relações sociais feudais. A natureza funciona apenas como um "corpo inorgânico" do senhor, que pode se apropriar do produto da terra e do trabalho dos servos. Dessa forma, os servos se tornam parte do corpo inorgânico no processo de produção. A terra é assim "privatizada" e "individualizada" pelo senhor, o que Marx considera o início da "dominação da propriedade privada".

No entanto, sem deduzir diretamente a causa do trabalho alienado moderno desse antagonismo de classe no sistema social feudal, Marx aponta a sua importante diferença qualitativa em relação à propriedade fundiária na sociedade capitalista. Segundo Marx, as relações sociais feudais são baseadas na dominação "pessoal" e "política"; isto é, a apropriação dos produtos da terra ocorre pelo domínio direto do senhor sobre os servos com seu poder pessoal e político, graças aos privilégios inatos e ao monopólio da violência. Assim, os servos estão totalmente conscientes dessa dominação pessoal do senhor, e é por isso que, para este, a "sua história familiar, a história de sua casa etc." torna-se tão importante para legitimar as relações de dominação, pois "tudo isso individualiza para ele a posse fundiária e faz dela inclusive formalmente a sua casa, uma pessoa". A história da terra e da família individualiza a propriedade fundiária e legitima seu monopólio, que transforma um pedaço de terra no "corpo inorgânico" do senhor[34].

A dominação e a exploração pessoal e política direta nessa sociedade pré-capitalista depende da tradição e dos costumes, o que resulta em uma relação

---

[33] Marx, *Collected Works,* cit., v. 3, p. 266, ênfase no original [ed. bras.: *Manuscritos econômico-filosóficos,* cit., p. 74].

[34] Idem.

única do trabalhador com a terra. Marx enfatiza a notável diferença entre servos e diaristas:

> De igual modo, os cultivadores da posse fundiária não têm a relação de *diaristas*, mas sim, em parte, eles próprios são propriedade dela, assim como os servos estão, em parte, numa relação de respeito para com ela, de submissão e de obrigação. Sua posição com relação a eles é, por isso, imediatamente política e tem, de igual modo, um lado *acolhedor*. Costumes, caráter etc., modificam-se de uma propriedade (*Grundstück*) para a outra, e parecem profundamente unidos a ela, enquanto mais tarde somente a bolsa do homem se liga à propriedade, não seu caráter, sua individualidade.[35]

Aqueles que trabalham na terra sob domínio feudal são negados de tal maneira que sua independência pessoal não é reconhecida por seu senhor. Os servos são considerados parte da propriedade do senhor. Essa relação de dominação e dependência difere essencialmente da situação dos diaristas na sociedade burguesa moderna, pois estes são livres de qualquer domínio político direto e reconhecidos como sujeitos de direito "livres" e "iguais".

Isso não significa, contudo, que os diaristas possam gozar de uma vida mais livre e melhor que a dos servos. Marx argumenta que o oposto é correto. Precisamente porque os servos são negados e privados de seus direitos, permanece a sua unidade com as condições objetivas de produção e reprodução, de modo que a existência física dos servos é garantida. Como Masami Fukutomi apontou, a relação única dos servos com a terra é decisiva para a análise da alienação por Marx nos *Cadernos de Paris*[36]. Notavelmente, Marx enfatiza na passagem citada que o domínio pessoal na sociedade feudal possui "um lado humano e *afetivo*", apesar da oposição antagônica da terra àqueles que nela trabalham. Embora a situação concreta varie de acordo com os diferentes costumes e caracteres dos senhores, a marca fundamental comum à produção feudal é a unidade dos produtores com a terra. Apesar da negação de sua independência como sujeitos de direito, eles podem obter uma garantia para sua própria existência física, bem como liberdade e independência no processo de produção. Não há espaço para o domínio reificado do capital,

---

[35] Idem, ênfase no original.
[36] Masami Fukutomi, *Keizaigaku to Shizen Tetsugaku* [Economia política e filosofia da natureza] (Tóquio, Sekaishoin, 1989), p. 23.

porque o domínio pessoal direto impede que o capital penetre seu poder autônomo. Sob essa situação, os produtores fornecem excedentes de mão de obra e excedente de produtos somente por meio da ameaça e, muitas vezes, da coerção física, o que inevitavelmente impede o aumento da produtividade. O senhor feudal também não se esforça para obter o máximo proveito de sua terra, mas "consome o que ali está, e deixa tranquilamente aos servos e arrendatários o cuidado da acumulação"[37].

O comportamento aparentemente moderado do senhor é elogiado pelos românticos como uma manifestação de seu caráter nobre, mas é claramente condicionado pelas relações objetivas de produção subjacentes. Nesse sentido, toda a produção na sociedade feudal adquire um caráter estável, pois seu objetivo está fundamentalmente direcionado à satisfação de necessidades sociais concretas. Em contraste com os românticos, Marx conclui que não é o caráter moral do senhor, mas a relação entre os seres humanos e a terra que realiza a "relação *aristocrática*" com a propriedade fundiária e lança "sobre o seu senhor uma glória romântica"[38].

Em seguida, Marx investiga a sociedade burguesa moderna, na qual, juntamente com a dissolução da dominação pessoal feudal, a propriedade fundiária foi totalmente transformada em um objeto de "regateio". Essa mudança cria um tipo totalmente diferente de dominação, que é a dominação não pessoal e reificada do capital, acompanhada por uma forma específica de trabalho alienado:

> É necessário que essa aparência seja suprassumida (*aufgehoben*), que a propriedade fundiária, a raiz da propriedade privada, seja completamente arrastada para dentro do movimento da propriedade privada e se torne mercadoria; que a dominação do proprietário apareça como a pura dominação da propriedade privada, do capital, dissociado de toda a coloração política; que a relação entre proprietário e trabalhador se reduza à relação nacional-econômica de explorador e explorado; que toda a relação pessoal do proprietário com sua propriedade termine, e esta se torne, ela mesma, apenas riqueza material *coisal*; que no lugar do casamento de honra com a terra se instale o casamento por interesse, e a terra, tal como o homem, baixe do mesmo modo a valor de regateio.[39]

---

[37] Marx, *Collected Works*, cit., v. 3, p. 267 [ed. bras.: *Manuscritos econômico-filosóficos*, cit., p. 75].

[38] Idem.

[39] Idem.

À medida que a propriedade fundiária se torna uma mercadoria e, assim, passa a ser integrada ao sistema de regateio da propriedade privada, depois da dissolução da relação pessoal anterior de dominação e dependência, os indivíduos, por um lado, podem se defrontar como sujeitos formalmente livres e iguais. Todos são reconhecidos de maneira uniforme como sujeitos de direito na sociedade civil. Por outro lado, eles também perdem a conexão direta com a terra, de modo que agora precisam ir ao mercado para vender sua força de trabalho. Nas ilustrações de economistas políticos, esse novo relacionamento moderno fornece o fundamento de um reino ideal e harmonioso de liberdade e igualdade, no qual a relação de dominação aparentemente deixa de existir. Marx rejeita essa visão e argumenta que o ideal burguês de "liberdade" e "igualdade" não é o fim de toda dominação. Esse ideal revela-se uma aparência, pois, em vez da relação de dominação pessoal entre explorados e exploradores, surge uma relação de dominação impessoal e reificada. Os diaristas devem estar subordinados a uma forma moderna e qualitativamente diferente de alienação, e suas condições de trabalho se mostram muito piores e mais alienadas em vários aspectos do que na sociedade feudal.

A dominação na sociedade capitalista precisa ser estritamente diferenciada da do mundo feudal. Devido à mercantilização da terra, os produtores da sociedade moderna perdem qualquer conexão direta com ela e passam a ser separados de seus meios de produção originais, enquanto os servos ainda estavam fortemente conectados à terra[40]. Consequentemente, os indivíduos modernos são todos obrigados o tempo todo a vender sua própria força de trabalho, a única mercadoria que possuem, para outra pessoa e, assim, tornam-se diaristas estranhados de sua própria realidade. Segundo Marx, essa transformação da relação entre os seres humanos e a terra é decisiva para entender a especificidade do modo de produção capitalista[41].

---

[40] Marx não idealizou a vida feudal, mesmo quando enfatizou seus aspectos positivos em contraste com a vida alienada moderna. Ele estava claramente ciente das relações de dominação do passado e, portanto, argumentou que o pleno desenvolvimento do indivíduo livre só pode ocorrer por meio da experiência da alienação moderna e de sua transcendência consciente na sociedade futura.

[41] Notavelmente, Marx devia essa visão a Engels, que escreveu em *Esboço de uma crítica da economia política*: "A consequência imediata da propriedade privada foi a divisão da produção em dois lados opostos – o lado natural e o lado humano, o solo que sem ser fertilizado pelo homem está morto e estéril, e a atividade humana, a primeira condição da qual é este mesmo solo" (ibidem, p. 423). Quando leu o *Esboço* de Engels, Marx de fato prestou atenção a essa "divisão" moderna conforme documentado em seus *Cadernos de Paris*: "Dividido entre a terra e os humanos. Trabalho humano separado em trabalho e capital". MEGA² IV/2, p. 486.

Os trabalhadores modernos perdem qualquer garantia de existência física e sua atividade se torna estranhada, controlada e dominada por forças alheias. A falta de propriedade, a precariedade, a alienação e a exploração estão intimamente ligadas. É verdade os servos eram explorados, e tinham que fornecer ao senhor excedente de trabalho e excedente de produtos. Contudo, contrastando com a situação dos trabalhadores modernos, Marx argumenta que o trabalho dos servos ainda possuía um "lado afetivo", porque, graças à conexão com a terra, o servo mantinha a autonomia no processo de produção e sua vida material estava garantida. Ironicamente, esse é um resultado particular da negação da personalidade dos servos na sociedade feudal, que os transforma em mera parte dos meios objetivos de produção. A esse respeito, Marx sem dúvida reconhece um lado positivo no modo de produção feudal.

A regulação do poder autônomo do capital pode assumir várias formas, como a

> das profissões, da guilda, da corporação etc., no interior de determinações nas quais o trabalho tem ainda um significado *aparentemente social*, ainda o significado de *efetiva* coletividade (*wirkliches Gemeinwesen*); ainda não progrediu à *indiferença* para com o seu conteúdo, até o completo ser para si mesmo, isto é, à abstração de qualquer outro ser e, por isso mesmo, também não chegou ainda a capital *liberto* (*freigelassenes Capital*).[42]

Dentro do ofício, da guilda e da corporação, não existe mais a unidade direta entre os humanos e a terra, mas ainda há uma conexão estável dos produtores com seus meios de produção, graças à coordenação intersubjetiva de toda a produção, o que dificulta a penetração total do poder do capital. A completa dissolução do vínculo entre os trabalhadores e seus meios objetivos de produção, pela primeira vez, prepara o trabalho "livre" em um "duplo sentido" e, portanto, o domínio impessoal e reificado do "capital liberto".

Os trabalhadores modernos, ao contrário, perdem qualquer conexão direta com a terra. Por um lado, estão livres da dominação pessoal, por outro, também estão livres dos meios de produção e, portanto, não podem mais se relacionar com a natureza como seu próprio "corpo inorgânico". A unidade original com a terra desapareceu com o colapso da dominação pessoal pré-capitalista. O

---

[42] Marx, *Collected Works*, cit., v. 3, p. 286, ênfase no original [ed. bras.: *Manuscritos econômico-filosóficos*, cit., p. 94].

resultado é a alienação da natureza, da atividade, do ser genérico e das outras pessoas – ou, simplesmente, a alienação moderna decorrente da aniquilação total do "lado afetivo" da produção. Quando a terra se torna uma mercadoria, a relação entre os humanos e a terra é radicalmente modificada e reorganizada em prol da produção de riqueza capitalista. Após a universalização da produção de mercadorias em toda a sociedade, a totalidade da produção não é direcionada em primeiro lugar à satisfação de necessidades pessoais concretas, mas apenas à valorização do capital. Seguindo a nova racionalidade da produção, o capitalista não deixa que os trabalhadores conduzam seu trabalho como bem entenderem; pelo contrário, de acordo com seu "sórdido interesse pessoal", ele transforma ativamente todo o processo de produção de tal maneira que a atividade humana é completamente sujeita a uma dominação reificada, sem levar em consideração a autonomia do trabalho e a segurança material[43].

Em sociedades em que a lógica da produção de mercadorias se torna dominante, a forma moderna de alienação assume uma configuração totalmente diferente em comparação com o estranhamento pré-capitalista. Como o domínio reificado do capital não depende da legitimação pela história pessoal e pela honra, o "capital liberto" ignora todos os tipos de "laços de respeito, lealdade e dever" e até a vida material concreta dos trabalhadores. O capital é simplesmente indiferente, mesmo que esses trabalhadores estejam morrendo, contanto que "a *raça dos trabalhadores*" não desapareça[44]. Para o capital, o conteúdo concreto do trabalho é abstraído. Considera os salários dos trabalhadores como meros "custos", que se somam aos de manutenção de outros instrumentos. Em outras palavras, não há diferença significativa entre os salários dos trabalhadores e o óleo para as engrenagens. De acordo com as novas relações sociais, os capitalistas agem em interesse próprio e com avareza. Contudo, isso não é uma mera corrupção moral, mas um resultado da submissão à nova racionalidade da competição por mais lucro. Isso porque "é necessário que nesta concorrência a propriedade fundiária mostre, sob a figura do capital, a sua dominação tanto sobre a classe trabalhadora, quanto sobre os próprios proprietários, na medida em que as leis do movimento do capital os arruínem ou promovam"[45].

Marx, portanto, aponta uma grande transformação histórica da relação humanos-natureza subjacente ao estranhamento do trabalho moderno, como

---

[43] Ibidem, p. 267 [ed. bras.: ibidem, p. 75].
[44] Ibidem, p. 284 [ed. bras.: ibidem, p. 92].
[45] Ibidem, p. 267 [ed. bras.: ibidem, p. 75].

resultado da qual a atividade dos trabalhadores não pode mais funcionar como a realização subjetiva da capacidade livre e consciente dos seres humanos na e com a natureza. Os seres humanos são reduzidos a "trabalhadores assalariados" que dependem do capital para sua sobrevivência física; e, portanto, toda a sua atividade é reduzida a "trabalho assalariado". Embora os humanos como trabalhadores assalariados só possam sobreviver em relação com o capital alheio, essa relação entre capital e trabalho "é uma relação indiferente, externa e acidental" entre ambos, pois o capital liberto não está interessado nos trabalhadores e em suas vidas concretas[46].

Portanto, o argumento circular que Tummers e Feuerlicht encontram no primeiro manuscrito em termos da condição histórica específica do trabalho alienado moderno não existe. Isso ocorre porque na seção sobre "renda da terra", no mesmo caderno, Marx discute a especificidade do modo de produção e a alienação capitalista em comparação com o modo feudal. Para Marx, a causa do estranhamento moderno é bastante clara e seu argumento é consistente[47]. Embora Marx, em seu caderno privado, que nunca pretendeu publicar, não tenha repetido todos os pontos de maneira amigável ao leitor, uma análise cuidadosa do caderno, que preste atenção a seus excertos do *Esboço de uma crítica da economia política* de Engels, demonstra que a propriedade privada como o domínio das relações reificadas de mercadoria e dinheiro emerge de uma perda da unidade original entre produtores e suas condições objetivas de produção.

Quando não se leva em consideração a seção sobre a renda da terra, corre-se o risco de um mal-entendido ainda maior. Sem compreender corretamente a causa fundamental da alienação, não é possível reconhecer a visão de Marx de transcendê-la. Somente quando se compreende o estranhamento na sociedade capitalista como uma dissolução da unidade original dos seres humanos com a terra, torna-se evidente que o projeto comunista de Marx visa consistentemente a uma reabilitação consciente da unidade entre os seres humanos e a natureza.

---

[46] Ibidem, p. 283 [ed. bras.: ibidem, p. 91].

[47] Também é claro que, nessa época, Marx se diferencia de Feuerbach. A crítica deste à alienação religiosa é baseada em um argumento ontológico de que os indivíduos finitos se sentem impotentes diante de Deus. A alienação religiosa como tal não é um produto específico da sociedade moderna, mesmo que sua transcendência consciente requeira a subjetividade moderna. Feuerbach, ao contrário de Hegel, não revela o movimento dinâmico da história por meio da negação da negação. Ibidem, p. 329 [ed. bras.: ibidem, p. 118].

Essa ideia constitui o núcleo da fórmula "humanismo = naturalismo", na medida em que Marx já estava ciente da tarefa de realizar a individualidade livre na sociedade futura, usando o conceito de "associação":

> A associação (*Association*), aplicada à terra e ao solo, partilha a vantagem da grande posse fundiária do ponto de vista nacional-econômico, e realiza primeiramente a tendência originária da divisão, a saber, a igualdade, assim como ela também coloca *a ligação afetiva do homem com a terra de um modo racional e não mais [mediado] pela servidão, pela dominação e por uma tola mística da propriedade, quando a terra deixa de ser um objeto de regateio* e se torna novamente, mediante o trabalho livre e a livre fruição, uma propriedade verdadeira e pessoal do homem.[48]

Falando da tarefa prática de associação, Marx volta à discussão anterior e exige enfaticamente a reconstrução da "ligação afetiva do homem com a terra", agora em um nível superior, após sua destruição no capitalismo. Em contraste com a sociedade feudal e seu monopólio da terra, a construção consciente da unidade entre humanos e natureza precisa estar livre de qualquer subjugação e dominação pessoal e política, e a associação precisa realizar relações intersubjetivas livres por meio da apropriação social dos meios de produção e produtos pelos produtores diretos. Consequentemente, esse modo de produção totalmente novo torna possível uma relação "racional" com a terra em escala social, o que é radicalmente diferente de seu implacável "regateio" no capitalismo. Toda a atividade social de produção e seus produtos, assim, não confronta os produtores como objetos alheios, mas, graças à unidade superior com a terra como "uma verdadeira propriedade pessoal do homem", serve para tornar possível o "trabalho livre e a livre fruição" de todos os produtores. A visão de Marx da sociedade futura é, sem dúvida, totalmente consistente com sua crítica do trabalho alienado moderno.

É nesse sentido econômico que em 1844 Marx insiste que o estabelecimento da unidade absoluta da humanidade e da natureza é a tarefa central do comunismo:

> O *comunismo* na condição de transcendência (*Aufhebung*) positiva da *propriedade privada*, enquanto *estranhamento-de-si* (*Selbstentfremdung*) *humano*, e por isso enquanto *apropriação* efetiva da essência *humana* pelo e para o homem. Por isso, trata-se do retorno pleno, tornado consciente e interior a toda riqueza do

---

[48] Ibidem, p. 268, ênfase nossa [ed. bras.: ibidem, p. 76].

desenvolvimento até aqui realizado, retorno do homem para si enquanto homem *social*, isto é, humano. Este comunismo é, enquanto naturalismo consumado = humanismo, e enquanto humanismo consumado = naturalismo. Ele é a *verdadeira* dissolução (*Auflösung*) do antagonismo do homem com a natureza e entre os homens; a verdadeira resolução (*Auflösung*) do conflito entre existência e essência, entre objetivação e autoconfirmação (*Selbstbestätigung*), entre liberdade e necessidade (*Notwendigkeit*), entre indivíduo e gênero.[49]

Marx descreve o movimento histórico em direção à transcendência da autoalienação e a perda de objeto sob o sistema de propriedade privada como um processo de verdadeira reconciliação entre humanidade e natureza. Como condição para sua realização, aponta a necessidade de uma transformação radical do modo de produção existente e a abolição da propriedade privada. A "sociedade" por vir nada mais é que uma organização e regulamentação coletiva e consciente da relação entre humanos e natureza: "Portanto, a *sociedade* é a unidade essencial completada (*vollendete*) do homem com a natureza, a verdadeira ressurreição da natureza, o naturalismo realizado do homem e o humanismo da natureza levado a efeito"[50]. A unidade entre corpo orgânico e inorgânico dos humanos só pode ser realizada por meio de uma regulamentação totalmente consciente e racional de sua interação com a natureza. A crítica de Marx à alienação de 1844 considera a reorganização "racional" da relação entre humanos e natureza como essencial e, portanto, visualiza a ideia de comunismo como a realização da fórmula "humanismo = naturalismo". Isso é um começo, mesmo que seja apenas um começo, da crítica econômica e ecológica de Marx ao capitalismo.

A CONTINUIDADE DE UMA TEORIA

Marx não alterou significativamente sua visão original e fundamental de 1844 quanto à unidade dos humanos e da natureza até *O capital*. De modo consistente, criticou em sua *Miséria da filosofia* de 1847 a mercantilização moderna e o regateio da terra como separação entre humanos e natureza: "A renda, em vez de *ligar o homem à natureza*, apenas liga a exploração da terra à concorrência"[51].

---

[49] Ibidem, p. 296, ênfase no original [ed. bras.: ibidem, p. 105. Para respeitar a opção do autor explicada na sequência, optamos por alterar a tradução da Boitempo aqui mencionada – N. E.].
[50] Ibidem, p. 298, ênfase no original [ed. bras.: ibidem, p. 107].
[51] Ibidem, v. 6, p. 201 [ed. bras.: *Miséria da filosofia*, trad. José Paulo Netto, São Paulo, Boitempo, 2017, p. 137].

Outro parágrafo ainda mais notável está no *Texto original [Urtext] de Contribuição para a crítica da economia política* de 1858, no qual Marx, empregando a mesma terminologia, refere-se à dissolução da unidade entre humanos e natureza como condição essencial da sociedade moderna:

> O camponês não confronta mais o dono da terra como camponês com seu produto e seu trabalho rural, mas como possuidor de dinheiro. [...] Por outro lado, o proprietário de terra não o considera mais um indivíduo rude que produz meios de subsistência em condições de vida peculiares, mas alguém cujo produto – o valor de troca torna-se independente, o equivalente universal, o dinheiro – não é diferente do produto de ninguém. Assim, a *aparência afetiva* [*der gemühtliche Schein*] que encobria a transação em sua forma anterior é dissipada.[52]

Nessa passagem, a continuidade teórica desde 1844 é óbvia, uma vez que Marx lida novamente com a dissolução do domínio pessoal feudal na relação entre proprietários de mercadorias e dinheiro no mercado e tematiza essa mudança como o desaparecimento da "aparência afetiva que encobre" o processo de produção. Com palavras semelhantes, ele descreve a transformação da relação de dominação em uma forma puramente econômica, como resultado da "ruptura das relações de dependência pessoal, como uma vitória da sociedade burguesa"[53]. As relações sociais tornaram-se reificadas conforme são mediadas pelo dinheiro e pela mercadoria, embora, ao contrário da sociedade pré-capitalista, os indivíduos pareçam capazes de se comportar de forma igual e independente uns dos outros. As transações de mercado parecem ocorrer entre proprietários de mercadorias "livres" e "iguais", mas na verdade são o processo em expansão de apropriação da riqueza de outras pessoas e concentração da riqueza social nas mãos de poucos. Assim, mesmo a "aparência afetiva" desaparece da sociedade capitalista.

Além disso, na década de 1860, Marx aponta repetidamente a separação entre os produtores e a terra como um pressuposto histórico e lógico para o surgimento do modo de produção capitalista:

> A formação de uma classe de trabalhadores assalariados, seja na manufatura ou na própria agricultura – a princípio todos os manufatores aparecem apenas como *stipendiés*, trabalhadores assalariados do proprietário cultivador –, requer a separação

---

[52] Ibidem, v. 29, p. 430, ênfase nossa.
[53] Ibidem, p. 431.

das condições de trabalho da capacidade de trabalho, e a base para essa separação é que a própria terra passa a ser propriedade privada de uma parte da sociedade, de modo que a outra parte é alijada dessa condição objetiva de valorização de seu trabalho.[54]

De maneira semelhante, Marx argumenta em *O capital*:

Na seção sobre a acumulação primitiva, vimos como esse modo de produção pressupõe, por um lado, que os produtores diretos sejam libertados da posição de meros apêndices do solo (na forma de cativos, servos, escravos etc.) e, por outro, que as massas do povo sejam expropriadas da terra. Nessa medida, o monopólio da propriedade da terra é uma precondição histórica para o modo de produção capitalista e permanece como seu fundamento permanente, como todos os modos de produção anteriores baseados na exploração das massas de uma forma ou de outra. Mas a forma da propriedade fundiária que inicialmente acolhe o modo de produção capitalista não corresponde a este modo. A forma que corresponde a ele só é criada pelo próprio modo de produção capitalista, por meio da sujeição da agricultura ao capital; e, desse modo, a propriedade feudal da terra, a propriedade do clã ou a pequena propriedade camponesa são transformadas na forma econômica correspondente a esse modo de produção, por mais diversas que sejam as suas formas jurídicas. É um dos grandes resultados do modo de produção capitalista que ele transforme a agricultura de um conjunto de procedimentos meramente empíricos, mecanicamente transmitidos e praticados pela parte mais subdesenvolvida da sociedade, em uma aplicação científica consciente da agronomia, na medida em que isso seja possível no interior das condições da propriedade privada; que, por um lado, separe completamente a propriedade fundiária das relações de senhorio e servidão, enquanto, por outro, separa completamente a terra como condição de trabalho da propriedade da terra e dos proprietários, para quem, além disso, essa terra não representa nada além de uma certa taxa monetária que esse monopólio lhe permite extrair do capitalista industrial, o fazendeiro. [...] A propriedade fundiária, portanto, recebe sua forma puramente econômica pela remoção de todos os seus adereços e adições políticas e sociais anteriores.[55]

---

[54] Ibidem, v. 30, p. 364.
[55] Karl Marx, *Marx's Economic Manuscript of 1864-1865* (Leiden, Brill, 2015), p. 715-7.

Conforme claramente indicado nesse parágrafo, Marx explica repetidamente a especificidade do modo de produção capitalista, com o monopólio da propriedade fundiária como sua "condição histórica". Mesmo que o monopólio da propriedade da terra também seja uma condição permanente em "todos os modos de produção anteriores baseados na exploração das massas de uma forma ou de outra", sua forma capitalista é distinta porque assume uma "forma puramente econômica", enquanto a exploração pré-capitalista é realizada por meio de "relações de senhorio e servidão". Segundo Marx, essa transformação qualitativa da relação entre os humanos e a terra resulta da "sujeição da agricultura ao capital". Nesse sentido, Marx ainda mantém sua visão de 1844 de que a separação absoluta dos humanos de suas condições objetivas de produção é o pressuposto essencial para o surgimento da relação entre capital e trabalho assalariado, enquanto nas sociedades pré-capitalistas, apesar do monopólio da propriedade fundiária como condição de exploração de cativos, servos e escravos, o acesso aos meios de produção permanecia garantido a esses produtores diretos. Pela transformação da forma de propriedade da terra no processo de "acumulação original", uma massa de camponeses foi expulsa e perdeu sua relação independente com a terra como meio de produção e subsistência, de modo que foram forçados a vender sua própria força de trabalho como mercadoria no mercado. O surgimento da "forma puramente econômica" da propriedade fundiária – "regateio de terras", que causou a alienação moderna da natureza – é o fundamento do modo capitalista de apropriação.

É particularmente nesse sentido que os *Grundrisse* de Marx discutem o problema da "alienação" em termos da dissociação dos produtores das condições objetivas da produção. Nas relações pré-capitalistas do "sujeito trabalhador" com a natureza, a "primeira condição objetiva de seu trabalho apareceu como natureza, terra, seu corpo inorgânico; ele próprio não é só o corpo orgânico, mas essa natureza inorgânica como sujeito"[56]. Marx chama essa unidade no interior do processo de produção na qual os lados subjetivo e objetivo da produção estão intimamente combinados "unidade natural do trabalho com seus pressupostos objetivos"[57]. A alienação e o empobrecimento na sociedade burguesa são, pelo contrário, os produtos desta

---

[56] Idem, *Grundrisse* (Londres, Penguin Books, 1973), p. 488 [ed. bras.: *Grundrisse*, trad. Mario Duayer e Nélio Schneider, São Paulo, Boitempo, 2011, p. 400].
[57] Ibidem, p. 471 [ed. bras.: ibidem, p. 388].

"*dissociação, separação* absoluta entre a propriedade, i.e., [d]as condições materiais do trabalho, e [d]a capacidade de trabalho viva". Mas continua a argumentar que é

> essa separação absoluta entre propriedade e trabalho, entre a capacidade de trabalho viva e as condições de sua realização, entre trabalho objetivado e vivo, entre o valor e a atividade criadora de valor – dá também a estranheza do conteúdo do trabalho para o próprio trabalhador –, esse divórcio agora aparece igualmente como produto do próprio trabalho, como concretização, como objetivação de seus próprios momentos. [...] A capacidade de trabalho não sai mais rica do processo, sai mais pobre do que nele entrou. Pois não só fabricou as condições do trabalho necessário como condições pertencentes ao capital, mas a valorização inerente a ela como possibilidade, possibilidade de criação de valor, que agora existe igualmente como valor excedente, produto excedente, em uma palavra, como capital, como domínio sobre a capacidade de trabalho viva, como valor dotado de poder e vontade próprios, confrontando-a em sua pobreza abstrata, inobjetiva, puramente subjetiva.[58]

Mesmo que Marx não use o termo "alienação" nessa passagem, a continuidade teórica desde 1844 é bastante óbvia. A condição "inobjetiva" e "puramente subjetiva" dos trabalhadores modernos não pode permitir que realizem sua própria capacidade de trabalho, porque não possuem as condições objetivas necessárias para isso. A realização da capacidade de trabalho só é possível quando eles, como proprietários voluntários e independentes de uma mercadoria – isto é, força de trabalho –, a vendem no mercado apenas para ser subjugada ao domínio alheio do capital. Sem controle sobre o fundamento material de sua própria vida, o trabalhador "livre" permanece sempre "virtualmente despossuído"[59]. Do caráter alheio da atividade de trabalho, que é inevitavelmente causado pelo estranhamento da capacidade subjetiva do trabalhador no processo de produção organizado pelo capital, o caráter alheio do mundo objetivo também é produzido porque o trabalho só pode produzir os produtos de sua própria realização como uma realidade alheia. Os produtores não podem se apropriar do produto do trabalho; sob um domínio reificado, sua própria atividade só se realiza como um poder alheio subjugador. Esse processo de desrealização

---
[58] Ibidem, p. 452-3, ênfase no original [ed. bras.: ibidem, p. 372].
[59] Ibidem, p. 604 [ed. bras.: ibidem, p. 502].

e empobrecimento, junto com a acumulação de capital, produz um mundo alheio em constante crescimento além do controle humano.

Nos *Grundrisse*, Marx mais uma vez contrasta essa situação moderna com a sociedade pré-burguesa: "Na relação de escravidão ou de servidão não ocorre essa separação", pois o trabalhador na forma de escravo ou de servo "é arrolado entre os demais seres naturais *como condição inorgânica* da produção, ao lado do gado ou como apêndice da terra"[60]. Além disso, Marx argumenta que, na "relação *pré-burguesa* do indivíduo com as condições objetivas do trabalho", um indivíduo pode aparecer como um "sujeito trabalhador"[61]. É precisamente nessa forma de subjetividade do sujeito do trabalho pré-burguês que Fukutomi encontrou a potencialidade para o livre desenvolvimento da individualidade dos servos trabalhadores como produtores diretos[62]. Mesmo que os servos permanecessem subjugados ao domínio pessoal e sua existência fosse reduzida a uma condição objetiva da produção, eles ainda assim mantinham certa independência e liberdade de atividade no processo de produção graças à unidade com a terra e, portanto, podiam se apropriar dos frutos do trabalho na forma de operações de pequena escala. Ali existia a base material para o "livre desenvolvimento da individualidade" que floresceu durante a transição para a propriedade fundiária capitalista, quando os produtores de fato se emanciparam do domínio pessoal após o colapso do feudalismo.

Marx chama esse período após a queda do sistema feudal de "a época de ouro do trabalho que está se emancipando", como exemplificado pelos *yeomen* na Inglaterra no século XIV e na primeira metade do século XV[63]. Marx também escreve sobre isso em *O capital*:

> A propriedade privada do trabalhador sobre seus meios de produção é o fundamento da pequena empresa, e esta última é uma condição necessária para o desenvolvimento da produção social e da livre individualidade do próprio trabalhador. É verdade que esse modo de produção existe também no interior da escravidão, da servidão e de outras relações de dependência, mas ele só floresce, só libera toda a sua energia, só conquista a forma clássica adequada onde o trabalhador é livre proprietário privado de suas condições de trabalho, manejadas

---

[60] Ibidem, p. 489, ênfase no original [ed. bras.: ibidem, p. 401].
[61] Ibidem, p. 488 [ed. bras.: ibidem, p. 400].
[62] Masami Fukutomi, *Keizaigaku to Shizen Tetsugaku*, cit., p. 72-4.
[63] Marx, *Grundrisse*, cit., p. 510 [ed. bras.: *Grundrisse*, cit., p. 420].

por ele mesmo: o camponês, da terra que cultiva; o artesão, dos instrumentos que manuseia como um virtuoso.[64]

O desenvolvimento da "livre individualidade do trabalhador" é uma expressão que Marx costuma usar no contexto de uma futura sociedade estabelecida entre os produtores associados, mas a utiliza excepcionalmente para caracterizar a agricultura familiar pré-capitalista de pequena escala, na qual o trabalhador pode se comportar como "livre proprietário privado de suas condições de trabalho", mesmo que ainda seja uma forma pré-moderna limitada. Essa liberdade de trabalho tornou-se possível porque, após a dissolução da relação de dependência pessoal, os trabalhadores puderam se relacionar livremente com a terra como seu próprio meio de produção. Consequentemente, a relação dos humanos com a natureza floresceu como uma relação livre na qual o produtor direto podia desfrutar do aspecto "afetivo" da produção anterior, mas sem um senhorio. Assim, em oposição a uma crítica popular de que a visão otimista de Marx do desenvolvimento tecnológico subestima a agricultura familiar de pequena escala, Marx explica por que esse tipo de produção poderia sustentar mais do que adequadamente famílias de agricultores, embora, após a introdução do modo de produção capitalista na agricultura inglesa, ele tenha declinado por ser "incapaz de desenvolver o trabalho como trabalho social e a força produtiva do trabalho social. Daí a necessidade da separação, da ruptura, da antítese entre trabalho e propriedade"[65].

Na medida em que a condição objetiva da existência física de alguém ainda está presente na sociedade feudal – graças à conexão afetiva com a terra –, a mercantilização universal da capacidade de trabalho não pode penetrar em toda a sociedade. Portanto, o domínio reificado do capital precisa primeiro assegurar a dissociação da unidade original entre os humanos e a terra e substituí-la por uma relação de capital e trabalho assalariado. Como resultado da separação de terra, meios de produção e subsistência manifestada na história dos cercamentos, produtores de operações de pequena escala no

---

[64] Idem, *Capital*, v. 1 (Londres, Penguin Books, 1976), p. 927 [ed. bras.: *O capital*, Livro 1, trad. Rubens Enderle, São Paulo, Boitempo, 2011, p. 831].

[65] Marx e Engels, *Collected Works*, cit., v. 33, p. 340. Marx não idealizou a agricultura familiar de pequena escala, ressaltando que ela não possuía os meios necessários para conduzir uma agricultura sustentável, como fertilizantes e máquinas, por falta de capital e conhecimento científico.

campo foram então enviados para as grandes cidades como proletários "livres no duplo sentido", não apenas livres do domínio pessoal, mas também livres das condições de produção e reprodução. Sem capacidade objetiva de produção, trabalhadores modernos "livres e sem direitos (*vögelfrei*)" são compelidos a estranhar sua própria capacidade de trabalho vivo e trabalhar pelos meios de subsistência[66]. Marx chama essa privação de toda possibilidade objetiva de produção de "pobreza absoluta" dos trabalhadores modernos:

> O trabalho separado de todos os meios e objetos de trabalho, separado de toda sua objetividade. O trabalho vivo existindo como *abstração* desses momentos de sua real efetividade (igualmente não valor): esse completo desnudamento do trabalho, existência puramente subjetiva, desprovida de toda objetividade. O trabalho como a *pobreza absoluta*: a pobreza não como falta, mas como completa exclusão da riqueza objetiva.[67]

Não importa o salário que o trabalhador obtenha, isso não permite que ele escape dessa pobreza absoluta. A exclusão total da riqueza objetiva continua a ser a caracterização essencial da situação do trabalhador sob o modo de produção capitalista, e a alienação da natureza é a causa fundamental.

Ao longo do processo de desenvolvimento de sua crítica da economia política, Marx nunca abriu mão de sua visão de 1844 quanto à unidade original entre humanos e natureza. Desde o início, Marx compreendeu a negação histórica de uma certa relação entre humanos e natureza como uma característica central do modo de produção capitalista, e sua negação como uma reabilitação positiva da unidade original em um nível superior – "a negação da negação" – é, como antes, a tarefa essencial da sociedade futura[68]. Assim, Marx escreveu: "A unidade original só pode ser restabelecida sobre o fundamento material que o capital cria e por meio das revoluções pelas quais, no processo de sua criação, passam a classe trabalhadora e toda a sociedade"[69]. De acordo com a causa do estranhamento, Marx propôs a mesma necessidade de reabilitação consciente da unidade original entre humanos e natureza por meio da "associação": "A

---

[66] Marx, *Capital*, cit., v. 1, p. 896 [ed. bras.: *O capital*, Livro 1, cit., p. 786].
[67] Idem, *Grundrisse*, cit., p. 295-6 [ed. bras.: *Grundrisse*, cit., p. 229-30].
[68] Marx e Engels, *Collected Works*, cit., v. 3, p. 343 [ed. bras.: *Manuscritos econômico-filosóficos*, cit., p. 133].
[69] Ibidem, v. 33, p. 340.

propriedade alheia do capitalista neste trabalho só pode ser abolida pela conversão de sua propriedade na propriedade do não indivíduo em sua singularidade independente, portanto, do indivíduo *associado, do indivíduo social*"[70].

Em contraste com a interpretação de Althusser que simplesmente descarta os textos de Marx anteriores a 1845, encontramos importantes percepções em seus *Cadernos de Paris* de 1844 que caracterizam fundamentalmente o projeto de crítica da economia política de Marx durante toda a sua vida. Sua formulação não é, no entanto, definitiva: trata-se de um esboço pessoal, sem a intenção de publicação. Assim, a interpretação humanista dos *Manuscritos econômico-filosóficos* acaba sendo unilateral, porque, embora Marx tenha preservado certa visão econômica alcançada em 1844, ele também desistiu rapidamente de sua concepção filosófica da alienação, emprestada de Feuerbach e Moses Hess. O fato de Marx ter abandonado a filosofia antropológica de Feuerbach foi significativo também no que diz respeito a sua ecologia, pois sua nova crítica da filosofia em *Teses sobre Feuerbach* e *A ideologia alemã* preparou a base teórica para uma compreensão mais adequada das modificações históricas da relação entre humanidade e natureza. Por que Marx teve que abandonar seu esquema feuerbachiano anterior, enquanto mantinha sua visão econômica? Como Marx reconceituou a relação entre humanos e natureza?

Abandonando a filosofia

A ideologia alemã, juntamente com as *Teses sobre Feuerbach*, documenta o momento em que Marx se distanciou decisivamente da filosofia e começou a avançar para a concepção não filosófica da unidade entre humanidade e natureza. Sua avaliação de Feuerbach mudou rapidamente durante esse tempo e ele percebeu que o fato de Feuerbach evitar qualquer envolvimento prático com o movimento socialista era uma consequência inevitável de sua filosofia abstrata, que visava educar as massas com a verdade sobre o ser genérico. Como resultado, Marx rejeitou não apenas o idealismo de Hegel, mas também o materialismo de Feuerbach, que afirmava ter revelado a verdade escondida sob a mistificação estranhada por meio da "sensibilidade". Nessa divergência em relação à filosofia de Feuerbach, pode-se encontrar um desenvolvimento crucial para toda a teoria de Marx. Embora sua crítica à sociedade burguesa em 1844 ainda opusesse conceitos feuerbachianos como "amor", "sensibilidade",

---

[70] Ibidem, v. 34, p. 109.

"ser genérico" etc., a uma realidade estranhada, a fim de descrever o progresso histórico como um processo de reapropriação da essência humana, o primado da prática em *A ideologia alemã* visa à análise das próprias relações sociais concretas, relações que estruturam a consciência invertida e os comportamentos dos indivíduos aprisionados nelas.

No entanto, deve-se ter cuidado para não confundir a rejeição de Marx do questionamento filosófico com uma "ruptura epistemológica" com um velho paradigma. Como mostrado, a percepção econômica central de 1844 permanece sem dúvida também no Marx tardio. É necessário fazer outras diferentes: por que Marx, *apesar dessa continuidade teórica*, mudou sua avaliação do materialismo de Feuerbach? Como ele reconceituou sua visão anterior de que "humanismo = naturalismo" como uma análise verdadeiramente materialista da relação entre humanos e natureza de acordo com seu distanciamento em relação a Feuerbach? Nesse contexto, a formação do "método materialista" de Marx é importante[71].

O principal ponto da crítica de Marx a Feuerbach e outros Jovens Hegelianos em *A ideologia alemã* é que eles simplesmente opunham uma "essência" oculta à "aparência" estranhada, sem examinar as relações sociais específicas que conferem uma realidade objetiva a essa aparência. Por exemplo, Feuerbach argumenta que a alienação religiosa diante de Deus é uma "ilusão" que os próprios humanos produzem em suas mentes devido ao não reconhecimento de seu próprio ser genérico, permitindo assim que uma essência invertida domine

---

[71] Ryuji Sasaki compreende a reviravolta crítica de Marx contra Feuerbach como o momento em que ele estabeleceu seu próprio "método materialista" e sua separação final em relação à filosofia. Marx escreve em *O capital* sobre sua própria maneira "científica" e "materialista" de conduzir sua análise: "De fato, é muito mais fácil encontrar, por meio da análise, o núcleo terreno das nebulosas representações religiosas do que, inversamente, desenvolver, a partir das condições reais de vida de cada momento, suas correspondentes formas celestializadas. Este é o único método materialista e, portanto, científico" (*Capital*, cit., v. 1, p. 494 [ed. bras.: *O capital*, Livro 1, cit., p. 446]). Em comparação com os *Manuscritos econômico-filosóficos*, seu núcleo reside em outro tipo de questão. Anteriormente, Marx tentou descobrir o que é a essência humana oculta sob a alienação e a propriedade privada; consequentemente, ele opôs o ser genérico como a "essência" à realidade estranhada. Em *A ideologia alemã*, Marx pergunta "como" e "por que" a alienação é objetiva e inevitável sob certas relações sociais concretas. Como Sasaki aponta, em vez de impor uma verdade filosófica à realidade alienada, Marx agora reconhece a necessidade de analisar as condições materiais concretas para revelar a possibilidade de uma transformação social radical. Ryuji Sasaki, *Marx no Busshouka Ron* (Tóquio, Shakai Hyoronsha, 2011), p. 39.

suas consciência e atividade. Nos *Cadernos de Paris*, Marx apoiou fortemente esse discurso jovem hegeliano, pois acreditava que, por meio da aplicação do esquema de Feuerbach à alienação do trabalho na sociedade burguesa, seria possível imaginar a abolição social da propriedade privada como uma forma de reapropriação e realização do gênero humano[72]. Contudo, Marx passa a argumentar que a crítica de Feuerbach é "puramente *escolástica*" e incapaz de levar a uma mudança social radical[73]. Isso porque o método dele só admite a necessidade de uma mudança epistemológica no que diz respeito à inversão religiosa, "pondo os 'óculos' do filósofo" sem um engajamento prático de fato[74]. Em outras palavras, Marx critica Feuerbach por acreditar ingenuamente (e erroneamente) que poderia apenas educar as massas com sua filosofia de que a essência de Deus é na verdade a dos próprios humanos, sem tocar nas relações sociais alienadas na raiz do problema.

A diferença entre os pontos de vista de Marx e Feuerbach após 1845 torna-se mais clara se seguirmos os vários usos da "práxis" por Marx durante esse período. Na verdade Marx desde o início reivindicou consistentemente a necessidade de transcender o dualismo filosófico de fato, em contraste com a filosofia idealista de Hegel, que tenta superar a contradição apenas em um nível teórico.

Em setembro de 1843, Marx já havia formulado, em uma carta a Arnold Ruge, sua exigência de uma "crítica implacável de tudo que existe" com as seguintes palavras:

> A reforma da consciência consiste unicamente no fato de deixar o mundo interiorizar sua consciência, despertando-o do sonho sobre si mesmo, *explicando-lhe* suas próprias ações. Todo o nosso propósito só pode consistir em colocar as questões religiosas e políticas em sua forma humana autoconsciente, que é o que ocorre também na crítica que Feuerbach faz à religião.[75]

---

[72] Nessa aplicação, Marx segue o trabalho de Moses Hess, *Sobre o sistema monetário* (*Über das Geldwesen*). Ver Auguste Cornu, *Karl Marx und Friedrich Engels: Leben und Werk*, v. 1 (Berlim, Aufbau Verlag, 1954), p. 516.

[73] Marx e Engels, *Collected Works*, cit., v. 5, p. 3 [ed. bras.: *A ideologia alemã*, trad. Luciano Cavini Martorano, Nélio Schneider e Rubens Enderle, São Paulo, Boitempo, 2007, p. 533].

[74] Ibidem, p. 39 [ed. bras.: ibidem, p. 30].

[75] Ibidem, v. 3, p. 142, p. 144, ênfase no original [ed. bras.: Karl Marx, "Cartas dos *Anais Franco-Alemães* (de Marx a Ruge)", em *Sobre a questão judaica*, trad. Nélio Schneider, São Paulo, Boitempo, p. 72].

Aqui fica óbvio que Marx, seguindo a crítica da religião de Feurbach, visava principalmente à "reforma da consciência". A emancipação epistemológica da ilusão pela crítica implacável é, segundo Marx, a tarefa mais importante, da qual deve emergir a práxis radical. Essa abordagem filosófica também se reflete em sua solução política. Na *Crítica da filosofia do direito de Hegel*, escrita entre março e agosto de 1843, Marx lidou com a contradição do mundo moderno como uma oposição dualista entre o Estado e a sociedade civil. Para superar essa "alienação", ele opôs à realidade alienada a ideia filosófica de "democracia", em que todo indivíduo privado deveria poder participar da esfera pública, superando a separação dualista entre as duas esferas[76].

Em *Sobre a questão judaica*, Marx rapidamente passou a criticar esse tipo de ideia democrática após reconhecer os limites da "emancipação política". Percebeu que a emancipação política por meio da democracia simplesmente contribui para completar o mundo moderno, e não para sua transcendência. Marx argumentou que a democracia por si só não pode levar a uma ação política radical enquanto a existência da sociedade burguesa estiver pressuposta. A esfera política permanece despolitizada a fim de proteger os interesses de um "*indivíduo egoísta independente*"[77]. Nesse sentido, Marx admitiu que a ideia abstrata de "democracia" apenas reflete a ideia abstrata do Estado político na sociedade moderna. Abandonando sua visão ingênua da democracia, começou a problematizar a própria sociedade burguesa como a contradição real do mundo moderno. Aqui, Marx já estava realizando uma superação parcial do esquema de Feuerbach, reconhecendo que o dualismo antagônico real entre o Estado e a sociedade burguesa não pode gerar uma unidade apenas por meio de uma ideia filosófica de democracia.

Apesar desse desenvolvimento teórico, Marx, ao mesmo tempo, ainda estimava outro aspecto da filosofia de Feuerbach. Ao egoísmo da sociedade burguesa, com seu desejo sem fim de obter dinheiro, Marx opôs a "sensibilidade" concreta do ser humano como o verdadeiro princípio da emancipação humana. Assim, argumentou na *Crítica da filosofia do direito de Hegel*, cuja introdução foi publicada no periódico *Deusch-Französische Jahrbücher* [Anais Franco-Alemães], que não é possível uma transformação radical da sociedade burguesa por meio de um ideal político, mas somente por meio de um "elemento passivo" (sensibilidade), isto é, como resultado de trabalhadores alie-

---

[76] Ibidem, p. 79 [ed. bras.: *Crítica da filosofia do direito de Hegel*, cit., p. 102].

[77] Ibidem, p. 168 [ed. bras.: *Sobre a questão judaica*, cit., p. 54].

nados pondo em questão seu "sofrimento universal", que pode então se tornar a base da ação[78]. É por isso que Marx enfatizou o poder da práxis ancorada nos desejos sensíveis concretos dos trabalhadores como único meio de solução para a contradição moderna: "Já como oponente resoluto da forma anterior da consciência política *alemã*, a crítica da filosofia especulativa do direito não deságua em si mesma, mas em *tarefas* para cujas soluções há apenas um meio: a *prática*"[79]. Encontra-se uma certa ambivalência no argumento de Marx. Por um lado, reconhece a limitação de uma simples oposição entre uma ideia filosófica abstrata e a realidade objetiva alienada, o que o faz enfatizar mais a primazia da prática do que havia feito Feuerbach. Por outro lado, Marx ainda o seguia, apreciando seu conceito de "sensibilidade" precisamente como o fundamento materialista concreto da prática revolucionária.

A frase seguinte dos *Cadernos de Paris* representa a mesma ambiguidade. À primeira vista, a afirmação de Marx pode dar a impressão de que ele já havia estabelecido a primazia da prática contra a posição filosófica de Feuerbach:

> Vê-se como a própria resolução das oposições *teóricas só* é possível de um modo *prático*, só pela energia prática do homem e, por isso, a sua solução de maneira alguma é apenas uma tarefa do conhecimento, mas uma *efetiva* tarefa vital que a *filosofia* não pôde resolver, precisamente porque a tomou *apenas* como tarefa teórica.[80]

É verdade que Marx sem dúvida reconheceu a necessidade da prática para a transcendência das "antíteses teóricas" que refletem a realidade contraditória, criticando essa filosofia idealista por não conseguir fazer nenhum compromisso prático com a contradição objetiva concreta. No entanto, ele ainda afirmava o esquema de Feuerbach ao exigir também a superação das antíteses, como aquelas entre "subjetividade e objetividade, espiritualidade e materialidade, atividade e sofrimento", por meio da "percepção sensível" de Feuerbach[81]. Uma vez que a crítica de Marx se dirigia apenas contra a natureza abstrata da filosofia idealista de seu próprio ponto de vista da percepção sensível, ele, junto com Feuerbach, recomendou superar essas antíteses filosóficas com a práxis sensível concreta

---

[78] Ibidem, p. 183, p. 186 [ed. bras.: *Crítica da filosofia do direito de Hegel*, cit., p. 158, p. 162].
[79] Ibidem, p. 181 [ed. bras.: ibidem, p. 157].
[80] Ibidem, p. 302, ênfase no original [ed. bras.: *Manuscritos econômico-filosóficos*, cit., p. 111].
[81] Idem.

e, mais precisamente, o "trabalho" que pode atualizar a subjetividade livre e universal dos seres humanos no mundo objetivo concreto. Assim, o que Marx problematizou nos cadernos de 1844 é essencialmente dependente do retorno à "percepção sensível" concreta do trabalho como o *verdadeiro* princípio do materialismo radical, e nessa linha ele defendeu que os seres humanos primeiro reconheçam corretamente seu próprio ser genérico e em seguida se envolvam na práxis revolucionária contra a realidade alienada do capitalismo.

Não é difícil entender por que Marx valorizava muito o conceito de ser genérico de Feuerbach. Ele estava convencido de que, em contraste com o "espírito" de Hegel e a "autoconsciência" de Bruno Bauer, o sujeito humano conceituado por Feuerbach poderia funcionar como uma base real e verdadeira para o progresso do movimento histórico e mostrar o caminho para transcender a alienação. Sua crítica da filosofia em 1844 visava principalmente corrigir sua anterior incapacidade de reconhecer o princípio filosófico verdadeiro de um modo similar a como Feuerbach opôs seu ser genérico ao espírito de Hegel como o verdadeiro sujeito da história. Nesse sentido, a defesa da práxis por Marx, em 1844, ainda se movia claramente no interior do paradigma da filosofia dos Jovens Hegelianos.

Pelo contrário, em *A ideologia alemã*, Marx rejeita qualquer antítese que ocorra no interior da filosofia:

> Uma vez que, segundo sua fantasia, as relações entre os homens, toda a sua atividade, seus grilhões e barreiras são produtos de sua consciência, os Jovens Hegelianos, consequentemente, propõem aos homens o seu postulado moral de trocar sua consciência atual pela consciência humana, crítica ou egoísta e de, por meio disso, remover suas barreiras. Essa exigência de transformar a consciência resulta na exigência de interpretar o existente de outra maneira, quer dizer, de reconhecê-lo por meio de uma outra interpretação. [...] Os únicos resultados aos quais essa crítica filosófica pôde chegar foram algumas poucas – e, mesmo assim, precárias – explicações histórico-religiosas acerca do cristianismo.[82]

Como anteriormente, Marx certamente enfatiza a importância da práxis para transformar radicalmente as contradições sociais existentes. Contudo, é evidente que Marx também aponta que "a demanda por uma mudança de consciência" por meio de elucidações e educação acaba produzido apenas os

---

[82] Marx e Engels, *Collected Works*, cit., v. 5, p. 30 [ed. bras.: *A ideologia alemã*, cit., p. 84].

"postulados morais" do que deveria ser, sem efetivamente mudar os problemas reais. Ele afirma que os debates anteriores entre os Jovens Hegelianos são estéreis porque estão simplesmente tentando descobrir um princípio filosófico "verdadeiro" para imaginar o sujeito histórico, seja a "autoconsciência", o "ser genérico" ou "o único"[83]. Portanto, Marx problematiza e rejeita todo o debate dos Jovens Hegelianos após perceber que a afirmação de outra interpretação do mundo por si só não é capaz de uma transformação social radical.

De acordo com Marx, a crítica de Feuerbach à religião pode ser capaz de educar as massas sobre Deus ser uma mera ilusão cujos predicados deveriam ser prescritos aos humanos como seres genéricos. O problema é que a crítica de Feuerbach termina aí, sem colocar uma questão mais substancial: "Como é que os homens 'botam na cabeça' essas ilusões?"[84]. Em outras palavras, Deus não é uma mera ilusão que desapareceria depois que sua falsidade fosse reconhecida. Em vez disso, a ilusão é uma aparência objetiva produzida pelas relações sociais. Assim, Marx argumenta contra o otimismo de Feuerbach de que é mais importante compreender "as reais premissas materiais como tais". Sem uma transformação radical das relações sociais, a "ilusão" será repetidamente reproduzida como uma força objetiva pela prática social. Não é possível transcender a realidade alienada simplesmente apontando a inversão alienada do mundo objetivo do ponto de vista da filosofia. O verdadeiro problema não é uma falha epistêmica em reconhecer uma verdade do mundo, mas antes sua inversão, que se baseia nas relações sociais objetivas e na prática social[85]. Uma

---

[83] *O único e sua propriedade*, de Max Stirner, publicado em 1845, argumenta de um ponto de vista nominalista que as categorias universais como "ser genérico" de Feuerbach e "espírito" de Hegel são meras ilusões na cabeça dos filósofos. Conforme indicado no volume da crítica de Marx a Stirner em *A ideologia alemã*, o trabalho foi de grande importância para o desenvolvimento teórico de Marx na época porque ele também apoiava o conceito de "ser genérico". No entanto, Marx também rejeita a ideia do "único" de Stirner em *A ideologia alemã*, porque Stirner só oferece outra existência ilusória como base para uma filosofia racial autoproclamada, como se o sujeito pudesse existir totalmente fora das relações sociais. Em outras palavras, Stirner também pressupõe o "verdadeiro" sujeito no interior do paradigma nos Jovens Hegelianos.

[84] Ibidem, p. 236 [ed. bras.: *A ideologia alemã*, cit., p. 231].

[85] Žižek enfatiza o mesmo ponto: "A ilusão não está do lado do conhecimento, mas do lado da própria realidade, do que as pessoas estão fazendo. O que eles não sabem é que sua própria realidade social, sua atividade, é guiada por uma ilusão, por uma inversão fetichista. O que eles esquecem, o que eles reconhecem erroneamente, não é a realidade, mas a ilusão que está estruturando sua realidade, sua atividade social real". Por exemplo, não faz sentido apontar

vez que os indivíduos já estão sempre condicionados pelas relações sociais, independentemente de sua vontade, a exigência de Feuerbach de uma "mudança de consciência" por si só não pode trazer qualquer práxis radical, não importa quão correta possa estar sua crítica à religião. Nesse sentido, o conceito de "percepção sensível" de Feuerbach ainda permanece para Marx no interior de uma discussão filosófica abstrata, pois a forma como aquele coloca questões é meramente epistemológica, tentando descobrir outro fundamento "verdadeiro" que desvende a "essência" humana oculta sob a realidade abstrata.

Apesar do pressuposto de Feuerbach, contudo, não há um ponto de vista privilegiado do filósofo a partir do qual o acesso direto à "essência" possa estar garantido, como escreve Marx na terceira tese:

> A doutrina materialista sobre a modificação das circunstâncias e da educação esquece que as circunstâncias são modificadas pelos homens e que o próprio educador tem de ser educado. Ela tem, por isso, de dividir a sociedade em duas partes – a primeira das quais está colocada acima da sociedade.[86]

Marx problematiza o pressuposto do "educador" – obviamente se refere a Feuerbach – porque não existe algo como uma percepção puramente sensível que garante acesso à essência independentemente das relações sociais objetivas existentes. A intuição da filosofia não está fora do mundo, mas sempre no interior do mundo invertido e, assim, condicionada por ele. Portanto, a ideia filosófica de Feuerbach da "percepção sensível" e do "amor" permanece inevitavelmente abstrata, já que ele não leva em conta seriamente as condições sociais no interior do mundo invertido. Se o filósofo se contenta com a descoberta da "essência", a filosofia só impede a práxis radical ao dar outra expressão à realidade alienada e deixá-la inalterada. O que é realmente necessário, diz Marx, é uma investigação crítica das relações sociais objetivas a fim de compreender

---

que o dinheiro é na verdade apenas um pedaço de papel em uma situação em que possui um poder social real de ser trocado por quaisquer outras mercadorias. Nesse sentido, a crítica da "falsa consciência" perde o ponto de Marx porque a tarefa científica está em uma explicação de por que um mero pedaço de papel funciona como dinheiro em certas relações sociais. Portanto, é necessário investigar as relações sociais e as práticas que constituem a estrutura objetiva da ideologia. Só assim se abre a possibilidade de revelar as condições objetivas de uma práxis radical. Slavoj Žižek, *The Sublime Object of Ideology* (Londres, Verso, 1989), p. 32.

[86] Marx e Engels, *Collected Works*, cit., v. 5, p. 4 [ed. bras.: *A ideologia alemã*, cit., p. 533].

a possibilidade de resistência a partir das contradições realmente existentes na própria sociedade.

Já a ideia de Feuerbach equivale a um conjunto de teses abstratas sem qualquer análise social específica. Ele não leva a sério o suficiente a força objetiva do mundo invertido, como se a realidade alienada pudesse ser simplesmente transformada por uma intuição filosófica alternativa. Como consequência, a filosofia de Feuerbach ironicamente preserva a atual situação estranhada do mundo, evitando um confronto teórico sério com a realidade. Para Marx, é muito mais importante confrontar na prática a ordem existente das coisas e mudá-la radicalmente. Ele enfatiza a importância de uma investigação social e histórica com vistas a como e por que o mundo objetivamente invertido além do controle humano emerge da prática social, para que as condições materiais para sua transcendência possam ser compreendidas.

Como Marx se distanciou da filosofia, veio a reconhecer as limitações de seu esquema de 1844. Embora estivesse ciente de que os humanos sempre se relacionam com a natureza pela mediação do trabalho e que a alienação moderna deforma essa relação, todo o seu projeto de comunismo em 1844 dependia de uma ideia conceituada filosoficamente de que "humanismo = naturalismo". Uma vez que sua crítica da alienação ainda identificava de modo rudimentar "capitalismo" com "o sistema de propriedade privada", Marx inevitavelmente caiu em uma compreensão determinista da história, incapaz de analisar cuidadosamente a especificidade histórica do modo de produção capitalista.

Essa é a razão pela qual o projeto de Marx de 1844 ainda possuía inevitavelmente um tom "romântico"; ele só poderia opor à realidade alienada a ideia filosófica do ser genérico, que é encarregado de realizar a unidade absoluta e não mediada dos humanos com a natureza[87]. Quanto mais Marx dependia do conceito de "ser genérico" de Feuerbach para fundamentar sua defesa da realização da fórmula "humanismo = naturalismo", mais abstrata se tornava sua análise do capitalismo moderno. É por isso que Marx inicialmente visualizou o conteúdo do ser genérico ontologicamente, com predicados abstratos e a-históricos, como "paixão", "sensibilidade" e "universalidade"[88]. Desse modo,

---

[87] Andreas Arndt, *Unmittelbarkeit* [*Imediaticidade*] (Berlim, Eule der Minerva Verlag, 2013), p. 84.
[88] Em outras palavras, não é eficaz propagar a importância da proteção ambiental com o auxílio da "ecologia profunda". A educação sobre o significado fundamental da natureza para os seres humanos por si só não pode fundamentar um novo movimento ecológico. Marx,

a própria crítica de Marx à economia política, que deveria revelar a especificidade da sociedade moderna, tornou-se invisível, enterrada sob o discurso transistórico da filosofia dos Jovens Hegelianos.

Nesse período, Marx estudou intensamente o problema da mercadoria e do dinheiro em seus *Excertos do livro de James Mill* em seus *Cadernos de Paris*, de modo que, em vez de cair em uma esquematização rudimentar da história humana, na verdade continuou sua investigação sobre a especificidade do sistema capitalista. Em *A ideologia alemã*, Marx finalmente tornou-se consciente do perigo imanente à abstração de Feuerbach: "Toda a dedução de Feuerbach com respeito à relação dos homens entre si busca apenas provar que os homens têm necessidade uns dos outros e que *sempre a tiveram*"[89]. Falta na filosofia de Feuerbach um verdadeiro exame da historicidade específica da sociedade. Segundo Marx, que então se distanciou de seu projeto anterior, não há "essência" no sentido de Feuerbach como natureza "real" e seres humanos "reais", porque tanto a natureza quanto os humanos já estão completamente condicionados e constituídos por relações sociais. A compreensão crítica do processo historicamente específico de mediação tornou-se o cerne de sua análise científica:

> [Ele] se detém ainda no plano da teoria –, e não concebe os homens em sua conexão social dada, em suas condições de vida existentes, que fizeram deles o que eles são, ele não chega nunca até os homens ativos, realmente existentes, mas permanece na abstração "o homem", e não vai além de reconhecer no plano sentimental o "homem real, individual, corporal", isto é, não conhece quaisquer outras "relações humanas" "do homem com o homem" que não sejam as do amor e da amizade, e ainda assim idealizadas. Não nos dá nenhuma crítica das condições de vida atuais. Não consegue nunca, portanto, conceber o mundo sensível como

---

portanto, pergunta por que sob as relações sociais capitalistas a destruição do meio ambiente é um resultado inevitável, embora muitas pessoas estejam agora cientes da importância da proteção ambiental para as gerações que virão. Só depois de conceber a relação imanente entre o modo de produção capitalista e a destruição ambiental em curso é que se torna possível investigar as condições concretas para o estabelecimento de uma produção mais sustentável. Marx não está defendendo a primazia absoluta da teoria, como se ela devesse primeiro compreender todas as condições necessárias e então simplesmente ser aplicada à prática. Seu ponto é que todos os envolvidos em movimentos sociais necessitam constantemente investigar as relações sociais concretas, pois do contrário cairiam em uma prática utópica.

[89] Marx e Engels, *Collected Works*, cit., v. 5, p. 57, ênfase no original [ed. bras.: *A ideologia alemã*, cit., p. 46].

a *atividade* sensível, viva e conjunta dos indivíduos que o constituem, e por isso é obrigado [...] a buscar refúgio numa "concepção superior" e na ideal "igualização no gênero"; é obrigado, por conseguinte, a recair no idealismo justamente lá onde o materialista comunista vê a necessidade e simultaneamente a condição de uma transformação, tanto da indústria como da estrutura social.[90]

Em vez de elogiar a primazia da prática na filosofia de Feuerbach, Marx a critica duramente devido à separação entre teoria e prática. Para Feuerbach, o "homem" como tal nada mais é do que uma entidade abstrata à qual apenas propriedades universais a-históricas, como "relações humanas", "amor" e "amizade" podem ser atribuídas. Feuerbach negligencia as relações sociais reais como pressuposto para a atividade e consciência individuais reais, de modo que não consegue explicar *por que* e *como* a inversão do mundo objetivo na sociedade moderna foi produzida e é constantemente reproduzida. O "homem" enquanto tal, diz Marx, existe apenas no "pensamento que está isolado da prática"[91].

A mesma limitação teórica da filosofia de Feuerbach se manifesta em seu tratamento da "natureza". Marx critica a "natureza enquanto tal", que Feuerbach busca, porque ela não existe em lugar algum. A natureza como tal, completamente separada dos humanos, é uma construção puramente fantástica do pensamento, que "hoje em dia, salvo talvez em recentes formações de ilhas de corais australianas, não existe mais em lugar nenhum e, portanto, também não existe para Feuerbach"[92]. Quando fala sobre a natureza, Feuerbach é sempre compelido a abstraí-la das relações sociais existentes, fugindo para o mundo da "eternidade" com sua intuição filosófica. Como consequência, negligencia o processo histórico de formação da natureza por meio da atividade humana produtiva.

É verdade que em 1844 Marx reconheceu a necessidade de tratar a natureza e os humanos em sua inter-relação: "Mas também a *natureza*, tomada abstratamente, para si, fixada na separação do homem, é *nada* para o homem"[93]. Contudo, sua observação foi apenas um enunciado ontológico abstrato, segundo o qual a história precisa ser entendida como um processo mediado pelo trabalho de humanização da natureza e naturalização dos seres humanos. Em contraste

---

[90] Ibidem, p. 41, ênfase no original [ed. bras.: ibidem, p. 32].
[91] Ibidem, p. 3 [ed. bras.: ibidem, p. 533].
[92] Ibidem, p. 40 [ed. bras.: ibidem, p. 32].
[93] Ibidem, v. 3, p. 345, ênfase no original [ed. bras.: *Manuscritos econômico-filosóficos,* cit., p. 135].

com essa formulação inicial, em *A ideologia alemã* ele enfatiza a formação histórica do que conta como "natureza". A natureza não está apenas lá, mas é constantemente transformada por meio da produção social, na qual os seres humanos e a natureza atuam e se constituem mutuamente. É evidente que a afirmação de que os humanos e a natureza não existem na realidade sem essa relação recíproca ainda soa abstrata e banal. Para evitar esse caráter abstrato, é essencial para o "método materialista" de Marx analisar o processo de formação social e natural no capitalismo, prestando especial atenção à interação histórica específica entre humanos e natureza mediada pelo trabalho. Marx reconheceu claramente esse ponto em *A ideologia alemã* e mais tarde analisou esse processo histórico recíproco muito mais cuidadosamente com o conceito de "metabolismo" (*Stoffwechsel*), como veremos nos capítulos seguintes.

Em *A ideologia alemã*, Marx ainda não discute em detalhe a constituição recíproca dos humanos e da natureza. Mas, em contraste com Feuerbach, compreende a relação antagônica entre humanos e natureza como algo especificamente moderno, resultado da industrialização capitalista. Além disso, Marx formula intencionalmente esse desenvolvimento histórico como uma crítica a Feuerbach:

> A "essência" do peixe é o seu "ser", a água – para tomar apenas uma de suas proposições. A "essência" do peixe de rio é a água de um rio. Mas esta última deixa de ser a "essência" do peixe quando deixa de ser um meio de existência adequado ao peixe, tão logo o rio seja usado para servir à indústria, tão logo seja poluído por corantes e outros detritos e seja navegado por navios a vapor, ou tão logo suas águas sejam desviadas para canais onde simples drenagens podem privar o peixe de seu meio de existência.[94]

Marx critica as observações de Feuerbach em *Princípios da filosofia do futuro*: "*O que é minha essência é meu ser*. O peixe está na água, mas desse ser tu não podes separar sua essência. A linguagem já identifica ser e essência. Apenas na vida humana distinguem-se ser e essência, *mas apenas* [*em*] *casos anormais, infelizes*"[95]. Marx rejeita o tom romântico de Feuerbach, que só pede pelo retorno à essência como contramedida à perda dessa mesma essência. Se

---

[94] Ibidem, v. 5, p. 58-9 [ed. bras.: *A ideologia alemã*, cit., p. 46-7].
[95] Ludwig Feuerbach, *Principles of the Philosophy of the Future* (Indianapolis, Hackett Publishing, 1966), § 27, ênfase no original [ed. bras.: citado em *A ideologia alemã*, cit., p. 80].

a "água" é sempre a "essência do peixe", não haveria espaço para uma crítica à poluição da água. Ao opor a água poluída à água "natural" como a essência dos peixes, Feuerbach pode, na melhor das hipóteses, mostrar que a condição atual da água é "anormal". Mas, apenas apontando a anormalidade, Feuerbach não consegue analisar e identificar suficientemente a causa social da poluição da água e compreender as condições para sua limpeza. O que ele mostra é que, quando a "essência" (água) se perde, o "ser" (peixe) deve desaparecer. Essa afirmação é correta, mas banal. Em outras palavras, a análise de Feuerbach nada diz sobre a relação distorcida entre humanos e natureza na sociedade moderna e lamenta a situação como "um infortúnio inevitável que deve ser suportado tranquilamente"[96]. Marx argumenta que essa irônica afirmação da alienação é uma consequência necessária da filosofia de Feuerbach, que, apesar de sua autorreivindicada radicalidade, evita qualquer envolvimento prático com as consequências negativas do sistema moderno de produção.

Contra o pressuposto de Feuerbach de uma natureza a-histórica, Marx argumenta que é sempre necessário lidar com os humanos e a natureza em sua reciprocidade concreta. Assim, ele pergunta que tipos de relações sociais fazem a natureza sofrer várias modificações de maneira antagônica e alienada, e tenta reconstruir o processo histórico específico de produção e reprodução social. É a tarefa de sua investigação científica da história revelar esse ponto:

> O primeiro pressuposto de toda a história humana é, naturalmente, a existência de indivíduos humanos vivos. O primeiro fato a constatar é, pois, a organização corporal desses indivíduos e, por meio dela, sua relação dada com o restante da natureza. Naturalmente não podemos abordar, aqui, nem a constituição física dos homens nem as condições naturais, geológicas, oro-hidrográficas, climáticas e outras condições já encontradas pelos homens. Toda historiografia deve partir desses fundamentos naturais e de sua modificação pela ação dos homens no decorrer da história.[97]

Os humanos precisam produzir para viver. O trabalho como um ato dessa produção é inevitavelmente condicionado por fatores naturais e materiais. Nessas condições, os humanos também modificam seu ambiente. Segundo Marx, qualquer investigação científica deve atentar para essa transformação histórica

---

[96] Marx e Engels, *Collected Works*, cit., v. 5, p. 58 [ed. bras.: *A ideologia alemã*, cit., p. 46].
[97] Ibidem, p. 31 [ed. bras.: ibidem, p. 87].

mediada pelo trabalho. Em outras palavras, a abordagem de Marx do problema da alienação dos humanos e da natureza mudou fundamentalmente depois de abandonar a filosofia dos Jovens Hegelianos. Ele não mais opõe o domínio alheio do capital à ideia filosófica de que "humanismo = naturalismo", mas pergunta por que e como uma separação antagônica entre humanos e natureza emerge e se aprofunda sob o modo de produção capitalista.

Essa orientação materialista formulada em *A ideologia alemã* foi apenas o início de um novo período de pesquisa que durou toda a sua vida. A pesquisa intensiva de Marx em economia política e ciências naturais nos anos seguintes representa nada além do desenvolvimento de seu projeto para examinar a mediação historicamente específica sob o capitalismo do ato transistoricamente necessário da produção. Em sua análise da relação entre humanos e natureza, o conceito fisiológico de "metabolismo" adquire papel central.

CAPÍTULO 2
O METABOLISMO DA ECONOMIA POLÍTICA

Todas as criaturas devem estar em constante interação com seu meio ambiente se quiserem viver neste planeta. A totalidade desses processos incessantes cria não um processo estático, mas um processo dinâmico e aberto da natureza. Antes de Ernst Haeckel chamar essa economia da natureza de "oecologia", esse todo orgânico que consiste em plantas, animais e humanos era frequentemente analisado com o conceito de "metabolismo" (*Stoffwechsel*)[1]. Esse conceito fisiológico se tornou popular e no século XIX foi aplicado para além de seu significado original à filosofia e à economia política para descrever as transformações e os intercâmbios entre substâncias orgânicas e inorgânicas durante o processo de produção, consumo e digestão, tanto no nível do indivíduo quanto no da espécie.

Esse novo conceito na química e na fisiologia também estimulou Marx na década de 1850, e ele inclinou-se a lhe dar um papel central em sua economia

---

[1] Curiosamente, Haeckel foi crítico da análise unilateral da fisiologia que trata apenas das funções e relações de cada parte do organismo e, portanto, de propôs a importância de analisar a "economia da totalidade na natureza", incluindo a interação do organismo com o mundo exterior. Ver Ernst Haeckel, *Generelle Morphologie der Organismen* [Morfologia geral dos organismos], v. 2 (Berlim, G. Reimer, 1866), p. 287. Marx conhecia o trabalho de Haeckel, mas optou por usar o conceito fisiológico de "metabolismo" de tal modo que o processo incessante de interação entre os humanos e seu ambiente, ou seja, "a economia da natureza como um todo", possa ser tematizado. Isso não é estranho porque a disciplina científica da ecologia surgiu da fisiologia, e o termo "ecologia" veio a ser fixado apenas no século XX, enquanto no XIX havia uma série de outros termos como "bionomia" (E. Ray Lankester) e "etologia" (St. Hilaire), usados para determinar a esfera de novas investigações científicas. Ver Robert P. McIntosh, *The Background of Ecology: Concept and Theory* (Cambridge, Cambridge University Press, 1985), p. 29.

política, usando-o para compreender a relação dinâmica e interativa entre humanos e natureza mediada pelo trabalho. Como todas as outras criaturas vivas, os humanos estão essencialmente condicionados por leis naturais e sujeitos a ciclos fisiológicos de produção, consumo e excreção à medida que respiram, comem e excretam. Contudo, Marx argumenta que os seres humanos são diferentes dos outros animais devido à sua atividade produtiva única, ou seja, o trabalho. Este permite uma interação "consciente" e "intencional" com o mundo sensível externo, que possibilita aos humanos transformar a natureza "livremente", mesmo que a dependência da natureza e de suas leis permaneça na medida em que os humanos não podem produzir seus meios de produção e subsistência *ex nihilo*.

Embora o metabolismo incessante entre humanos e natureza penetre em toda a história humana, uma necessidade eterna que não pode ser abolida, Marx enfatiza que o desempenho concreto do trabalho humano assume várias "formas" econômicas em cada estágio de desenvolvimento social e, consequentemente, o conteúdo do metabolismo transistórico entre humanos e natureza varia significativamente. A maneira como o trabalho alienado na sociedade industrial moderna faz a mediação da interação metabólica dos humanos com seu ambiente não é a mesma que ocorria nas sociedades pré-capitalistas. Qual é a diferença? Por que a revolução capitalista da produção, com seu rápido desenvolvimento de máquinas e tecnologia, distorce a interação metabólica mais do que nunca, de modo que hoje ameaça a existência da civilização humana e todo o ecossistema com desertificação, aquecimento global, extinção de espécies, destruição da camada de ozônio e desastres nucleares? Como Marx argumenta, o problema não pode ser reduzido às consequências inevitáveis do rápido desenvolvimento *quantitativo* das forças produtivas no século XX. Sua crítica fornece uma visão sobre as diferenças *qualitativas* entre o modo de produção capitalista e o de todas as outras sociedades precedentes. Ele mostra que a crise moderna do ecossistema é uma manifestação da contradição imanente do capitalismo, que necessariamente resulta da forma especificamente capitalista de organizar os metabolismos social e natural. Nesse sentido, a crítica ecológica de Marx ao capitalismo ainda possui relevância teórica contemporânea, pois – apesar das copiosas críticas estereotipadas ao prometeísmo de Marx – sua análise da emancipação das forças produtivas no capitalismo compreende a estrutura básica e a dinâmica da sociedade burguesa como um sistema de produção insustentável. Além disso, ele não idealiza os esforços modernos para dominar a natureza. Assim, oferece uma base metodológica para uma crítica dos problemas ecológicos atuais como problemas especificamente capitalistas.

Dessa forma, o conceito de interação metabólica entre humanos e natureza é o elo vital para a compreensão por Marx da exploração ecológica do capitalismo. No entanto, o conceito foi muitas vezes ou totalmente negligenciado ou subordinado à análise das relações especificamente capitalistas e, mesmo quando discutido, seu significado não foi corretamente compreendido. Nessa situação, é útil contextualizar o conceito de metabolismo no interior do discurso científico natural do século XIX para evitar confundir seus múltiplos significados na crítica de Marx à economia política. Em oposição à interpretação dominante e equivocada que Alfred Schmidt e Amy Wendling, em particular, representam, a discussão a seguir mostra não apenas que o conceito de metabolismo de Marx nada tem a ver com o de "cientistas naturais materialistas" como Jacob Moleschott, Karl Vogt e Ludwig Büchner, mas também que ele possui uma independência teórica em relação aos trabalhos de Justus von Liebig, que contribuiu significativamente para o desenvolvimento desse conceito fisiológico. Também mostro que é possível compreender a abordagem metodológica única de Marx, que se caracteriza pelos conceitos de "forma" e "matéria".

A NATUREZA COMO MATÉRIA DE TODA RIQUEZA

Uma crítica comum a Marx é que ele "absolutiza o trabalho humano em sua análise do capitalismo" e, portanto, "exclui sistematicamente [dela] a natureza como criadora de valor"[2]. Conforme explicado no capítulo 1, e como outros marxistas também apontam, em 1844 Marx tratou claramente a natureza como um elemento essencial na realização do trabalho[3]. Mesmo nessa época, quando argumentou que a natureza externa funciona em todos os processos de produção como o "corpo inorgânico" do ser humano, Marx não falou de um roubo arbitrário ou da manipulação da natureza pelo ser humano com o auxílio da tecnologia, mas, em vez disso, enfatizou o papel da natureza como o componente essencial de toda produção: "O homem *vive* da natureza", pois "o trabalhador nada pode criar sem a *natureza*, sem o *mundo exterior sensível*

---

[2] Immler e Schmied-Kowarzik, *Marx und die Naturfrage*, cit., p. 10. Conforme a afirmação de Immler, "Esqueça Marx, descubra Schelling!", indica, ele está preocupado principalmente com a análise filosófica da natureza de Marx. Para refutar sua afirmação, é necessário investigar o tratamento sistemático que Marx dá à ecologia em sua economia política. No capítulo 3, voltarei ao projeto de Marx de crítica à economia política de uma perspectiva ecológica, com base em sua teoria da reificação.

[3] Burkett, *Marx and Nature*, cit., p. 26.

(*sinnlich*)". A natureza é, diz Marx, "a matéria na qual o seu trabalho se efetiva, na qual [o trabalho] é ativo, [e] a partir da qual e por meio da qual [o trabalho] produz"[4]. Assim, o todo da natureza não deve ser tratado como um objeto isolado da produção humana, e os humanos também são "parte da natureza". Marx usou a analogia fisiológica e argumentou que a relação entre humanos e natureza mediada pelo trabalho compreende uma unidade, na qual os humanos só podem produzir algo pela combinação de corpo orgânico e corpo inorgânico.

> A natureza é o *corpo inorgânico* do homem, a saber, a natureza enquanto ela mesma não é corpo humano. [...] A natureza é o seu *corpo*, com o qual ele tem de ficar num processo contínuo para não morrer. Que a vida física e espiritual do homem está interconectada com a natureza não tem outro sentido senão que a natureza está interconectada consigo mesma, pois o homem é uma parte da natureza.[5]

Assim, os humanos não podem transcender a natureza; eles realizam com ela uma unidade mediada pelo trabalho.

Essa atividade mediadora é unicamente humana, e é pelo trabalho que os humanos se diferenciam dos outros animais. É por meio dele que os humanos podem "intencionalmente" e "livremente" produzir na e com a natureza e transformar o ambiente de acordo com sua vontade. Em contraste com a atividade instintiva dos animais, que está limitada por um determinado ambiente e por suas necessidades físicas irrefletidas, os humanos são capazes de ir além e modificar teleologicamente o mundo sensível. O jovem Marx argumentou que o ato de objetificação por meio do trabalho humano não pode ser reduzido a mero processo de satisfação de necessidades físicas não mediadas, o que é o caso apenas do trabalho alienado moderno. Ele afirmava que a liberdade universal particular dos humanos torna-se manifesta como um processo histórico de humanização da natureza e naturalização da humanidade.

No entanto, a relação interativa entre humanos e natureza passa por uma transformação significativa devido à dissolução de sua unidade original. Como resultado, a unidade se transforma no oposto do que deveria ser, isto é, perda da liberdade, desumanização e escravidão em relação ao produto do próprio

---

[4] Marx e Engels, *Collected Works*, cit., v. 3, p. 273, p. 276, ênfase no original [ed. bras.: Karl Marx, *Manuscritos econômico-filosóficos*, cit., p. 81, p. 84].

[5] Ibidem, p. 276, ênfase no original [ed. bras.: ibidem, p. 84].

trabalho. "Ao estranhar a natureza em relação ao homem", não é mais possível produzir sem o corpo inorgânico. Assim, a alienação primeira e fundamental na sociedade moderna não é arbitrariamente definida por Marx como alienação da natureza. É a separação das condições objetivas de produção que ocasiona a mudança decisiva na maneira como os humanos se relacionam com o planeta. Marx lidou com vários efeitos negativos sobre os trabalhadores como consequência de sua alienação da natureza, como o grave empobrecimento e a perda do sentido da vida. Apesar dessa percepção original, sua análise inicial nos *Cadernos de Paris* não continha nenhuma crítica ecológica digna de nota ao capitalismo. Nos anos seguintes, Marx começou a fechar gradualmente esse ponto cego teórico.

Em seus últimos trabalhos econômicos, ainda manteve essa percepção de 1844, mesmo quando sua pesquisa sobre economia política e outras disciplinas a aprofundou e desenvolveu enormemente. Nos *Grundrisse*, Marx aponta a mesma "separação" entre produtores e natureza como um passo decisivo para o surgimento da sociedade burguesa moderna, mas, no próximo parágrafo, ele ilustra os mesmos fenômenos com um conceito fisiológico e não mais com a terminologia de Feuerbach. Marx define então a "separação" como a ruptura das condições objetivas naturais para a "interação metabólica dos humanos com a natureza":

> Não é a *unidade* do ser humano vivo e ativo com as condições naturais, inorgânicas, da sua interação metabólica com a natureza e, em consequência, a sua apropriação da natureza que precisa de explicação ou é resultado de um processo histórico, mas a *separação* entre essas condições inorgânicas da existência humana e essa existência ativa, uma separação que só está posta por completo na relação entre trabalho assalariado e capital.[6]

É verdade que Marx continua a considerar a ruptura da interação incessante entre humanos e natureza após a subsunção do processo de trabalho ao capital como a característica central da produção capitalista. Mas vale notar que Marx agora caracteriza "a *separação* entre essas condições inorgânicas da existência humana e essa existência ativa" como a obstrução do acesso dos humanos às "condições naturais, inorgânicas, da sua interação metabólica com a natureza". É claro

---

[6] Marx, *Grundrisse*, cit., p. 489, ênfase no original [ed. bras.: *Grundrisse*, cit., p. 408. Para respeitar a opção do autor explicada na sequência, optamos por alterar a tradução da Boitempo aqui mencionada – N. E.].

que essa "interação metabólica" não é completamente interrompida, na medida em que os humanos ainda precisam interagir com a natureza para sobreviver. O processo interativo de troca material entre humanos e natureza no processo de trabalho, no entanto, assume uma forma totalmente diferente daquela da sociedade pré-capitalista, uma vez que pode ocorrer apenas com base na separação radical estabelecida "na relação entre trabalho e capital". Essa "separação" especificamente moderna – que destrói a "unidade original" – e suas consequências históricas na sociedade capitalista são exatamente o que Marx considera necessário que uma disciplina científica da economia política seja capaz de explicar.

Durante a preparação de *O capital*, Marx investigou intensamente esse problema. Ele não propagandeou mais a realização da ideia filosófica "humanismo = naturalismo" e, em vez disso, tendeu cada vez mais a descrever a tarefa central da sociedade futura como a regulação consciente dessa troca metabólica *fisiológica* entre humanos e natureza pelos produtores associados. Essa mudança conceitual é notável.

Nesse contexto, Michael Quante defende a continuidade da concepção filosófica de Marx da relação entre humanos e natureza "mesmo que Marx não a descreva mais com categorias antropológicas e filosóficas, mas com a categoria de 'metabolismo' proveniente das ciências naturais"[7]. Mas em seguida ele critica as "ambivalências" de Marx entre filosofia e ciências naturais e o "traço antifilosófico" presente em *O capital*, resultado dessa mudança conceitual[8]. No entanto, Quante se abstém de abordar em detalhe as novas dimensões das ciências naturais de Marx. Evidentemente, sua crítica está fundamentada em sua própria interpretação, com a qual ele espera redescobrir os motivos filosóficos básicos nas obras econômicas tardias. A transição de uma terminologia "filosófica" para uma de "ciências naturais" não é uma simples mudança na preferência pessoal de Marx, mas reflete o desenvolvimento de seu "método materialista" em *A ideologia alemã* como uma diretriz para entender as transformações históricas do metabolismo entre humanos e natureza. Nesse sentido, mesmo que haja um "traço antifilosófico", não há "ambivalências" em suas obras tardias.

Em contraste com o esquema filosófico anterior que simplesmente impõe um ideal utópico à realidade estranhada, Marx aprendeu a analisar o processo

---

[7] Quante, "Kommentar", cit., p. 312.
[8] Ibidem, p. 315; Michael Quante, "Karl Marx", em Otfried Höffe (org.), *Klassiker der Philosophie: Von Immanuel Kant bis John Rawls* [Clássicos da filosofia: de Immanuel Kant a John Rawls] (Munique, C. H. Beck, 2008), p. 129-42, p. 137.

concreto entre humanos e natureza, que é, por um lado, transistórico como uma "necessidade eterna", mas é, por outro, totalmente mediado socialmente, visto que a função econômica do trabalho difere consideravelmente em cada modo de produção. Em *A ideologia alemã*, Marx tornou-se totalmente ciente de que a interação metabólica ocorre no interior de um emaranhado de aspectos históricos e transistóricos. Analisou cuidadosamente esse processo social dinâmico na natureza a fim de compreender as condições materiais para transcender a "separação" no metabolismo entre humanos e natureza.

A pesquisa de Marx nos anos seguintes tornou-se cada vez mais caracterizada por essa dualidade única. Ele estudou economia política como uma análise das formas sociais das categorias econômicas, e estudou simultaneamente as ciências naturais para alcançar uma base científica em relação às qualidades materiais na esfera física. Conforme enfatizado na seção seguinte, a ecologia de Marx lida com a síntese dos aspectos históricos e transistóricos do metabolismo social ao explicar como as dimensões físicas e materiais do "metabolismo universal da natureza" e do "metabolismo entre humanos e natureza" são modificadas e eventualmente rompidas pela valorização do capital. A análise de Marx visa revelar os limites da apropriação da natureza pela sua subsunção ao capital.

Esse projeto enorme, no entanto, custou a Marx tempo e energia, tanto que não foi capaz de finalizar sua obra-prima. Entretanto, isso não significa que o projeto tenha fracassado, pois Marx teve sucesso em elucidar sua teoria do metabolismo em *O capital* e em vários manuscritos econômicos. Além disso, há uma série de sugestões para seu desenvolvimento teórico posterior em seus cadernos de excertos que são de grande importância. Antes de analisar esses cadernos, é útil traçar sua própria descrição de "metabolismo" no contexto de seu uso na economia política e nas ciências naturais.

Sobre a genealogia do metabolismo

O conceito de "metabolismo" foi empregado pela primeira vez na fisiologia no início do século XIX, embora seja frequentemente afirmado que o "livro [de Liebig] sobre *Química orgânica e sua aplicação à fisiologia e à patologia* (1842) foi o primeiro tratado formal sobre o assunto, introduzindo o conceito de 'metabolismo' (*Stoffwechsel*)"[9]. O famoso químico alemão é hoje conhecido

---

[9] Fielding H. Garisson, *An Introduction to the History of Medicine, with Medical Chronology, Bibliographic Data and Test Questions* (Filadélfia, W. B. Saunders, 1914), p. 414-5.

como o "pai da química orgânica"; junto com Friedrich Wöhler, ele conduziu uma série de experimentos para analisar elementos químicos com o intuito de descobrir não apenas que duas moléculas com a mesma fórmula molecular podem ter propriedades diferentes (um isômero), mas também que milhões de diferentes tipos de composições químicas podem ser formados a partir de várias combinações das estruturas simples e presumidamente imutáveis de compostos orgânicos, mesmo que a suposição sobre sua imutabilidade tenha se provado falsa mais tarde[10]. Após 1837, Liebig conduziu pesquisas em química fisiológica e publicou um trabalho que marcou época, *Química orgânica em sua aplicação à agricultura e à fisiologia*, conhecido como *Química agrícola*, enquanto *Química orgânica em sua aplicação à fisiologia e à patologia*, mencionado acima, normalmente é chamado de *Química animal*. Nesses livros, Liebig aplicou suas descobertas então mais recentes em química a uma análise do processo orgânico de plantas e animais. Investigou a relação recíproca de plantas, animais e humanos como interações químicas de substâncias orgânicas e inorgânicas, chegando a afirmar que "o organismo animal é um tipo superior de vegetal"[11]. Liebig abriu o novo campo da análise química do metabolismo, muito bem sincronizada com a então recém-descoberta lei da conservação da energia[12]. Ele

---

[10] William H. Brock, *Justus von Liebig: The Chemical Gatekeeper* (Cambridge, Cambridge University Press, 1997), p. vii, p. 80-2.

[11] Justus von Liebig, *Animal Chemistry, or Organic Chemistry in Its Application to Physiology and Pathology* (Cambridge, John Owen, 1843), p. 48.

[12] Franklin C. Bing, em sua análise histórica do conceito de metabolismo, refere-se ao artigo de G. C. Sigwarts de 1815 como o uso mais antigo. Ver Franklin C. Bing, "The History of the Word 'Metabolism'", *Journal of the History of Medicine and Allied Sciences*, v. 26, n. 2, 1971, p. 158-80. Hoje é mais fácil encontrar um exemplo mais antigo graças à digitalização de livros, e é possível apontar para um uso anterior, por exemplo, Friedrich L. Augustins, *Lehrbuch der Physiologie des Menschen*, v. 1 (Berlim, Christian Gottfried Schöne, 1809), p. 279. Mas não é importante encontrar a primeira aparição do conceito. Em qualquer caso, a afirmação de Bing de que o conceito de metabolismo se tornou popular na década de 1840 continua válida. Outros autores usaram o conceito quase ao mesmo tempo que Liebig. Como Reinhard Mocek aponta, Rudolf Wagner dedicou uma seção inteira ao metabolismo em *Lehrbuch der speciellen Physiologie*, o manuscrito que ele terminou de escrever em 1838. Ver Reinhard Mocek, "Roland Daniels' physiologischer Materialismus", em Roland Daniels, *Mikrokosmos* (Frankfurt am Main, Peter Lang, 1988), p. 261-74. Um foco unilateral em Liebig como o fundador do conceito de metabolismo pode ser enganoso, pois esconde a complexidade do discurso em torno do conceito na época. No entanto, está além do escopo deste estudo fazer uma análise histórica extensa, porque o foco aqui é o conceito em relação à economia política de Marx.

foi altamente crítico do dualismo vitalista dominante de Jean-Baptiste André Dumas e Jean Baptiste Boussignault, que postulavam a diferença clara entre "dois reinos de plantas e animais"[13].

Em um dos primeiros usos do termo metabolismo, Liebig descreveu o processo interativo constante de formação, transformação e excreção de vários compostos no interior de um corpo orgânico:

> Não se pode supor que o metabolismo do sangue, as mudanças na substância dos órgãos existentes, pelas quais seus constituintes são convertidos em gordura, fibra muscular, substância do cérebro e nervos, ossos, cabelo etc., e a transformação dos alimentos em sangue podem ocorrer sem a formação simultânea de novos compostos que precisam ser removidos do corpo pelos órgãos de excreção [...] cada movimento, cada manifestação de propriedades orgânicas e cada ação orgânica sendo acompanhada pelo metabolismo e pela assunção de uma nova forma por seus constituintes.[14]

O metabolismo é um processo incessante de troca orgânica de compostos velhos e novos por meio de combinações, assimilações e excreções, de modo que toda ação orgânica possa continuar. Liebig também afirmou que a reação química de combinação e excreção é a fonte final de corrente elétrica, bem como de calor e força. A teoria do metabolismo de Liebig preparou uma base científica para as análises posteriores do organismo vivo como processo puramente químico[15].

---

[13] David C. Goodman, "Chemistry and the Two Organic Kingdoms of Nature in the Nineteenth Century", *Medical History*, v. 16, n. 2, 1972, p. 113-30. O dualismo vitalista de Dumas e Boussignault se manifesta em sua afirmação de que os animais consomem e destroem o que as plantas fornecem a eles, sem serem capazes de produzir açúcar e amido em seu corpo. Liebig mostrou em seu laboratório que os animais podem produzir essas substâncias. No entanto, também é verdade que ele não abandonou totalmente o vitalismo e manteve a visão de que existe um elemento não físico único dos animais que não pode ser encontrado nas coisas inanimadas.

[14] Justus von Liebig, *Die Organische Chenmie in ihrer Anwendung auf Agriculture und Physiologie* (Braunschweig, Friedrich Vieweg und Sohn, 1840), p. 332.

[15] É importante notar que Liebig não foi capaz de superar seu "vitalismo" imediatamente na esfera da fisiologia e reconheceu a "força vital" única dos organismos vivos, que não pode ser totalmente reduzida a um processo químico. Ver Timothy O. Lipman, "Vitalism and Reductionism in Liebig's Physiological Thought", *Isis*, v. 58, 1967, p. 167-85. Robert Julius Mayer, em seu *Organische Bewegung im Zusammenhang mit Stoffwechsel* [O movimento

Sob a influência de Liebig, o conceito de metabolismo logo foi além da nutrição individual de plantas, animais e humanos. Isto é, passou a ser usado para analisar as interações no interior de um ambiente determinado. O conceito atual de metabolismo pode ser aplicado não apenas a corpos orgânicos, mas também a várias interações em um ou múltiplos ecossistemas, e mesmo em uma escala global, seja o "metabolismo industrial" ou o "metabolismo social"[16]. Esse conceito fisiológico e químico sobre um todo orgânico extensivo na natureza encontrou uma ampla recepção e foi empregado fora das ciências naturais, na filosofia e na economia política, onde tem sido usado como analogia para descrever um metabolismo social. Esse é o caso dos escritos de Marx. Contudo, dessa extensão surgiu certa ambiguidade devido aos múltiplos significados do termo, e é necessário distingui-los.

Uma diferenciação conceitual cuidadosa do metabolismo nos escritos de Marx é importante, pois há uma série de debates na literatura anterior em termos de como ele integrou o conceito a sua economia política[17]. Mesmo que seja difícil determinar cada uma das fontes de sua inspiração, visto que ele modificou ativamente o conceito para os fins de sua própria análise, isso não significa que se possa usar o texto de maneira arbitrária para justificar determinada interpretação de Marx. Liebig é sem dúvida uma das fontes intelectuais mais importantes, como John Bellamy Foster demonstrou de modo convincente[18]. A herança intelectual de Liebig manifestou-se pela primeira vez em *O capital*. No entanto, Marx não assimilou diretamente o conceito a partir da *Química agrícola*, na qual o termo metabolismo aparece apenas duas vezes,

---

orgânico em conexão com o metabolismo] (1845), criticou a pressuposição por Liebig de uma força vital como desnecessária, pois as forças mecânicas e químicas são conversíveis entre si. Diante da crítica de Mayer, Liebig posteriormente corrigiu parcialmente sua visão em suas *Cartas químicas* (4. ed., 1859), embora em outras passagens desse livro ele ainda defendesse a existência da força vital. Ver Brock, *Justus von Liebig*, cit., p. 312-3.

[16] Robert Ayres, "Industrial Metabolism: Theory and Policy", em *Industrial Metabolism: Restructuring for Sustainable Development*, Robert Ayres e Udo E. Simonis (orgs.) et al. (Tóquio, United Nations University Press, 1994), p. 3-20; Marina Fischer-Kowalski e Walter Hütter, "Society's Metabolism: The Intellectual History of Materials Flow Analysis, Part I", *Industrial Ecology*, v. 2, n. 1, 1998, p. 61-78; Fisher-Kowalski et al., "A Sociometabolic Reading of the Anthropocene: Modes of Subsistence, Population Size and Human Impact on Earth", *The Anthropocene Review*, v. 1, n. 1, abr. 2014, p. 8-33.

[17] Alfred Schmidt, *The Concept of Nature in Marx* (Londres, NLB, 1971); Foster, *Marx's Ecology*; Amy E. Wendling, *Karl Marx on Technology and Alienation* (Nova York, Palgrave, 2009).

[18] Foster, *Marx's Ecology*, cit., p. 155-63.

mas desenvolveu e modificou o conceito por meio de seu estudo de vários textos de química e fisiologia.

Vale a pena discutir o primeiro uso por Marx do conceito de metabolismo, que não foi mencionado nos debates anteriores sobre sua perspectiva ecológica. O texto relevante está em um de seus *Cadernos de Londres* de março de 1851, intitulado *Reflexão*, que foi publicado na MEGA² posteriormente[19]. A data indica claramente que Marx conhecia o conceito de metabolismo antes de ler o livro de Liebig em julho de 1851.

Por causa da pouca atenção recebida pela quarta seção da MEGA², as passagens-chave de *Reflexão* sobre o metabolismo não foram levadas em consideração nos debates. Contudo, o texto fornece uma dica útil para a recepção do conceito fisiológico por Marx, pois ele não estava estudando ciências naturais tão intensivamente na época, de modo que é seguro presumir que adotou o conceito logo antes de escrever a *Reflexão*.

A expressão "interação metabólica" (*Stoffwechsel*) aparece três vezes em *Reflexão*:

> Ao contrário da sociedade antiga, na qual apenas os privilegiados podiam trocar este ou aquele [item], tudo pode ser possuído por todos [na sociedade capitalista]. Toda *interação metabólica* pode ser conduzida por qualquer pessoa, dependendo da quantidade de dinheiro que tenha e que pode ser transformada em qualquer coisa: prostituição, ciência, proteção, medalhas, servos, adulação – tudo [torna-se] produto para a troca, como o café, o açúcar e o arenque. Em [sociedades] estratificadas, o desfrute de um indivíduo, sua *interação metabólica* depende de certa divisão do trabalho, à qual ele ou ela está subsumido. No caso da classe, [ela depende] apenas dos meios universais de troca de que ele ou ela pode se apropriar. [...] Onde o tipo de receita ainda é determinado pelo tipo de ocupação, e não simplesmente pela quantidade do meio de troca universal como hoje, mas pela qualidade de sua ocupação, as relações sob as quais o trabalhador pode entrar na sociedade e se apropriar [de objetos], são severamente restringidas, e o órgão social para *interação metabólica* com as produções materiais e espirituais da sociedade é limitado a uma determinada forma e a um determinado conteúdo desde o início.[20]

---

[19] MEGA² IV/8, p. 227-34.

[20] Ibidem, p. 233-4, ênfase nossa.

Em *Reflexão*, Marx explica novamente sua crítica ao sistema monetário com um método de comparação entre várias formas de sociedade, revelando o antagonismo de classe oculto sob a relação formalmente livre e igual da sociedade burguesa. Para iluminar a especificidade do modo de apropriação sob o sistema monetário, Marx contrasta a apropriação de produtos na sociedade capitalista com aquela das sociedades pré-capitalistas, compreendendo o problema como diferentes formas de organizar a "interação metabólica". Nesse sentido, esse conceito é claramente utilizado para lidar com o caráter transistórico da necessidade de organizar a produção social.

Uma vez que nas sociedades pré-capitalistas a apropriação dos produtos se dava com base no domínio pessoal e político direto legitimado pela tradição, pelos privilégios inatos e pela violência, a variabilidade do trabalho era limitada àquela no interior de um certo "estrato", e, portanto, "o órgão social para *interação metabólica* com as produções materiais e espirituais da sociedade" permaneceu muito mais restrito do que na sociedade capitalista. Nesta, a apropriação e a transferência de produtos se dão em uma escala muito maior entre os proprietários formalmente livres e iguais de mercadorias e dinheiro. A troca de mercadorias parece totalmente livre dos conflitos de classes, e a "interação metabólica" parece aumentar com uma quantidade cada vez maior de dinheiro. A igualdade e a liberdade "sem caráter de classe", porém, logo se transformam em "ilusão"[21]. Na realidade, o volume quantitativo de dinheiro decide o "desfrute de um indivíduo, sua interação metabólica", de maneira totalmente independente das reais necessidades concretas. Marx aponta o fato brutal de que a igualdade formal abstrata sob o sistema monetário é invertida na restrição da liberdade e da igualdade. Para resumir, em *Reflexão*, Marx argumenta que a "interação metabólica" individual e social no modo de apropriação capitalista acaba sendo fortemente limitada, particularmente por causa do caráter oculto de classe do dinheiro, de modo que os indivíduos são completamente empobrecidos e subjugados ao poder alheio do dinheiro, independentemente de suas necessidades concretas.

Marx usou o conceito de metabolismo em *Reflexão*, e não na parte anterior dos *Cadernos de Londres*. Apesar disso, é possível descobrir a fonte. Gerd Pawelzig, em sua análise do conceito de metabolismo em Marx, fornece a informação de que em fevereiro de 1851 Marx recebeu de seu amigo Roland Daniels o manuscrito de um livro intitulado *Mikrokosmos: Entwurf einer*

---

[21] Ibidem, p. 233.

physiologischen Anthropologie[22] [Microcosmo: esboço de uma antropologia fisiológica]. Daniels era um "médico excelente, bem-educado cientificamente" de acordo com Marx e Engels, e membro da Liga Comunista[23]. Sua relação intelectual com Marx foi construída sobre uma estreita amizade, e Marx dedicou seu livro *Miséria da filosofia* a ele.

Daniels escreveu a Marx em uma carta de 8 de fevereiro de 1851, pedindo uma crítica "afiada e sincera" de seu manuscrito[24]. Como explicou em sua carta seguinte, o objetivo principal de seu *Mikrokosmos* era fundamentar, em contraste com a teoria espiritualista, "a *possibilidade*" de compreender "a sociedade humana de uma maneira materialista", com base em uma "descrição *fisiológica* da *atividade*"[25]. Daniels transmitiu a Marx que estava tentando aplicar o mais novo conhecimento fisiológico a fim de tratar a atividade material e espiritual dos humanos, tanto no nível individual quanto no social, como um objeto de investigação científica (materialista). Nesse contexto, o metabolismo desempenhou um papel importante. De maneira notável, Daniels usou o termo em sua primeira carta a Marx: "Eu arriscaria meu metabolismo orgânico contra um metabolismo espiritual, e duvido que eu seria capaz de digerir e assimilar tantas coisas apenas para reproduzir algo ordinário"[26].

Marx estudou cuidadosamente o manuscrito de Daniels no mês seguinte e o criticou, como Daniels havia pedido, em carta de 20 de março[27]. O primeiro uso do conceito de metabolismo em *Reflexão* certamente está intimamente relacionado com seu comentário do *Mikrokosmos*, já que ambos os textos foram escritos no mesmo mês. No entanto, Pawelzig não estava ciente do parágrafo relevante em *Reflexão* e simplesmente concluiu que Marx e Engels não usaram o termo metabolismo em suas anotações e cartas de 1851[28]. Mas a afirmação estava incorreta.

---

[22] Gerd Pawelzig, "Zur Stellung des Stoffwechsels im Denken von Karl Marx", em Annelise Griese e Hans Jörg Sandkühlerm (orgs.), *Karl Marx: Zwischen Philosophie und Naturwissenschaften* (Frankfurt am Main, Peter Lang, 1997), p. 129-50.
[23] MEGA² I/11, p. 480.
[24] MEGA² III/4, p. 308.
[25] Ibidem, p. 336.
[26] Ibidem, p. 308.
[27] Ibidem, p. 78. Infelizmente, as cartas de Marx a Daniels não foram preservadas. Só é possível especular sobre as críticas de Marx a partir das reações de Daniels.
[28] Pawelzig, "Zur Stellung des Stoffwechsels", cit., p. 133. Como o primeiro uso do conceito, Pawelzig se referiu à carta de Marx a sua esposa, Jenny, datada de 21 de junho de 1856,

No *Mikrokosmos* de Daniels, o conceito de "metabolismo orgânico" aparece muitas vezes. Por exemplo, ele o define como "*destruição e regeneração simultâneas, por meio das quais esses corpos mantêm sua individualidade à medida que produzem incessantemente e renovadamente essa individualidade – essa é uma singularidade cuja analogia não pode ser encontrada em corpos inorgânicos*"[29]. Embora haja alguma afinidade entre Daniels e Liebig quanto ao tratamento do metabolismo, a discussão de Daniels exibe sua originalidade quando divide o "metabolismo orgânico" em "metabolismo animal e espiritual" e critica a suposição infundada de uma "força vital"[30]. Sua compreensão materialista do metabolismo espiritual é dirigida tanto contra o dualismo filosófico de "corpo" e "espírito" quanto contra a filosofia especulativa hegeliana do "espírito absoluto"[31]. Não obstante, a orientação materialista de Daniels tende a um materialismo ingênuo porque interpreta o pensamento humano, a liberdade e a história como fenômenos "fisiológicos neurais"[32]. Mesmo que Daniels, de acordo com *A ideologia alemã*, às vezes exija explicações históricas por meio da análise de "cada tipo de produção de necessidades materiais da vida", ele tende a reduzir todas as dimensões das atividades humanas a um composto de puro "movimento reflexo" fisiológico – totalmente a-histórico, portanto – que funciona independentemente da produção histórica. Consequentemente,

---

na qual sua observação sobre o "metabolismo molescotiano" pode ser encontrada: "Mas o amor, não pelo homem feuerbachiano, não pelo metabolismo molescotiano, não pelo proletariado, mas o amor por alguém e principalmente por si mesmo, transforma um homem em homem novamente" (*Collected Works*, cit., v. 40, p. 56). A partir dessa declaração, Pawelzig inferiu imediatamente a influência de Moleschott sobre Marx. No entanto, esse não é o primeiro uso do conceito, e também a teoria de Marx é incompatível com a de Moleschott. Na verdade, está claro nessa frase que Marx se referiu ao "metabolismo" de Moleschott de modo negativo em justaposição ao conceito de "amor" de Feuerbach.

[29] Roland Daniels, *Mikrokosmos: Entwurf einer physiologischen Anthropologie* (Frankfurt am Main, Peter Lang, 1988), p. 29, ênfase no original.

[30] Ibidem, p. 20. Em termos de "metabolismo espiritual", Liebig permaneceu no interior da estrutura vitalista. Parece, portanto, consistente inferir que o *Handwörterbuch der Physiologie* [Pequeno dicionário de fisiologia] é uma fonte da teoria do metabolismo de Daniels. Isso confirma que o debate anterior sobre o metabolismo deve ser expandido para além de Liebig e Moleschott. Ver também Daniels, *Mikrokosmos*, p. 158. Marx falou posteriormente sobre "metabolismo espiritual" nos *Grundrisse*. Ver Marx, *Grundrisse*, cit., p. 161 [ed. bras.: *Grundrisse*, cit., p. 109].

[31] Daniels, *Mikrokosmos*, cit., p. 135.

[32] Ver Reinhard Mocek, "Roland Daniels' physiologischer Materialism: Der naturwissenschaftliche Materialismus am Scheideweg", em Daniels, *Mikrokosmos*, cit., p. 261-74.

sua teoria acaba sendo mecanicista e determinista. Marx não estava realmente satisfeito com o *Mikrikosmos*, como relatou a Engels: "O pouco sentido que há na carta dele é um reflexo meu a ele"[33].

A crítica de Marx a Daniels não significa que ele rejeitou inteiramente a importância do manuscrito. As respostas de Daniels às críticas de Marx indicam que ele lhe forneceu pacientemente comentários críticos e explicações para suas perguntas. Mesmo que Marx não aceitasse a direção geral do projeto materialista de Daniels, discussões intensas entre eles levaram Marx a usar o conceito de metabolismo em suas notas privadas em *Reflexão*, e ele passou a se interessar mais por fisiologia, conforme documentado nos *Cadernos de Londres* depois de julho de 1851, principalmente em trechos da obra de Liebig. Marx compartilhava com Daniels a opinião de que o novo conceito fisiológico poderia ser aplicado de maneira útil à análise social. Nesse sentido, Marx usou o conceito não apenas em termos de "desfrute do indivíduo", no sentido de consumo e digestão, mas também como "produção material e espiritual" em escala social. Usando a analogia com o metabolismo fisiológico, procurou compreender a moderna dinâmica social de produção e consumo na qual, sob uma forma particular de divisão social do trabalho, os indivíduos assim como órgãos da produção "material" e "espiritual" são ruinosamente alienados e empobrecidos. Em *Reflexão*, Marx aplicou o novo conceito à economia nacional, seguindo nesse sentido a direção do programa de Daniels: "A teoria do organismo humano e sua relação com a sociedade e a natureza também constrói o *único fundamento estável* para a reforma da instituição comunal, isto é, para a reforma da sociedade"[34].

Infelizmente, as trocas intelectuais entre Marx e Daniels foram interrompidas quando este foi preso em junho de 1851 em Colônia por causa de sua atividade política. Ele sofreu com as terríveis condições da prisão, e morreu após sua libertação, em 29 de agosto de 1855. Marx escreveu em 6 de setembro de 1855 para a viúva, Amalie Daniels:

É impossível descrever a dor que senti ao saber que o querido e inesquecível Roland faleceu. [...] Visto entre os outros em Colônia, Daniels sempre me pareceu a estátua de um deus grego depositada por alguma aberração do destino no meio de uma multidão de hotentotes. Sua morte prematura é uma perda irreparável

---

[33] Marx e Engels, *Collected Works*, cit., v. 38, p. 326.
[34] Daniels, *Mikrokosmos*, cit., p. 119.

não só para sua família e amigos, mas também para a ciência, à qual ele deu a promessa das melhores realizações, e para a grande massa sofredora da humanidade, que tinha nele um leal defensor. [...] É de se esperar que as circunstâncias nos permitirão algum dia infligir sobre os culpados por abreviar sua carreira um tipo de vingança mais severo do que a de um obituário.[35]

Mesmo que Marx não tenha discutido detalhadamente o conceito em *Reflexão*, sua leitura do *Mikrokosmos* preparou claramente uma base para a maior integração das ciências naturais na economia política antes de seus excertos da *Química agrícola* de Liebig.

Posteriormente, o uso do termo metabolismo por Marx tornou-se mais geral e sistemático durante o processo de experimentação dos *Grundrisse*. No trecho citado acima, Marx lida com a interação incessante entre humanos e natureza utilizando essa analogia fisiológica, tratando a natureza como o corpo inorgânico da humanidade. Nesse sentido, Marx discute o processo de trabalho como "interação metabólica com a natureza", ou seja, como interação material de três momentos da produção que ocorrem na natureza: matérias-primas, meios de produção e trabalho humano. Segundo Marx, esse "processo de produção em geral" é "próprio a todas as condições sociais", uma vez que os humanos produzem no interior da natureza[36]. Os humanos precisam trabalhar e produzir, retirar constantemente da natureza matérias-primas, modificar a natureza para criar vários meios de produção e subsistência e devolver os resíduos. O trabalho é um momento essencial nesse processo, e é uma atividade transistórica e material na natureza, à qual Marx também chama de "força natural"[37]. Após compreender esses três momentos, Marx analisa como essa troca material incessante entre homem e natureza se transforma ao receber uma função especificamente capitalista como "processo de valorização do capital". Esse é o aspecto mais importante, e o veremos no próximo capítulo.

Nos *Grundrisse*, há outros significados de metabolismo que Marx continuou a usar em *O capital*. "Mudanças de matéria (*Stoffwechsel* = metabolismo)" é contrastado com "mudanças de forma (*Formwechsel*)". "Mudança de forma" significa trocas de formas econômicas entre dinheiro e mercadoria durante o

---

[35] Marx e Engels, *Collected Works*, cit., v. 39, p. 548-9.
[36] Marx, *Grundrisse*, cit., p. 320 [ed. bras.: *Grundrisse*, cit., p. 251].
[37] Ibidem, p. 339 [ed. bras.: ibidem, p. 259].

processo de circulação – "M-D-M" e "D-M-D" – e "mudança de matéria" tem a ver com as constantes mudanças entre os valores de uso na sociedade capitalista:

> A circulação simples consiste de uma grande quantidade de trocas simultâneas ou sucessivas. [...] Um sistema de trocas, mudança de matéria [*Stoffwechsel*], na medida em que seja considerado o valor de uso, mudança de forma [*Formwechsel*], na medida em que seja considerado o valor enquanto tal.[38]

Nesse sentido, a *Stoffwechsel* aparece como mudanças de diferentes mercadorias por meio de suas trocas, e a *Formwechsel* entre dinheiro e mercadoria ocorre ao mesmo tempo. A *Stoffwechsel* se dá no interior da esfera da circulação, quando os valores de uso necessários são distribuídos entre produtores privados, assim como o sangue fornece a cada órgão os nutrientes necessários. Nesse uso, Marx costuma adicionar o adjetivo "social": "Na medida em que o processo de troca transfere mercadorias das mãos em que elas não são valores de uso para as mãos em que elas o são, ele é metabolismo social. [...] Temos, assim, de considerar o processo inteiro segundo o aspecto formal, isto é, apenas a mudança de forma ou a metamorfose das mercadorias, que medeia o metabolismo social"[39]. Essa justaposição de *Formwechsel* e *Stoffwechsel* em *O capital* também indica a abordagem metodológica original de Marx, que investiga tanto aspectos "materiais" (*stofflich*) quanto "formais" (*formell*) de seus objetos.

O uso por Marx de *Stoffwechsel* e *Formwechsel* diferencia-se daquele feito por Wilhelm Roscher, que empregou o mesmo conjunto de categorias antes dos *Grundrisse* de Marx. Essa comparação é particularmente interessante porque Marx leu o volume 1 dos *Principles of Political Economy* [Princípios de economia política] de Roscher, publicado em 1854, antes de escrever os *Grundrisse* e traçou várias linhas verticais para destacar parágrafos relevantes em seu exemplar[40]. Roscher também integrou novas descobertas da fisiologia e opôs seu próprio "método histórico e fisiológico" da economia nacional ao "idealista", de modo que Marx encontrou diversas analogias fisiológicas enquanto lia o livro[41]. Além

---
[38] Ibidem, p. 637 [ed. bras.: ibidem, p. 533].
[39] Marx, *Capital*, cit., v. 1, p. 198-9 [ed. bras.: *O capital*, Livro 1, cit., p. 178].
[40] MEGA IV/32, p. 1.135.
[41] Wilhelm Roscher, *Principles of Political Economy*, v. 1 (Chicago, Callaghan and Company, 1878), p. 111. Roscher escreve sobre seu próprio método: "Recusamo-nos inteiramente a nos emprestar teoricamente à construção de tal sistema ideal. Nosso objetivo é simplesmente

disso, Roscher refere-se abertamente à analogia fisiológica do "metabolismo" em uma economia nacional:

> A maior porção do capital nacional está em constante transformação. Está sendo continuamente destruído e reproduzido. Mas, do ponto de vista da economia privada, bem como de toda a nação, dizemos que o capital é preservado, aumentado ou diminuído na medida em que seu valor é preservado, aumentado ou diminuído.

Em uma nota de rodapé à última frase, Roscher continua a argumentar: "J. B. Say, *Traité d'Economie Politique I* [Tratado de economia política I], cap. 10. Pense apenas no famoso princípio do metabolismo (*Stoffwechsel*) em fisiologia!"[42]. Infelizmente, essas páginas estão faltando no exemplar de Marx, então não podemos saber como ele reagiu à passagem.

Referindo-se ao *Traité* de Say, Roscher também lida com a *Formwechsel* do capital no processo de produção, no qual o capital é consumido e muda de forma ininterruptamente. Em Roscher, *Formwechsel* significa mudança de formas materiais, em vez de mudanças de formas econômicas entre dinheiro e mercadoria, como em Marx. Say escreve em uma das passagens relevantes do capítulo 10 do *Traité*: "Na manufatura, assim como na agricultura, existem alguns ramos do capital que duram anos; edifícios e utensílios, por exemplo, máquinas e alguns tipos de ferramentas; outros, ao contrário, perdem totalmente sua forma; o óleo e a potassa usados pelos fabricantes de sabão deixam de ser óleo e potassa quando assumem a forma de sabão"[43]. Roscher chama de *Stoffwechsel* essas constantes transformações de vários materiais no eterno processo de produção e consumo no interior de uma sociedade, de modo similar à compreensão de Liebig do processo fisiológico de um órgão que mantém seu equilíbrio, apesar das constantes mudanças de produção, consumo, assimilação e excreção. Essa analogia, no entanto, marca a limitação teórica de Roscher, pois, embora contraste "forma" e "matéria", ele

---

descrever a natureza econômica e os desejos econômicos do homem, investigar as leis e o caráter das instituições que são adaptadas para a satisfação desses desejos e qual seu grau de sucesso. Nossa tarefa é, portanto, por assim dizer, a anatomia e a fisiologia da economia social e nacional!".

[42] Ibidem, p. 154.
[43] Jean-Baptiste Say, *A Treatise on Political Economy or the Production, Distribution and Consumption of Wealth* (Filadélfia, Clement C. Biddle, 1880), p. 107.

não é capaz de abstrair as trocas [*exchanges*] de forma puramente econômicas entre mercadoria e dinheiro, mas, em vez disso, confunde o papel das trocas de forma com a transformação da matéria. Apesar dessa diferença decisiva entre Marx e Roscher, o argumento deste mostra claramente que os economistas contemporâneos a Marx estavam dispostos a usar o conceito fisiológico em suas análises da economia moderna.

A conexão entre a *Stoffwechsel* da fisiologia e a da economia política foi frequentemente mencionada à época. Até o próprio Liebig referiu-se a uma analogia entre organismos e a economia estatal em suas *Cartas familiares sobre química* :

> Como no corpo de um indivíduo, também na soma de todos os indivíduos, que constituem o Estado, ocorre uma mudança de matéria [*Stoffwechsel*], que é um consumo de todas as condições dos indivíduos e da vida social. A prata e o ouro têm de desempenhar no organismo do Estado a mesma função que os glóbulos sanguíneos do organismo humano. Como esses discos, sem participar imediatamente do processo nutritivo, são o meio, a condição essencial da mudança de matéria, da produção do calor e da força com que se mantém a temperatura do corpo e os movimentos do sangue e de todos os sucos são determinados, o ouro tornou-se o meio de toda atividade na vida do Estado.[44]

A analogia de Liebig, baseada em uma teoria orgânica do Estado, é grosseira, carente de uma análise do dinheiro na sociedade capitalista. Ainda assim é interessante que o proponente do conceito de metabolismo tenha tentado conectar fisiologia e economia política, projeto logo retomado por Roscher e Marx.

Além disso, o agricultor de Munique, Carl Fraas, que Marx estudou intensamente em 1868, enfatizou a importância do "metabolismo" para a economia política: "Organismo e metabolismo – portanto, metabolismo também na economia nacional! Ele constrói a base científica natural da economia nacional que foi quase completamente negligenciada até agora, a fim de desenvolver a mera economia matemática. No entanto, tal economia nacional apenas investiga e combina dados sem compreender sua causa!"[45]. Mesmo que não

---

[44] Justus von Liebig, *Familiar Letters on Chemistry, in Its Relation to Physiology, Dietetics, Agriculture, Commerce, and Political Economy* (Londres, Walton and Maberly, 1859), p. 480.

[45] Carl Fraas, "Die Natur in der Wirthschaft: Erschöpfung und Ersatz", *Westermann's Jahrbuch der illustrirten Deutschen Monatshefte*, v. 3, 1858, p. 561-5.

haja prova direta de que Marx leu as *Cartas familiares* de Liebig ou o artigo de Fraas, é concebível, dado o discurso científico da época, que Marx também tenha sido levado a adotar esse novo conceito fisiológico em seu sistema de economia política[46].

Nos *Grundrisse*, há mais um uso da ideia de metabolismo, o "metabolismo da natureza", que ocorre independentemente da intervenção humana. Os valores de uso "são dissolvidos pelo simples metabolismo da natureza se não são efetivamente usados"[47]. Esse "metabolismo natural (*natürlicher Stoffwechsel*)", como dissolução química ou modificação de substâncias materiais, por exemplo, ocorre por oxidação e decomposição. Marx refere-se a esse fenômeno novamente em *O capital*: "Uma máquina que não serve no processo de trabalho é inútil. Além disso, ela se torna vítima das forças destruidoras do metabolismo natural"[48]. O trabalho sozinho não pode criar substâncias naturais; ele só pode modificar suas formas de acordo com diferentes propósitos. O trabalho dá à "substância natural" uma "*forma exterior*"[49].

Por exemplo, a forma de uma mesa que o trabalho dá à "substância natural" da madeira é "exterior" à substância original porque não segue a "lei imanente da reprodução". Embora a lei imanente mantenha a madeira em sua forma específica de árvore, a nova forma de mesa não é capaz de reproduzir suas substâncias da mesma maneira, de modo que agora passa a estar exposta à força natural da decomposição. Para proteger o produto do trabalho do poder do metabolismo natural, é necessária uma regulação intencional do metabolismo por meio do consumo produtivo, que, não obstante, não é capaz de superar a força da natureza. Marx, por um lado, enfatiza a capacidade humana de trabalhar para modificar a natureza de maneira consciente e intencional, mas, por outro, reconhece as limitações e restrições inevitáveis impostas pela natureza à capacidade humana de controlar o metabolismo da natureza. Está ciente de uma certa tensão entre a lei imanente da natureza e a forma exterior da natureza criada artificialmente pelo trabalho. A negligência dessa necessidade material resulta na degradação e na destruição dos produtos pelas leis e forças naturais.

---

[46] Marx também viu uma semelhança entre a tarefa da economia política e a da fisiologia, dado que ambas visavam penetrar "na fisiologia interna da sociedade burguesa" e compreender "sua coerência orgânica interna e processo de vida". *Collected Works*, cit., v. 31, p. 391.

[47] Marx, *Grundrisse*, cit., p. 271 [ed. bras.: *Grundrisse*, cit., p. 211].

[48] Idem, *Capital*, cit., v. 1, p. 289 [ed. bras.: *O capital*, Livro 1, cit., p. 260].

[49] Idem, *Grundrisse*, cit., p. 360 [ed. bras.: *Grundrisse*, cit., p. 287].

Para resumir, Marx empregou nos *Grundrisse* o conceito de metabolismo da economia política com três significados diferentes e continuou a fazê-lo em *O capital*: "metabolismo entre homem e natureza", "metabolismo social" e "metabolismo da natureza". Suas fontes de inspiração não ficam tão aparentes após a leitura de Roland Daniels e Wilhelm Roscher porque, seguindo seu propósito de desenvolver um sistema de economia política, Marx acabou generalizando e modificando o conceito. Precisamente por causa dessa generalização, o metabolismo em Marx está exposto ao risco de interpretações arbitrárias, discutidas em conjunto com teóricos irrelevantes, cujas ideias, na verdade, nada têm a ver com a sua teoria do metabolismo. Nos debates anteriores, testemunhamos casos em que Daniels e Liebig são totalmente negligenciados e o foco recai apenas sobre a influência de "cientistas naturais materialistas" (ou "materialistas vulgares", como os marxistas costumam chamá-los), como Jacob Moleschott, Karl Vogt e Ludwig Büchner. Tais afirmações soam imediatamente muito suspeitas, considerando que Marx se referiu a esses autores apenas em cartas privadas e em tom negativo e pejorativo[50]. Essa interpretação errônea mostra a importância de se compreender corretamente a separação de Marx em relação ao materialismo antropológico de Feuerbach e a originalidade da teoria do metabolismo de Marx, que deve ser entendida não apenas filosoficamente, mas em uma relação próxima com seu sistema de economia política.

A LIMITAÇÃO DO MATERIALISMO ANTROPOLÓGICO

Aqueles que supervalorizam o materialismo científico natural interpretam mal não apenas a teoria do metabolismo de Marx, mas todo o seu projeto, pois a afinidade teórica entre Feuerbach e esses materialistas científicos naturais muitas vezes esconde o ponto de vista prático e não filosófico de Marx após *A ideologia alemã*. Uma típica má compreensão do projeto de Marx através das lentes do materialismo feuerbachiano e do materialismo científico natural é característica do famoso livro de Alfred Schmidt, *The Concept of Nature in Marx* [O conceito de natureza em Marx]: "Pode-se concluir com alguma certeza que Marx fez uso da teoria do metabolismo de Moleschott, não, é claro, sem alterá-la"[51]. Embora a visão de Schmidt seja amplamente aceita, um exame

---

[50] Não trataremos de *Herr Vogt*, porque o texto foi escrito em uma controvérsia política específica e tem pouco a ver com o materialismo científico natural de Vogt como tal.

[51] Alfred Schmidt, *The Concept of Nature in Marx* (Londres, NLB, 1971), p. 87.

cuidadoso dos textos aponta os equívocos de sua afirmação. Não há evidência filológica para ela; Schmidt e seus admiradores deveriam ter percebido que a visão de Moleschott, tal qual elaborada em *O ciclo da vida* (1852), dificilmente é compatível com a aliança de Marx com Liebig[52].

Assim, Schmidt subestima, talvez intencionalmente, a influência de Liebig sobre Marx, mas não fornece nenhuma razão convincente para isso. Em apenas uma nota de rodapé, refere-se de forma sucinta a Liebig: "O químico J. von Liebig, cujas opiniões não deixaram de influenciar Marx (cf. *Capital*, vol. 1, p. 506, n. 1), comparou o metabolismo na natureza com o mesmo processo no corpo político em seu livro *Chemische Briefe*, Heidelberg, 1851, p. 622 et seq."[53]. O livro de Schmidt não discute a *Química agrícola* porque ele acredita que Marx "fez uso do termo 'metabolismo', que, apesar de todo o seu ar científico, é, não obstante, de caráter especulativo"[54]. Ele se apega ao conceito filosófico de natureza do jovem Marx, custe o que custar em termos de verdade. Para Schmidt, Liebig é muito "ciência natural" em comparação com Moleschott. Contudo, não é necessário interpretar o conceito de metabolismo de maneira "especulativa", e a observação de Schmidt também contradiz o fato de que Marx não estudou várias disciplinas das ciências naturais de acordo com um programa de filosofia da natureza definido, como Hegel e Schelling fizeram.

A fim de fundamentar sua própria afirmação, Schmidt cita a teoria do metabolismo de Moleschott em *O ciclo da vida*:

> O que o homem excreta nutre a planta. A planta transforma o ar em sólidos e nutre o animal. Animais carnívoros vivem de animais herbívoros, para serem eles

---

[52] É surpreendente que muitos autores simplesmente aceitaram a afirmação de Schmidt sem examinar o texto de Marx; ver Gernot Böhme e Joachim Grebe, "Soziale Naturwissenschaft: Über die wissenschaftliche Bearbeitung der Stoffwechselbeziehung Mensch-Natur", em *Soziale Naturwissenschaft. Weg zur Erweiterung der Ökologie*, ed. *Gernot Böhme and Engelbert Schramm* (Frankfurt am Main, fischer alternativ, 1985), p. 19-41; Marina Fischer-Kowalski, "Society's Metabolism: The Intellectual History of Materials Flow Analysis, Part I, 1860-1970", *Industrial Ecology*, v. 2, n. 1, 1998, p. 61-78; Joan Martinez-Alier, "Marxism, Social Metabolism, and International Trade", em Alf Hornborg (org.) et al., *Rethinking Environmental History: World-System History and Global Environmental Change* (Lanham, AltaMira Press, 2007), p. 221-38. Foster rejeitou essas visões; ver Foster, *Marx's Ecology*, cit., p. 161.

[53] Schmidt, *The Concept of Nature in Marx*, cit., p. 218, n. 129.

[54] Ibidem, p. 76.

próprios vítimas da morte e assim espalharem vida germinando no mundo das plantas. O nome "metabolismo" foi dado a essa troca de material.[55]

A explicação de Moleschott do metabolismo, que também é expressa como "metempsicose" entre todas as substâncias materiais, é tão geral e abstrata que não se pode inferir imediatamente sua influência na teoria de Marx[56]. Portanto, é necessário olhar para a sua teoria do metabolismo de mais de perto para julgar se Marx estaria disposto a integrá-la "não, é claro, sem alterá-la".

Moleschott foi um médico e fisiologista holandês que participou com Ludwig Büchner e Karl Vogt de um acalorado "debate sobre o materialismo" na década de 1850. Ele defendia uma visão materialista radical de que toda atividade espiritual é "apenas uma função de substâncias no cérebro", e que "o pensamento está na mesma relação com o cérebro que a bile com o fígado ou a urina com os rins"[57]. Moleschott também reduziu o pensamento a um produto do movimento da matéria no cérebro: "O pensamento é um movimento da matéria [*Stoff*]"[58]. Enquanto, em sua *Química agrícola*, Liebig enfatizou a importância do ácido fosfórico para um amplo crescimento das plantas, Moleschott argumentou sua importância para os humanos de forma provocativa: "Nenhum pensamento sem fósforo"[59]. Admitindo a necessidade de pesquisas adicionais sobre o funcionamento do cérebro, propôs que, com o desenvolvimento da fisiologia materialista, as atividades e os talentos físicos e espirituais poderiam ser determinados pela medição da assimilação e excreção de matéria. Nesse sentido, argumentou que a nutrição desempenha um papel importante na determinação dessas atividades. Por exemplo, contrastou o trabalhador inglês com o *lazzarone* italiano: "Quem não reconhece a superioridade do trabalhador inglês fortificado com rosbife em relação ao *lazzarone* italiano, cuja dieta predominante em vegetais explica grande parte de sua predisposição à preguiça?"[60].

---

[55] Ibidem, p. 87.
[56] Jakob Moleschott, *Kreislauf des Lebens: Physiologische Antworten auf Liebig's Chemische Briefe* (Mainz, Verlag von Victor von Zabern, 1852), p. 83.
[57] Karl Vogt, "Physiologische Briefe für Gebildete aller Stände: Zwelfter Brief. Nervenkraft und Seelenthätigkeit", em Walter Jaeschke (org.) et al., *Der Materialismusstreit* (Hamburgo, Meiner, 2012), p. 1-14.
[58] Moleschott, *Kreislauf des Lebens*, cit., p. 401.
[59] Ibidem, p. 369.
[60] Jakob Moleschott, *Physiologie der Nahrungsmittel. Ein Handbuch der Diätetik* (Giessen, Ferber'sche Universitätsbuchhandlung, 1850), p. 101.

A compreensão mecanicista de Moleschott da relação entre características espirituais e físicas e a nutrição também se reflete em sua teoria do metabolismo, a partir da qual ele apoiou a "teoria do húmus" de Gerardus Mulder em Utrecht e criticou a "teoria mineral" de Liebig. Este afirmou, como resultado de vários experimentos químicos, que o efeito direto do húmus – isto é, o material escuro das plantas em decomposição na camada superior do solo – sobre o crescimento das plantas ocorre apenas como resultado de sua decomposição em água e ácido carbônico. Em contraste, Moleschott e Mulder insistiram, em sintonia com Albrecht Thaer, na contribuição direta e essencial de um nutriente do solo chamado *Dammsäure*, contido no húmus, para o crescimento das plantas: "Em contraste [com Liebig], Wiegmann e Mulder, livrando-se de qualquer dúvida, provaram por meio de experimentos que nem o ácido carbônico nem a amônia podem substituir o efeito do *Dammsäure*"[61].

Ao considerar os compostos de amônia do *Dammsäure* a "substância mais importante na nutrição", Moleschott subestimou a teoria de Liebig sobre o papel das substâncias inorgânicas no crescimento das plantas, uma teoria válida ainda hoje, e ignorou as reações químicas concretas de ligação e dissolução entre várias substâncias orgânicas e inorgânicas na atmosfera, no solo e nas plantas[62]. Enquanto Liebig defendia a importância de uma análise química da composição do solo, Moleschott reduziu o processo químico e fisiológico de crescimento da planta a uma "metempsicose" abstrata e generalizada, dispensando investigações concretas.

Nessa metempsicose que subsume tudo, os humanos também perdem sua historicidade mediada pelo trabalho e suas funções no interior do metabolismo social e natural. Moleschott estabeleceu que os humanos, como seres efêmeros, são decompostos em "*Dammsäure* e amônia" no solo após a morte, de modo que as plantas podem crescer novamente nele sem esgotá-lo:

> O mesmo carbono e nitrogênio que as plantas obtêm do ácido carbônico, *Dammsäure*, e amônia se transformam em grama, trevos e trigo, depois em

---

[61] Idem, *Kreislauf des Lebens*, cit., p. 80. De acordo com o conhecimento científico atual, o "*dammsäure*" não existe. Como Liebig e outros demonstraram à época, o húmus se decompõe em várias matérias orgânicas e inorgânicas antes de ser absorvido pelas plantas. Pode-se dizer que a "Dammsäureammoniak" foi uma descoberta ilusória imaginada com a esperança de refutar a validade da teoria mineral de Liebig.

[62] Ibidem, p. 81.

animais e humanos, um após o outro, e finalmente se desintegram novamente em ácido carbônico e água, *Dammsäure* e amônia. Aqui está o milagre natural do ciclo. [...] O milagre está na eternidade da matéria ao longo das mudanças de forma [*Wechsel der Form*], na mudança de matéria [*Wechsel des Stoffs*] de uma forma a outra, e no metabolismo [*Stoffwechsel*] como fundamento último da vida terrena.[63]

De acordo com a compreensão monista de Moleschott, os humanos funcionam apenas como um elemento no ciclo eterno da matéria, de modo que o "metabolismo entre os humanos e a natureza" não recebe nenhuma atenção teórica e prática específica. A explicação de Moleschott sobre as condições para sustentar a base material da interação entre vários organismos na terra trata apenas do ciclo abstrato e a-histórico de matéria indestrutível no qual cada animal e humano volta ao solo após a morte, tudo para nutrir novas plantas.

Então Liebig estava certo quando em sua palestra em 1856 chamou Moleschott de um dos "diletantes que vagueiam nas fronteiras das ciências naturais", que agem como "crianças no conhecimento das leis naturais"[64]. Pode-se esperar a mesma reação de Marx. Após sua discussão intensiva com Daniels no início da década de 1850, quando se familiarizou com a *Química agrícola* de Liebig e as *Lectures on Agricultural Chemistry* [Conferências sobre química agrícola] de Johnston, ele considerou ambas altamente críticas à teoria do húmus. Diante disso, a afirmação de Schmidt sobre a influência de Moleschott sobre a teoria do metabolismo de Marx não é plausível. Além disso, a visão de mundo materialista de Moleschott se sobrepõe, em certa medida, àquela expressa no *Mikrokosmos* de Daniels[65] e, nesse sentido, a observação crítica de Marx de que a explicação de Daniels é "por um lado muito mecanicista, por

---

[63] Ibidem, p. 83.
[64] Justus von Liebig, *Chemische Briefe*, v. 1 (4. ed., Leipzig, C. F. Winter'sche Verlagshandlung, 1859), p. 362.
[65] Uma afirmação semelhante à de Moleschott sobre rosbife e vegetais pode ser encontrada na explicação de Daniels sobre "o índio americano comedor de carne e o índio comedor de plantas etc. – que grande diferença no que diz respeito à sua maneira de pensar!". Mas o determinismo mecanicista de Moleschott é menos atraente para Marx porque ele não trata o conhecimento de maneira genética e histórica, enquanto Daniels pelo menos apresenta sua demanda por uma explicação histórica em termos da produção humana. Ver Daniels, *Mikrokosmos*, cit., p. 112.

outro muito anatômica" pode ser aplicada ao materialismo de Moleschott[66]. Moleschott negligenciou o papel mediador do trabalho no processo de produção e explica a totalidade do mundo apenas em termos do movimento transistórico de matéria e força. O que falta em sua explicação é a "determinação da forma econômica" (*ökonomische Formbestimmung*) específica, cuja análise Marx considerava a tarefa central de sua crítica da economia política.

Como Vogt e Büchner, Moleschott manteve-se próximo da filosofia da essência de Feuerbach. Eles trocaram correspondências com frequência e foi ele quem deu a Feuerbach o impulso para estudar as novas disciplinas da fisiologia e da medicina. Mais tarde, Moleschott refletiu que a antropologia de Feuerbach era a "tarefa de toda a minha vida"[67]. Ele em particular viu a afinidade com o projeto da antropologia de Feuerbach, uma tentativa materialista de superar todas as oposições dualistas entre corpo e mente, matéria e alma, Deus e mundo:

> Feuerbach deixou claro para a consciência que os *humanos* como fundamento de toda intuição e todos os pensamentos são o ponto de partida. Feuerbach carregou a bandeira da ciência dos seres humanos, ou seja, a antropologia. Essa bandeira vence pela investigação da matéria e de seu movimento. [...] O anjo em torno do qual gira a sabedoria mundial de hoje é a teoria do metabolismo.[68]

Moleschott imaginou sua teoria fisiológica do metabolismo em continuidade com o programa de Feuerbach, reduzindo todas as aparências do mundo ao verdadeiro princípio materialista da essência, isto é, da "matéria".

Inspirado por novas descobertas nas ciências naturais feitas por seus seguidores, Feuerbach também elogiou o trabalho de Moleschott, alegando que ele possuía um "significado universal e revolucionário das ciências naturais"[69]. Em sua resenha da *Lehre der Nahrungsmittel* [Teoria da nutrição] de Moleschott, intitulada "ciência natural e religião", Feuerbach, em um tom totalmente positivo, citou a observação de Moleschott de que "vida é metabolismo". Ele até considerou correta a redução de Moleschott das funções humanas à nutrição, argumentando que a "doutrina dos alimentos é de grande importância ética

---

[66] MEGA² III/4, p. 336.
[67] Jakob Moleschott, *Für meine Freunde: Lebenserinnerungen von Jacob Moleschott* (Giessen, Verlag von Emil Roth, 1894), p. 251.
[68] Idem, *Kreislauf des Lebens*, cit., p. 393-4, ênfase no original.
[69] Feuerbach, *Gesammelte Werke*, cit., v. 10, p. 356.

e política. O alimento se transforma em sangue, o sangue se transforma em coração e cérebro, pensamentos e coisas da mente. [...] O homem é o que ele come (*Der Mensch ist, was er isst*)"[70]. Feuerbach acreditava que seu programa filosófico, a reforma histórica da consciência, adquiria então uma nova base científica, embora o fracasso da revolução de 1848-1849 demonstrasse claramente a limitação prática da filosofia "radical" dos Jovens Hegelianos e enfraquecesse significativamente sua atratividade[71]. Não é apenas uma questão puramente epistemológica, já que ele repetidamente apontou as possíveis consequências políticas emergentes da teoria do metabolismo radical de Moleschott, porque ela poderia refutar a cosmovisão cristã. Em seu elogio ao novo panteísmo de Moleschott ("*Hen kai pan*" ou "Um-e-Todos"), que defendia a "nutrição" como a base de toda atividade e existência física e espiritual, sem recurso a qualquer transcendência divina, pode-se confirmar a continuidade teórica de Feuerbach com *A essência do cristianismo* no período pós-revolucionário[72].

Também se pode inferir da afinidade entre Feuerbach e Moleschott que Marx, após 1845, não aceitou nem elogiou o materialismo científico natural. Moleschott estava, como Feuerbach, muito satisfeito em reduzir todas as percepções e aparências à sua "essência", isto é, "matéria" e "força", a fim de opor sua visão de mundo radicalmente materialista ao dualismo filosófico. Como resultado de seu materialismo bruto, ele caiu em um realismo ingênuo que identifica toda a realidade com matéria e força, e no dogmatismo devido à impossibilidade de provar a existência e as funções exatas de matéria e força. Moleschott não estava interessado na transformação histórica concreta da relação entre humanos e natureza, pois pressupunha desde o início que a essência deve permanecer a mesma devido à eternidade e indestrutibilidade da matéria, por mais que suas formas se modifiquem na história. *A ideologia alemã* de Marx, por outro lado,

---

[70] Ibidem, p. 358.

[71] Isso não significa, no entanto, que Feuerbach aceitou totalmente a teoria de Moleschott. Ele se distanciou da redução radical de Moleschott à matéria conforme expressou sua preocupação em uma carta a F. W. Heidenreich de 24 de junho de 1852 (Feuerbach, *Gesammelte Werke*, cit., v. 19, p. 393-4). Para Feuerbach, era vital permanecer no interior de uma perspectiva filosófica e antropológica da essência humana e, nesse sentido, os cientistas naturais materialistas foram longe demais em sua explicação monista de todos os fenômenos com os movimentos das matérias eternas. Ver Walter Jaeschke, "Ludwig Feuerbach über Spiritualismus und Materialismus", em Andreas Arndt e Walter Jaeschke (orgs.), *Materialismus und Spiritualismus: Philosophie und Wissenschaften nach 1848* (Hamburgo, Meiner, 2000), p. 23-34.

[72] Feuerbach, *Gesammelte Werke*, cit., v. 10, p. 358.

rejeitava qualquer redução direta de um fenômeno a sua "essência" por não ser possível superar o mundo objetivamente invertido simplesmente apontando sua verdade e essência ocultas em um nível epistêmico. Assim, Marx tentou investigar as relações sociais históricas que constantemente produzem e reproduzem o mundo invertido da "aparência" objetiva. Enquanto Feuerbach ainda se apegava ao mesmo esquema da filosofia da essência como base para uma mudança social radical, mesmo após o fracasso da revolução de 1848, e simpatizava com Moleschott, Marx separou-se decididamente da filosofia, dedicando-se ao estudo da economia política e das ciências naturais.

Se Schmidt, apesar da incompatibilidade entre Marx e Feuerbach, defende a importância do metabolismo de Moleschott para Marx, a razão para isso está em sua própria compreensão ontológica da natureza, que nada tem a ver com a teoria de Marx. Schmidt alega encontrar a "ontologia negativa" da natureza no pensamento de Marx, segundo a qual a natureza existe como a totalidade que engloba a natureza e a sociedade, e penetra até mesmo na sociedade: "O todo da natureza é mediado socialmente e, inversamente, a sociedade é mediada pela natureza como um componente da realidade total"[73]. Schmidt acredita que a natureza em sua totalidade não pode ser completamente reduzida à "segunda natureza" porque há um "lado material (*stoffliche Seite*)" que não pode ser modificado arbitrariamente: "No processo de trabalho direto, i.e., o metabolismo entre homem e natureza, o *lado material* triunfa sobre a forma historicamente determinada"[74].

Schmidt não explica o que exatamente desse "lado material" permanece contra a forma historicamente determinada, mas a mistifica. Esse resultado não é acidental. Como Feuerbach e Moleschott reduziram a relação dos humanos e da natureza a uma ontologia transistórica, Schmidt expressa simpatia pela concepção de natureza deles, devido ao seu próprio interesse filosófico. Schmidt, consequentemente, simplifica a teoria do metabolismo de Marx, um tanto à maneira moleschottiana, em favor da "dignidade 'ontológica'" associada a um mero reconhecimento de uma "necessidade imposta pela natureza eterna"[75]. Essa irredutibilidade abstrata da natureza é tão óbvia e banal, retirada de todo contexto concreto, a ponto de não exigir nenhum jargão filosófico misterioso, como "ontologia negativa".

---

[73] Schmidt, *The Concept of Nature in Marx*, cit., p. 79.
[74] Ibidem, p. 92.
[75] Ibidem, p. 88.

O orientador de Schmidt, Theodor Adorno, criticou Marx por sua suposta crença otimista na possibilidade de abolir as leis naturais: "O tema mais forte de toda a teoria marxista, o tema da supressibilidade dessas leis, fala a favor do fato de que não se deve tomar ao pé da letra a suposição de leis naturais, muito menos ontologizá-la no sentido de um projeto do que chamamos homem, como quer que esse projeto venha a ser configurado"[76]. É plausível que a "ontologia negativa" da natureza de Schmidt vise mostrar a não transcendência das leis naturais em Marx contra a crítica de Adorno, mas essa defesa não tem nada a ver com o projeto de Marx. Adorno está errado desde o início. Na verdade, Marx lida com a relação entre os lados "formal" e "material" do metabolismo entre humanos e natureza em sua dinâmica histórica de uma forma muito mais matizada do que Schmidt.

O fato de que a teoria do metabolismo de Schmidt lida apenas com a dimensão ontológica da natureza sem examinar suas modificações concretas sob a dinâmica histórica do modo de produção capitalista está intimamente ligado a seu próprio ponto de vista filosófico, que elogia a filosofia de Feuerbach como "materialismo antropológico"[77]. A limitação teórica de Schmidt se manifesta em sua nova introdução à quarta edição alemã de *The Concept of Nature in Marx*, na qual Schmidt tenta desenvolver o "materialismo ecológico". Admitindo que seu trabalho anterior sobre o conceito de natureza de Marx não prestou atenção suficiente aos seus aspectos ecológicos, Schmidt agora repensa a possibilidade da crítica ecológica na teoria de Marx, mas ao fim ele apenas reforça sua crítica anterior ao "antropocentrismo" de Marx como sendo antiecológico, porque Marx transforma a natureza em objeto de exploração e manipulação tecnológica[78]. Schmidt escreve: "É evidente que a teoria de Marx – maduro – também ilustra a natureza sob o *a priori* histórico da administração, dominação e opressão"[79]. Para evitar a

---

[76] Theodor W. Adorno, *Negative Dialectic* (Londres, Routledge, 1973), p. 355 [ed. bras.: *Dialética negativa*, trad. Marco Antonio Casanova, Rio de Janeiro, Zahar, 2009, p. 294].

[77] Alfred Schmidt, *Emanzipatorische Sinnlichkeit: Ludwig Feuerbachs anthropologischer Materialismus* (Frankfurt am Main, Ullstein, 1977).

[78] Idem, "Vorwort zur Neuauflage 1993: Für einen ökologischen Materialismus", *Der Begriff der Natur in der Lehre von Marx* (4. ed., Hamburgo, Europäische Verlagsanstalt, 1993), p. xi.

[79] Idem, *Emanzipatorische Sinnlichkei*, cit., p. 34. Schmidt também fala de uma "especulação natural romântica em Marx" sem fornecer evidências textuais. Ver idem, *The Concept of Nature in Marx*, cit., p. 220, n. 18.

instrumentalização da natureza e fundamentar o ponto de vista verdadeiramente materialista do "materialismo ecológico", Schmidt, em linha com sua filosofia da ontologia negativa, volta a *A essência do cristianismo* de Feuerbach. Ele depende da explicação deste sobre a visão de mundo dos gregos que queriam encontrar a harmonia dos humanos com seu meio ambiente realizada em um "belo objeto":

> É claro que o recurso de Feuerbach à visão de mundo pré-técnica e mítica dos gregos não é um mero reflexo de seus anseios românticos. Feuerbach nos lembra a possibilidade que foi enterrada sob muitas camadas em seu próprio tempo, a possibilidade de experimentar a natureza não apenas como objeto da ciência ou matéria-prima, mas "esteticamente" em um sentido sensível e receptivo como na arte.[80]

O que está em jogo na "ecologia materialista" de Schmidt é uma transformação da consciência, de modo que se possa chegar a uma nova imagem da natureza como uma unidade entre humanos e natureza para além da instrumentalização da natureza dominante na visão moderna. Contudo, o ponto principal da crítica de Marx a Feuerbach em *A ideologia alemã* nos lembra da impotência de uma tentativa de mudar a consciência sem mudar as condições sociais e materiais. A percepção ou intuição sensível abstrata, ele sugere, não é em si capaz de transformar as condições do mundo real – uma visão que é incompatível com a "ecologia materialista" de Schmidt.

Para além do "materialismo científico natural"

O livro de 2009 de Amy E. Wendling, *Karl Marx on Technology and Alienation* [Karl Marx sobre tecnologia e alienação], apresentou outra interpretação da teoria do metabolismo de Marx, novamente apoiando o alegado "materialismo científico natural" de Marx. Insistindo na influência de *Força e matéria* (1855) de Ludwig Büchner, seu argumento pode parecer convincente à primeira vista, mas é necessário examinar sua interpretação, especialmente no que diz respeito à incompatibilidade entre Marx e os materialistas científicos naturais.

Wendling aponta uma grande transformação do conceito de "trabalho" de Marx como resultado de sua exposição às ciências naturais e ao materialismo

---

[80] Idem, "Vorwort zur Neuauflage", cit., p. xii.

científico natural. Enquanto o conceito de trabalho de Marx na década de 1840 ainda era entendido "ontologicamente", ele compreendia a essência dos seres humanos sob a influência de Aristóteles, John Locke, Adam Smith e Hegel. Após os *Grundrisse*, e concordando com Büchner e Moleschott, Marx começou a enfatizar a teoria "termodinâmica" do valor em contraste com Liebig. Embora não haja nenhuma evidência direta de que Marx tenha estudado seriamente a termodinâmica nas décadas de 1840 e 1850, Wendling argumenta que é possível encontrar traços disso em seus textos. Ela cita uma passagem dos *Grundrisse*, na qual Marx discute a metamorfose dos capitais individuais com uma analogia ao corpo orgânico:

> Essa mudança de força e matéria [*Form und Stoffwechsel*] [do capital], como no corpo orgânico. Quando se afirma, p. ex., que o corpo se reproduz em 24 horas, ele não o faz de uma s. vez, mas a repulsão em uma forma e a renovação na outra são repartidas, têm lugar simultaneamente. No corpo, aliás, a estrutura óssea é o capital fixo; ela não se renova no mesmo tempo que a carne, o sangue.[81]

Nessa passagem, Marx argumenta que diferentes órgãos do corpo, que são produzidos e reproduzidos pelo mesmo processo de metabolismo, requerem diferentes períodos de tempo para sua reposição e destruição, dependendo de suas propriedades materiais. De acordo com Wendling, essa é uma analogia fisiológica adequada da economia política, pois o "capital fixo" também permanece no processo de produção por mais tempo que o "capital circulante". Nessa época, Marx estava tão familiarizado com as ciências naturais na aplicação de seus conceitos à economia política que não forneceu sua fonte.

Wendling afirma ter encontrado uma fonte relevante para essa passagem e cita um trecho de *Força e matéria* de Büchner, publicado em 1855, para fundamentar sua tese de que os *Grundrisse* de Marx documentam sua transição para um paradigma "termodinâmico". Ela refere-se à seguinte passagem de uma tradução do livro para o inglês:

> A cada suspiro que sai de nossos lábios, exalamos parte da comida que comemos e da água que bebemos. Essa mudança ocorre tão rapidamente que podemos dizer que em um espaço de quatro a seis semanas somos materialmente muito diferentes

---

[81] Marx, *Grundrisse*, cit., p. 661 [ed. bras.: *Grundrisse*, cit., p. 553. Para respeitar o argumento do autor, optamos por alterar a tradução da Boitempo aqui mencionada – N. E.].

e seres novos – *com exceção dos órgãos esqueléticos do corpo, que são mais firmes e, portanto, menos sujeitos a mudanças*.[82]

Aqui há uma distinção clara entre ossos e outros órgãos no processo metabólico incessante no interior do corpo orgânico. O osso é mais duro do que outras partes e, portanto, é capaz de durar mais tempo. Assim, pode funcionar como uma analogia do capital fixo, que dura mais tempo que o circulante.[83]

Se alguém ler casualmente o livro de Wendling, parece plausível que Büchner desempenhe um papel importante porque Marx, na passagem acima, faz um esforço para estabelecer as categorias-chave de capital "fixo" e "circulante". Ao mesmo tempo, a afirmação de Wendling de que o conceito de trabalho de Marx se move em direção a um paradigma termodinâmico após a leitura do livro de Büchner também parecerá convincente.

No entanto, sua alegação torna-se imediatamente suspeita assim que se lê Büchner no original em alemão. Acontece que ele está discutindo um ponto completamente diferente na passagem:

A cada suspiro que sai de nossos lábios, exalamos parte da comida que comemos e da água que bebemos. Mudamos tão rapidamente que podemos muito bem dizer que no espaço de quatro a seis semanas somos materialmente muito diferentes e novos seres – *Os átomos são trocados, mas o tipo de sua combinação permanece o mesmo*.[84]

Como indicado claramente, Büchner não fala sobre ossos em comparação com outros órgãos. Ele lida com a "combinação" de elementos em cada parte orgânica; ou seja, sobre uma característica fisiológica geral dos órgãos, que, apesar das constantes mudanças de seus elementos ao longo do processo metabólico, sua "combinação" em cada órgão permanece a mesma. Por meio da respiração e da alimentação, o corpo orgânico é continuamente reposto e reno-

---

[82] Ludwig Büchner, *Force and Matter or Principles of the Natural Order of the Universe: With a System of Morality Based on Thereon* (Nova York, P. Eckler, 1920), p. 16, ênfase nossa. Ver também Army W. Wendling, *Karl Marx on Technology and Alienation* (Nova York, Palgrave, 2009), p. 64.

[83] Idem.

[84] Ludwig Büchner, *Stoff und Kraft: Empirisch-naturwissenschaftliche Studien* (Frankfurt am Main, Verlag von Meidinger Sohn, 1858), p. 11, ênfase nossa. Uma edição inglesa mais antiga traduziu a passagem corretamente: ver idem, *Force and Matter: Empirico-Philosophical Studies, Intelligibly Rendered* (Londres, Trüner & Co., 1864), p. 11.

vado. Apesar disso, a análise química mostra que a composição dos compostos orgânicos de cada parte do corpo, seja sangue, músculo ou osso, permanece a mesma. Graças à equivalência entre a assimilação e a excreção constantes, é possível que a combinação de cada órgão permaneça constante, e é por isso que Büchner descreve o metabolismo como o "ciclo eterno e contínuo das partículas diminutas da substância"[85].

O tradutor de *Força e matéria* para o inglês fez uma modificação no texto original, no qual Wendling infelizmente focou. Esse não é apenas um erro por descuido; há uma razão para isso. Ela escolheu uma passagem dos *Grundrisse* na qual Marx emprega o conceito de metabolismo, que geralmente é discutido em relação com Liebig, um crítico severo do materialismo científico natural, mas sua intenção era enfatizar a importância do materialismo científico natural para a economia política de Marx. Isso era necessário se ela quisesse provar sua tese sobre a transição "termodinâmica" de Marx na década de 1850[86].

Wendling desafia a importância da teoria de Liebig, criticando-a repetidamente como falso "vitalismo", como Büchner e Moleschott haviam feito. Ela chega a afirmar que o distanciamento do "ideal iluminista de Liebig" permitiu a Marx mover-se para o paradigma termodinâmico[87]. De fato a fisiologia de Liebig às vezes retrocede para a suposição de uma "força vital", mas isso não significa que sua análise química e seu método possam ser reduzidos ao vitalismo[88]. Wendling, por um lado, negligencia o desenvolvimento teórico da fisiologia de Liebig e, por outro, marginaliza o forte interesse de Marx na teoria do metabolismo de Liebig em favor de Büchner. Essa negligência a leva a uma grave unilateralidade. A interpretação proposta por ela da pesquisa de Marx em ciências naturais não revela os interesses ecológicos dele devido à rejeição dela da teoria de Liebig e seu apoio ao materialismo científico natural. Uma teoria que defende um ciclo material a-histórico eterno não pode traçar adequadamente o problema histórico do esgotamento dos recursos naturais, que, como Liebig postula, é o resultado da perturbação da interação

---

[85] Ibidem.
[86] O modelo "termodinâmico" não deve ser completamente rejeitado. Kozo Mayumi, por exemplo, fornece uma interpretação mais produtiva desse modelo em relação à teoria do metabolismo de Marx e Liebig. Ver Kozo Mayumi, "Temporary Emancipation from the Land: From the Industrial Revolution to the Present Time", *Ecological Economics*, 4, 1991, p. 35-56.
[87] Wendling, *Karl Marx on Technology and Alienation*, cit., p. 97.
[88] Ver Lipman, "Vitalism and Reductionism", cit., p. 170.

metabólica entre humanos e natureza. A crítica ecológica de Marx da "agricultura de roubo" não tem nada a ver com vitalismo, e é esse aspecto da química agrícola de Liebig que contribui para o desenvolvimento ecológico de sua crítica à economia política.

Em termos de uma possível fonte textual que realmente enfatize os vários períodos de reprodução dos diferentes órgãos, pode-se recorrer à obra de Carl Gustav Carus, fisiologista e filósofo natural alemão. Marx sabia de sua obra, pois seu nome aparece não apenas na carta de Daniels a Marx, mas também no *Mikrokosmos* de Daniels[89]. Em seu *Sistema de fisiologia*, Carus explicou o mesmo ponto que Marx nos *Grundrisse*:

> Agora também pode ser necessário referir-se à razão de tempo em que ocorre a transformação das partes elementares do organismo. [...] 1) Em qualquer caso, os componentes do fluido parenquimatoso mudam mais rapidamente, porque é esse fluido que condiciona a mudança de todas as partes sólidas elementares e, além disso, ele, como qualquer coisa viva, deve estar envolvido em um processo contínuo de perecimento e geração. [...] 2) Entre as partes elementares sólidas, as partes moles mudam de substância mais rapidamente do que as totalmente rígidas. Esta proposição segue necessariamente a anterior; uma vez que as partes elementares moles são penetradas pelo fluido formativo ainda mais do que as rígidas, um metabolismo mais rápido ocorre nas primeiras, mesmo que isso não possa ser facilmente provado por experimentos em comparação com as últimas.[90]

Com o conceito de metabolismo, Carus explicou como diferentes órgãos são destruídos em diferentes períodos de tempo e depois substituídos novamente. O líquido, isto é, o sangue, é mais rápido, os músculos e a pele vêm depois e os ossos são os mais lentos. É possível que Marx conhecesse a discussão de Carus e, em caso negativo, outros fisiologistas da época também enfatizaram o mesmo ponto. Carl Fraas o descreveu em *Natureza da agricultura*, do qual Marx mais tarde fez excertos:

---

[89] MEGA III/4, p. 391; Daniels, *Mikrokosmos*, cit., p. 88-9.
[90] Carl Gustav Carus, *System der Physiologie umfassend das Allgemeine der Physiologie, die physiologische Geschichte der Menschheit, die des Menschen und die der einzelnen organischen Systeme im Menschen, für Naturforscher und Aerzte*, v. 2 (Dresden, Gerhard Fleischer, 1839), p. 32-3.

É verdade que o metabolismo ocorre em toda parte, mas é muito mais fraco nos tecidos firmemente organizados, sem contribuição considerável para as excreções que indicam a reposição total do que nos fluidos, em primeiro lugar no sangue, suas células (grânulos) e plasma.[91]

Assim, apesar do argumento de Wendling, não há razão convincente para acreditar que o materialismo de Büchner tenha sido crucial para os *Grundrisse*. Suas visões filosóficas e fisiológicas são menos sofisticadas do que as de outros cientistas naturais de seu tempo.

A discussão de Marx sobre os diferentes períodos de reprodução de diferentes órgãos também documenta sua originalidade teórica, que não pode ser totalmente reduzida à teoria do metabolismo de Liebig. Marx não apenas usou em *Reflexão* o conceito de metabolismo antes de ler a obra de Liebig, mas também integrou nos *Grundrisse* vários aspectos dos discursos fisiológicos. Certamente, Liebig enfatizou a necessidade da equivalência entre assimilação e excreção de cada órgão:

> Se refletirmos que o menor movimento de um dedo consome força; que em consequência da força despendida, uma porção correspondente de músculo diminui de volume; é óbvio que um equilíbrio entre o *suprimento e o gasto de matéria* (nos tecidos vivos) só pode ocorrer quando a proporção separada ou expelida em uma forma sem vida é, no mesmo instante em que perde sua condição vital, restaurada em outra parte.[92]

Liebig reconhecia que o "equilíbrio entre o suprimento e o gasto de matéria" precisa ocorrer durante o processo metabólico constante. Caso contrário, cada órgão continuaria aumentando ou diminuindo, como é o caso de crianças e idosos. Não teria sido difícil acrescentar que cada órgão tem um período de tempo diferente para essa substituição, visto que outros fisiologistas como Carus e Fraas haviam apontado isso. Liebig, contudo, acabou simplesmente indicando a necessidade do equilíbrio, sem entrar na diferença material entre os vários órgãos.

---

[91] Carl Fraas, *Natur der Landwirthschaft. Beitrag zu einer Theorie derselben*, v. 2 (Munique, Literarisch-artistische Anstalt, 1857), p. 106.

[92] Justus von Liebig, *Animal Chemistry, or Organic Chemistry in Its Application to Physiology and Pathology* (Londres, Taylor and Walton, 1842), p. 227, ênfase no original.

Embora a contribuição de Liebig para o desenvolvimento da teoria do metabolismo de Marx seja inegável, os *Grundrisse* também confirmam que Marx não estava simplesmente seguindo o conceito de metabolismo de Liebig. Ele também pegou diferentes aspectos do metabolismo de outros autores. Essa relativa independência do uso do metabolismo por Marx torna-se importante mais tarde, quando ele começou a ler várias obras que se opunham a Liebig, embora continue a tecer os maiores elogios à teoria do esgotamento do solo de Liebig. Essa leitura o levará a estender sua teoria ecológica do metabolismo após 1868.

Marx reconheceu claramente que os materialistas científicos naturais não estavam lidando com os diferentes períodos de reprodução entre os vários órgãos, e que esse era seu defeito teórico. Ele transmitiu explicitamente sua opinião a Engels em uma carta de 5 de março de 1858, época em que escrevia os *Grundrisse*: "Ao considerar a reprodução da maquinaria, como distinta do capital circulante, é irresistível lembrar dos Moleschotts que também prestam atenção insuficiente ao período de reprodução do esqueleto, contentando-se, como os economistas, com o tempo médio gasto pelo corpo humano para se restituir completamente"[93]. Sem dúvida, "os Moleschotts" inclui não apenas o próprio Moleschott, mas também Büchner e Vogt. Nessa citação, Marx criticou a análise fisiológica de Büchner precisamente nos termos em que Wendling o elogia, porque ele não levou em consideração a relação das propriedades materiais concretas com todo o processo do metabolismo. O que é típico dos materialistas científicos naturais é uma cognição da "essência" materialista, como a quantidade de fósforo nos ossos ou o equilíbrio imutável dos átomos dos órgãos. Quando Marx analisou a relação entre o capital fixo e o circulante, sua analogia fisiológica mostrou, ao contrário de Büchner, que ele deu uma atenção especial às diferenças materiais em relação às formas econômicas.

O papel da fisiologia nos *Grundrisse*

A discussão anterior ajuda a entender por que, em contraste com a análise de Moleschott e Büchner, que se aproximou da filosofia da essência de Feuerbach, a teoria do metabolismo de Marx precisa ser examinada em relação à sua própria economia política. Como mostrado, Moleschott e Büchner reduziram, como Feuerbach, as relações históricas e sociais a uma essência a-histórica. Chegaram

---

[93] Marx e Engels, *Collected Works*, cit., v. 40, p. 282.

a dissolver o mundo inteiro em várias combinações de matéria eterna e imutável. Schmidt procurou ir além de Moleschott, tentando compreender o "lado material" da natureza em relação às suas modificações históricas na sociedade capitalista. Ele não foi capaz de cumprir essa tarefa porque sua "ontologia negativa" ainda estava presa à filosofia da essência de Feuerbach. A partir de 1845, Marx passou a analisar esse "lado material" da economia política, como valor de uso, natureza, necessidades humanas, de uma maneira muito diferente.

Nos *Grundrisse*, Marx reflete sobre seu próprio método de economia política, que lida com a relação entre "matéria (*Stoff*)" e "determinações da forma econômica". Ele argumenta em primeiro lugar que as formas econômicas são o objeto de sua investigação, mas também reconhece a importância da matéria:

> Antes de tudo, mostrar-se-á, e é preciso mostrar, no desenvolvimento das etapas isoladas, em que medida o valor de uso fica não só como substância pressuposta fora da economia e de suas determinações formais, mas em que medida entra nela.[94]

A análise de Marx nos *Grundrisse*, a princípio, exclui o valor de uso do objeto da economia política, tratando-o simplesmente como algo dado, a fim de desenvolver sistematicamente as categorias econômicas puras como "mercadoria", "valor", "dinheiro" e "capital". Por exemplo, várias coisas diferentes com uma ampla gama de valores de uso podem ser todas "mercadorias", e diferentes tipos de trabalho produzem "valor". Marx primeiro visa responder às questões gerais, como "O que é a mercadoria?" e "O que é valor?", e esclarecer sob quais relações sociais essas categorias alcançam validade objetiva. Aqui, Marx não fala sobre propriedades materiais particulares ou valores de uso.

Contudo, seu projeto não termina aí e sua análise passa a indagar em que medida a "substância pressuposta" é modificada pelas formas econômicas e em que medida ainda retém sua própria independência na realidade. A análise sistemática de Marx das categorias econômicas inclui o processo pelo qual a determinação da forma econômica pelo capital modifica ativamente a dimensão material do mundo, mas ao mesmo tempo confronta repetidamente várias limitações.

Nesse contexto, a ciência natural é útil para o projeto de Marx porque o ajuda a compreender os aspectos materiais da análise econômica, como pode ser visto em sua carta a Engels, na qual distingue o capital "fixo" e o "flutuante"

---

[94] Marx, *Grundrisse*, cit., p. 268 [ed. bras.: *Grundrisse*, cit., p. 207-8].

com o uso de conceitos fisiológicos. Sua pesquisa em ciências naturais não estava completa enquanto ele escrevia os *Grundrisse*, mas ele tentou integrá-la em sua crítica da economia política. Nos *Grundrisse*, enfatizou novamente a mesma analogia fisiológica.

> No corpo humano, como no capital, as diferentes porções não se trocam em períodos iguais de tempo na reprodução; o sangue se renova mais rápido do que os músculos, os músculos, mais [rápido] do que os ossos, que, sob esse aspecto, podem ser encarados como o capital fixo do corpo humano.[95]

A diferença do período de reprodução para o desgaste e renovação do capital está condicionada pelas propriedades naturais de cada material, como a reprodução do corpo humano. No processo de trabalho, existem matérias-primas e materiais auxiliares, como óleo, sebo, madeira e carvão, que não podem ser usados mais de uma vez e, portanto, devem ser substituídos após cada processo de trabalho, enquanto outros meios de produção, como um edifício ou uma máquina, duram muitos anos e podem entrar no processo de trabalho muitas vezes. Essa diferença em termos de caducidade de cada elemento no processo de trabalho é, a princípio, puramente material, portanto existe "fora da economia".

Marx argumenta que a distinção entre "capital fixo" e "capital circulante" deve, em primeira instância, ser considerada como uma "divisão meramente formal", porque ambas as formas de capital são distinguidas pelos diferentes tipos de retorno de valor[96]. Assim, diz Marx, o mesmo material pode funcionar tanto como capital fixo quanto como circulante. As matérias-primas para a construção de um edifício ou máquina que os produtores compram, são capital circulante para eles, mas o mesmo material pode funcionar como capital fixo para aqueles que as utilizam em múltiplos processos de produção. O mesmo material, portanto, recebe diferentes determinações de forma econômica dependendo de sua função puramente econômica no processo de valorização do capital. Nesse sentido, Marx escreve que o capital, "como valor, é indiferente a qualquer forma determinada do valor de uso"[97].

Marx rapidamente acrescenta, no entanto, que essa indiferenciação na determinação da forma econômica não está completamente isenta das características

---

[95] Ibidem, p. 670 [ed. bras.: ibidem, p. 560].
[96] Ibidem, p. 722 [ed. bras.: ibidem, p. 374].
[97] Ibidem, p. 694 [ed. bras.: ibidem, p. 582].

materiais de seus portadores. Eles podem ter um impacto "determinante" sobre a forma econômica porque sua existência real como capital fixo requer menos caducidade, de modo que podem persistir em múltiplos processos de produção. A durabilidade dos diferentes materiais recebe determinações da forma econômica no processo de produção. Considerando que a distinção anterior entre capital "variável" e "invariável" era uma distinção "meramente formal" a partir da perspectiva da valorização do capital, o que faz a diferença do valor de uso cair "totalmente fora da determinação formal [*Formbestimmung*] do capital", agora, na análise da produção capitalista com a "diferença entre capital circulante (matéria-prima e produto) e *capital fixo* (meios de trabalho), a diferença dos elementos como valores de uso é posta simultaneamente como diferença do capital como capital, em sua determinação formal [*Formbestimmung*]"[98]. Marx também diz que a diferença material no processo de produção que antes ficava fora da análise econômica "aparece agora como diferença qualitativa do próprio capital e como determinante de seu movimento total (rotação)"[99]. O suporte material do capital agora desempenha um papel ativo e determinante como base física para a diferenciação categórica entre capital flutuante e fixo. O capital está inevitavelmente condicionado pela natureza material dos valores de uso: "A *natureza particular do valor de uso* em que o valor existe, ou que agora aparece como corpo do capital, aparece aqui como *determinando* ela mesma *a forma* e a ação do capital"[100].

Essa natureza material do valor de uso exerce grande influência sobre a acumulação de capital. Por causa de uma proporção maior de capital fixo mais durável, a rotação do capital torna-se mais lenta porque apenas uma alíquota menor do capital fixo entra no processo de valorização a cada vez. A rotação mais lenta do capital resulta da tendência histórica do capitalismo, cujo processo é acompanhado pela introdução e posterior desenvolvimento do sistema de maquinaria, impactando a taxa de lucro e gerando uma tendência de queda. Marx analisa como as determinações da forma econômica pura devem ser encarnadas por certos portadores materiais e como elas podem condicionar a acumulação de capital.

---

[98] Ibidem, p. 692 [ed. bras.: ibidem, p. 580]. Nessa época, Marx ainda confundia os conceitos de "capital circulante" e "capital em circulação", embora distinguisse claramente os dois em termos de conteúdo.

[99] Idem.

[100] Ibidem, p. 646 [ed. bras.: ibidem, p. 541].

Mais tarde, Marx discute essa limitação material imposta à valorização do capital no nível da reprodução com mais detalhes no que diz respeito à diferença entre capital fixo e circulante. Conforme indicado pela analogia fisiológica, o capital circulante deve ser fornecido e restituído mais rapidamente do que o capital fixo, a fim de continuar o processo de produção sem interrupção. O capital só pode se valorizar quando todas as matérias-primas e materiais auxiliares necessários estão disponíveis, além da força de trabalho e das máquinas. O capital está inevitavelmente interessado em estabelecer acesso a matérias-primas e materiais auxiliares abundantes e baratos, porque isso pode aumentar a taxa de lucro. O equilíbrio entre consumo e renovação do capital circulante pode tornar-se repentinamente difícil ou mesmo ser interrompido, por exemplo, devido à falta de matérias-primas e materiais auxiliares, cuja produção muitas vezes depende de mudanças nas condições naturais. Quanto maiores se tornam as forças de produção e quanto mais rápido for necessário que se renovem em maior quantidade as matérias-primas (madeira e ferro) e materiais auxiliares (petróleo e carvão), mais instável se torna a produção, pois ela depende cada vez mais de condições naturais. A quebra da safra ou o esgotamento do solo e das minas pode prejudicar o acúmulo de capital e interromper o processo de produção:

> Uma vez que a reprodução da matéria-prima não depende apenas do trabalho nela empregado, mas da produtividade desse trabalho que está ligada às *condições naturais*, é possível que o volume, a *quantidade* de produto extraído com *a mesma* quantidade de trabalho, caia (como resultado de fatores *sazonais*). *O valor da matéria-prima, portanto, aumenta.* [...] Mais deve ser gasto com *matéria-prima*, menos sobra para o *trabalho*, e não é possível absorver a mesma quantidade de trabalho que antes. Em primeiro lugar, isso é *fisicamente impossível*, por causa da deficiência de matéria-prima. Em segundo lugar, é impossível porque uma *parte maior do valor do produto* tem que ser convertida em matéria-prima, deixando menos para a conversão em *capital variável*. A reprodução não pode ser *repetida* na mesma escala. Uma parte do *capital fixo* fica ociosa e uma parte dos trabalhadores é jogada na rua.[101]

Marx aponta a possibilidade de uma crise econômica em parte devida aos fatores desfavoráveis impostos pelas condições naturais do processo de

---

[101] Marx e Engels, *Collected Works*, cit., v. 32, p. 145-6, ênfase no original.

produção e em parte devida ao desejo desmedido do capital por acumulação. Embora a rotação do capital seja um movimento puramente formal do valor, sua valorização real é necessariamente condicionada por seu lado material, de modo que sem um equilíbrio material adequado entre capital fixo e circulante sua valorização torna-se "fisicamente impossível". Escrevendo dessa maneira, Marx está sem dúvida consciente do potencial de crise imanente à incapacidade do capital de domínio absoluto sobre a natureza. A crise nada mais é do que a perturbação do equilíbrio no metabolismo social e natural[102].

É claro que o capital não aceita passivamente esse obstáculo material imposto a seu desejo infinito de acumulação. Sempre que encontra um limite, tenta imediatamente superá-lo. Nesse sentido, Rosa Luxemburgo se equivoca em sua análise do "esquema da reprodução" de Marx, quando argumenta que a perturbação do equilíbrio no interior do esquema resultaria diretamente na crise fatal do capitalismo[103]. Ela subestima a obstinação do capitalismo porque, como Marx enfatiza repetidamente, existe uma "potência elástica do capital" com a qual ele pode reagir à digressão do metabolismo social e natural de seu equilíbrio ideal. Marx argumenta que o

> capital não é uma grandeza fixa, mas uma parte elástica da riqueza social, parte esta que flutua constantemente com a divisão do mais-valor em renda e capital adicional. Verificamos, além disso, que, mesmo com uma dada grandeza do capital em funcionamento, a força de trabalho, a ciência e a terra (e por terra entendemos, do ponto de vista econômico, todos os objetos de trabalho fornecidos pela natureza sem a intervenção humana) nele incorporadas constituem potências elásticas do capital, potências que, dentro de certos limites, deixam a ele uma margem de ação independente de sua própria grandeza.[104]

O capital desenvolve o sistema de transportes e comunicações e, além disso, sempre tenta explorar novos recursos naturais gratuitos ou baratos e força de trabalho. Nesse sentido, a "potência elástica do capital" baseia-se em

---

[102] Esquematicamente, a crise econômica é a perturbação do metabolismo social. A crise ecológica é a manifestação da perturbação do metabolismo natural por meio da forma capitalista de metabolismo social.

[103] Luxemburgo acreditava que o diagrama da reprodução simples de Marx deveria ser realizado em uma ordem econômica planejada socialista. Ver Rosa Luxemburgo, *The Accumulation of Capital* (Londres, Routledge and Kegan Paul, 1951), p. 75.

[104] Marx, *Capital*, cit., v. 1, p. 758 [ed. bras.: *O capital*, Livro 1, cit., p. 684].

várias características elásticas do mundo material, que podem ser intensiva e extensivamente exploradas de acordo com as necessidades do capital.

Como pode ser observado na história do capitalismo, o capital inventa várias contra-ações a fim de superar todos os limites à acumulação de capital, surgindo daí uma tendência do capital a construir "um sistema de exploração geral das qualidades naturais e humanas" e "um sistema de utilidade geral":

> Daí a exploração de toda a natureza para descobrir novas propriedades úteis das coisas; troca universal dos produtos de todos os climas e países estrangeiros; novas preparações (artificiais) dos objetos naturais, com o que lhes são conferidos novos valores de uso. [...] A exploração completa da Terra, para descobrir tanto novos objetos úteis quanto novas propriedades utilizáveis dos antigos.[105]

O capital explora o mundo inteiro em busca de novas matérias-primas úteis e baratas, novas tecnologias, novos valores de uso e novos mercados, e desenvolve novas ciências naturais para que nem as más estações nem a escassez de recursos dificultem a acumulação de capital. O que é essencial para o capital nesse processo de transcendência de todos os limites materiais existentes na natureza por meio do domínio tecnológico da natureza. A enorme elasticidade do capital se baseia na exploração de todas as utilidades do mundo e, na história do capitalismo, o capital sempre sofreu pequenos e grandes distúrbios na produção e na circulação, mas se desenvolveu ainda mais por meio deles. Essa exploração universal do mundo transforma a natureza pela primeira vez em "um objeto da humanidade, puramente uma questão de utilidade", e Marx a chama de "grande influência civilizadora do capital", que prossegue com a destruição constante de antigos modos de vida, bem como da própria natureza[106].

No entanto, Marx também argumenta que essa transcendência de todos os limites por meio do domínio da natureza pode ser alcançada apenas idealmente. "Porém, do fato de que o capital põe todo limite desse gênero como barreira e, em consequência, a supere *idealmente*, não se segue de maneira nenhuma que a superou *realmente*, e como toda barreira desse tipo contradiz sua determinação, sua produção se move em contradições que

---

[105] Idem, *Grundrisse*, cit., p. 409 [ed. bras.: *Grundrisse*, cit., p. 333].
[106] Idem.

constantemente têm de ser superadas, mas que são também constantemente postas"[107]. Visto que a elasticidade material não é infinita, permanece inevitavelmente uma certa limitação material que o capital não pode superar na realidade. A limitação não é fixada *a priori*, mas pode ser alterada à medida que novas tecnologias resistam ao esgotamento dos recursos naturais por meio da descoberta de novas reservas ou outros substitutos e ampliem as forças naturais disponíveis com custos menores, ou até sem custos. Marx chama isso de unidade das tendências opostas que fazem parte da "contradição viva" do capitalismo[108]. Suas manifestações requerem uma análise histórica concreta, que foge ao escopo da investigação deste livro. No entanto, pode-se formular a tendência histórica geral do capitalismo: o capital sempre tenta superar suas limitações pelo desenvolvimento de forças produtivas, novas tecnologias e do comércio internacional, mas, precisamente como resultado de tais tentativas contínuas de expandir sua escala, ele reforça sua tendência de explorar as forças naturais (incluindo a força de trabalho humana) em busca de matérias-primas e materiais auxiliares, alimentos e energia mais baratos em escala global. Esse processo aprofunda suas próprias contradições, como no desmatamento massivo da região amazônica; a poluição da água, do solo e do ar pela indústria extrativa na China; o derramamento de óleo no Golfo do México; e a catástrofe nuclear em Fukushima.

Apesar de várias inovações criativas e do progresso tecnológico rápido, o capital traz cada vez mais perturbações na interação metabólica entre humanos e natureza e impede inevitavelmente o desenvolvimento livre e sustentável da individualidade humana. No entanto, a crise ecológica não leva automaticamente ao colapso do capitalismo, como Paul Burkett corretamente argumenta: "Para ser franco, o capital pode, em princípio, continuar a se acumular sob quaisquer condições naturais, por mais degradadas que sejam, enquanto não houver uma extinção completa da vida humana"[109]. Muito antes de a acumulação de capital se tornar impossível devido à degradação ecológica do mundo – conforme expresso na famosa "segunda contradição do capitalismo" –, a civilização humana muito provavelmente não será mais capaz de subsistir[110].

---

[107] Ibidem, p. 410 [ed. bras.: ibidem, p. 334].
[108] Ibidem, p. 421 [ed. bras.: ibidem, p. 345].
[109] Burkett, *Marx and Nature*, cit., p. 196.
[110] James O'Connor, *Natural Causes: Essays in Ecological Marxism* (Nova York, Guilford Press, 1998).

É por isso que o sistema capitalista deve ser julgado como irracional *de uma perspectiva do desenvolvimento humano sustentável*[111].

Minha ilustração aqui não é uma análise sistemática da ecologia e da teoria da crise de Marx, já que ainda não tratamos de sua teoria do valor e da reificação. Mas essa discussão pode, no entanto, fornecer a ideia básica de que as condições naturais de produção são capazes de impedir a acumulação de capital. Há uma tensão entre a natureza e o capital, e Marx trata a irracionalidade das categorias econômicas puramente formais da perspectiva do mundo físico e natural em sua análise econômica. Nesse sentido, ele evita cair na teoria abstrata da "ontologia negativa", estudando seriamente as ciências naturais para entender quais propriedades dos "lados materiais" podem ser usadas em prol de uma valorização efetiva do capital e o que funciona contra ela. Marx tenta compreender a possível resistência contra o capital da perspectiva do mundo material.

Por fim, é importante enfatizar mais uma vez que o conceito de metabolismo de Marx não permanece simplesmente no nível da dialética abstrata dos humanos e da natureza nos *Cadernos de Paris*. "Matéria" (*Stoff*) não é para Marx uma mera ideia romântica, que, como Feuerbach considera, existe independentemente de qualquer intervenção humana. A crítica de Marx após *A ideologia alemã* recusa qualquer tipo de tratamento transistórico da relação entre humanos e natureza; em vez disso, ele analisa como o processo de trabalho concreto, como um metabolismo incessante entre humanos e natureza, é radicalmente modificado pela lógica do capital. A arte única do questionamento de Marx é, portanto, a seguinte: "Até que ponto o caráter do processo de trabalho [...] é alterado por sua subsunção ao capital?"[112]. Se o caráter do trabalho no processo de trabalho é transformado devido ao domínio reificado do capital, segue-se que todo o metabolismo entre humanos e natureza é radicalmente interrompido. Como essa contradição é tornada concreta, precisa ser analisado em *O capital* de Marx.

---

[111] John Bellamy Foster, "The Great Capitalist Climacteric, Marxism and 'System Change Not Climate Change'", *Monthly Review*, v. 67, n. 6, nov. 2015, p. 1-18.

[112] Marx e Engels, *Collected Works*, cit., v. 30, p. 64.

CAPÍTULO 3
O CAPITAL COMO UMA TEORIA DO METABOLISMO

Apesar das recentes e consistentes discussões sobre a "ecologia de Marx", ainda se ouve repetidamente a visão crítica de que uma ilustração sistemática da ecologia de Marx não é possível. Esses críticos argumentam que há apenas referências ecológicas esporádicas em suas obras, o que demonstraria que o interesse ecológico de Marx não era sério e, portanto, o que implicaria em sua teoria geral ser fatalmente falha[1]. Nesse sentido, Jason W. Moore argumenta que a teoria de John Bellamy Foster sobre a "ruptura metabólica" inevitavelmente "chegou a um impasse"[2]. Embora o potencial de uma abordagem marxista clássica seja amplamente subestimado pelos ecossocialistas do primeiro estágio, sua crítica pelo menos traz um importante desafio para um maior desenvolvimento de uma crítica ecológica do capitalismo orientada em direção ao método e sistema de Marx. Contudo, eles acreditam equivocadamente que a teoria do metabolismo de Marx não tem um caráter sistemático relacionado a sua teoria do valor em *O capital*. É por isso que afirmam que Foster e Burkett apenas reúnem observações isoladas e esporádicas de Marx sobre a ecologia, e suas análises são interpretadas equivocadamente como um alerta "apocalíptico" sobre catástrofes ecológicas[3].

Apenas uma análise *sistemática* da teoria do metabolismo de Marx como parte integrante de sua crítica da economia política pode demonstrar de

---

[1] Salvatore Engel-Di Mauro, *Ecology, Soil, and the Left: An Eco-Social Approach* (Nova York, Palgrave 2014), p. 137; Michael Löwy, *Ecosocialism. A Radical Alternative to Capitalist Catastrophe* (Chicago, Haymarket Books, 2015), p. 3.
[2] Moore, "Toward a Singular Metabolism", cit., p. 10.
[3] Larry Lohmann, "Fetishisms of Apocalypse", *Occupied Times*, 30 out. 2014.

maneira convincente, contra os críticos de sua ecologia, como o modo de produção capitalista traz vários tipos de problemas ecológicos devido ao seu desejo insaciável de acumular capital. E por que a mudança social radical em uma escala global, que constrói conscientemente uma estrutura econômica cooperativa, não capitalista, é indispensável para que a humanidade chegue a uma regulação sustentável do metabolismo natural e social.

Neste capítulo, forneço uma interpretação sistemática de *O capital*, argumentando que a crítica de Marx às rupturas metabólicas pode ser desenvolvida de maneira consistente a partir de sua teoria do valor. Sua análise do trabalho abstrato revela a tensão fundamental entre uma produção de mercadorias reificada e um intercurso sustentável com a natureza. *O capital* de Marx analisa essa tensão para demonstrar que o capital como "subjetivação" (*Versubjektivierung*) do valor pode interagir com a natureza apenas de forma unilateral, na medida em que, de acordo com a lógica do capital, a extração de trabalho abstrato constitui a única fonte da forma capitalista de riqueza. Com essa visão, *O capital* prepara uma base teórica para análises posteriores da dinâmica historicamente específica da produção no capitalismo, em que a lógica do capital modifica e reorganiza radicalmente a incessante interação material entre humanos e natureza e, finalmente, chega a destruí-la. Nesse contexto, sua "teoria da reificação" é de grande importância, pois explica como o capital, indo além do processo de produção, transforma os desejos humanos e mesmo toda a natureza em prol de sua valorização máxima.

Ao lidar com a relação entre "ecologia" e "reificação", torna-se necessário deslocar o foco da crítica da economia política das "formas" sociais e econômicas para as dimensões "materiais" (*stofflich*) do mundo. Estas sofrem várias discrepâncias e desarmonias precisamente como resultado das determinações da forma econômica. Embora Marx frequentemente aponte a importância da "matéria" (*Stoff*) em *O capital* e em seus manuscritos preparatórios, a dimensão material de sua crítica foi amplamente subestimada em debates recentes do marxismo ocidental. Bons exemplos disso são a "*Kapitallogik*" de Hans-Georg Backhaus e Helmut Reichelt, a "nova leitura de Marx" de Michael Heinrich e Ingo Elbe e a "Nova Dialética" de Chris Arthur e Tony Smith[4].

---

[4] Helmut Reichelt, *Zur logischen Struktur des Kapitalbegriffs bei Karl Marx* (Freiburg im Breisgau, ça-ira-Verlag, 2001); Hans-Georg Backhaus, *Dialektik der Wertform: Untersuchungen zur marxschen Ökonomiekritik* (Freiburg im Breisgau, ça-ira-Verlag, 2011); Michael Heinrich, *Wissenschaft vom Wert: Die Marxsche Kritik der politischen Ökonomie*

Assim, após descrever o processo de trabalho como um metabolismo transistórico, neste capítulo farei um "desvio" por uma interpretação japonesa de Marx, da qual raramente se ouve falar no Ocidente, baseada na "Escola Kuruma". Com essa leitura japonesa de *O capital*, é possível construir uma base teórica estável para uma análise mais aprofundada em termos de como Marx pensava o esgotamento da força de trabalho e do solo não apenas como manifestação das contradições do capitalismo, mas como um lugar de resistência contra o capital.

O PROCESSO DE TRABALHO COMO METABOLISMO TRANSISTÓRICO

Para revelar as modificações históricas da interação metabólica entre seres humanos e natureza por meio da lógica econômica do capitalismo, devemos primeiro lidar com o aspecto transistórico e universal da produção abstraído de aspectos sociais concretos. De fato, é esse tipo de abstração que Marx realiza no capítulo 5, "Processo de trabalho", no Livro 1 de *O capital*, desenvolvendo o metabolismo entre humanos e natureza como a produção de valores de uso "independente de qualquer forma social específica". Nesse capítulo, Marx define o trabalho como "um processo entre o homem e a natureza, processo este em que o homem, por sua própria ação, medeia, regula e controla seu metabolismo com a natureza"[5]. Além disso, o trabalho é caracterizado como uma atividade especificamente *humana*, na qual, em contraste com as operações instintivas dos animais (como aranhas tecendo teias ou abelhas construindo favos de mel), os humanos são capazes de trabalhar sobre a natureza *teleologicamente*, realizando uma ideia de suas cabeças como um objeto do mundo externo. O trabalho é um ato de produção intencional e consciente, uma mediação ou regulação do metabolismo entre humanos e natureza.

O trabalho como mediação metabólica é essencialmente dependente e condicionado pela natureza. A produção humana não pode ignorar propriedades e forças naturais; os seres humanos precisam de seu auxílio no processo de

---

zwischen wissenschaftlicher Revolution und klassischer Tradition (Münster, Westfälisches Dampfboot, 2011); Ingo Elbe, *Marx im Westen: Die neue Marx-Lektüre in der Bundesrepublik seit 1965* (Berlim, Akademie Verlag, 2010); Christopher Arthur, *The New Dialectic and Marx's Capital* (Leiden, Brill, 2002); Tony Smith, *The Logic of Marx's Capital: Replies to Hegelian Criticisms* (Albany, State University of New York Press, 1990).

[5] Marx, *Capital*, cit., v. 1, p. 283 [ed. bras.: *O capital*, Livro 1, cit., p. 255].

trabalho. Assim, o trabalho não pode operar arbitrariamente sobre a natureza; sua modificação enfrenta certas limitações materiais:

> Ao produzir, o homem pode apenas proceder como a própria natureza, isto é, pode apenas alterar a forma das matérias. Mais ainda: nesse próprio trabalho de formação ele é constantemente amparado pelas forças da natureza. Portanto, o trabalho não é a única fonte dos valores de uso que ele produz, a única fonte da riqueza material. Como diz William Petty: o trabalho é o pai, e a terra é a mãe da riqueza material.[6]

A natureza como a "mãe" da riqueza material fornece não apenas objetos de trabalho, mas também trabalha ativamente junto com os produtores durante o processo de trabalho. Em *O capital*, Marx reconhece a função essencial da natureza para a produção de qualquer riqueza material, e esse aspecto, sem dúvida, permanecerá essencial para uma sociedade pós-capitalista. O trabalho concreto, como regulador dessa interação metabólica permanente entre humanos e natureza, não apenas tira da natureza, mas também devolve os produtos do trabalho, incluindo o lixo, ao mundo sensível. Nesse sentido, um processo circular avança como uma condição material que a vida humana não pode transcender.

Marx resume o processo de trabalho como um processo material:

> O processo de trabalho [...] é atividade orientada a um fim – a produção de valores de uso –, apropriação do elemento natural para a satisfação de necessidades humanas, condição universal do metabolismo entre homem e natureza, perpétua condição natural da vida humana e, por conseguinte, independente de qualquer forma particular dessa vida, ou melhor, comum a todas as suas formas sociais.[7]

Essa definição do processo de trabalho indica claramente o fato fisiológico e transistórico fundamental de que a produção e a reprodução dos humanos devem, sem exceção, ocorrer por meio da interação constante com seu meio ambiente. Em outras palavras, é somente por meio da relação incessante com a natureza que o homem pode produzir, se reproduzir e, enfim, viver na Terra.

---

[6] Ibidem, p. 133-4 [ed. bras.: ibidem, p. 120-1].
[7] Ibidem, p. 290, ênfase nossa [ed. bras.: ibidem, p. 261].

Essa definição é apenas um começo da teoria do metabolismo de Marx e, portanto, o processo de trabalho é apresentado aqui apenas "em seus elementos simples e abstratos"[8]. Na verdade, a afirmação de que a produção humana é inevitavelmente dependente da natureza parece banal. Marx adverte em outro lugar contra sua supervalorização porque esses tipos de condições transistóricas "nada mais são do que os momentos essenciais de toda produção". "Para todos os estágios da produção há determinações comuns que são fixadas pelo pensamento como determinações universais; mas as assim chamadas *condições universais* de toda produção nada mais são do que esses momentos abstratos, com os quais nenhum estágio histórico efetivo da produção pode ser compreendido." Obviamente, não é possível desenvolver totalmente a crítica ecológica de Marx do capitalismo a partir de "algumas determinações muito simples convertidas em banais tautologias"[9]. Qualquer tentativa de encontrar um aspecto ecológico na discussão de Marx sobre o processo de trabalho por si só permanecerá abstrata e fútil. Sua caracterização adicional é necessária para evitar uma crítica meramente moral de que devemos respeitar a natureza porque devemos nossa existência a ela. Caso se pretenda desenvolver a ecologia de Marx como parte de seu sistema econômico, é necessário compreender a destruição moderna do meio ambiente em sua relação com o modo de produção capitalista como um estágio historicamente específico da produção humana. É exatamente essa tarefa que Marx empreende com sua teoria do valor e da reificação em *O capital*. Ele demonstra por que o processo transistórico entre humanos e natureza só pode ser mediado de maneira unilateral por uma forma histórica específica de trabalho no capitalismo.

A REIFICAÇÃO COMO NÚCLEO DA TEORIA DE MARX

O capital de Marx começa com uma análise da "mercadoria" como a "forma elementar" do modo de produção capitalista. A mercadoria tem dois aspectos, "valor de uso" e "valor", e o trabalho que produz mercadorias também possui características que incluem o "trabalho útil concreto" e o "trabalho humano abstrato". O trabalho útil concreto sugere uma série de tipos de trabalhos qualitativamente diferentes, como tecelagem e alfaiataria, que, consequentemente, produzem valores de uso qualitativamente diversos, como linho e casacos.

---

[8] Idem.
[9] Idem, *Grundrisse*, cit., p. 86 e 88 [ed. bras.: *Grundrisse*, cit., p. 42 e 44].

Esse aspecto do trabalho humano como uma atividade concreta que produz diversos valores de uso por meio da modificação da matéria, expressa um momento fisiológico, material, transistórico do metabolismo dos humanos com seu meio ambiente. A caracterização de Marx do trabalho concreto não é controversa. Já sua afirmação de que o trabalho abstrato também é *material* tem sido bastante questionada.

O trabalho humano abstrato que cria o valor das mercadorias na sociedade por meio da produção de mercadorias é, de acordo com a definição de Marx, abstraído de todas as características concretas, por isso é invisível e intocável. Além disso, ele afirma de maneira bastante explícita que o valor como tal é uma construção puramente social. Mas ele também afirma que o trabalho abstrato é fisiológico e transistórico: "Todo trabalho é, por um lado, dispêndio de força humana de trabalho em sentido fisiológico, e graças a essa sua propriedade de trabalho humano igual ou abstrato ele gera o valor das mercadorias"[10]. Ele também escreve que "por mais distintos que possam ser os trabalhos úteis ou as atividades produtivas, é uma verdade fisiológica que eles constituem funções do organismo humano e que cada uma dessas funções, seja qual for seu conteúdo e sua forma, é essencialmente dispêndio de cérebro, nervos, músculos e órgãos sensoriais humanos etc."[11]. Essa "verdade fisiológica" serve para qualquer gasto de força de trabalho e, nesse sentido, o trabalho abstrato é também tão material e transistórico quanto o trabalho concreto.

Escrevendo contra essa afirmação de *O capital*, a interpretação de Isaak Rubin encontrou um amplo público, e vários marxistas como Michael Heinrich, Riccardo Bellofiore e Werner Bonefeld hoje argumentam que o trabalho abstrato não é material nem transistórico, mas uma forma puramente social de trabalho característica apenas do modo de produção capitalista[12]. Contra essa corrente dominante, é necessário enfatizar que o objetivo teórico de Marx no capítulo 1

---

[10] Idem, *Capital*, cit., v. 1, p. 137, ênfase nossa [ed. bras.: *O capital*, Livro 1, cit., p. 124].
[11] Ibidem, p. 164 [ed. bras.: ibidem, p. 147].
[12] Isaak Rubin, *Essays on Marx's Theory of Value* (Detroit, Black and Red, 1972) [ed. bras.: Isaak Rubin, *A teoria marxista do valor*, trad. José Bonifácio de S. Amaral Filho, São Paulo, Polis, 1987]; Riccardo Bellofiore, "A Ghost Turning into a Vampire: The Concept of Capital and Living Labour", em Riccardo Bellofiore e Roberto Fineschi (orgs.), *Re-Reading Marx: New Perspectives after the Critical Edition* (Nova York, Palgrave, 2009), p. 183; Werner Bonefeld, "Abstract Labor: Against Its Nature and Its Time", *Capital & Class*, v. 34, n. 2, jun. 2010, p. 257-76.

do Livro 1 de *O capital* muitas vezes não é corretamente compreendido, e isso leva à afirmação de que a teoria de Marx é fundamentalmente "ambivalente"[13]. Na verdade, uma interpretação consistente da explicação de Marx sobre o trabalho abstrato não só é possível, mas também mais importante no contexto atual, pois constitui a base teórica para uma análise sistemática de sua ecologia. Como argumentarei, a ecologia fornece um exemplo eminente de como o foco na materialidade do trabalho abstrato pode abrir uma leitura atraente e produtiva da teoria do valor de Marx. Nesse contexto, vale a pena olhar uma importante interpretação japonesa de Marx apresentada por Samezo Kuruma e Teinosuke Otani[14].

Debates acalorados sobre os três primeiros capítulos do Livro 1 de *O capital* ocorreram também no Japão. A escola Kuruma apresentou uma das interpretações mais consistentes, que funcionará aqui como base da nossa investigação. A contribuição de Kuruma para o estudo marxista é relativamente desconhecida, com alguma exceção na Alemanha, onde seu nome alcançou distinção graças aos quinze volumes de seu *Marx-Lexikon zur politischen Ökonomie* [Léxico de Marx sobre economia apolítica], que seu aluno Teinosuke Otani e outros coeditaram. A obra principal de Kuruma, *Marx's Theory of the Genesis of Money: How, Why and Through What is a Commodity Money* [A teoria de Marx sobre a gênese do dinheiro: como, por que e por qual meio ele é uma mercadoria dinheiro], é amplamente negligenciada[15]. Portanto, espero que este capítulo

---

[13] Heinrich, *Wissenschaft vom Wert*, cit., p. 210; Werner Bonefeld, *Critical Theory and the Critique of Political Economy: On Subversion and Negative Reason* (Nova York, Bloomsbury, 2014), p. 10.

[14] Em um artigo publicado em alemão, Ryuji Sasaki e eu argumentamos detalhadamente contra a interpretação de Rubin e Heinrich, explicando por que Marx considera o trabalho abstrato como material não por causa de suas ambivalências, mas intencionalmente. Ver Ryuji Sasaki e Kohei Saito, "Abstrakte Arbeit und Stoffwechsel zwischen Mensch und Natur", *Beiträge zur Marx-Engels-Forschung 2013* (Hamburgo, Argument, 2015), p. 150-68. Uma interpretação semelhante sobre o caráter transistórico do trabalho abstrato pode ser encontrada em Alex Kicillof e Guido Starosta, "On Materiality and Social Form: A Political Critique of Rubin's Value-Form Theory", *Historical Materialism*, v. 15, n. 1, 2007, p. 9-43. Apesar dessas tentativas, não há acordo. Focar apenas essa questão tornaria o debate fútil. Portanto, neste capítulo, farei outra abordagem, mostrando como uma compreensão transistórica do trabalho abstrato pode fornecer uma leitura mais produtiva do projeto de Marx, que pode incluir a "ecologia".

[15] Espero que essa situação mude quando a nova edição do livro de Kuruma traduzido por Michael E. Schauerte for publicada na série *Historical Materialism* da editora Brill.

ajude a apresentar o legado desconhecido de Samezo Kuruma aos leitores de fora do Japão.

Marx, ao iniciar sua análise em *O capital* com a categoria da mercadoria, trata primeiro das características da produção simples de mercadorias[16]. A produção de mercadorias é uma forma de produção social que se baseia em uma divisão do trabalho historicamente específica. Em sua *Keizaigakushi* [História da economia política], Samezo Kuruma (junto com seu coautor Yoshiro Tamanoi) explica as características específicas da produção de mercadorias, apontando o "trabalho privado" como chave para compreender as relações modernas de produção[17]. Ao fazer isso, Kuruma segue a explicação de Marx em *O capital* sobre a divisão social do trabalho com base em "trabalhos privados". Marx escreve:

> Os objetos de uso só se tornam mercadorias porque são produtos de trabalhos privados realizados independentemente uns dos outros. O conjunto desses trabalhos privados constitui o trabalho social total. Como os produtores só travam contato social mediante a troca de seus produtos do trabalho, os caracteres especificamente sociais de seus trabalhos privados aparecem apenas no âmbito dessa troca. Ou, dito de outro modo, os trabalhos privados só atuam efetivamente como elos do trabalho social total por meio das relações que a troca estabelece entre os produtos do trabalho e, por meio destes, também entre os produtores.[18]

Marx argumenta claramente que *somente* os produtos do trabalho feitos por "trabalhos privados" realizados por "indivíduos privados" se tornam mercadorias. O conceito de "trabalho privado" não deve ser confundido com o trabalho realizado por indivíduos isolados da produção social apenas por prazer e passatempo privado. Em vez disso, o conceito caracteriza aqueles trabalhos que fazem parte da divisão social do trabalho (na qual as pessoas são dependentes dos produtos dos outros), mas, ainda assim, realizados "independentemente uns dos outros", sem qualquer arranjo social, de modo que os produtores devem produzir sem saber o que os outros realmente desejam.

---

[16] Não existe um estágio histórico real de produção simples de mercadorias, mas a sociedade baseada na produção simples de mercadorias é um produto da abstração científica do modo de produção capitalista. Marx difere decisivamente de Engels a esse respeito.

[17] Kuruma Samezo e Yoshiro Tamanoi, *Keizaigakushi* (Tóquio, Iwanami Shoten, 1954), p. 83-90.

[18] Marx, *Capital*, cit., v. 1, p. 165 [ed. bras.: *O capital*, Livro 1, cit., p. 148].

Kuruma explica como a "divisão social do trabalho" baseada no trabalho privado pode ser arranjada com sucesso. A soma total de todos os trabalhos disponíveis em uma sociedade é finita, sem exceção, porque seus membros só podem trabalhar por certo período de tempo em um ano. Isso é um fato fisiológico. Em qualquer sociedade na qual os indivíduos não podem satisfazer suas próprias necessidades e são dependentes de outros, uma "alocação" adequada de toda a oferta de trabalho em cada ramo da produção deve ser de alguma forma organizada e realizada de modo que a reprodução de uma sociedade possa ocorrer de fato. Se alguns dos produtores necessários estiverem com suprimento excessivo e outros com suprimento insuficiente, as necessidades dos indivíduos não serão satisfeitas e a produção posterior não alterará esse fato. Além disso, a reprodução bem-sucedida da sociedade também requer um modo apropriado de "distribuição" de produtos aos membros da sociedade. A alocação da soma total do trabalho e a distribuição da soma total dos produtos são duas condições materiais fundamentais e transistóricas para a existência da sociedade[19].

Para compreender a especificidade da moderna divisão social do trabalho, é útil compará-la com outras formas não capitalistas de produção social. Nas formas de divisão social do trabalho não baseadas no trabalho privado, a alocação e a distribuição são reguladas por uma certa vontade pessoal, *antes* que as atividades de trabalho sejam efetivamente realizadas, seja o método dessa organização despótico, tradicional ou democrático. Como resultado, a soma total do trabalho da sociedade pode ser alocada em cada trabalho concreto e os produtos também podem ser distribuídos entre os membros da sociedade. Esse tipo de produção social é possível porque as necessidades sociais são sempre conhecidas antes do ato da produção. Se toda a produção é organizada de acordo com esse conhecimento das necessidades da sociedade, o trabalho de cada indivíduo possui um caráter *diretamente* social, em virtude de sua contribuição garantida para a reprodução da sociedade.

Uma vez que uma sociedade produtora de mercadorias, como todas as outras formas de sociedade, está sujeita a essa condição material transistórica, é necessário que tal sistema organize de alguma forma a alocação do trabalho e

---

[19] Marx não usa os termos "alocação" e "distribuição". Sigo aqui a categorização de Teinosuke Otani. Paul Sweezy reconheceu claramente esse problema e desenvolveu a teoria do valor de Marx de acordo com isso. Ver Paul Sweezy, *The Theory of Capitalist Development: Principles of Marxian Political Economy* (Londres, Dobson Books, 1946), p. 25 [ed. bras.: *Teoria do desenvolvimento capitalista: princípios de economia política marxista*, trad. Waltensir Dutra, Rio de Janeiro, Zahar, 1976].

a distribuição dos produtos. A produção de mercadorias difere significativamente de outras formas de divisão social do trabalho, na medida em que a atividade de trabalho realizada por indivíduos é organizada como um ato privado, que não se torna parte da totalidade do trabalho social no momento da execução do trabalho. Portanto, é necessário realizar a "alocação" e a "distribuição" adequadas não antes, mas *depois* da realização do trabalho. O trabalho privado, como tal, não possui nenhum caráter social imediato e não constitui uma parte da totalidade do trabalho social. No momento da produção, sempre existe a possibilidade que o trabalho seja exercido em vão por alguns produtos que não encontrarão nenhuma necessidade para si. Em uma sociedade produtora de mercadorias, há uma *contradição real* que, apesar da mútua dependência material de todos os produtores – o que obriga a todos a travar contato social com os outros para satisfazer as próprias necessidades –, o trabalho dos indivíduos deve ser realizado a partir de cálculos e julgamentos totalmente privados. Segundo Kuruma, essa contradição real requer um "desvio" para realizar a continuação da produção e da reprodução social sob o trabalho privado[20].

Kuruma argumenta que esse desvio ocorre quando os produtores privados se relacionam através da mediação dos produtos que produzem. Uma vez que eles não podem se relacionar diretamente um com o outro, devem primeiro entrar em contato por meio da relação reificada do "ato de troca entre os produtos". Quando seus produtos satisfazem as necessidades de terceiros por meio de uma troca de mercadorias e provam suas características sociais como valores de uso, é possível confirmar *retrospectivamente* o caráter social do trabalho privado despendido que então é considerado trabalho socialmente útil. Por um lado, uma vez que o produto atenda às necessidades das pessoas, a troca de mercadorias bem-sucedida significa que a alocação desse trabalho ocorreu de maneira produtiva e ele não foi desperdiçado na produção de algo inútil para a sociedade. Por outro lado, a distribuição dos produtos entre os membros da sociedade ocorre ao mesmo tempo por meio dessa troca entre mercadorias. Essa é a forma específica de organização das condições materiais de produção e reprodução sob a produção de mercadorias.

Essa relação social entre produtores privados torna-se possível graças a certas características materiais dos produtos do trabalho. Em outras palavras, o contato social mediado por tais produtos é possível porque o valor de uso material pode ser um objeto do desejo de outros. Uma vez que produtores privados desejam

---

[20] Kuruma e Tamanoi, *Keizaigakushi*, cit., p. 85.

mutuamente os produtos uns dos outros, o caráter social de um valor de uso permite que os produtores tenham contato mútuo. Tal caráter social de um valor de uso depende se ele pode satisfazer uma certa necessidade humana (que é, obviamente, socialmente condicionada), mas está fundamentalmente baseado em uma característica material de cada produto.

Resta uma dificuldade: ainda é preciso compreender o que funciona como *critério* na troca de produtos diversos. O valor de uso de cada produto é tão diferente que parece não existir uma medida comum para a troca. No entanto, como Marx argumenta, tal medida existe, e é ela que caracteriza a troca de mercadorias. Na troca de mercadorias, diferentemente de outras formas de troca, a *relação de valor* é característica. Marx escreve que "somente no interior de sua troca os produtos do trabalho adquirem uma objetividade de valor socialmente igual, separada de sua objetividade de uso, sensivelmente distinta"[21]. Mercadorias com valores de uso qualitativamente diferentes entram em uma relação de valor equivalente no processo de troca de mercadorias. O "valor" funciona como um critério comum por meio do qual vários produtos são comparados. Mediados pela relação de valor entre várias mercadorias, os trabalhadores privados podem se relacionar uns com os outros como indivíduos sociais. Visto que o valor é exigido por causa de sua característica específica de trabalho privado, ele não é uma propriedade natural da matéria e não existe em outras formas de produção social. O valor é um caractere "puramente social" de uma coisa que, independentemente das características materiais, existe apenas sob as relações sociais historicamente específicas da produção de mercadorias.

Marx sustentou que a "substância" do valor é o trabalho abstrato. Disse que, como resultado da abstração das características concretas do trabalho, o trabalho privado é objetivado em produtos como um dispêndio de força de trabalho humana, em sentido fisiológico. Em termos da relação entre "valor" e "trabalho abstrato", está claro, em primeiro lugar, que a categoria de valor tem uma conexão essencial com uma divisão social do trabalho especificamente moderna. A objetificação do trabalho abstrato como valor ocorre necessariamente no interior de sociedades com produção de mercadorias porque a alocação social da soma total de todo o trabalho disponível deve ocorrer. Como objetificação do trabalho abstrato, o valor é uma propriedade puramente social da matéria a partir da qual os produtores privados podem firmar contratos sociais uns com os outros. Como pura construção social, o valor não possui uma forma sensível que

---

[21] Marx, *Capital*, cit., v. 1, p. 166 [ed. bras.: *O capital*, Livro 1, cit., p. 148].

possamos tocar ou cheirar, como possui o valor de uso. Assim, Marx chama apropriadamente o valor de "objetividade fantasmagórica", porque o trabalho abstrato não pode ser materialmente objetivado após a abstração de todos os aspectos concretos. Aparece apenas de maneira "fantasmagórica"[22].

Contudo, isso não significa que o trabalho abstrato seja também "puramente social". Em vez disso, é necessário distinguir estritamente "valor" e "trabalho abstrato". Muitos argumentam que, quando o valor é puramente social, o trabalho abstrato também é puramente social, por ser um trabalho que cria valor. Essa explicação não é muito convincente, pois resume-se a dizer que o "trabalho criador de valor cria valor". Temos um argumento circular.

Portanto, é necessário diferenciar valor e trabalho abstrato e tornar o conteúdo deste último mais fecundo. Como dito, o valor é puramente social porque em uma sociedade específica produtora de mercadorias, na qual o contato social entre produtores privados só pode ocorrer através da mediação de seus produtos, um aspecto do trabalho humano deve ser objetivado como valor. Em outras palavras, a objetificação do trabalho abstrato, que, de modo inconsciente, mas forçosamente, emerge sob a produção de mercadorias, ocorre apenas por esse comportamento social específico dos produtores privados.

Em contraste, o trabalho abstrato é fisiológico porque desempenha um papel social de maneira transistórica em qualquer sociedade. Na medida em que a quantidade total de trabalho como dispêndio de força de trabalho humana é inevitavelmente limitada a uma certa quantia finita a qualquer momento, sua alocação adequada para o bem da reprodução da sociedade é sempre de grande importância para essa finalidade. Os trabalhos enquanto trabalhos concretos são diversos e incompatíveis entre si, mas são *fisiologicamente* iguais e comparáveis, uma vez que, sem exceção, consomem uma parte da soma finita do trabalho da sociedade. Esse aspecto do trabalho abstrato é essencial em qualquer divisão social do trabalho e, portanto, desempenha um papel transistórico. Como argumenta Marx: "Sob quaisquer condições sociais, o tempo de trabalho requerido para a produção dos meios de subsistência havia de interessar aos homens, embora não na mesma medida em diferentes estágios de desenvolvimento"[23]. Qualquer sociedade deve prestar atenção à

---

[22] Ibidem, p. 128. Para expressar essa propriedade fantasmagórica, uma mercadoria tem que passar por um "desvio", expressando-a em outro valor de uso, ou seja, assumir a "forma de valor".

[23] Ibidem, p. 164 [ed. bras.: ibidem, p. 147].

soma total do trabalho porque deve usá-la com cautela para obter os produtos necessários todos os dias de cada ano.

Em suma, em uma sociedade produtora de mercadorias, devido ao caráter privado do trabalho, um contrato social só pode ser realizado por meio do caráter social da matéria, ou seja, valores de uso que se tornam o objeto do desejo de outras pessoas. Na troca entre diferentes valores de uso, o valor aparece como seu critério comum. O trabalho abstrato como aspecto do trabalho humano é objetificado por meio da práxis social como caráter puramente social da matéria. Desse modo, a alocação do trabalho social é realizada de forma inconsciente por meio do valor e, da mesma maneira, a distribuição dos produtores ocorre por meio das trocas de mercadorias.

Agora é compreensível que o trabalho abstrato em sociedades com produção de mercadorias também funcione como uma forma social específica de trabalho privado. Em outros tipos de sociedade, os trabalhos concretos são diretamente trabalhos sociais, apesar da variedade de seu conteúdo, porque a alocação de todo o trabalho é arranjada antes da execução dos trabalhos concretos. Como visto acima, o trabalho privado, diferentemente, não possui tal caráter social em si mesmo, de modo que o desempenho do trabalho concreto como tal não pode providenciar uma alocação adequada da soma total do trabalho. Em uma sociedade produtora de mercadorias, o trabalho abstrato, e não o trabalho concreto, funciona como uma forma social de trabalho historicamente específica no momento da troca, de modo que os trabalhos privados podem ser socialmente comparados e relacionados entre si. Em outras palavras, o trabalho privado pode assumir uma forma socialmente significativa apenas com a ajuda da "generalização do trabalho", como trabalho abstrato cuja diversidade desaparece. O ponto de Marx é que um certo aspecto material da atividade humana, nesse caso o dispêndio puramente fisiológico do trabalho, recebe uma forma econômica específica e uma nova função social sob as relações sociais constituídas de modo capitalista.

Assim, as relações sociais capitalistas trazem novas características sociais para a interação metabólica transistórica entre humanos e natureza. A alocação de todo o trabalho e a distribuição de todo o produto sob a produção de mercadorias são arranjadas pela mediação do "valor", isto é, trabalho abstrato objetificado. Não há um acordo consciente entre os produtores a respeito da produção geral, porque eles simplesmente seguem as mudanças de preços do mercado. O valor é para os produtores o signo fundamental do que devem produzir. Uma vez que a produção social nada mais é que a regulação da interação metabólica entre humanos e natureza, o valor é agora o seu mediador, o que significa que o *dispêndio de trabalho abstrato* é levado em consideração em primeiro lugar no processo metabólico. Em contraste, outros elementos dessa interação metabólica, como trabalho concreto e natureza, desempenham um papel secundário e são levados em consideração apenas na medida em que se relacionam com o valor, mesmo que continuem a funcionar como fatores materiais essenciais no processo de trabalho. Uma vez que o trabalho abstrato também é um elemento material do processo de trabalho, seu gasto não pode ignorar completamente outros elementos materiais que operam com ele. Contudo, graças à elasticidade material desses elementos, eles podem se subordinar ao trabalho abstrato. O germe de uma relação contraditória repousa entre a natureza e os humanos e se desenvolve em um grande antagonismo entre natureza e sociedade com o desenvolvimento da produção capitalista. Esse ponto é decisivo para a ilustração sistemática da ecologia de Marx. A fim de acompanhar sua concretização na realidade, continuaremos a discussão de Marx sobre a *teoria da reificação* em *O capital*.

Uma vez que os produtores privados só podem se relacionar pela mediação da troca de mercadorias, é necessário que se comportem de modo que os produtos de seu trabalho adquiram uma propriedade social única para que possam trocar diversos valores de uso sob um único critério comum, a saber, o "valor". Em outras palavras, o valor é um poder social que os produtores privados inconscientemente conferem aos produtos do trabalho privado com o objetivo de construir laços sociais. Marx enfatiza em uma passagem famosa que essa prática social é um ato inconsciente:

> Os homens não relacionam entre si seus produtos do trabalho como valores por considerarem essas coisas [*Sachen*] meros invólucros materiais [*sachliche*] de trabalho humano de mesmo tipo. Ao contrário. Porque equiparam entre si seus produtos de diferentes tipos na troca, como valores, eles equiparam entre si seus diferentes trabalhos como trabalho humano. Eles não sabem disso, mas o fazem.[24]

Sem equiparar produtos e valores no mercado, os contatos sociais necessários à produção e reprodução social não são possíveis. Essa é uma realidade objetiva. A prática social de equiparar "diferentes produtos uns aos outros na

---

[24] Ibidem, p. 166-7 [ed. bras.: ibidem, p. 149].

troca como valores" é, portanto, imposta aos membros da sociedade como um ato inconsciente necessário para a existência material da sociedade.

Com um enfoque particular na teoria da reificação de Marx, Teinosuke Otani, aluno de Samezo Kuruma, desenvolveu a estrutura teórica dos três primeiros capítulos do Livro 1 de *O capital*, revelando as características fundamentais das sociedades produtoras de mercadorias. De acordo com a própria descrição de Marx, aqui está a característica básica da reificação na produção de mercadorias:

> A estes últimos [os produtores], as relações sociais entre seus trabalhos privados aparecem como aquilo que elas são, isto é, não como relações diretamente sociais entre pessoas em seus próprios trabalhos, mas como relações reificadas entre pessoas e relações sociais entre coisas.[25]

Otani caracteriza essa inversão na sociedade moderna como a "reificação da pessoa", ou seja, como uma dominação alheia das coisas que exerce sua influência independentemente da consciência humana. Essa inversão do mundo surge da estrutura social objetiva na qual as relações sociais dos produtores não aparecem diretamente como relações entre pessoas, mas como relações entre coisas. Consequentemente, o "caráter social do trabalho" se transforma no "caráter de valor do produto do trabalho", a "continuidade do trabalho no tempo" na "quantidade de valor do produto do trabalho" e a "relação social" na "relação de troca de produtos do trabalho"[26]. Essa inversão não é apenas uma falácia epistêmica, no sentido de ocultar ou mistificar algum tipo de "essência" fundamental das relações humanas, mas um fenômeno prático e objetivo porque os produtores privados não podem se relacionar sem a troca de mercadorias mediada pelo valor no mercado. A prática humana é invertida no movimento de produtos do trabalho e dominada por ele, não na cabeça de uma pessoa, mas na realidade. Como escreve Marx: "Seu próprio movimento social possui, para eles, a forma de um movimento de coisas, sob cujo controle se encontram, em vez de eles as controlarem"[27].

---

[25] Ibidem, p. 165-6 [ed. bras.: ibidem, p. 148].
[26] Teinosuke Otani, "Shohin oyobi Shohinseisan" [Mercadoria e produção de mercadoria], *Keizai Shirin*, v. 61, n. 2, 1993, p. 49-148.
[27] Marx, *Capital*, cit., v. 1, p. 167-8 [ed. bras.: *O capital*, Livro 1, cit., p. 150]. Isso não exclui a inversão epistêmica. É célebre a discussão de Marx sobre como uma característica social de

Os produtores estão interessados na proporção da troca com outras mercadorias a fim de satisfazerem suas próprias necessidades, mas não podem controlar essa proporção – ela muda constante e repentinamente, contra seus cálculos e expectativas. Em vez disso, os produtores são controlados pelo movimento dos valores, sem garantia de que possam realmente trocar seus produtos por outros valores de uso que desejem. Eles nem mesmo sabem se podem trocar seus produtos. Os movimentos de mercadorias e dinheiro confrontam os produtores como algo alheio porque são eles que determinam o comportamento dos produtores, e não o contrário. Existe uma inversão de fato da relação entre sujeito e objeto, cuja analogia Marx encontra na religião: "Dá-se exatamente a *mesma* relação, que no terreno ideológico se apresenta na *religião*: a conversão do sujeito em objeto e vice-versa"[28]. Essa inversão objetiva se estende a toda a sociedade com o posterior autodesenvolvimento do valor como "dinheiro" e "capital".

Apesar do movimento reificado que parece independente da vontade dos produtores, evidentemente não é possível que uma mercadoria vá ao mercado como um "sujeito" independente. As mercadorias precisam dos humanos como os "portadores (*Träger*)" que as trazem ao mercado e as trocam para

---

uma coisa aparece de forma naturalizada, como se fosse uma propriedade material natural de uma coisa. Ele chama essa falácia epistêmica de "fetichismo", conforme observado, por exemplo, na crença de que o ouro é por natureza valioso. Em contraste, o fato de o dinheiro funcionar como um equivalente universal não é um mal-entendido epistêmico porque sob a produção de mercadorias ele recebe o poder social de ser trocado por outras mercadorias.

[28] Marx e Engels, *Collected Works*, cit., v. 34, p. 398 [ed. bras.: Karl Marx, *O capital*, Livro I, capítulo VI (inédito), São Paulo, Livraria Editora Ciências Humanas, 1978, p. 21]. A crítica de Marx à religião no manuscrito econômico *Resultados do processo de produção direta* documenta uma importante diferença em relação ao *Manuscrito de Paris* e uma continuidade em relação a *A ideologia alemã*. Em 1844, Marx referiu-se a uma analogia entre capitalismo e religião no contexto da teoria da alienação de Feuerbach: "É do mesmo modo na religião. Quanto mais o homem põe em Deus, tanto menos ele retém em si mesmo. O trabalhador encerra a sua vida no objeto; mas agora ela não pertence mais a ele, mas sim ao objeto. Por conseguinte, quão maior esta atividade, tanto mais sem-objeto é o trabalhador"(ibidem, v. 3, p. 272) [ed. bras.: Karl Marx, *Manuscritos econômico-filosóficos*, cit., p. 81]. Ele simplesmente apontou que a essência de Deus é a natureza humana como ser genérico, e a essência da riqueza material objetiva é a atividade humana do trabalho. Após afastar-se da filosofia de Feuerbach, Marx não tratou da inversão da religião como uma "falsa consciência", mas como uma "aparência" (*Schein*) inevitável, que emerge necessariamente da realidade alienada e invertida. Em *O capital*, Marx também explicou como e por que, nas relações de produção capitalistas, ocorre de fato essa inversão de sujeito e objeto, e não teve como objetivo revelar sua essência oculta.

poderem consumir. Essa troca de mercadorias é, obviamente, regulada pelo valor. Dessa maneira, a reificação modifica o comportamento e os desejos humanos à medida que a lógica do valor penetra independentemente nos humanos, transformando-os em "portadores de mercadorias", o que faz emergir mais uma inversão prática do mundo. A fim de realizar a troca de mercadorias, possuidores de mercadorias devem se relacionar no mercado, reconhecendo-se mutuamente como "proprietários" de mercadorias. No processo de troca, suas funções são abstraídas e reduzidas a de mero "portador" de seus produtos como mercadorias, o que Otani, seguindo Marx, chama de "personificação das coisas"[29]. Quanto mais o poder social da mercadoria, do dinheiro e do capital se expande pelo mundo, mais as funções humanas são subordinadas e integradas a essas relações econômicas reificadas de acordo com a lógica do valor. Dessas modificações emerge um modelo de subjetividade moderna, que internaliza a "racionalidade" desse mundo invertido, de modo que as palavras de ordem "Liberdade, Igualdade, Propriedade e Bentham", como Marx caracteriza mordazmente o mercado capitalista, são absolutizadas como norma universal, sem que se leve em conta a estrutura invertida fundamental dessa sociedade, o que Otani chama de "ilusão do *homo economicus*"[30].

Como indicado, essa "ilusão do *homo economicus*", a falsa visão glorificada pelos apologistas do capital, é reflexo da inversão real na estrutura objetiva construída na sociedade baseada no trabalho privado. A inversão social se fortalece ainda mais com essa ilusão porque os indivíduos não só observam a superfície do mundo e aceitam categorias econômicas como "valor" e "mercadoria" sem se dar conta da estrutura social invertida que os produz, mas também porque, em conformidade com essa ilusão, gradualmente internalizam uma nova subjetividade e seu conjunto de comportamentos e julgamentos, com base nos quais passam a obedecer *conscientemente* aos ideais utilitaristas burgueses de "liberdade", "igualdade" e "propriedade". Em muitos casos, esses novos desejos e visões de mundo determinam os comportamentos como uma força objetiva, porque sem se conformar a certo tipo de racionalidade social no mundo invertido os indivíduos não podem sobreviver sob essas relações sociais. Frequentemente, eles não

---

[29] Otani, "Shohin oyobi Shohinseisan", cit., p. 101; Marx, *Capital*, cit., v. 1, p. 209 [ed. bras.: *O capital*, Livro 1, cit., p. 187].
[30] Ibidem, p. 280. Ver também Teinosuke Otani, *A Guide to Marxian Political Economy: What Kind of Social System Is Capitalism?* (Berlim, Springer, no prelo).

têm alternativas plausíveis além de seguir as regras se desejam viver sob o atual sistema social e econômico. Por meio da prática social, as relações sociais desse mundo invertido são constantemente reproduzidas e, ao cabo, naturalizadas. Obedecendo à redução econômica da subjetividade, os indivíduos funcionam voluntariamente como portadores de mercadorias e dinheiro. Como resultado, eles se apropriam de uma série de normas, regras e outros padrões valorativos como únicos marcadores da "racionalidade" humana.

Devido à construção reificada da estrutura social, os capitalistas são, por um lado, obrigados pela lógica do sistema a reduzir quaisquer custos "desnecessários", incluindo os sanitários, de saúde e segurança para os trabalhadores, a fim de pressionar a força de trabalho o máximo possível à valorização do capital, e buscar constantemente o aumento da produtividade sem pensar na reprodução sustentável dos recursos naturais. Trabalhadores são compelidos, por outro lado, a trabalhar mais duro que nunca, são disciplinados sob a direção dos capitalistas e forçados a resistir às más condições de trabalho se desejam vender sua força de trabalho com sucesso. Independentemente de seus desejos, a ameaça de perder o emprego é suficiente para fazer com que os trabalhadores suportem uma situação ruim a fim de receber o salário necessário para a compra de seus meios de subsistência. Todos esses comportamentos reproduzem a inversão objetiva da sociedade e aprofundam a dependência dos trabalhadores em relação às mercadorias e ao dinheiro.

Os três primeiros capítulos do Livro 1 de *O capital* mostram que a modificação do mundo material começa com a categoria do "valor". A inversão das relações entre pessoas e coisas causa não apenas a dominação alheia e reificada das ações dos indivíduos – "reificação das pessoas" –, mas também a modificação das necessidades e da racionalidade humanas, ou seja, a "personificação das coisas". A reificação do mundo se aprofunda no curso da dedução de outras categorias econômicas, na medida em que o valor primeiro se torna independente como "dinheiro" e em seguida se torna ainda mais forte quando o valor se torna um sujeito definido como "capital" e começa a transformar ativamente o mundo inteiro.

"Formas" e "conteúdo"

Marx mostrou em sua análise da mercadoria em *O capital* como as determinações da forma econômica invertida e alienada não apenas transformam os julgamentos comuns sobre o mundo, mas também afetam as dimensões materiais dos humanos, seus desejos, vontade e comportamentos, por exemplo.

Contudo, tais modificações não se limitam ao lado humano, pois Marx analisou as transformações capitalistas do mundo material em várias esferas. Como veremos, essa abordagem metodológica supera a confusão e o dualismo entre "formal" e "material" presente na economia política clássica. A crítica de Marx à economia política pode ser entendida, nesse sentido, como englobando uma dialética das esferas materiais. Os marxistas geralmente concebem a historicidade e o caráter social das formas econômicas como o núcleo do projeto de Marx, mas essa discussão adentra o segundo aspecto, frequentemente negligenciado: o "material" na economia política dele.

Nos *Grundrisse*, Marx criticou um mal-entendido "fetichista" proveniente da identificação das características sociais com as propriedades naturais das coisas:

> O materialismo tosco dos economistas, de considerar como *qualidades naturais* das coisas as relações sociais de produção dos seres humanos e as determinações que as coisas recebem, enquanto subsumidas a tais relações, um idealismo igualmente tosco, um fetichismo que atribui às coisas relações sociais como determinações que lhes são imanentes e, assim, as mistifica.[31]

Ricardo, por exemplo, definiu capital como "trabalho (propriedade, trabalho objetivado) acumulado (realizado), que serve como meio para novo trabalho". Ele abstraiu a "forma" econômica do capital, argumentou Marx, de modo que acabou enfatizando apenas o "conteúdo", ou o simples caráter material do capital como "*uma condição necessária de toda produção humana*"[32]. Na análise de Ricardo das formas econômicas, a determinação da forma do capital é transformada em propriedade material de uma coisa e, consequentemente, naturalizada como condição transistórica da produção. A primeira crítica de Marx denuncia essa separação grosseira entre "forma" e "conteúdo" pelos economistas políticos clássicos. O fetichismo deles se deve à identificação sem mediação das formas econômicas com uma propriedade natural de seus portadores materiais.

---

[31] Marx, *Grundrisse*, cit., p. 687 [ed. bras.: *Grundrisse*, cit., p. 575]. Roman Rosdolsky também discute esse parágrafo a fim de investigar o papel econômico dos valores de uso. Ver Rosdolsky, "Der Gebrauchswert bei Karl Marx: Eine Kritik der bisherigen Marx-Interpretation", *Kyklos*, 12, 1959, p. 27-56. O *Marx-Lexikon* de Kuruma é mais pertinente a essa discussão porque seu volume 3, intitulado "Método II", lida detalhadamente com esse problema.

[32] Marx, *Grundrisse*, cit., p. 258 [ed. bras.: *Grundrisse*, cit., p. 199].

No entanto, Marx também reconheceu um progresso gradual entre os economistas clássicos em direção à construção de categorias econômicas precisamente como resultado da separação entre "forma" e "conteúdo". O segundo aspecto de sua crítica é direcionado a esse ponto. Ele argumentou que a separação por si só não é suficiente para a construção de uma ciência. Em contraste, Marx apontou a necessidade de analisar como categorias econômicas não apenas a "forma" econômica, mas também o próprio aspecto "material", uma vez que as propriedades materiais desempenham um papel econômico específico sob certas relações sociais como resultado do desenvolvimento de categorias capitalistas, como visto no exemplo do capital "fixo" e "flutuante".

Marx afirmou explicitamente nos *Grundrisse* que as propriedades materiais também requerem uma análise teórica como categorias econômicas, pois suas características podem revelar a especificidade do capitalismo. Na última parte dos *Grundrisse*, onde Marx finalmente destacou a mercadoria como a primeira categoria de sua crítica da economia política, ele escreveu:

> A própria mercadoria aparece como unidade de duas determinações. Ela é *valor de uso*, i.e., objeto da satisfação de um sistema qualquer de necessidades humanas. Esse é o seu aspecto material, que pode ser comum às épocas de produção mais díspares e cujo exame, em consequência, situa-se fora do âmbito da economia política.[33]

Isso parece confirmar a leitura tradicional da crítica de Marx à economia política como uma análise das formas econômicas. Mas ele continua o argumento na frase seguinte:

> O valor de uso entra na esfera da economia política tão logo é modificado pelas relações de produção modernas ou, por sua vez, intervém, modificando-as. O que se costuma dizer sobre isso, em termos gerais e por conveniência, limita-se a lugares-comuns que tiveram um valor histórico nos primórdios da ciência, quando as formas sociais da produção burguesa ainda eram penosamente extraídas do material e eram fixadas, com grande esforço, como objetos autônomos de exame.[34]

---

[33] Ibidem, p. 881 [ed. bras.: ibidem, p. 756].
[34] Idem.

A economia política clássica foi, com "grande esforço", gradualmente capaz de separar a "forma" econômica da dimensão "material" e de tratar a primeira como "objetos autônomos de exame". Essa distinção representa um grande progresso para a economia política, mas é valiosa apenas nos "primórdios da ciência", pois a escola clássica só compreendia suas categorias em formas abstratas, que rapidamente transformou em meros "lugares-comuns". Para evitar que a economia política caísse nessa banalidade, Marx propôs uma forma mais sutil de tratar "forma" e aspecto "material". É nesse método que a originalidade de Marx se torna aparente, em contraste com alguns de seus predecessores, como Smith e Ricardo.

Em sua análise, o aspecto material da riqueza, que é comum a todos os estágios da produção, inicialmente sai do escopo de uma investigação da economia política, pois a economia política analisa as "formas sociais" que revelam as características particulares da riqueza capitalista e de sua produção. No entanto, uma vez que a produção capitalista de mercadorias, como outros modos de produção, não pode existir sem elementos materiais, como força de trabalho, meios de produção e matérias-primas, Marx tratou o lado material do processo de produção simplesmente como "pressuposto dado – a base material em que se apresenta uma relação econômica determinada"[35].

Contudo, esse pressuposto não significa que o lado material nunca deva ser levado em consideração na análise das relações econômicas. Marx defendeu o oposto na passagem citada: onde o valor de uso é "modificado" por meio das relações econômicas modernas e até mesmo "intervém para modificá-las", torna-se objeto de observação científica. Marx enfatizou nos *Grundrisse* que, além da descrição das formas econômicas, a modificação capitalista dos valores de uso pela determinação da forma econômica é um objeto importante da economia política.

Essa não é uma observação insignificante e isolada nos *Grundrisse*. Marx enfatizou em outros lugares que o valor de uso funciona como uma categoria econômica sob certas relações econômicas:

> Por isso, como já vimos em diversos casos, não há nada mais falso que ignorar que a distinção entre valor de uso e valor de troca, que, na circulação simples, na medida em que ela é *realizada*, cai fora da determinação formal econômica, cai totalmente fora dela. Ao contrário, nos diferentes estágios do desenvolvimento

---

[35] Idem.

das relações econômicas, nós encontramos o valor de troca e o valor de uso determinados em relações diferentes, e essa própria determinação aparecendo como determinação diferente do valor enquanto tal. O próprio valor de uso desempenha um papel como categoria econômica. Onde ele cumpre esse papel é algo que resulta do próprio desenvolvimento.[36]

Marx novamente criticou a oposição absoluta entre forma e aspecto material porque suas várias relações representam relações econômicas. Na realidade, as formas econômicas não podem existir sem a "base material". Em muitos casos, Marx disse que "o próprio valor de uso desempenha um papel como categoria econômica". É um "portador" *par excellence*, cujas propriedades materiais são penetradas pelas relações econômicas. Como a "personificação das coisas", a materialização objetiva das determinações da forma econômica no mundo invertido não é uma inversão epistemológica, mas essa "materialização" (*Verdinglichung*) das relações econômicas deve ser entendida como a modificação mais profunda de uma propriedade material de um valor de uso, como a "ossificação" das relações sociais de produção[37].

De maneira notável, Marx não perdeu o interesse por esse tópico, mesmo na última fase de sua vida. Escreveu em suas "Glosas marginais ao *Tratado de economia política* de Adolph Wagner" em 1881: "O valor de uso exerce um papel importante e completamente diverso daquele exercido na economia até agora, e que, contudo, ele é considerado tão somente, *notabene*, quando tal consideração provém da análise de configurações econômicas dadas, não do raciocínio ruminante sobre os conceitos ou as palavras 'valor de uso' e 'valor'"[38]. Aqui, novamente, Marx enfatizou claramente o papel econômico do lado material do valor de uso que contribui para compreender a especificidade do sistema capitalista sob certas condições.

O ponto de Marx é que as modificações capitalistas das características materiais não se limitam aos desejos e comportamentos das pessoas, mas se estendem às propriedades das próprias coisas. Essas modificações crescem "nos diferentes estágios do desenvolvimento das relações econômicas" e são cada vez mais capturadas em suas descrições à medida que a análise passa de categorias

---

[36] Ibidem, p. 646 [ed. bras.: ibidem, p. 541].
[37] Idem, *Economic Manuscript of 1864-1865*, cit., p. 897.
[38] Marx e Engels, *Collected Works*, cit., v. 24, p. 546 [ed. bras.: Karl Marx, *Últimos escritos econômicos*, trad. Hyury Pinheiro, São Paulo, Boitempo, 2020, p. 61].

abstratas para categorias concretas. De acordo com Marx, uma coisa no interior das relações sociais não existe simplesmente com determinadas propriedades naturais, mas é historicamente modificada por relações econômicas constituídas de maneira capitalista, de modo que a determinação econômica agora passa a ser ossificada em uma coisa. Em última análise, aparece como uma *"coisa* – do mesmo modo que o valor, aparecia como qualidade de uma coisa, e a *determinação econômica* da coisa como *mercadoria*, como qualidade de coisa; do mesmo modo pelo qual a forma social que o trabalho assumia no dinheiro, apresentava-se como *qualidades de uma coisa"*[39]. Com o desenvolvimento da produção capitalista, várias dimensões materiais são gradualmente modificadas por esse processo de "materialização" (*Verdinglichung*) – isto é, modificação das propriedades materiais de acordo com a lógica do capital – de uma maneira que a valorização do capital possa ocorrer em condições mais favoráveis. Tanto a análise do aspecto material no tratamento de Marx quanto sua forma de análise apontam para a especificidade histórica característica das relações capitalistas e até mesmo suas contradições. Além disso, esse processo de transformação não deve ser analisado apenas da perspectiva do capital, mas também do lado material, especialmente em termos de toda a interação metabólica entre homem e natureza. A crítica de Marx à economia política cumpre essa dupla tarefa teórica em contraste com os economistas políticos clássicos[40].

Apesar das observações claras de Marx sobre o papel econômico da "base material", sua importância é muitas vezes subestimada entre os marxistas em comparação com a análise da forma. Essa tendência não é uma coincidência, já que muitos marxistas desenvolveram suas interpretações com base na pura sociabilidade do trabalho abstrato[41].

---

[39] Idem, *Collected Works*, cit., v. 34, p. 397-8 [ed. bras.: *O capital*, Livro I, capítulo VI (inédito), cit., p. 70]

[40] A mera oposição entre "valor de uso" e "valor" ou "trabalho concreto" e "trabalho abstrato", defendendo o lado material contra as determinações econômicas capitalistas, ainda permanece no ponto de vista de Feuerbach. Apenas apelar pelo retorno ao "valor de uso" e ao "trabalho concreto" é algo muito idealista para Marx, pois os lados materiais são, na verdade, sempre modificados pela reificação e pela personificação. Nesse sentido, a denúncia de "falsas necessidades" em oposição a "necessidades genuínas" soa elitista para o público. Marx não visa à "desmistificação" de uma ilusão para descobrir a vida humana "genuína", mas a uma explicação genética da dinâmica do mundo invertido do capitalismo.

[41] Uma exceção importante é Paul Burkett. Ele aponta com razão a necessidade de se analisar a "constituição mútua das formas sociais e do conteúdo material da interação homem-natureza". Ver Bukett, *Marx and Nature*, cit., p. 18.

A interpretação de Alfred Sohn-Rethel é típica nesse contexto. Como ele argumentou: "Na verdade, 'nem um átomo de matéria' entra na objetividade da mercadoria como valores dos quais o efeito socializante da troca depende. Aqui a socialização é uma questão puramente de composição humana, desacoplada do metabolismo humano com a natureza"[42]. A análise da forma de Sohn-Rethel certamente reconhece o caráter puramente social da objetividade do valor, mas reduz o valor a uma relação social existente na troca de mercadorias e o trabalho a uma construção puramente social. Consequentemente, o valor é separado do metabolismo entre humanos e natureza em seu esquema explicativo.

Uma vez que Sohn-Rethel eliminou completamente da categoria "valor" seus aspectos materiais, focando apenas em seu caráter puramente social, acabou caindo em um dualismo entre "primeira natureza" e "segunda natureza":

> Incluo todo o lado formal da troca de mercadorias sob a expressão *segunda natureza*, que deve ser entendida como uma realidade social puramente abstrata e funcional *em oposição à primeira natureza ou natureza primária*, na qual nos encontramos no mesmo nível dos animais. Na expressão da segunda natureza sob a forma de dinheiro, o que é especificamente humano chega a sua manifestação histórica objetiva, distinta, real e primeira. Passa a existir devido à necessidade de uma socialização *dissociada de quaisquer modos de operação do metabolismo material entre humanos e natureza*.[43]

---

[42] Alfred Sohn-Rethel, *Geistige und körperliche Arbeit: Zur Epistemologie der abendländischen Geschichte*, ed. rev. (Weinheim, VCH, 1989), p. 22. A "abstração real" de Sohn-Rethel ainda é influente hoje entre os adeptos de uma nova leitura de Marx. Michael Heinrich argumenta que o trabalho abstrato "não pode ser 'gasto' de forma alguma" porque é "uma relação de validação social que é constituída na troca". Ver Michael Heinrich, *An Introduction to the Three Volumes of Karl Marx's Capital* (Nova York, Monthly Review Press, 2004), p. 50. Consequentemente, Heinrich não vê a relação existente entre a categoria de "valor" e o metabolismo dos humanos com a natureza. De maneira notável, ele também argumenta em seu comentário sobre *O capital* a respeito da categoria de "soma total do trabalho" que o conceito "não é usado por Marx em um sentido transistórico", mas descreve uma sociedade específica sob a produção de mercadorias. Ver Michael Heinrich, *Wie das Marxsche Kapital lessen? Leseanleitung und Kommentar zum Anfang des Kapital*, parte 2 (Stuttgart, Schmetterling Verlag, 2009), p. 172. Deve-se dizer que essa categoria é por natureza transistórica e material porque a necessidade de alocação da soma total do trabalho social existe em toda sociedade na medida em que sua quantidade é sempre alguma soma finita.

[43] Sohn-Rethel, *Geistige und körperliche Arbeit*, cit., p. 58, ênfase nossa.

Sohn-Rethel opôs a primeira natureza (animal, natural) à segunda natureza (especificamente humana, social). É verdade que o poder social do valor não inclui nenhum "conteúdo material" da mercadoria por ser um produto da práxis social. No entanto, não se pode inferir que a objetividade do valor nada tem a ver com a necessidade transistórica do metabolismo humano com a natureza.

Na verdade, Marx defende o oposto. Como vimos, em *O capital* ele sempre perguntou por que o surgimento de uma categoria puramente social como o valor é necessária no capitalismo. Em resposta, Marx afirmou que é porque a interação metabólica transistórica entre humanos e natureza deve ser organizada apesar do caráter privado do trabalho, e esse metabolismo só pode ser mediado pelo valor puramente social. Assim, indica a necessidade material e transistórica de regular o metabolismo entre humanos e natureza como a razão mais fundamental para a existência do valor. Essa explicação precisa ser contrastada com a compreensão problemática de Sohn-Rethel, já que ele não poderia fornecer uma razão convincente sobre o porquê de o trabalho abstrato na sociedade produtora de mercadorias dever ser objetivado nas mercadorias como valor. Em vez disso, ele simplesmente presumiu que o trabalho abstrato também é uma construção puramente social. Esse dualismo separa o "valor" do "metabolismo humano com a natureza", porque o trabalho abstrato como "segunda natureza" nada tem a ver com o metabolismo natural transistórico.

Essa oposição entre transistórico e histórico em *Geistige und körperliche Arbeit* [Trabalho intelectual e trabalho manual] de Sohn-Rethel, corre o risco de unilateralidade teórica, como se o valor não tivesse nada a ver com a esfera transistórica da produção. Se a crítica de Marx à economia política é entendida principalmente como "análise da forma", essa negligência da dimensão material não parece tão problemática porque seu exame a princípio "está além da economia política". Contudo, assim que confrontamos os cadernos detalhados de Marx sobre ciências naturais e perguntamos como eles podem ser integrados ao projeto de *O capital*, a separação absoluta entre "valor" e "metabolismo entre humanos e natureza" torna-se problemática. A explicação de Sohn-Rethel não fornece uma chave para a compreensão de como uma investigação científica da "primeira natureza" pode contribuir para sua crítica da economia política, cujo campo principal é supostamente a "segunda natureza".

O debate sobre o caráter material do trabalho abstrato não é um desvio irrelevante ao tema da ecologia de Marx. O conceito de trabalho abstrato como uma categoria "puramente social" tem sérias consequências. Torna-se muito mais difícil explicar por que a dominação capitalista do trabalho abstrato, ao qual nenhuma propriedade material pertence, destrói várias dimensões do metabolismo universal da natureza de maneira mais devastadora que nunca. A fim de evitar uma afirmação vaga de que a dominação das relações sociais abstratas destrói a natureza, é necessário explicar a conexão entre o trabalho abstrato e o metabolismo social e natural, compreendendo o valor em relação com a "eterna necessidade" deste último. A oposição estrita entre "natureza" e "sociedade" exclui a influência das determinações econômicas sobre as dimensões materiais. Em contraste, Marx tem o objetivo de revelar como as propriedades naturais materiais recebem modificações sociais e as internalizam como suas próprias propriedades coisais, e como, por causa desse emaranhado de propriedades materiais e sociais, surgem contradições reais. Ou seja, as propriedades naturais materiais não podem ser completamente subsumidas ao capital. A partir desse limite do capital, várias "contradições vivas" passam a existir, mesmo que as manifestações exatas dessas contradições não sejam predeterminadas graças à "elasticidade do capital", e sejam fortemente dependentes do desenvolvimento das tecnologias e ciências naturais. A teoria da reificação de Marx compreende o processo contraditório de capitalização do mundo material e as condições para sua transcendência.

Uma análise do projeto de Marx, portanto, precisa ir além da interpretação anterior e incluir o mundo material como um objeto central de estudo. Essa análise trata principalmente de como o modo de produção capitalista tende a minar as condições materiais para a sustentabilidade, ou seja, como a produção, pela lógica da reificação, organiza uma prática social cada vez mais hostil à natureza, resultando em uma crise do desenvolvimento humano sustentável.

A contradição material do capitalismo está implícita no nível abstrato da produção generalizada de mercadorias nos primeiros três capítulos de *O capital*. Mas isso não é suficiente. A tensão entre "forma" e "matéria" se cristaliza mais claramente com o desenvolvimento da categoria "capital". Marx analisa como o capital, esse "sujeito automático", reorganiza radicalmente a interação metabólica entre humanos e natureza e finalmente a destrói.

A TRANSFORMAÇÃO CAPITALISTA DO METABOLISMO

A explicação de Marx do mundo invertido em *O capital* contribui para compreender a necessidade da perturbação no mundo material sob o capitalismo. Sem explicar a dinâmica imanente ao modo de produção capitalista, a ecologia de Marx seria reduzida a uma simples proposição de que o capitalismo destrói o sistema ecológico porque os capitalistas procuram obter lucros sem nenhuma preocupação com a sustentabilidade ambiental. Isso seria contra o "método materialista" de Marx. Assim, a investigação da estrutura social objetiva também é necessária porque o método dele se opõe às abordagens que simplesmente visam à introdução de novos valores "morais" ou "corretos" que afirmam ser ecologicamente responsáveis. Em contraste, Marx examinou de maneira detalhada como a mediação da interação social e natural entre humanos e natureza pela lógica da valorização do capital organiza a produção social e a circulação de tal forma que seu intercâmbio metabólico é necessariamente interrompido. Enquanto o modo de produção capitalista estrutura um determinado metabolismo humano com a natureza em escala nacional e global, as forças da natureza são, embora elásticas, sempre limitadas de várias maneiras, resultando em ecocrises em múltiplas esferas.

Uma vez que a alocação da soma total do trabalho e a distribuição da soma total dos produtos são arranjadas no capitalismo pela mediação do valor, a interação metabólica entre humanos e natureza é inevitavelmente realizada sob a primazia do trabalho abstrato. Como mencionado anteriormente, esse modo de mediação contém em si certa tensão, pois as dimensões materiais concretas da interação humanos-natureza só podem ser estimadas na expressão do valor de maneira muito limitada e deficiente. Isso caracteriza uma diferença importante em relação a todas as outras formas de produção social, nas quais os diversos aspectos materiais (e mesmo ecológicos) são normalmente incorporados no momento da "alocação" do trabalho social e da "distribuição" dos produtos[44].

O fato de os humanos trabalharem sobre a natureza sob a primazia do valor pode não parecer tão ecologicamente inamistoso. Contudo, o problema dessa mediação reificada aparece de maneira mais distinta com o surgimento do "capital" totalmente desenvolvido, porque o valor deixa de funcionar apenas como uma "mediação" da produção social e torna-se a "meta" da produção. O capital ameaça a continuidade do metabolismo da humanidade com a natureza porque o reorganiza radicalmente a partir da perspectiva da máxima extração possível de trabalho abstrato.

---

[44] Obviamente, as formas de produção pré-capitalistas não eram necessariamente sustentáveis. A leitura por Marx dos livros de Carl Fraas em 1868 indica alguns aspectos da destruição ambiental que ameaçavam a existência da civilização devido ao seu manejo inconsciente da natureza, como discuto detalhadamente no capítulo 6. Uma produção verdadeiramente sustentável, segundo Marx, só é possível numa sociedade futura, na qual as interações homem-natureza sejam organizadas de modo totalmente consciente.

Mais uma vez, lembre-se que segundo Marx a categoria "valor" é, em uma sociedade de produção generalizada de mercadorias, uma categoria econômica, que apresenta conexão essencial com as condições materiais de reprodução do metabolismo entre humanos e natureza. A particularidade do capitalismo é que, devido aos "trabalhos privados" e à "reificação", a produção e a reprodução da sociedade só podem ocorrer pela mediação do valor. Os produtores privados se relacionam socialmente apenas com a ajuda de valores para assegurar a existência da sociedade (mais ou menos!).

Com o "dinheiro", o poder da reificação aumenta. Como explica Marx, o valor se materializa em um objeto independente – o dinheiro – que confere um valor de uso especificamente social a uma mercadoria, o ouro. O ouro funciona como um "equivalente universal" que é "diretamente permutável por todas as outras mercadorias". Esse poder social de permutabilidade direta significa que sua posse permite a aquisição de qualquer objeto desejado, e isso gera um novo desejo de acumular dinheiro, que é "desmedido por natureza"[45].

No entanto, uma mudança ainda mais radical ocorre quando o único objetivo da produção se torna a objetificação máxima do trabalho abstrato. Com a subjetivação do valor como "capital", a transformação do mundo ocorre de maneira ainda mais drástica:

> Na circulação D-M-D, ao contrário, mercadoria e dinheiro funcionam apenas como modos diversos de existência do próprio valor: o dinheiro como seu modo de existência universal, a mercadoria como seu modo de existência particular, por assim dizer, disfarçado. O valor passa constantemente de uma forma a outra, sem se perder nesse movimento, e, com isso, transforma-se no sujeito automático do processo. Ora, se tomarmos as formas particulares de manifestação que o valor que se autovaloriza assume sucessivamente no decorrer de sua vida, chegaremos a estas duas proposições: capital é dinheiro, capital é mercadoria. Na verdade, porém, o valor se torna, aqui, o sujeito de um processo em que ele, por debaixo de sua constante variação de forma, aparecendo ora como dinheiro, ora como mercadoria, altera sua própria grandeza e, como mais-valor, repele [*abstösst*] a si mesmo como valor originário, valoriza a si mesmo.[46]

---

[45] Marx, *Capital*, cit., v. 1, p. 147 e 230 [ed. bras.: *O capital*, Livro 1, cit., p. 142 e 206].
[46] Ibidem, p. 255 [ed. bras.: ibidem, p. 230].

Na circulação de M-D-M [mercadoria-dinheiro-mercadoria], o processo é direcionado ao objeto final, a um valor de uso que só se pode atingir por meio da troca de mercadorias no mercado. Aqui o valor atua principalmente como uma medida geral para vários produtos de trabalhos privados e, portanto, ao fim do processo, o valor desaparece junto com o consumo do valor de uso desejado. Em outras palavras, o valor funciona como um mediador do metabolismo social. Com o ouro, o valor torna-se um objeto independente como dinheiro, de modo que se pode possuir o valor como uma coisa e acumular dinheiro. No entanto, para funcionar como dinheiro, ele terá de ser trocado por outro valor de uso em algum momento no futuro.

A determinação econômica do valor como "capital" gera uma situação totalmente diferente. O valor como capital é um "sujeito automático" que passa repetidamente pelo processo D-M-D' [D' inclui o mais-valor] sem perder sua determinação como capital e sendo capaz de crescer. O ser puramente social do valor produz um movimento infinito porque tem como único objetivo seu aumento puramente quantitativo. O próprio valor, ou mais precisamente sua valorização, tornou-se a meta final da produção. Certamente o dinheiro como um valor independente é sempre o início e o fim do processo D-M-D', mas mesmo esse dinheiro é apenas uma figura temporária para o capital, porque sua valorização só pode ocorrer por meio de constantes mudanças de formas (*Formwechsel*) entre mercadorias e dinheiro. Como diz Marx, o valor é, portanto, um "sujeito usurpador" do processo D-M-D', no qual "ele assume ora a forma do dinheiro, ora a forma da mercadoria, porém conservando-se e expandindo-se nessa mudança"[47]. Todo o processo de produção ainda depende dos valores de uso como suportes do capital. No entanto, esse componente material da produção está agora subordinado ao puro movimento quantitativo do capital. De acordo com essa nova característica econômica do valor como capital, o "processo de trabalho" transistórico deve ser fundamentalmente reorganizado como processo de "autovalorização" do capital.

A afirmação de que a interação metabólica entre humanos e natureza mediada pelo trabalho representa uma "eterna necessidade natural" em qualquer sociedade é abstrata. Todo o processo de produção social assume uma forma mais concreta à medida que Marx o relaciona às transformações do capital segundo a lógica de sua valorização. Por meio desse novo objetivo do processo

---

[47] Idem.

de produção, o trabalho abstrato também recebe uma função econômica adicional e específica, a saber, a de única fonte de aumento da riqueza capitalista.

O capital trata o trabalho apenas como um meio para sua autovalorização infinita, em que o trabalho concreto cede à primazia do trabalho abstrato. O que importa na produção capitalista não é mais a satisfação das necessidades sociais, pois elas são satisfeitas apenas casualmente sob a anarquia da competição capitalista. O desejo de acumulação de capital nunca pode ser satisfeito com um certo valor de uso qualitativo; é um movimento "sem fim" de uma quantidade em crescimento incessante[48]. Como consequência, toda a produção capitalista está voltada à sucção de trabalho abstrato, e esse dispêndio unilateral da força de trabalho humana não pode deixar de distorcer a relação da humanidade com a natureza. Uma vez que tanto a força de trabalho quanto a natureza são importantes para o capital apenas como "suportes" de valor, o capital negligencia os vários aspectos desses dois fatores de produção fundamentais, o que muitas vezes leva ao seu esgotamento. *O capital* de Marx descreve cuidadosamente como essa negligência das dimensões materiais no processo de trabalho leva à erosão e destruição da vida humana e do meio ambiente.

À medida que o valor se torna um sujeito na forma de "capital", esse novo sujeito, seguindo seu "impulso cego e desmedido, sua voracidade de lobisomem por mais-trabalho", visa à objetivação do trabalho abstrato em mercadorias do modo mais abrangente e eficaz possível[49]. Esse é hoje o principal objetivo da produção social. Em contraste, esse impulso específico não apareceu nas sociedades pré-capitalistas porque o trabalho excedente era gerado apenas pelo exercício da coação exterior. Não havia motivação para trabalhar mais depois que as necessidades básicas fossem satisfeitas e a gama de valores de uso era, portanto, relativamente pequena. Existia uma "ligação afetiva" do produtor com a terra, apesar das relações de exploração e domínio político-pessoal.

A situação é totalmente diferente na sociedade capitalista. Marx ilustra cuidadosamente a singularidade destrutiva da produção capitalista nos capítulos sobre "A jornada de trabalho" e "Maquinaria e grande indústria" no Livro 1 de *O capital*. Referindo-se a relatórios parlamentares e investigações de inspetores e comissários de fábrica, Marx retrata as transformações modernas do processo de trabalho como resultado de sua "subsunção formal" e "real" ao capital. Esses capítulos, com algumas centenas de páginas, são frequentemente

---

[48] Ibidem, p. 252 [ed. bras.: ibidem, p. 229].
[49] Ibidem, p. 375 [ed. bras.: ibidem, p. 337].

negligenciados pelos teóricos como desvios enfadonhos e não essenciais em face do desenvolvimento dialético principal das categorias econômicas sob o capitalismo. O predomínio do capital é um processo real, pois a inversão que se manifesta na subjetivação do capital não está ocorrendo em nossas cabeças, mas sim objetivamente na produção social. O tratamento cuidadoso que Marx dispensa às vidas concretas dos trabalhadores indica seu forte interesse nas transformações que fazem com que os trabalhadores caiam em uma condição de escravidão no que diz respeito a sua vida moral, social, física e intelectual. Pode-se dizer que o projeto de Marx em *O capital* não é motivado principalmente pelo objetivo de superar a filosofia idealista de Hegel, mas é fundamentalmente caracterizado por sua solidariedade em relação à situação real da classe trabalhadora[50].

Se *O capital* for reduzido a mero desenvolvimento dialético das categorias econômicas da sociedade burguesa, o projeto de Marx seria sobretudo uma reconstrução *conceitual* da totalidade capitalista. Ao contrário, é importante enfatizar que Marx analisou materiais empíricos seriamente em sua investigação da sociedade capitalista. Nesse contexto, esses dois capítulos do livro são exemplares porque tratam não só do processo de destruição do mundo material pela lógica do capital, mas também da manifestação dos limites do capital. Ou seja, revelam o modo como a formação social de um mundo invertido provoca uma série de contradições. Mesmo que o capital tente constantemente superar contradições com o desenvolvimento tecnológico e descobertas científicas, ele não consegue estabelecer plenamente seu domínio sobre o mundo material e acaba devastando o metabolismo social e natural, o que implica a redução da resistência ao regime do capital.

Marx primeiro ilustra a desarmonia da interação metabólica entre humanos e natureza, prestando atenção especial ao lado humano. Em prol da valorização efetiva do capital, este estende e intensifica a jornada de trabalho, durante a qual a realização de trabalhos concretos é subordinada à primazia do dispêndio

---

[50] Tony Smith diz que o projeto de Marx "nada mais é do que o objetivo hegeliano de reconstruir o mundo no pensamento por meio da elaboração de uma teoria sistemática das categorias". Ver Smith, *The Logic of Marx's Capital*, cit., p. 35. O interesse de Marx, no entanto, não é uma reconstrução da totalidade capitalista no pensamento. Como visto no capítulo 1, a transcendência filosófica da dialética de Hegel não foi tão importante para Marx depois de 1845. Ver também Andreas Arndt, "'... unbeding das letzte Wort aller Philosophie': Marx und die hegelsche Dialektik", em Rahel Jaeggi e Daniel Loick (orgs.), *Karl Marx: Pespektiven der Gesellschaftskritik* (Berlim, Akademie Verlag, 2013), p. 27-37.

de trabalho abstrato. Sem dúvida, essa produção de mais-valor "absoluto" e "relativo" causa alienação e sofrimento na vida dos trabalhadores. Mesmo que haja certamente "limites físicos para a força de trabalho" e "obstáculos morais" ao capital, ambos possuem uma "natureza muito elástica"[51]. O capital tenta com sua "sede ilimitada de trabalho excedente" lucrar com essa característica elástica da força de trabalho humana e se apropriar do trabalho além de um determinado limite, e até das 24 horas do dia[52]. Visto que o processo de trabalho é principalmente o lugar para a produção de mais-valor, o capital, seguindo sua própria lógica formal, explora a força de trabalho sem se preocupar com a vida dos trabalhadores individuais. Consequentemente, a tendência ao empobrecimento se fortalece, fazendo com que os trabalhadores percam seu tempo livre devido ao prolongamento da jornada de trabalho, embora o tempo livre seja essencial para a recuperação física do trabalho e para o cultivo do espírito.

A natureza elástica da força de trabalho, que permite a intensificação e o prolongamento da jornada de trabalho, tem certas limitações materiais[53]. O desejo ilimitado do capital inevitavelmente confronta o "esgotamento" da força de trabalho:

> O capital não se importa com a duração de vida da força de trabalho. O que lhe interessa é única e exclusivamente o máximo de força de trabalho que pode ser posta em movimento numa jornada de trabalho. [...] Assim, a produção capitalista, que é essencialmente produção de mais-valor, sucção de mais-trabalho, produz, com o prolongamento da jornada de trabalho, não apenas a debilitação da força humana de trabalho, que se vê roubada de suas condições normais, morais e físicas,

---

[51] Marx, *Capital*, cit., v. 1, p. 341 [ed. bras.: *O capital*, Livro 1, cit., p. 306].

[52] Ibidem, p. 345. O significado social da exploração do trabalho tornou-se algo totalmente diferente do que era nas sociedades pré-capitalistas. Os escravos eram tratados como meros meios de produção e forçados a produzir trabalho excedente por meio da violência, mas a produção pré-capitalista de produtos excedentes permanecia mais ou menos limitada a certos desejos concretos por valores de uso. O desejo por trabalho excedente torna-se ilimitado somente após o estabelecimento do movimento quantitativo incessante de valorização do capital e, nesse sentido, a extensão ilimitada da jornada de trabalho e a intensificação implacável do trabalho são um produto especificamente moderno.

[53] Essa elasticidade natural funciona como uma propriedade material do próprio capital. A elasticidade da força de trabalho pode, por exemplo, ser usada durante uma crise econômica fazendo com que menos trabalhadores sejam obrigados a trabalhar mais horas com a mesma remuneração para aumentar a taxa de lucro.

de desenvolvimento e atuação. Ela produz o esgotamento e a morte prematuros da própria força de trabalho. Ela prolonga o tempo de produção do trabalhador durante certo período mediante o encurtamento de seu tempo de vida.[54]

A produção capitalista pede uma "extensão incrível e cruel" da jornada de trabalho não apenas porque é a forma mais direta de gerar um aumento absoluto do mais-trabalho e do mais-valor, mas também porque o funcionamento constante da fábrica evita a depreciação física e moral e permite que o capital constante seja usado com maior eficácia, economizando tempo, por exemplo, por não ter que aquecer as máquinas pela manhã. O capital valoriza-se com o sacrifício do bem-estar e da segurança dos trabalhadores: "O que poderia caracterizar melhor o modo de produção capitalista do que a necessidade de lhe impor as mais simples providências de higiene e saúde por meio da coação legal do Estado?"[55]. Como Marx descreveu cuidadosamente, a classe trabalhadora sofre de várias deformidades físicas, degradação moral e morte prematura devido a uma carga de trabalho perigosa. Na verdade, há tortura por excesso de trabalho, trabalho noturno e aos domingos. O trabalho infantil também se torna a norma, a menos que o contrário seja regulamentado por lei, como foi claramente documentado em uma série de relatórios parlamentares que Marx estava lendo. Se crianças de sete ou oito anos são obrigadas a trabalhar das seis da manhã às dez da noite, prevalecem as doenças mentais e físicas. Apesar da gravidade da situação, os capitalistas individuais não tomariam nenhuma medida contra essa situação a menos que fossem obrigados a fazê-lo mediante a aplicação de uma lei. Um capitalista beneficente que fizesse o contrário descobriria que seu lucro diminuiria se outros capitalistas não fizessem o mesmo.

Esse "impulso cego e desmedido" ou essa "sede ilimitada de trabalho excedente" não é, portanto, um déficit moral dos capitalistas individuais. Devido à competição com outros capitalistas, se quiserem sobreviver como capitalistas eles são obrigados a se comportar assim. A decisão de agir de acordo com esse impulso cego parece-lhes racional, surgindo daí uma consciência e uma prática social que busca uma exploração cada vez mais eficiente da força de trabalho. Preocupar-se com a vida dos trabalhadores aparece como algo desnecessário. A primeira palavra de ordem dos capitalistas é: *"Après moi le déluge!* [...] O capital

---

[54] Marx, *Capital*, cit., v. 1, p. 376-7 [ed. bras.: *O capital*, Livro 1, cit., p. 338].
[55] Ibidem, p. 611 [ed. bras.: ibidem, p. 552].

não tem, por isso, a mínima consideração pela saúde e duração da vida do trabalhador, a menos que seja forçado pela sociedade a ter essa consideração"[56].

Quando esse tipo de tomada de decisão parece racional, capitalistas individuais estão agindo como "personificação do capital"[57]. O sistema social que os obriga a adotar esse comportamento é, no entanto, totalmente irracional de outra perspectiva, porque torna a reprodução sustentável da classe trabalhadora impossível a longo prazo. A lógica do capital não conhece qualquer limitação ao mais-valor, uma vez que o movimento puramente quantitativo de autovalorização não reconhece o aspecto material da força de trabalho: "Vemos que, abstraindo de limites extremamente elásticos, a natureza da própria troca de mercadorias não impõe barreira alguma à jornada de trabalho e, portanto, nenhuma limitação ao mais-trabalho"[58]. Portanto, o limite da jornada de trabalho não pode ser derivado apenas da lógica formal do capital, e é por isso que a restrição do poder da reificação deve ser imposta por meio de uma coação exterior. É assim que a resistência consciente dos trabalhadores contra o "impulso desmedido" aparece, e Marx ilustra esse processo como "a luta por uma jornada normal de trabalho".

No contexto de um brutal prolongamento da jornada de trabalho, trabalhadores exigem a aplicação de uma jornada normal de trabalho e a proibição do trabalho infantil para proteger a existência das crianças. Visto que os capitalistas individuais não estão prontos para aceitar tal regulamentação se outros capitalistas ainda continuarem a lucrar com o método antigo, a aplicação de uma jornada de trabalho normal de oito ou dez horas precisa se dar por meio da lei. Em *O capital*, Marx reconta cuidadosamente as lutas reais entre capitalistas e trabalhadores no processo legislativo. Mesmo que a duração de uma jornada normal de trabalho varie em cada sociedade, dependendo do equilíbrio de poder entre as duas classes, a legislação fabril como tal é "o produto necessário da indústria de grande escala" porque de outro modo a reprodução da classe trabalhadora seria impossível. É notável que Marx valorize tanto a legislação fabril e até mesmo a chame de "primeira reação consciente e planejada [*planmäßig*] da sociedade à configuração natural-espontânea de seu processo de produção"[59]. Para Marx, a "luta pela jornada normal de trabalho" é de grande

---

[56] Ibidem, p. 381 [ed. bras.: ibidem, p. 342].
[57] Ibidem, p. 739 [ed. bras.: ibidem, p. 667].
[58] Ibidem, p. 344 [ed. bras.: ibidem, p. 309].
[59] Ibidem, p. 610 [ed. bras.: ibidem, p. 551].

importância estratégica justamente porque transforma conscientemente a prática social que de maneira inconsciente produz o poder da reificação. É verdade que a produção como um todo continua orientada à valorização do capital e os trabalhadores ainda são explorados. No entanto, a restrição da jornada de trabalho e a correspondente melhora das condições de trabalho, com cláusulas legislativas sobre saúde, condições sanitárias, salário e educação, são conquistas significativas do nascente movimento operário.

Quem pressupõe que Marx teria rejeitado a legislação de uma jornada normal de trabalho como uma política social-democrata ou reformista está enganado. Marx apoiou apaixonadamente as tentativas sociais de regulação do poder reificado do capital. Isso porque a legislação *resulta* de uma transformação consciente de uma prática social reificada. Assim, Marx, que estava ativamente engajado na Associação Internacional dos Trabalhadores, escreveu um texto para o congresso da organização realizado em Genebra, o qual cita diretamente em *O capital*: "Declaramos a limitação da jornada de trabalho como *uma condição prévia sem a qual todos os demais esforços pela emancipação estão fadados ao fracasso* [...]. Propomos oito horas de trabalho como limite legal da jornada de trabalho"[60]. A restrição da jornada de trabalho cria tempo livre disponível, o que também prepara os trabalhadores para novas lutas contra o poder do capital. Essa legislação é uma primeira regulamentação consciente do poder reificado do capital do ponto de vista das características materiais da força de trabalho.

Em termos da subsunção real do trabalho ao capital, Marx também descreve no capítulo "Maquinaria e grande indústria" como as condições materiais do processo de trabalho são radicalmente reorganizadas em prol da produção de mais-valor relativo. O modo de produção capitalista reduz os indivíduos a trabalhadores com "particularidades ossificadas", confinados a uma atividade estreita. O desenvolvimento da maquinaria permite que o capital substitua o trabalho qualificado por trabalho não qualificado, e os trabalhadores são privados de independência e autonomia no processo de produção. Como Harry Braverman explica de maneira esplêndida em *Labor and Monopoly Capital* [Trabalho e capital monopolista], o domínio do capital não se baseia simplesmente em seu monopólio dos meios de produção, mas em seu monopólio da tecnologia e do conhecimento. Como resultado da subsunção real, o processo de trabalho é organizado independentemente das habilidades, tradição e

---

[60] Ibidem, p. 415, ênfase nossa [ed. bras.: ibidem, p. 372-3].

conhecimento dos trabalhadores, o que o autor argumenta ser o "primeiro princípio" do modo de produção capitalista, ou seja, a "dissociação do processo de trabalho das habilidades dos trabalhadores". A produção capitalista é libertada das habilidades dos trabalhadores e, em vez disso, ela os administra. Os trabalhadores não são mais capazes de realizar o trabalho com base em sua própria concepção. O que Braverman chama de "segundo princípio" do taylorismo contemporâneo, a "separação entre concepção e execução", fortalece o domínio do capital[61]. Marx define o trabalho como uma atividade unicamente humana, devido ao seu caráter proposital e consciente, objetivando a concepção ideal da humanidade pela execução do trabalho. Em seu formato original, há uma unidade de concepção e execução. Contudo, os trabalhadores sob a divisão capitalista avançada do trabalho são apenas acessórios das máquinas. São incapazes de impor sua vontade ao processo de trabalho; em vez disso, este impõe-se a eles. Braverman mostra que o domínio do capital está enraizado em uma dimensão muito mais profunda do que normalmente se supõe. Como resultado da subsunção real, os trabalhadores não são simplesmente privados dos meios objetivos de produção, mas também de suas próprias capacidades subjetivas, quando nem a tecnologia nem o conhecimento como base material para a produção autônoma lhes são acessíveis. Essas deficiências são evidentes não apenas na perda do objeto, mas também na perda do sujeito. É por isso que trabalhadores precisam ser tão completamente subjugados aos comandos do capital para serem capazes de produzir alguma coisa. Sua degradação e domesticação são, como resultado, enormemente facilitadas.

A revolução incessante do processo de produção sob essa lógica, entretanto, cria dialeticamente as condições para a mobilidade, variedade e flexibilidade multifacetada desses trabalhadores, que são, portanto, capazes de se adaptar aos diferentes tipos de trabalho exigidos. Marx os chama de "indivíduos totalmente desenvolvidos". Visto que o capital revoluciona constantemente todo o processo de produção do ponto de vista mecânico e químico e cria novas esferas de produção, a rápida acomodação dos trabalhadores às mudanças das condições torna-se uma "questão de vida ou morte" para o capitalismo:

---

[61] Harry Braverman, *Labor and Monopoly Capital: The Degradation of Work in the Twentieth Century*, ed. do 25º aniversário (Nova York, Monthly Review Press, 1998 [1974]), p. 78-9.

Mas se agora a variação do trabalho impõe-se apenas como lei natural avassaladora e com o efeito cegamente destrutivo de uma lei natural, que se choca com obstáculos por toda parte, a grande indústria, precisamente por suas mesmas catástrofes, converte em questão de vida ou morte a necessidade de reconhecer como lei social geral da produção a mudança dos trabalhos e, consequentemente, a maior polivalência possível dos trabalhadores, fazendo, ao mesmo tempo, com que as condições se adaptem à aplicação normal dessa lei. Ela transforma numa questão de vida ou morte a substituição dessa realidade monstruosa, na qual uma miserável população trabalhadora é mantida como reserva, pronta a satisfazer as necessidades mutáveis de exploração que experimenta o capital, pela disponibilidade absoluta do homem para cumprir as exigências variáveis do trabalho; a substituição do indivíduo parcial, mero portador de uma função social de detalhe, pelo indivíduo plenamente desenvolvido, para o qual as diversas funções sociais são modos alternantes de atividade.[62]

Desse desenvolvimento do modo de produção capitalista surge a necessidade social de instituições com financiamento público para treinar as habilidades e conhecimentos dos trabalhadores. Como Ryuji Sasaki destaca acertadamente, além da luta por uma jornada normal de trabalho, Marx enfatiza a importância estratégica da "criação de escolas técnicas e agrícolas" e das "*écoles d'enseignement professionnel*", nas quais os filhos dos trabalhadores recebem certa instrução em tecnologia e no manejo prático dos vários implementos do trabalho[63]. Está claro por que Marx valoriza tanto a educação tecnológica oferecida em escolas com financiamento público. Essas escolas fornecem, mesmo que apenas em certa medida, a base para a reapropriação consciente de conhecimentos e habilidades exigidos em um processo de trabalho, mas monopolizados pela tecnologia capitalista. Marx chama essa possibilidade de reapropriação de "fermentos revolucionários"[64]. Contra a transformação unilateral do processo de trabalho, sua subsunção real ao capital, Marx vê na reapropriação de conhecimentos e habilidades uma via de construção de condições materiais essenciais para a reabilitação da liberdade e da autonomia dos trabalhadores no processo de produção.

---

[62] Marx, *Capital*, cit., v. 1, p. 618 [ed. bras.: *O capital*, Livro 1, cit., p. 557-8].
[63] Ibidem, p. 618-9 [ed. bras.: ibidem, p. 558]; Sasaki, *Marx No Busshouka Ron*, cit., p. 390-1.
[64] Marx, *Capital*, cit., v. 1, p. 619 [ed. bras.: *O capital*, Livro 1, cit., p. 558].

Em suma, após analisar as consequências destrutivas da determinação puramente econômica do processo de trabalho, Marx ilustra a possibilidade e a necessidade de regular, como progresso emancipatório do movimento dos trabalhadores, a lógica formal de valorização do capital a partir *de uma perspectiva do lado material da força de trabalho*. Essa análise ocorre em duas etapas. Primeiro, Marx elucida as determinações da forma puramente econômica e, em seguida, investiga como ela engloba e transforma o processo de produção, provocando várias resistências. Sua discussão sobre a subsunção formal e real em *O capital* indica seu claro apoio a tentativas concretas que, por meio da regulação do poder reificado do capital, lutem conscientemente contra a destruição da força de trabalho. Sua visão é a de uma produção social mais sustentável e autônoma. Obviamente, a redução da jornada de trabalho e a educação tecnológica por si só não transcendem o modo de produção capitalista, mas criam as bases essenciais para mais lutas contra o capital, protegendo a vida dos trabalhadores do impulso cego e incomensurável do capital por mais-valor.

A discussão sobre a jornada de trabalho pode, à primeira vista, parecer não ter nada a ver com a ecologia de Marx. Contudo, ela nos fornece uma visão a respeito da influência do capital sobre a esfera física e natural, pois, de acordo com Marx, há outro lugar onde a contradição da reificação se cristaliza, qual seja, a natureza.

A CONTRADIÇÃO DO CAPITAL NA NATUREZA

A ilustração de Marx do processo de trabalho não negligencia o fato de que a natureza está trabalhando junto com os humanos, já que ele claramente designou o trabalho e a terra como os dois "fatores originais" da interação metabólica entre humanos e natureza[65]. Os poderes do trabalho e da natureza funcionam como elementos transistóricos comuns em todos os tipos de produção. Se toda a produção se organiza de modo unilateral sob o primado do trabalho abstrato, pode-se inferir da observação anterior que a produção capitalista, além do esgotamento da força de trabalho, provoca também o esgotamento da força natural. Marx apontou em vários lugares para a estreita conexão entre os dois fatores originais ao problematizar a dilapidação de recursos naturais bem como da força de trabalho, mesmo que não tenha desenvolvido sobre o primeiro tanto quanto sobre o segundo.

---

[65] Marx e Engels, *Collected Works*, cit., v. 30, p. 98.

Isso é compreensível já que Marx planejou lidar com o problema das forças naturais no capítulo sobre a "renda fundiária" no Livro 3 de *O capital*, mas seu manuscrito permaneceu inacabado. No entanto, não há dúvida de que ele pretendia tratar o problema das modificações da interação metabólica entre humanos e natureza com foco na tendência negativa e destrutiva da produção capitalista[66].

Essa interpretação é confirmada pela forma como Marx comparou a destruição da vida dos trabalhadores e da fertilidade da natureza:

> O capital não se importa com o tempo de vida da força de trabalho. O que lhe interessa é única e exclusivamente o máximo de força de trabalho que pode ser posta em movimento numa jornada de trabalho. Ele atinge esse objetivo por meio do encurtamento da duração da força de trabalho, como um agricultor ganancioso que obtém uma maior produtividade da terra roubando dela sua fertilidade.[67]

Essa justaposição de "força de trabalho" e "fertilidade" do solo não é arbitrária porque o trabalho não é mais que a realização das forças naturais dos humanos. Em ambos os casos, Marx lidou com o esgotamento das forças naturais sob o modo de produção capitalista. Em vez de simplesmente focar no fator subjetivo de produção, analisou a transformação social também do lado objetivo. Como vimos, o capital com sua lógica imanente de valorização só está interessado em objetificar trabalho abstrato em mercadorias tanto quanto possível no menor período de tempo. A mesma atitude indiferente pode ser observada também em relação ao solo, já que um "fazendeiro ganancioso" acaba "roubando sua fertilidade". Deve-se, portanto, compreender o roubo da fertilidade do solo em conjunto com a teoria da reificação, pois ele é apenas

---

[66] Marx fala explicitamente sobre seu plano em seu *Manuscrito de 1864-1865*. Depois de apontar que "o desenvolvimento da produtividade do trabalho está longe de ser uniforme nos vários ramos da indústria, e, além de ser desigual em grau, muitas vezes ocorre em direções opostas, uma vez que a produtividade do trabalho está em tal grau ligada às condições naturais que pode cair enquanto a produtividade social do trabalho está aumentando", acrescenta Marx, entre parênteses, que "toda a investigação da extensão na qual as condições naturais influenciam a produtividade do trabalho independentemente do desenvolvimento das forças sociais de produção, e muitas vezes em oposição a elas, pertence à nossa análise da renda da terra". Ver Marx, *Economic Manuscript of 1864-1865*, cit., p. 368, ênfase no original.

[67] Idem, *Capital*, cit., v. 1, p. 376 [ed. bras.: *O capital*, Livro 1, cit., p. 338].

outra manifestação da contradição da mediação unilateral da interação metabólica entre humanos e natureza[68].

Se toda a produção for organizada para essa valorização, o poder destrutivo sobre a natureza se torna mais forte com o desenvolvimento das forças produtivas. Nos *Manuscritos de 1861-1863*, Marx explica por que a produção capitalista explora a natureza de maneira inevitável e ilimitada. É nesse contexto que a diferenciação entre aspectos "formais" e "materiais" do processo de produção se torna decisiva. Marx argumenta que os poderes da natureza não vão para o "processo de valorização", mas para o "processo de trabalho":

> Mas, além do capital fixo, todas as forças produtivas que não custam nada, ou seja, aquelas que derivam da divisão do trabalho, cooperação, maquinaria (na medida em que isso não custa nada, como é por exemplo o caso das forças motrizes de água, do vento etc., e também com as vantagens que procedem do arranjo social da oficina), bem como com as forças da natureza cuja aplicação não acarrete nenhum custo – ou pelo menos na medida em que sua aplicação não acarrete nenhum custo –, entram no processo de trabalho sem entrar no processo de valorização.[69]

Um aumento de produtividade por meio da "divisão do trabalho, cooperação, maquinaria" traz mudanças apenas no lado material da produção (ou seja, no processo de trabalho) sem, no entanto, afetar o lado formal da produção (ou seja, a valorização do processo), porque o novo aumento da força social de

---

[68] Marx repetiu o mesmo paralelo da força de trabalho e da terra nos *Manuscritos econômicos de 1861-1863*: "A antecipação do futuro – antecipação real – ocorre na produção de riqueza apenas em relação ao trabalhador e à terra. O futuro pode, de fato, ser antecipado e arruinado em ambos os casos por esforço excessivo e esgotamento prematuros, e pela perturbação do equilíbrio entre despesas e receitas. Na produção capitalista, isso acontece tanto com o trabalhador quanto com a terra" (Marx e Engels, *Collected Works*, cit., v. 32, p. 442). Marx reconheceu a penetração da mesma tendência capitalista no esgotamento dos trabalhadores e da terra devido à "perturbação do equilíbrio entre despesas e receitas". Como o modo de produção capitalista obriga os trabalhadores a gastar ao máximo a força de trabalho sem o descanso necessário, ele também devasta a terra. Marx discutiu esse tema em *O capital* com a crítica de Liebig ao sistema da agricultura de "roubo", como veremos no capítulo 4. Aqui, é suficiente dizer que Marx reconheceu certa limitação material em relação à fertilidade do solo que o capital não pode modificar arbitrariamente porque o solo, sem um manejo adequado de acordo com suas características naturais, deve perder rapidamente sua fertilidade.

[69] Ibidem, v. 33, p. 146.

produção não requer custos adicionais. O aumento da produtividade aparece sob o monopólio dos meios de produção como uma "força produtiva do capital", e isso permite que os capitalistas adquiram uma maior quantidade de produtos excedentes, de modo que a redução do preço dos produtos não apenas aumente o "mais-valor relativo", mas também forneça "mais-valor extra", se eles puderem ser produzidos com uma quantidade de trabalho abaixo da média social. Esse "mais-valor extra" oferece a principal motivação para os capitalistas revolucionarem constantemente o processo de produção.

Ocorre com a aplicação das forças naturais ao processo produtivo e o auxílio das ciências naturais e da tecnologia, que são apropriadas gratuitamente ou têm custos mínimos que reduzem os custos totais de produção, o mesmo que com as forças sociais do capital obtidas por meio da "divisão do trabalho, cooperação, maquinaria". As forças naturais entram no processo de trabalho e trabalham junto com a força de trabalho humana. Sua apropriação aparece como força produtiva do capital porque o conhecimento e os meios de sua aplicação são monopolizados pelo capital: "A ciência não custa ao capitalista absolutamente 'nada', o que não o impede de explorá-la. A ciência 'alheia' é incorporada ao capital como trabalho alheio"[70]. Mesmo que não sejam gratuitos, exigindo alguma instalação de máquinas ou força de trabalho extra, novas matérias-primas e materiais auxiliares podem reduzir a parte constante do capital circulante e aumentar a produtividade, de modo que a mesma quantidade de valor de uso possa ser produzida com custos menores. As "forças naturais gratuitas do capital" (terra, vento e água) e a disponibilidade de matérias-primas e energias baratas (madeira, carvão e petróleo) exercem uma grande influência sobre a maximização do mais-valor[71]. Assim, esse é mais um exemplo de "como o *valor de uso*, que originalmente nos aparece apenas como substrato material das relações econômicas, intervém ele mesmo para determinar a categoria econômica"[72].

Essa situação tem implicações negativas. O comportamento instrumental em relação à natureza torna-se dominante, uma vez que as ciências são desenvolvidas do ponto de vista da utilidade para o capital. Também surge uma tendência do capital para a exploração brutal das forças gratuitas da natureza e para uma corrida competitiva global em busca de recursos naturais

---

[70] Marx, *Capital*, cit., v. 1, p. 508 [ed. bras.: *O capital*, Livro 1, cit., p. 460].
[71] Idem, *Economic Manuscript of 1864-1865*, cit., p. 883.
[72] Marx e Engels, *Collected Works*, cit., v. 33, p. 146, ênfase no original.

mais baratos. O capital luta por um acesso seguro e mais barato aos recursos naturais, enquanto problemas como poluição do ar e da água, desertificação e esgotamento dos recursos naturais são negligenciados ou vistos meramente como externalidades. O principal princípio do desenvolvimento tecnológico é a exploração mais eficiente da força de trabalho e dos recursos naturais com custos mínimos. O objetivo da aplicação da tecnologia na moderna indústria e na agricultura de grande escala não é a relação sustentável com a natureza, mas seu emprego lucrativo. À medida que a força de trabalho se esgota e é destruída devido à intensificação e ampliação da produção em prol do aumento do mais-valor, as forças da natureza também sofrem o mesmo destino.

Sem dúvida, o capital se preocupa com as dimensões materiais do mundo. Os recursos naturais são manejados de maneira cuidadosa e econômica, na medida em que vão para o processo de valorização, pois seu valor deve ser transferido para novos produtos sem qualquer perda[73]. "Economizar" capital constante é, nesse sentido, uma tendência imanente do modo de produção capitalista, o que inclui a ideia atualmente popular de um capitalismo verde, baseado na redução de resíduos e na reciclagem. As economias capitalistas são *"economias na criação de desperdício, ou seja, redução do lixo ao mínimo, e máxima exploração direta de todas as matérias-primas e materiais auxiliares que entram no processo de produção"*[74]. No entanto, é errado concluir a partir dessa descrição que, de acordo com Marx, "essa grande força acabará reduzindo a produção de resíduos a zero"[75]. Marx não é tão ingênuo nem acredita que tal tendência seja verdadeiramente ecológica. A reciclagem só ocorre à medida que reduz os custos de produção. A produção sustentável não é um objetivo dessas economias no emprego de capital. Na medida em que a produção massiva de mercadorias e a dilapidação das forças gratuitas da natureza continuam sob o sistema capitalista, não há razão convincente para acreditar que a produção capitalista se tornará sustentável algum dia por meio da economia de capital constante. Em vez disso, com o desenvolvimento das forças produtivas sob o

---

[73] O objeto de trabalho e os meios de trabalho são tratados com ainda mais cuidado do que as forças de trabalho se elas forem mais caras que os meios de trabalho. Ou o trabalho se intensifica e se amplia para evitar a perda física e moral do capital fixo. Este é outro caso em que o humano é submetido à lógica do valor.

[74] Marx, *Economic Manuscript of 1864-1865*, cit., p. 185, ênfase no original.

[75] Stefan Baumgärtner, *Ambivalent Joint Production and the Natural Environment* (Heidelberg, Physica-Verlag, 2000), p. 107.

capitalismo, o uso universal e extravagante das forças da natureza se expande à medida que o capital busca a criação de um "sistema de utilidade geral" com custos mais baixos.

A crítica ecológica de Marx mostra que um certo valor de uso da natureza é profundamente modificado sob o capitalismo em favor da valorização, e que essa elasticidade da natureza é a razão para a exploração intensiva e extensiva da natureza pelo capital. Vários antimarxistas afirmam que Marx acreditava que as crises ecológicas surgem da incapacidade humana de dominar suficientemente a natureza, que será superada com o desenvolvimento futuro das forças produtivas. Eles, portanto, rejeitam como antiecológica o que supõem ser a defesa antropocêntrica e prometeica de Marx de um domínio absoluto sobre a natureza[76]. Contudo, esse tipo de crítica perde de vista a teoria da reificação de Marx. A causa das crises ecológicas modernas não é o nível insuficiente de desenvolvimento tecnológico, mas sim *as determinações da forma econômica do processo transistórico de intercâmbio metabólico entre humanos e natureza.*

O problema da perturbação do metabolismo natural pelo capitalismo não pode, portanto, ser resolvido por um aumento das forças produtivas. Ao contrário, a situação muitas vezes fica ainda pior porque a forma capitalista de desenvolvimento tecnológico e científico com o objetivo de obter mais lucro continua a negligenciar o metabolismo universal da natureza. O impulso do capital para explorar as forças naturais é "ilimitado" porque essas forças funcionam como fatores de produção gratuitos ou de redução de custos. No entanto, as forças e os recursos naturais são "limitados", então a perturbação do ecossistema surge da contradição entre natureza e capital. Nesse contexto, Marx não afirma simplesmente que a humanidade destrói o meio ambiente. Em vez disso, seu "método materialista" investiga como o movimento reificado do capital reorganiza o metabolismo transistórico entre humanos e natureza e nega a condição material fundamental para o desenvolvimento humano sustentável. Assim, o projeto socialista de Marx exige a reabilitação da relação homem-natureza por meio da restrição e, finalmente, da transcendência da força alheia da reificação.

A tendência capitalista de degradar a natureza deriva da lei da troca de mercadorias. O capital paga pelo valor como a objetificação do trabalho abstrato e não por forças sociais e naturais que não entram no processo de valorização

---

[76] Jess Shantz, *Green Syndicalism: An Alternative Red/Green Vision* (Syracuse, Syracuse University Press, 2012), p. xlvi.

– embora aproprie-se totalmente dos produtos excedentes que elas produzem. Além disso, o capital ignora os custos necessários à recuperação das forças naturais após cada uso. Os custos que as forças naturais requerem devido a suas características materiais não se refletem no valor de uma mercadoria porque o valor apenas expressa o dispêndio de trabalho humano abstrato. O capital segue a lógica da troca de mercadorias equivalentes e justifica seu próprio comportamento. Essa discrepância entre "valor da mercadoria" e "propriedades naturais" indica claramente o caráter antiecológico da produção social mediada pelo valor[77]. Como o capital sem coação não toma quaisquer medidas contra a destruição da vida dos trabalhadores, ele também é indiferente a várias consequências destrutivas na natureza porque, de acordo com sua lógica de troca de mercadorias equivalentes, seu procedimento está plenamente justificado por pagar por cada valor. Esse fato mostra claramente que o valor não pode ser o critério eficaz de uma produção sustentável.

Mesmo que a recuperação da condição original após o uso extravagante de recursos naturais pelo capital custe muito no futuro, o capital não pode abrir mão de seu uso gratuito agora, pois a "elasticidade do capital" depende da elasticidade da natureza. Mesmo que o capital não pague os custos de manutenção dos recursos naturais, esses recursos não se esgotarão imediatamente. Nem a contaminação da água nem as enormes emissões de dióxido de carbono causam diretamente uma crise para o capitalismo. Em vez disso, o capital lucra com isso: por meio da apropriação extensiva e intensiva da natureza, o capital não apenas aumenta as forças produtivas, mas também neutraliza qualquer tendência de queda da taxa de lucro. Ele tenta compensar essa tendência com a produção em massa de mercadorias mais baratas e com o uso de recursos naturais mais baratos. No entanto, essas contramedidas apenas impõem mais fardos à natureza, e é claro que elas não podem durar para sempre. Há uma limitação material para o capitalista explorar as forças da natureza, assim como os trabalhadores não podem evitar uma rápida degradação física e mental com o prolongamento excessivo da jornada de trabalho.

De modo notável, Marx apontou em seus manuscritos econômicos posteriores casos em que as forças naturais não podem mais servir gratuitamente ao processo de valorização por causa de seu esgotamento:

---

[77] Marx ilustra esse problema com o capitalista como comprador de força de trabalho e o trabalhador como seu vendedor. Marx, *Capital*, cit., v. 1, p. 344.

A quantidade de força produtiva do trabalho pode aumentar a fim de se obter o mesmo produto ou até mesmo produzir menos, de modo que esse aumento da força produtiva de trabalho sirva apenas como compensação das condições naturais decrescentes de produtividade – e mesmo essa compensação pode ser insuficiente – como visto em certos casos na agricultura, na indústria extrativista etc.[78]

Marx, portanto, estava ciente dos casos em que a taxa de lucro afunda como resultado dos custos crescentes da parte flutuante do capital constante. Consequentemente, a produção capitalista tenta desesperadamente descobrir novas fontes e métodos tecnológicos em escala global para conter a queda da taxa de lucro. Ou tenta produzir uma massa maior de mercadorias para compensar uma taxa de lucro decrescente com uma magnitude maior de lucro. Como resultado, o capital mina sua própria base material ainda mais rapidamente, pois os capitalistas individuais são forçados a acumular em uma taxa acelerada para garantir tal aumento na magnitude do lucro[79].

Forçado pela competição econômica, o capital não hesita em explorar a natureza de modo cada vez mais extensivo e intensivo, sem calcular os encargos adicionais ao ecossistema. Nessa sociedade voltada ao lucro, capitalistas individuais não são capazes de impedir a destruição da natureza; eles devem agir de acordo com o mote popular *Après moi le déluge*. Contra essa situação, o socialismo de Marx prevê uma luta ecológica contra o capital. A estratégia ecossocialista precisa ter como objetivo a construção de uma relação humanos-natureza sustentável por meio da restrição da reificação. Caso contrário, o desenvolvimento capitalista das forças produtivas apenas aprofundará a contradição fundamental em escala crescente:

Quanto mais cresce a força produtiva do trabalho, tanto mais se pode reduzir a jornada de trabalho, e, quanto mais se reduz a jornada de trabalho, tanto mais pode crescer a intensidade do trabalho. Considerada socialmente, a produtividade do trabalho cresce também com sua economia. Esta implica não apenas que se economizem os meios de produção, mas também que se evite todo trabalho inútil.

---

[78] MEGA² II/4.3, p. 80. O volume II/4.3 da MEGA inclui vários manuscritos econômicos para os Livros 2 e 3 de *O capital* redigidos após 1868. Eles ainda são esboços, mas são importantes porque documentam os novos interesses de Marx após publicação do Livro 1 de *O capital*.

[79] Marx, *Economic Manuscript of 1864-1865*, cit., p. 329.

Ao mesmo tempo que o modo de produção capitalista impõe a economia em cada empresa individual, seu sistema anárquico de concorrência gera o desperdício mais desenfreado dos meios de produção e das forças de trabalho sociais, além de inúmeras funções atualmente indispensáveis, mas em si mesmas supérfluas.[80]

Em contraste com a afirmação popular de que Marx era excessivamente otimista em relação ao caráter progressista do capitalismo, descobrimos que na verdade ele não elogiou a economia dos meios de produção e do trabalho sob a produção capitalista. Isto porque essa economia só ocorre com o objetivo de obter um lucro maior. Pelo contrário, Marx enfatizou que o desenvolvimento capitalista da produção inevitavelmente dilapida as forças de trabalho e da natureza sob seu "sistema anárquico de competição"[81]. Apesar da redução do tempo de trabalho necessário como resultado do aumento da produtividade, o tempo de trabalho total não é reduzido no capitalismo, pelo contrário, é intensificado e até mesmo estendido para produzir maior quantidade de mais-valor. Além disso, o sistema desorganizado de produção requer vários gastos "supérfluos" de mediação, como os destinados a contadores e investidores, que também demandam consumo extra de força de trabalho e recursos naturais. A produção capitalista é direcionada à produção em massa de produtos que muitas vezes não encontram nenhuma demanda efetiva, um resultado inevitável da competição anárquica, de modo que uma vasta quantidade de mercadorias deve ser imediatamente descartada como lixo. No nível social, esse desenvolvimento anárquico da produtividade anula a economia trivial tentada pelos capitalistas individuais.

O modo de produção capitalista deve produzir, com sua produtividade incessantemente crescente, uma enorme quantidade de valores de uso, o que pressupõe desejos desmedidos de realização de mais-valor que os dilapida. Na produção em massa, os valores de uso social se multiplicam em várias esferas e a satisfação das necessidades humanas torna-se cada vez mais dependente das trocas de mercadorias. Não obstante, surge outra limitação material para

---

[80] Marx, *Capital*, cit., v. 1, p. 667 [ed. bras.: *O capital*, Livro 1, cit., p. 597].

[81] Apesar de uma crítica popular de que o otimismo de Marx subestimava o problema dos resíduos, sua teoria do metabolismo confirma o oposto. Ver Baumgärtner, *Ambivalent Joint Production*, p. 107. O metabolismo entre humanos e natureza é um processo interativo e circular no qual os humanos não apenas tomam da natureza, mas também retribuem. A crítica de Marx visa mostrar que o "valor" como mediação do metabolismo não pode levar em conta suficientemente esse aspecto de retorno.

a acumulação de capital. Não importa quanto os desejos humanos proliferem, eles nunca serão infinitos. Nessa limitação material reside, além da perturbação do "metabolismo natural", outra possibilidade de disrupção do "metabolismo social": crise econômica devida à superprodução. A crise econômica nada mais é que a perturbação do fluxo material na sociedade pela determinação da forma econômica.

Está claro que Marx, longe de ser otimista sobre o desenvolvimento capitalista sustentável em sua teoria do valor, critica a maneira como a mediação unilateral da interação metabólica entre humanos e natureza pelo trabalho abstrato esgota e devasta as forças do trabalho e da natureza. O principal problema das ecocrises capitalistas não é apenas que o capitalismo, como resultado do desperdício da produção em massa, em algum momento no futuro sofrerá com o aumento do preço e a falta de matérias-primas (e uma possível queda da taxa de lucro correspondente) e não mais satisfará com eficiência as necessidades humanas. Em vez disso, o problema está na experiência subjetiva da alienação, o que garante que o modo de produção capitalista mine a base material para o desenvolvimento humano sustentável devido à ruptura metabólica. Uma vez que a vocação histórica do capitalismo de aumentar as forças produtivas tenha sido realizada, o desenvolvimento posterior da liberdade e dos talentos humanos exige uma transição para outro estágio da história humana. No entanto, como Marx argumenta, essa transição não é automática. Ela requer a teoria e a práxis socialistas.

Neste ponto, é possível articular uma hipótese que aborda uma questão remanescente do marxismo: por que Marx estudou tão intensamente as ciências naturais? Marx dedicou-se a estudos sérios de uma ampla gama de livros nos campos das ciências naturais. Podemos supor que com a finalidade de analisar as contradições do mundo material como resultado de suas modificações pelo capital. Para fundamentar essa hipótese, a segunda parte deste livro investiga o tratamento dado por Marx à agricultura, com foco em química agrícola, geologia e botânica. Nesse contexto, o químico agrícola alemão Justus von Liebig desempenha papel central.

PARTE II
A ECOLOGIA DE MARX E A
MARX-ENGELS-GESAMTAUSGABE

capítulo 4

LIEBIG E *O CAPITAL*

"O poder produtivo à disposição da humanidade é imensurável. A produtividade do solo pode ser aumentada *ad infinitum* pela aplicação de capital, trabalho e ciência."[1] Essa declaração, que dificilmente é válida hoje, não é de nenhum texto de Marx, mas do *Esboço de uma crítica da economia política*, do jovem Engels. Ainda assim, reflete, em certa medida, a visão generalizada do século XIX em relação ao futuro desenvolvimento tecnológico e científico, que supostamente aumentaria dramaticamente a produtividade da indústria e da agricultura para além dos limites naturais dados[2].

É por isso que os críticos se sentem justificados em atribuir essa ideologia otimista fatalmente falha também a Marx. Ted Benton, um dos primeiros ecossocialistas, critica o "distanciamento de Marx de qualquer reconhecimento de 'limites naturais'": "A cegueira para os limites naturais já presente na ideologia industrial é composta e intensificada pela estrutura intencional dominante, com sua indiferença em relação ao caráter concreto das matérias-primas, do trabalho *ou* dos produtos"[3]. Este capítulo põe em questão a afirmação de Benton. Analisando a teoria da renda fundiária de Marx, que Benton surpreendentemente ignora, apesar de seu tratamento direto da "natureza" e do "solo", veremos que Marx reconceituou claramente o problema dos "limites naturais" e as contradições relevantes do capitalismo à medida que sua economia política

---

[1] Marx e Engels, *Collected Works*, cit., v. 3, p. 436.
[2] Aqui Engels se refere ao argumento parecido de Alison. Ver Archibald Alison, *Principles of Population, and Their Connection with Human Happiness*, v. 1 (Londres, Thomas Cadell, 1840), caps. 1 e 2.
[3] Benton, "Marxism and Natural Limits", cit., p. 77, ênfase no original.

se aprofundou. Consequentemente, ele passou a imaginar a interação sustentável dos humanos com seu meio ambiente como uma tarefa prática central de uma futura sociedade socialista. No curso de seu desenvolvimento teórico, Marx realmente começou a prestar atenção especial ao "caráter concreto das matérias-primas, do trabalho *ou* dos produtos".

Sem dúvida, há dificuldades em reconstruir o tratamento que Marx dá aos limites naturais porque ele não conseguiu completar o Livro 3 de *O capital*, então não é possível encontrar uma versão final de sua análise da agricultura em seus manuscritos. Nesse contexto, é necessário estudar com atenção aqueles manuscritos econômicos que agora estão completamente disponíveis na segunda seção da MEGA². Os cadernos de excertos de Marx publicados na quarta seção, contudo, são tão importantes quanto seus manuscritos econômicos porque documentam uma série de aspectos que não são totalmente discutidos em seus manuscritos econômicos. Em muitos parágrafos e notas de rodapé do Livro 3, Marx anotou apenas um nome ou um comentário sem entrar em detalhes, e suas intenções nem sempre estão claras. Embora seus cadernos tenham sido marginalizados na literatura anterior sobre *O capital*, eles ajudam a entender o que Marx teria dito se ele tivesse completado a versão final de *O capital*[4]. *Sua teoria da renda fundiária também atinge um novo contexto quando se leva em conta seus cadernos de excertos, especialmente em termos do surgimento genético* de uma crítica ecológica do capitalismo.

A figura central de nossa investigação atual é Justus von Liebig, cuja obra *Química e sua aplicação à agricultura e à fisiologia* (sétima edição, 1862) teve um grande impacto sobre a teoria de Marx. Embora pesquisas anteriores sobre a relação entre Marx e Liebig demonstrem claramente sua crítica ecológica da agricultura moderna, é digno de nota que a razão original para a leitura de Liebig por Marx foi econômica[5]. Seria um exagero dizer que Marx foi ecológico desde o início, já que às vezes há indícios de prometeísmo ingênuo em seus textos iniciais, que são semelhantes ao encontrado na passagem de Engels citada. Portanto, vale a pena investigar como Marx veio a reconhecer

---

[4] Portanto, os Livros 2 e 3 de *O capital*, editados por Engels após a morte de Marx, não representam a forma final da teoria de Marx, o que levou a debates sobre a adequação da edição do amigo de toda a vida e apoiador de Marx. A publicação dos manuscritos econômicos originais na MEGA² revela várias diferenças entre Marx como "autor" e Engels como "editor" de *O capital*. Ver Regina Roth, "The Author Marx and His Editor Engels: Different Views on Volume 3 of Capital", *Rethinking Marxism*, v. 14, n. 4, 2002, p. 59-72.

[5] Foster, *Marx's Ecology*, cit., p. 155; Burkett, *Marx and Nature*, cit., p. 126.

a insustentabilidade ambiental do modo de produção capitalista como uma contradição do capitalismo, e insistir na realização da produção sustentável na sociedade futura.

Para essa investigação, as análises de Marx da "lei dos rendimentos decrescentes" em diferentes períodos são úteis para reconstruir o desenvolvimento de sua visão da natureza. Elas documentam que Marx, ao aprofundar seus conhecimentos em ciências naturais, afastou-se do mito do jovem Engels sobre o progresso infinito da produtividade agrícola e reconheceu a limitação intransponível das condições naturais da agricultura, que tem de ser respeitada em qualquer sociedade pós-capitalista[6]. Entretanto, esse reconhecimento dos limites naturais não levou Marx a cair em algum tipo de pessimismo apocalíptico. Em vez disso, começou a defender com mais paixão uma interação racional com a natureza por meio da transcendência do poder reificado do capital.

A teoria da renda fundiária de Marx antes de 1865

A teoria da renda fundiária de Marx não aparece repentinamente em *O capital*; ela tem uma longa pré-história que começa com a recepção da teoria da renda de David Ricardo em sua obra polêmica contra Pierre-Joseph Proudhon, *Miséria da filosofia*. Inicialmente esboçarei o influente argumento de Ricardo com um foco particular na "lei dos rendimentos decrescentes", a fim de tornar aparente a importância da recepção de Ricardo por Marx.

Ricardo apresentou sua teoria da renda em um livro que marcou época, *Princípios da economia política e tributação*, publicado em 1815. Sua análise primeiro abstrai da realidade concreta e pressupõe um processo linear de tomada de posse da terra no curso da civilização, segundo o qual, com o aumento da população, ao mesmo tempo cresce a demanda por alimentos, de modo que os agricultores são continuamente compelidos a cultivar terras cada vez mais inférteis. Ricardo presume que, se houver bastante terra disponível, a melhor terra será cultivada primeiro, de modo a poupar trabalho e capital extras. Com o aumento contínuo da população no processo de desenvolvimento da civilização, as melhores terras são rapidamente cultivadas, pois sua disponibilidade é limitada. Partindo do pressuposto de que o valor de todos os produtos é

---

[6] Engels também não permaneceu fiel aos argumentos de *Esboço de uma crítica da economia política*. Burkett e Foster, portanto, não veem diferenças decisivas entre Marx e Engels quanto ao tema "ecologia".

determinado pela produção nas condições mais desfavoráveis, Ricardo defendeu que os preços dos produtos agrícolas necessariamente aumentam no curso do desenvolvimento da sociedade, de modo que o dono da melhor terra que continua a produzir com menos trabalho e capital pode receber a diferença como renda diferencial[7].

Segundo Ricardo, o investimento adicional de capital nas mesmas terras não pode compensar as diferenças naturais de fertilidade porque a produção não aumenta proporcionalmente ao investimento, mas apenas a uma taxa decrescente, de modo que, por exemplo, o preço do milho inevitavelmente aumentará no longo prazo:

> Na realidade, ocorre com frequência que, antes de entrarem em cultivo as terras n. 2, 3, 4 ou 5, ou ainda as de pior qualidade, o capital seja empregado mais produtivamente naquelas terras já em uso. Pode ocasionalmente suceder que, embora o produto não duplique, isto é, não aumente em cem *quarters*, quando se duplica o capital originalmente empregado na faixa n. 1, chegue a crescer em 85 *quarters*, obtendo-se uma quantidade superior àquela que poderia ser conseguida pelo emprego do mesmo capital aplicado na terra n. 3.[8]

Edward West, que Marx também considera um dos primeiros economistas a teorizar sobre a renda diferencial, argumenta da mesma forma em seu *Essay on the Application of Capital to Land* [Ensaio sobre a aplicação do capital à terra], publicado em 1815:

> Assim, supondo uma quantidade de terra tal como 100 l. [cem libras inglesas], o capital aplicado nela reproduziria 120 l., o que dá 20% de lucro, digo que se duplicarmos o capital para 200 l., ele não produziria 240 l. ou 20% de lucro, mas

---

[7] "O valor de troca de todas as mercadorias – manufaturadas, originárias das minas ou obtidas da terra – é sempre regulado não pela menor quantidade de trabalho que bastaria para produzi-las em condições altamente favoráveis, desfrutadas por aqueles que têm particulares facilidades de produção, mas pela maior quantidade necessariamente aplicada por aqueles que não dispõem de tais facilidades. [...] Entende-se por circunstâncias mais desfavoráveis aquelas sob as quais se deve operar para obter a quantidade necessária do produto." David Ricardo, *Principles of Political Economy, and Taxation* (Cambridge, Cambridge University Press, 1951), p. 73 [ed. bras.: *Princípios de economia política e tributação*, trad. Paulo Henrique Ribeiro Sandroni, São Paulo, Nova Cultural, 1996, p. 53].

[8] Ibidem, p. 71 [ed. bras.: ibidem, p. 52].

provavelmente 230 l. ou alguma soma inferior a 240 l. A quantidade de lucro sem dúvida aumentaria, mas a razão dele em relação ao capital seria reduzida.[9]

O que Ricardo e West entendem como a lei dos rendimentos decrescentes é que a produção do solo não pode aumentar proporcionalmente por meio de sucessivos investimentos de capital. A duplicação dos investimentos não resulta na duplicação da produção, mas sempre resulta numa porção menor de milho, carne, leite etc.[10]

A lei dos rendimentos decrescentes pretende descrever, por um lado, o movimento constante em direção a solos menos férteis e, por outro, a produção decrescente do solo como resultado de sucessivos investimentos de capital no mesmo terreno. Ambos os fatores aumentam a renda diferencial do proprietário das melhores terras, que continua obtendo seus resultados com os mesmos custos, mas os vende por um preço mais alto. Essa visão, defendida por Ricardo e West, teve ampla aceitação na época, e foi assim que os "economistas burgueses" lidaram com a ideia de limites naturais do capital que o desenvolvimento industrial não pode superar[11]. Ainda está em aberto se, e até que ponto, essa pressuposição de "limites naturais" e "a lei" em um nível abstrato são instrumentos adequados para a explicação da renda fundiária na sociedade capitalista. Marx lutou com esse problema por muito tempo.

Em *Miséria da filosofia*, publicado em 1847, Marx aceitou principalmente o mecanismo da teoria da renda diferencial de Ricardo, argumentando de maneira similar que os proprietários de solos férteis podem obter um excedente produtivo devido à diferença de preço em comparação com a produção em condições desfavoráveis. Ao mesmo tempo, Marx tentou divergir da lei de Ricardo. Assim resumiu o argumento de Ricardo:

---

[9] Edward West, *Essay on the Application of Capital to the Land, with Observations Shewing the Impolicy of Any Great Restriction of the Importation of Corn and that the Bounty of 1688 Did Not Lower the Price of It* (Londres, Underwood, 1815), p. 2-3.

[10] Segundo Ricardo, o aumento da produtividade agrícola com fertilizantes e instrumentos mais avançados é possível até certo ponto, e ele acrescenta que com essa melhoria a tendência de queda da taxa de lucro só pode ser verificada "em intervalos que se repetem". Ver Ricardo, *Principles of Political Economy, and Taxation*, cit., p. 120 [ed. bras.: *Princípios de economia política e tributação*, cit., p. 87].

[11] David Harvey, *The Enigma of Capital: And the Crises of Capitalism* (Oxford, Oxford University Press, 2010), p. 72 [ed. bras.: *O enigma do capital: e as crises do capitalismo*, trad. João Alexandre Peschanski, São Paulo, Boitempo, 2011, p. 66].

> Se houvesse sempre à disposição terras de mesma fertilidade, se fosse possível, como na indústria manufatureira, recorrer sempre a máquinas mais baratas e produtivas ou se os novos investimentos de capital fossem tão produtivos como os anteriores, o preço dos produtos agrícolas seria determinado pelo custo dos artigos produzidos pelos melhores instrumentos de produção, como vimos no caso dos preços dos produtos manufaturados. Mas, nesse caso, a renda também desapareceria.[12]

Marx resumiu corretamente a pressuposição de Ricardo de que, na realidade, tanto a disponibilidade de boas terras quanto o aumento da produtividade agrícola por meio de sucessivos investimentos de capital são limitados, de modo que as diferenças intransponíveis na fertilidade do solo continuam a oferecer a base para a categoria "renda fundiária".

Marx concordou com Ricardo apenas em termos do mecanismo da renda da terra, mas não em sua suposição de rendimentos decrescentes. A crítica de Marx à "economia burguesa" rejeita seu tratamento fetichista e a-histórico das categorias econômicas, incluindo a renda fundiária. Ao final da seção sobre esse tipo de renda, Marx afastou-se do pressuposto de Ricardo, apontando a possibilidade de uma grande melhoria na produtividade do solo:

> Em geral, em que consiste toda melhoria, quer na agricultura, quer na manufatura? Consiste em produzir mais com o mesmo trabalho, em produzir tanto ou mesmo mais com menos trabalho. Graças a essas melhorias, o arrendatário é dispensado de empregar uma maior quantidade de trabalho para um produto proporcionalmente menor. Assim, ele não tem necessidade de recorrer a terrenos inferiores, e parcelas do capital aplicadas sucessivamente no mesmo terreno permanecem igualmente produtivas.[13]

A renda da terra deve *diminuir* no curso do desenvolvimento da civilização em contraste com a suposição de Ricardo, devido ao progresso na agricultura. A base material da renda pode até desaparecer no futuro se a propriedade privada for abolida e se houver "melhorias" trazidas pela livre aplicação das

---

[12] Marx e Engels, *Collected Works*, cit., v. 6, p. 200 [ed. bras.: Karl Marx, *Miséria da filosofia*, cit., p. 135].

[13] Ibidem, p. 206 [ed. bras.: ibidem, p. 140-1].

ciências naturais modernas, como a química e a geologia, e tecnologias que possam aumentar a produtividade agrícola proporcionalmente. Além disso, a produtividade agrícola pode aumentar a tal ponto que a diferença de fertilidade entre as várias terras pode ser equalizada, de modo que a renda fundiária tende a diminuir continuamente.

A observação de Marx de que "prestações de capital aplicadas sucessivamente no mesmo solo permanecem igualmente produtivas" compartilha com o jovem Engels a opinião otimista sobre a possibilidade de melhorias infinitas na produtividade agrícola. Sem a necessidade de "recorrer a solos inferiores", é possível receber renda da terra em relação às melhorias *proporcionais* da fertilidade do solo.

Marx volta ao mesmo ponto em sua carta a Engels de 7 de janeiro de 1851, na qual critica a teoria da renda fundiária de Ricardo mais uma vez. Marx argumenta que o entendimento de Ricardo não deve ser completamente rejeitado, mas requer algumas modificações para que a lei da renda diferencial dele "ainda seja válida", apesar de sua crítica. A crítica de Marx ainda apoia a refutação da lei dos rendimentos decrescentes, que contradiz "fatos históricos": "O ponto principal de tudo isso é ajustar a lei da renda ao progresso da fertilidade na agricultura em geral, sendo esta a única maneira, em primeiro lugar, de explicar os fatos históricos"[14]. Em contraste com a abstração a-histórica de Ricardo, a análise de Marx tenta encontrar terreno empírico no "progresso" da agricultura. Ele argumenta que o esquema de Ricardo explicaria o aumento da renda nos últimos cinquenta anos com o cultivo de solos menos férteis devido à crescente demanda por produtos agrícolas. Contudo, de acordo com Marx, a suposição de Ricardo da diminuição da fertilidade não é algo necessário. O aumento da renda pode ocorrer mesmo que os produtos agrícolas se tornem mais baratos. Isso ocorre porque mais produtos são produzidos graças ao desenvolvimento da tecnologia, e a soma total das rendas torna-se maior que antes[15]. Marx argumenta que com a melhoria geral da terra é possível que mais terras sejam cultivadas com o propósito de obtenção de renda fundiária, de modo que a soma total da renda aumenta, enquanto, *contra* Ricardo, o preço do cereal diminui continuamente graças ao desenvolvimento tecnológico.

No final da carta a Engels, Marx escreve:

---

[14] Ibidem, v. 38, p. 261-2.
[15] Ibidem, p. 262. Marx parece corrigir sua visão anterior de que a renda da terra decresceria com o aumento da produtividade agrícola.

> Como você sabe, a verdadeira piada no que diz respeito à renda é que ela é gerada pelo nivelamento do preço para os resultados dos custos de produção variáveis, mas que essa lei do preço de mercado nada mais é que a lei da competição burguesa. Mesmo após a eliminação da produção burguesa, no entanto, permanece o obstáculo de que o solo se tornaria relativamente mais infértil, e que, com a mesma quantidade de trabalho, cada vez menos seria obtido, embora as melhores terras, diferentemente de sob domínio burguês, não produziriam mais um produto tão caro quanto as mais pobres. O que foi dito anteriormente acabaria com essa objeção.[16]

Marx explica a Engels por que a lei dos rendimentos decrescentes de Ricardo precisa ser rejeitada; isto é, sua preocupação é que, se a pressuposição de Ricardo estiver correta, a futura sociedade socialista seria ameaçada pelo problema dos meios de subsistência insuficientes para sempre, e a teoria da superpopulação absoluta de Malthus se provaria correta. Marx acredita ter conseguido afastar essa preocupação depois de comprovar o aumento da renda fundiária derivado precisamente de uma tendência histórica de melhoria geral da terra por meio de sucessivos investimentos de capital. Embora essa demonstração não refute diretamente a lei dos rendimentos decrescentes, ao afirmar ter refutado a objeção de que "o solo se tornaria relativamente mais infértil, e que, com a mesma quantidade de trabalho, cada vez menos seria obtido", Marx ainda assume que sucessivos investimentos de capital devem ser capazes de realizar um aumento *proporcional* na produtividade agrícola. Engels reage positivamente a essa carta, e sua reação alivia Marx.

Como visto, alguns dos principais aspectos da teoria da renda fundiária diferencial já existiam na década de 1850. Ainda outro desenvolvimento teórico surgiu no início da década de 1860, quando Marx mais uma vez se envolveu intensamente com a teoria da renda fundiária de Ricardo, nos *Manuscritos econômicos de 1861-1863*. Em primeiro lugar, em contraste com a teoria de Ricardo, Marx formulou a teoria da renda de tal forma que as tendências crescentes e decrescentes do desenvolvimento da agricultura na história pudessem ser analisadas como uma lei. Ele tentou fornecer uma prova da "inexatidão do conceito ricardiano de que a renda diferencial depende da diminuição da produtividade do trabalho, do movimento da mina ou terra mais produtiva para a menos produtiva. Isso também é compatível com o processo reverso e,

---

[16] Idem.

portanto, com a produtividade crescente do trabalho"[17]. Assim, dessa vez, Marx fez cuidadosos cálculos concretos da renda diferencial para que pudessem ser estendidos e generalizados de maneira flexível para incluir aqueles casos que começam com solos menos férteis e prosseguem para os mais férteis com o aumento da produtividade do trabalho.

Além disso, Marx formulou a possibilidade da "renda fundiária absoluta", da qual Ricardo não tratou. Marx criticou Ricardo por considerar apenas a diferença de fertilidade da terra como a fonte da renda da terra. Contudo, argumentou Marx, existe outra fonte. Por causa de seu atraso e das condições naturais que o cercam, a "composição orgânica do capital", ou seja, a proporção do valor entre capital constante e capital variável (c/v) determinada pela composição tecnológica do capital é menor na agricultura que na indústria. Assim, com a venda de produtos agrícolas, é possível obter um lucro superior à média social. Devido às limitações naturais na quantidade de terra disponível, o capital, em busca de maior lucro, não pode se deslocar livremente de outros ramos da produção para a agricultura. A concorrência na agricultura é limitada, o que permite ao proprietário da terra continuar se apropriando de uma parte do mais-valor como lucro excedente sem se preocupar com o ajuste típico do preço de produção. Marx argumentou que o lucro excedente que surge da diferença entre valores e preços de produção constitui a fonte da renda absoluta[18].

Depois de discutir as duas formas de renda fundiária, Marx esboçou seu plano para a seção 3, "Capital e lucro", que em termos de conteúdo corresponde amplamente à ordem do Livro 3 de *O capital*:

> 1) Conversão de mais-valor em lucro. Taxa de lucro como distinta da taxa de mais-valor. 2) Conversão do lucro em lucro médio. Formação da taxa geral de lucro. Transformação de valores em preços de produção. 3) Teorias de Adam Smith e Ricardo sobre lucro e preços de produção. 4) *Renda*. (Ilustração da diferença entre valor e preço de produção.) 5) História da chamada lei ricardiana da renda. 6) Lei da queda da taxa de lucro. Adam Smith, Ricardo, Carey [...].[19]

---

[17] Ibidem, v. 31, p. 490, ênfase no original.
[18] Essa disponibilidade limitada da terra, que a imuniza da livre competição do capital, é natural. Aqui, a dimensão material novamente se torna um objeto de investigação da economia política.
[19] Marx e Engels, *Collected Works*, cit., v. 33, p. 346.

Nessa nota é possível ver claramente a tarefa da teoria da renda fundiária de Marx: "Ilustração da diferença entre valor e preço de produção". A teoria da renda fundiária não possui um caráter independente semelhante ao da categoria "taxa de lucro", mas em vez disso desempenha um papel secundário porque só funciona como um exemplo para ilustrar a diferença entre "valor" e "preço de produção", que Ricardo não conseguiu reconhecer. Consequentemente, é a categoria "renda absoluta" que Marx usou como sua categoria primária. No plano de Marx de 1861-1863 para o Livro 3 de *O capital*, a teoria da renda diferencial é teoricamente subordinada à da renda absoluta, pois ele pretendia descrevê-la simplesmente como a "história" de uma categoria econômica. A preeminência teórica da teoria da renda absoluta é compreensível porque é essa categoria que demonstra a visão original de Marx, contrastando com Ricardo, que se baseia em sua distinção entre "mais-valor" e "lucro" e entre "valor" e "preço de produção".

Mas esse plano não é idêntico ao que constava no manuscrito de Marx de 1864-1865. Então, a construção do capítulo sobre a renda fundiária tem uma perspectiva diferente:

A1. O *conceito de renda diferencial* como tal. O exemplo da energia hidráulica. Depois, a transição para a renda agrícola propriamente dita.

A2. *Renda diferencial I*, decorrente da fertilidade variável de diferentes extensões de terra.

A3. *Renda diferencial II*, decorrente de sucessivos investimentos de capital no mesmo terreno. Isso deve ser *dividido* em:
    (a) renda diferencial com o *preço de produção estacionário,*
    (b) renda diferencial com o *preço de produção caindo,*
    (c) renda diferencial com *preço de produção subindo,* e
    (d) *a transformação do lucro excedente em renda.*

A4. A influência dessa renda na *taxa de lucro.*

B. *Renda absoluta*

C. *O preço da terra.*

D. *Considerações finais sobre a renda fundiária.*[20]

De maneira notável, no manuscrito, a teoria da renda torna-se um capítulo independente, como o capítulo sobre o "lucro". Ele não visa mais a uma

---

[20] Marx, *Economic Manuscript of 1864-1865*, cit., p. 864, ênfase no original.

"ilustração" exemplar da teoria do lucro. Nesse manuscrito, Marx começou a escrever a seção sobre a renda absoluta. Em seguida, escreveu a seção sobre renda diferencial, mas acabou escrevendo muito mais páginas (oitenta páginas impressas no volume da MEGA²). Após um novo exame, a teoria da renda diferencial parece atingir uma posição mais importante que a da renda absoluta no manuscrito do Livro 3 de *O capital*.

Como esse plano posterior para a teoria da renda fundiária não era o plano final, não é certo que Marx o seguiria no Livro 3 de *O capital*. De qualquer modo, essa foi mais ou menos a ordem que Engels seguiu em seu trabalho editorial. Esse plano mais recente indica que Marx foi, na época, levado a desenvolver a teoria da renda diferencial com muito mais detalhes, de modo que a renda absoluta agora parece ter uma importância secundária. A razão para essa modificação deve ser encontrada no próprio manuscrito e, comparando-o com o de 1861-1863, é notável que Marx tenha então acrescentado uma nova subseção no capítulo sobre a renda diferencial: "*Renda diferencial II*, decorrente de sucessivos investimentos de capital no mesmo terreno". Na verdade, há uma nova discussão sobre a "lei dos rendimentos decrescentes" e um novo tratamento da fertilidade natural no manuscrito. Esse é o resultado da recepção por Marx da teoria de Liebig.

Como visto, no que diz respeito aos "sucessivos investimentos de capital na mesma terra", Marx, assim como Engels nas décadas de 1840 e 1850, e em seu *Miséria da filosofia* e em cartas, supôs o aumento proporcional da produtividade agrícola. Nos manuscritos econômicos da década de 1860, ainda é possível encontrar essa suposição, conforme observado na tabela que trata de dois casos, A e B, em que investimentos de capital duplicados consequentemente produzem a quantidade proporcionalmente aumentada de safras. Reproduzi uma versão mais curta da tabela com os números relevantes (ver Tabela 1, p. 183)[21].

O terreno "II" produz proporcionalmente aos sucessivos investimentos de capital. Além disso, Marx forneceu diversos cálculos em seus *Manuscritos econômicos de 1861-1863*, mas não tratou de casos com rendimentos decrescentes sob sucessivos investimentos de capital. No entanto, em seu *Manuscrito econômico de 1864-1865*, ele refletiu sobre esse ponto cego teórico.

Além disso, Marx antecipou em seus *Manuscritos econômicos de 1861-1863* que, devido à futura intensificação do capital na agricultura associada à transição para o socialismo, a produção agrícola aumentaria muito mais rapidamente

---

[21] Marx e Engels, *Collected Works*, cit., v. 31, p. 476-7.

e, portanto, a desproporção de desenvolvimento entre indústria e agricultura deixaria de existir:

> Além disso, [a modificação por Marx da teoria da renda ricardiana] acaba com uma superestrutura, que no próprio Ricardo era arbitrária e desnecessária para sua apresentação, a saber, que a indústria agrícola se torna gradualmente menos produtiva; ela admite, pelo contrário, que se torne mais produtiva. Apenas na base burguesa a agricultura *é relativamente menos produtiva*, ou mais lenta para desenvolver as forças produtivas do trabalho, do que a indústria.[22]

Marx continua a argumentar:

> Mas quando a indústria atinge um certo nível, a desproporção deve diminuir; em outras palavras, a produtividade na agricultura deve aumentar relativamente mais rápido que na indústria. Isso requer: 1) A substituição do agricultor despreocupado pelo empresário, o agricultor capitalista; transformação do pai de família em trabalhador assalariado; agricultura em grande escala, ou seja, com capitais concentrados; 2) Em particular, contudo: a mecânica, a base realmente científica da grande indústria, alcançou certo grau de perfeição durante o século XVIII. O desenvolvimento da química, da geologia e da fisiologia, as ciências que formam *diretamente* a base específica da agricultura e não a da indústria, não ocorreu até o século XIX e especialmente nas últimas décadas.[23]

O rápido aumento da produtividade agrícola pela intensificação por meio de sucessivos investimentos de capital e da aplicação das ciências naturais é a razão pela qual a renda absoluta poderia desaparecer no futuro devido ao aumento da composição orgânica do capital na agricultura até o nível da indústria[24]. O argumento de Marx soa como se a produção agrícola pudesse aumentar sua produtividade com a aplicação de modernas ciências naturais e tecnologias, como na produção industrial, sem muita diferença. Não é claramente discernível o quanto ele ainda

---

[22] Ibidem, p. 327, ênfase no original.

[23] Ibidem, p. 341, ênfase no original.

[24] Essa diferença se baseia na menor composição orgânica do capital na agricultura, que é de natureza histórica. A renda absoluta pode desaparecer quando essa diferença não existir mais. É por isso que Marx escreveu a Engels em 9 de agosto de 1862: "Tudo o que tenho de provar teoricamente é a possibilidade da renda absoluta, sem infrigir a lei do valor". Ibidem, v. 41, p. 403.

acreditava na possibilidade do aumento proporcional da produtividade com sucessivos investimentos de capital, mas propagou claramente a possibilidade de uma rápida melhoria geral da produtividade agrícola na sociedade futura de uma forma que é incompatível com o tratamento abstrato a-histórico de Ricardo da lei dos rendimentos decrescentes. Nesse sentido, a crítica de Marx ainda não leva a sério o problema do esgotamento do solo e da escassez de recursos naturais na agricultura e na indústria extrativa, porque supõe que tal problema só ocorre no capitalismo. Ele acreditava que esse problema seria superado no socialismo *por meio do livre desenvolvimento da produtividade no futuro*[25].

Tabela 1

A	Capital	N. de toneladas	Valor total	Valor de mercado por tonelada
I	100	60	120	2
II	100	65	130	2
III	100	75	150	
Total	300	200	400	

B	Capital	N. de toneladas	Valor total	Valor de mercado por tonelada
II	50	32 ½	60	1=1l 16 12/13 s.
III	100	75	138 6/13	1=1l 16 12/13 s.
IV	100	95 ½	170 10/13	1=1l 16 12/13 s.
Total	250	200	369	

Em relação ao problema dos limites naturais na teoria de Marx, Michael Perelman argumenta que Marx, como resultado da crise do algodão de 1863, tornou-se consciente da importância da escassez de recursos naturais sob as crescentes demandas por capital circulante e capital fixo, mas não enfatizou explicitamente esse ponto porque temia ser identificado com o malthusianismo, um de seus principais inimigos teóricos[26]. Essa é uma hipótese interessante,

---

[25] Marx se referiu ao "esgotamento das florestas, veios de carvão, minas e similares", mas argumentou que o crescimento da produtividade nesses campos "ainda está longe de acompanhar o desenvolvimento das forças produtivas na indústria manufatureira". Ibidem, v. 33, p. 135, ênfase nossa.

[26] Michael Perelman, *Marx's Crises Theory: Scarcity, Labor and Finance* (Nova York, Praeger, 1987), p. 52.

mas é enganoso argumentar que Marx fugiu desse problema e suprimiu essa dimensão da escassez em sua crítica da economia política. Na verdade, Marx mudou seu entendimento sobre a lei dos rendimentos decrescentes por meio de seu estudo da química agrícola de Liebig em 1865-1866. Ele permaneceu convencido da validade teórica geral de sua própria teoria da renda fundiária, mas, como resultado de seu entendimento das ciências naturais então mais recentes, Marx refutou a suposição infundada da economia política clássica a partir de uma nova perspectiva e começou um tratamento mais matizado do problema dos limites naturais.

O reconhecimento de limites naturais por Liebig

Em 1865, Marx voltou a estudar ciências naturais a fim de conferir uma base científica mais atualizada para sua própria investigação da renda fundiária. Depois de ler vários livros e redigir o manuscrito para o Livro 3 de *O capital*, Marx falou a Engels, em carta de 13 de fevereiro de 1866, sobre seu fascínio pelo rápido desenvolvimento da química:

> No que diz respeito a este "maldito" livro [*O capital*], a posição agora é: ficou *pronto* no final de dezembro. O tratado sobre a renda fundiária sozinho, o penúltimo capítulo, está em sua forma atual quase longo o suficiente para ser um livro por si só. Tenho ido ao museu durante o dia e escrito à noite. Tive de explorar a nova química agrícola na Alemanha, em particular Liebig e Schönbein, que é mais importante para este assunto do que todos os economistas juntos, bem como a enorme quantidade de material que os franceses produziram desde que lidei pela última vez com essa questão. Concluí minha investigação teórica sobre a renda da terra há dois anos. E muito foi alcançado, especialmente no período desde então, confirmando plenamente minha teoria.[27]

Percebe-se imediatamente uma avaliação surpreendentemente positiva de que Liebig, junto com Schönbein, é "mais importante [...] do que todos os economistas juntos". Marx disse que sua investigação teórica da renda fundiária já estava "concluída" dois anos antes nos *Manuscritos econômicos de 1861-1863*, mas também admitiu que nos últimos dois anos "muito foi alcançado". Foi um progresso positivo, "confirmando" a teoria de Marx. É útil agora examinar

---

[27] Marx e Engels, *Collected Works*, cit., v. 42, p. 227, ênfase no original.

seus cadernos, porque mostrarão como esse novo progresso da química agrícola confirmou e aprofundou sua teoria da renda da terra.

Em termos da recepção de Liebig por Marx, é importante notar que, apesar de sua observação sobre a "confirmação" de sua própria teoria por desenvolvimentos recentes na química, ele parece corrigir sua tese anterior no manuscrito econômico para o Livro 3 de *O capital*, quando menciona a necessidade de se referir a Liebig em um parágrafo e se lembra da importância de lidar com os investimentos sucessivos de capital de uma maneira diferente do que no passado: "*Sobre o declínio da produtividade do solo quando investimentos sucessivos de capital são feitos. Liebig deve ser consultado sobre essa questão. Vimos que declínios sucessivos no excedente de produtividade sempre aumentam a renda por acre quando o preço de produção é constante, e que a renda pode aumentar mesmo quando o preço está caindo*"[28]. Nessa observação, Marx parece repentinamente aceitar a ideia oposta de que a produção agrícola não pode continuar a aumentar como a indústria, mas diminui com investimentos sucessivos de capital. Ele aceita a lei dos rendimentos decrescentes?

Essa observação é ainda mais interessante (embora também confusa) porque Marx, em outra passagem do Livro 1 de *O capital* parece criticar Liebig precisamente quanto à lei dos rendimentos decrescentes. Ele expressa sua reserva em relação a Liebig depois de elogiar seus "méritos imortais" na química agrícola:

> É de se lamentar que ouse fazer afirmações gratuitas, tais como: "Pulverizando mais intensamente e arando o solo com maior frequência, a circulação do ar no interior das partes porosas da terra é ativada, provocando a ampliação e renovação da superfície do solo exposta à ação do ar, porém é fácil compreender que o aumento da produção do campo não pode ser proporcional ao trabalho nele aplicado, mas sim aumenta em proporção muito menor". "Essa lei", acrescenta Liebig, "foi enunciada pela primeira vez por J. S. Mill, em seu *Princ. of Pol. Econ.*, v. I, p. 17, do seguinte modo: '[...] That the produce of land increases *caeteris paribus* in a diminishing ratio to the increase of the labourers employed [...] is the universal law of agricultural industry' ['Que o produto da terra aumenta caeteris paribus em proporção decrescente ao aumento de trabalhadores empregados']" (O sr. Mill, inclusive, repete a lei da escola ricardiana numa fórmula falsa, pois como na Inglaterra "the decrease of the labourers employed" – a diminuição dos trabalhadores empregados – sempre acompanhou o progresso da agricultura, a

---

[28] Marx, *Economic Manuscript of 1864-1865*, cit., p. 882, ênfase no original.

conclusão seria que essa lei, descoberta na e para a Inglaterra, não encontraria aplicação a não ser nesse país) "'constitui a lei geral da agricultura'; o que é bastante notável, já que Mill desconhecia as razões dessa lei", Liebig, *Die Chemie in ihrer Anwendung auf Agrikultur und Phisiologie*, cit., v. I, p. 143 e nota.[29]

Liebig, como químico, não está tão familiarizado com a história da economia política. Como comenta Marx, é "realmente engraçado" que Liebig reconheça John Stuart Mill como descobridor da lei dos rendimentos decrescentes[30]. O que é tão lamentável para Marx é o perigo de que a observação "aleatória" de Liebig suscite uma impressão equivocada, como se ele confirmasse a lei da escola ricardiana sobre a relação não proporcional entre trabalho e rendimento do solo. Nessa passagem, Marx ainda parece rejeitar a lei dos rendimentos decrescentes e condenar a aceitação por Liebig da visão ricardiana.

Confrontada com essas duas passagens aparentemente contraditórias dos Livros 1 e 3 de *O capital*, uma parte da literatura anterior apontou que Marx mudou de opinião e finalmente aceitou de maneira correta a lei dos rendimentos decrescentes no Livro 3. Como Joseph Esslen argumentou: "No entanto, parece que Karl Marx mais tarde mudou sua visão"[31]. Se olharmos para a história de *O capital* com mais cuidado, essa especulação dificilmente seria plausível, pois Marx voltou a trabalhar no Livro 1 de *O capital* antes de sua publicação, e depois de ter redigido o manuscrito do Livro 3, adicionando o item sobre "Grande indústria e agricultura", no qual se referiu a Liebig para integrar suas descobertas mais recentes no trabalho publicado. Portanto, é enganoso apontar uma modificação teórica no interior de *O capital*. Quando Marx refere-se a Liebig duas vezes no mesmo tema, é para encontrar sua consistência teórica.

Nesse contexto, a "lei da reposição" de Liebig (*Gesetz des Ersatzes*) desempenha um papel importante. A principal contribuição de sua *Química agrícola* está na primeira demonstração sistemática do papel dos componentes orgânicos e inorgânicos do solo para o crescimento saudável das plantas. Liebig ilustra de maneira convincente que a adição unilateral de substâncias orgânicas ou

---

[29] Marx, *Capital*, cit., v. 1, p. 638-9 [ed. bras.: *O capital*, Livro 1, cit., p. 573-4].
[30] Marx-Engels Archive (MEA), International Institute of Social History, Amsterdã, Sign. B 106, p. 32.
[31] Joseph Esslen, *Das Gesetz des abnehmenden Bodenertrages seit Justus von Liebig: Eine dogmengeschichtliche Untersuchung* (Munique, J. Schweitzer,1905), p. 58. No Japão, Shigeaki Shiina argumentou no mesmo sentido em *Nougaku no Shiso: Marx to Liebig* (Tóquio, Tokyo University Press, 1976).

apenas de nitrogênio não pode garantir uma máxima colheita quando outros nutrientes essenciais do solo estão faltando. Portanto, Liebig afirma que todos os nutrientes essenciais, incluindo substâncias inorgânicas, devem existir no solo acima de uma quantidade mínima – "lei do mínimo". A "teoria da nutrição mineral" de Liebig dá aqui uma importância particular às substâncias inorgânicas, pois, em contraste com as matérias orgânicas, que as plantas podem assimilar direta e continuamente da atmosfera e da chuva, as substâncias inorgânicas do solo podem ser fornecidas apenas até certo ponto, de modo que sua perda precisa ser fortemente limitada. Para cultivar com sucesso e de forma sustentável, é necessário devolver constantemente ao solo aquelas substâncias minerais que são retiradas pelas plantas a fim de minimizar sua perda. Com a "lei da reposição", Liebig formula a necessidade de devolução de nutrientes e postula uma "reposição total de todos os compostos vegetais retirados do solo pelas safras colhidas" como a principal proposição de sua agricultura racional[32]. Dessa maneira, Liebig insiste na importância do ciclo ininterrupto de materiais orgânicos e inorgânicos como princípio básico da produção sustentável.

Em termos da lei dos rendimentos decrescentes, no entanto, Liebig mostra uma ambivalência que, curiosamente, não se reflete no caderno de Marx, no qual este se concentra intencionalmente em um aspecto, mas negligencia o outro. Os excertos de Marx da *Química agrícola* de Liebig revelam seu interesse teórico.

Embora a fama de Liebig tenha sido reabilitada recentemente, sobretudo devido a sua crítica ao "sistema de roubo" da agricultura que negligencia a lei da reposição, ele compartilhou, pelo menos até a década de 1850, uma ideia popular otimista do progresso rápido e ilimitado da agricultura, que parecia plausível a partir da introdução de maquinários e fertilizantes químicos. Antes mesmo de Liebig, James Anderson, que também influenciou Marx como defensor do ideal do desenvolvimento agrícola e fundou a teoria da renda fundiária diferencial, escreveu de maneira otimista sobre o aumento "proporcional" da produtividade agrícola:

> A melhoria do solo deve ser sempre proporcional aos meios empregados para aumentar sua produtividade. [...] Sob administração habilidosa, o grau de melhoria será *proporcional* ao trabalho que é aplicado ao solo. [...] Em outras palavras, a

---

[32] Liebig, *Einleitung in die Naturgesetze des Feldbaues* (Braunschweig, Vieweg & Sohn, 1862), p. 111.

produtividade do solo será *proporcional* ao número de pessoas que estão empregadas no trabalho ativo do solo e à economia com a qual conduzem suas operações.[33]

Ao contrário da famosa suposição de Malthus sobre o aumento "aritmético" da produtividade agrícola, Anderson propôs, por assim dizer, um modelo "geométrico". Uma vez que tal avaliação otimista da revolução agrícola era dominante, não apenas entre agricultores de fato, mas também entre estudiosos, e parecia refletir o desenvolvimento real, é perfeitamente compreensível que os jovens Marx e Engels tentassem refutar a lei dos rendimentos decrescentes apontando a possibilidade de um aumento proporcional da produtividade agrícola.

Com o mesmo espírito modernista de Anderson, Liebig destacou a potencialidade do solo de aumentar suas capacidades proporcionalmente ao aumento das substâncias minerais contidas nele. Por exemplo, ele argumentou na sexta edição da *Química agrícola* (1846):

> Portanto, é bastante certo que, em nossos campos, a quantidade de nitrogênio nas colheitas não é de modo algum proporcional à quantidade fornecida no adubo. [...] As colheitas em um campo diminuem ou aumentam na proporção exata da diminuição ou aumento das substâncias minerais transportadas para ele no adubo.[34]

Além disso, John Bennet Lawes, cuja "teoria do nitrogênio", em contraste com a "teoria da nutrição mineral" de Liebig, enfatizou a importância primária do nitrogênio para o amplo crescimento das plantas, não duvidou do aumento da produtividade agrícola na proporção exata da quantidade de nitrogênio adicionada ao solo:

> Os vários resultados contraditórios obtidos com a aplicação de adubos minerais ao trigo são completamente contabilizados quando se sabe que eles só aumentam a produção *na proporção da matéria azotada disponível* existente no solo.[35]

---

[33] James Anderson, *An Inquiry into the Causes that Have Hitherto Retarded the Advancement of Agriculture in Europa: With Hints for Removing the Circumstances that Have Chiefly Obstructed Its Progress*, v. 4 (Edimburgo, T. Caddell and C. Elliot, 1799), p. 375-6, ênfase nossa.

[34] Justus von Liebig, *Chemistry in Its Applications to Agriculture and Physiology* (Nova York, John Wiley, 1849), p. 201-2.

[35] John Bennet Lawes, "On Agricultural Chemistry", *Journal of the Royal Agricultural Society of England*, 8, 1847, p. 226-60, ênfase nossa.

Nos famosos debates entre a teoria mineral de Liebig e a teoria do nitrogênio de Lawes, a principal diferença dizia respeito a quais componentes constituintes do solo poderiam trazer um aumento "proporcional" das safras, e não a se tal aumento seria possível.

No entanto, na sétima edição da *Química agrícola*, publicada em 1862, Liebig apresentou uma nova visão. Reconheceu que há limites naturais para as melhorias agrícolas, principalmente devido à quantidade finita de nutrientes minerais disponíveis no solo e à capacidade finita de absorção das raízes e das folhas. Esse único aspecto é um dos temas que mais interessaram a Marx, conforme observado em seus cadernos de excertos. O livro de Liebig explica a relação entre a intensificação da agricultura e a diminuição das safras. Em um parágrafo ao qual Marx se referiu em uma nota de rodapé de *O capital*, citada acima, Liebig escreveu:

> Uma *duplicação da quantidade de trabalho* não pode garantir a *disponibilidade do dobro de matéria nutriente* que o cultivo normal teria fornecido em um determinado período de tempo. A *quantidade dessas matérias constituintes do solo não é igual em todos os campos, e mesmo naqueles campos onde há suprimento suficiente,* sua transformação em uma forma imediatamente eficaz *não depende diretamente do trabalho,* mas de agências externas, que como *o ar são limitadas em seus teores de oxigênio e ácido carbônico,* e que, de acordo com sua quantidade, devem ser aumentadas na mesma proporção que o aumento do trabalho para que este produza um resultado *proporcionalmente* útil.[36]

Marx documenta a afirmação de Liebig em seu caderno, indicando que a intensificação da agricultura por meio de sucessivos investimentos de capital não acarreta um aumento proporcional das safras porque a velocidade da reação química e a soma total dos nutrientes disponíveis no solo são sempre limitadas pela natureza. Liebig admitiu que a duplicação do trabalho não pode resultar na duplicação das safras. Entretanto, isso não ocorre por causa de uma lei universal abstrata de rendimentos decrescentes, mas por causa de uma limitação fisiológica que não pode ser superada por fertilizantes químicos ou pela irrigação do solo.

Apesar das várias tentativas de melhoria do solo, a limitação para o aumento da produtividade agrícola torna-se tangível, pois na produção agrícola não é

---

[36] MEA, Sign. B 106, p. 32-3, ênfase no original; Liebig, *Einleitung*, cit., p. 143.

apenas o trabalho humano, mas também a "atmosfera", incluindo o ar, a luz e o calor, que afetam o solo e as plantas. Esses efeitos da natureza são tão importantes quanto as substâncias inorgânicas no solo, como Liebig admitiu implicitamente em resposta aos seus críticos. Irrigação, drenagem e outras melhorias físicas aumentam as safras por facilitarem a circulação de ar nas camadas do solo, de modo que o dióxido de carbono e o oxigênio possam reagir com mais eficácia nos componentes do solo. Se as safras aumentarem proporcionalmente à quantidade de mineral químico ou fertilizante azotado, os aspectos físicos também precisam aumentar proporcionalmente, pois os elementos químicos e físicos constituem as condições essenciais para o crescimento das plantas. Contudo, é óbvio que nem sempre eles podem fornecer os nutrientes necessários na proporção exata do trabalho e do capital porque o desgaste do solo e a capacidade de absorção das raízes e das folhas são fisiologicamente restritos.

Não foi por acaso que Marx documentou a passagem acima da *Química agrícola* em seu caderno e a integrou a *O capital*. Ele de fato focou nesse aspecto durante sua leitura de Liebig em 1865-1866. Aqui, acréscimos marginais, que destacam passagens importantes nos cadernos de Marx, revelam-se muito úteis. Depois de cuidadosamente fazer excertos da *Química agrícola* de Liebig, que somam mais de mil páginas, acrescentou várias linhas nas margens do caderno anotadas a lápis com o propósito de classificar e destacar trechos para uso futuro. A comunhão temática dessas linhas indica um fato notável: Marx estava interessado nos resultados de experimentos que relatassem um aumento desproporcional da produtividade do solo.

Em uma passagem do volume 2 da *Química agrícola*, Liebig resumiu um experimento conduzido em um jardim botânico de Munique por Nägeli e Zoeller para demonstrar os efeitos da absorção de matéria solúvel pelas raízes das plantas. Eles encheram vasos com vários preparados de turfa em pó, aos quais tinham misturado diferentes quantidades de sais nutrientes. O experimento mostrou que esse solo artificial tornou-se fértil após a adição dos sais minerais, o que tornou os nutrientes absorvidos da turfa em pó solúveis em água e, portanto, assimiláveis às plantas como nutrientes[37]. Em relação a esse

---

[37] Segundo Liebig, não apenas a quantidade absoluta de nutrientes do solo é limitada, mas também a sua disponibilidade para as plantas. Se as substâncias minerais devem funcionar como nutrientes, elas precisam primeiro se converter em uma forma dissolúvel para que as plantas possam absorvê-las. Mas essa transformação é fundamentalmente condicionada pelo processo de intemperismo por meio do calor, do ar e da água.

experimento, Marx documentou as observações finais de Liebig e traçou uma linha vertical para destacar sua importância:

> A maior quantidade de colheitas no solo relativamente mais pobre demonstra que apenas a superfície do solo que contém matéria nutritiva é eficaz e que a capacidade produtiva de um solo não é proporcional à quantidade de matéria nutriente detectada por análise química.[38]

É verdade que o solo rico em nutrientes forneceu mais sementes, embora Liebig tenha admitido que as safras não aumentaram na proporção exata das substâncias minerais no solo, mas o solo com menos nutrientes minerais forneceu mais colheitas do que sua análise química esperava.

Marx prestou atenção a outra passagem, adicionando outra linha vertical para enfatizá-la:

> A abundância ou a falta de matéria nutritiva no solo exerce influência sobre a *quantidade* e o *peso* das sementes produzidas, mas não é *proporcional aos elementos existentes no solo*. [...] Desvios nas porcentagens de potássio, cal e magnésio [...] são frequentemente discerníveis em todos os tipos de plantas e, em espécies como o tabaco, o vinho e o trevo, o cal pode ser substituído por potássio e vice-versa. Nesse caso, por exemplo, uma diminuição do potássio [...] corresponde ao aumento da quantidade de cal e vice-versa etc.[39]

Aqui, Marx novamente revela que está interessado em aprender sobre o aumento *não proporcional* da produtividade do solo. E é exatamente nessa passagem que ele estava pensando quando mais tarde se referiu ao caso dos rendimentos decrescentes com investimentos sucessivos de capital no Livro 3 de *O capital*, embora não tenha entrado em detalhes.

No contexto da lei dos rendimentos decrescentes, vê-se a razão pela qual a *Química agrícola* de Liebig foi de grande importância para o projeto de Marx. É certamente possível que as safras aumentem com a introdução artificial de nutrientes inorgânicos (como osso, guano e fertilizante químico) e com o tratamento mecânico do solo, que promovem o processo de intemperismo por meio do ar e do calor. No entanto, como Liebig argumentou, não é

---

[38] MEA, Sign. B 106, p. 106; Liebig, *Einleitung*, cit., p. 117.
[39] MEA, Sign. B 106, p. 120.

possível visar a um aumento infinito de safras na mesma terra. A partir de certo ponto, o solo não produzirá mais, mesmo que em outras terras ainda haja possibilidades de aumentos proporcionais. Esse limite da natureza varia de acordo com as características de cada solo, e Liebig argumentou que é por isso que sua teoria da análise química do solo é altamente importante para a prática agrícola.

O foco de Marx nesse ponto torna-se mais impressionante porque as declarações de Liebig sobre o aumento não proporcional das safras na nova edição da *Química agrícola* mostram certa ambivalência ou mesmo "inconsistência" em comparação com as edições anteriores[40]. Liebig, portanto, não enfatizou que mudou sua visão anterior. Marx, no entanto, não deixou de lado essa modificação oculta e a documentou, confirmando seu forte interesse pelo tema. Mesmo que Liebig discutisse o problema de forma marginal, Marx cautelosamente integrou o ponto em sua economia política a fim de opor uma explicação científica à suposição infundada da escola ricardiana.

O que Marx problematizou no Livro 1 de *O capital* torna-se mais claro quando ele diz que é de se "lamentar" que Liebig acreditasse que havia encontrado uma afinidade entre sua teoria e o pensamento de Mill, mesmo que o químico sem dúvida soubesse que Mill era um "ignorante". A diferença entre Liebig e Mill deveria ser aparente; os *Princípios de economia política* simplesmente repetiram o famoso "dogma" da escola ricardiana, depois que a lei dos rendimentos decrescentes foi "vulgarizada" por seu pai, John Stuart Mill:

> Abstraindo da acepção equívoca da palavra "trabalho", que para Liebig não significa o mesmo que para a economia política, é "bastante notável" que ele faça do sr. J. S. Mill o primeiro proponente de uma teoria que James Anderson já enunciara na época de A. Smith e que foi posteriormente reiterada em vários de seus escritos até o começo do século XIX; teoria que Malthus, em geral um mestre do plágio (toda sua teoria da população é um plágio desavergonhado), anexou à sua própria obra em 1815; que foi desenvolvida por West, à mesma época e independentemente de Anderson; que Ricardo, em 1817, vinculou à teoria geral do valor e que, a partir de então, deu a volta ao mundo tendo Ricardo como seu autor; que por James Mill (o pai de J. S. Mill) vulgarizou em 1820 e que, finalmente, já convertida em lugar-comum, é repetida, entre outros, pelo sr. J. S. Mill como um

---

[40] Esslen, *Das Gesetz des abnehmenden Bodenertrages*, cit., p. 10.

dogma escolar. É incontestável que J. S. Mill deve sua autoridade – em todo caso, "notável" – quase exclusivamente a semelhantes quiproquós.[41]

Marx argumentou que a afirmação de Mill somente distorceu a velha lei, transformando-a em um equívoco, como se a população envolvida na agricultura crescesse sob a industrialização. A tese falaciosa de Mill não poderia fundamentar cientificamente o fenômeno dos retornos decrescentes, mas ele pressupôs o "dogma" de Ricardo como dado. A compreensão incorreta de Liebig na esfera da economia política é motivo de lamento porque sua análise *científica* tem uma base totalmente independente da teoria ricardiana e demonstra o mecanismo material do decrescimento da produtividade agrícola. Aí reside o único mérito de Liebig em comparação com outros economistas políticos modernos[42].

Graças à *Química agrícola* de Liebig, a constelação discursiva em torno da lei dos rendimentos decrescentes recebeu um novo formato. Liebig forneceu uma explicação científica das "verdadeiras causas naturais para o esgotamento da terra, que incidentalmente eram desconhecidas de *todos* os economistas que escreveram sobre a renda diferencial, levando em conta o estado de atraso da química agrícola em seu tempo"[43]. Assim, nos debates anteriores, não apenas os defensores da lei dos retornos decrescentes, mas também seus críticos, tenderam a pressupor uma tendência histórica de desenvolvimento agrícola. Nem Ricardo nem West nem Malthus forneceram uma prova química e fisiológica de por que as safras devem diminuir gradualmente com os sucessivos investimentos de capital. Recorrendo a James Anderson e a Arthur Young, os críticos da lei, incluindo o jovem Marx e Henry Charles Carey, também insistiram sem razões convincentes que um desenvolvimento "proporcional" na mesma terra seria possível quando o progresso tecnológico continuasse rápido o bastante. Liebig comprovou que ambos os argumentos são apenas *hipotéticos*, e sem base científica[44].

---

[41] Marx, *Capital*, cit., v. 1, p. 639 [ed. bras.: *O capital*, Livro 1, cit., p. 574].

[42] A confusão de Liebig pode ser explicada por sua amizade pessoal com John Stuart Mill. Mill valorizava muito as contribuições de Liebig à química, e Liebig articulou a tradução ao alemão do *System of Logic* de Mill. Ver Pat Munday, "Politics by Other Means: Justus von Liebig and the German Translation of John Stuart Mill's *Logic*", *British Journal for the History of Science*, 31, 1998, p. 403-19.

[43] Marx, *Economic Manuscript of 1864-1865*, cit., p. 768, ênfase minha.

[44] Vale notar que James Anderson também reconheceu o aspecto social em termos de aumento ou diminuição da fertilidade do solo, especialmente quando alertou contra o desperdício de esterco de estábulo, uma causa de esgotamento do solo. Ver Foster, *Marx's Ecology*, cit., p. 145-57.

Em 1865, Marx reconheceu claramente os atalhos do debate sobre os limites da produtividade agrícola. Depois que encontrou uma explicação convincente, dada por um cientista, para a diminuição dos rendimentos das safras em relação aos aumentos sucessivos do capital, tornou-se possível para ele tratar o problema da diminuição da produtividade em detalhe em sua teoria da renda fundiária, sem virar presa do que Perelman chama de o medo de Marx do malthusianismo. Esse desenvolvimento teórico, apoiado por novas descobertas científicas, foi decisivo para ele, pois então Marx estava claramente consciente da importância de investigar as diferentes causas da diminuição da produtividade na agricultura. E, a partir disso, determinar o problema central da forma capitalista de agricultura.

Vale a pena destacar a relevância teórica geral dessa questão para a crítica da economia política. Em 1865, Marx aprofundou sua visão de que a natureza não pode ser arbitrariamente subordinada e manipulada por meio do desenvolvimento tecnológico. Há limites naturais insuperáveis. Esse fato deve ser contrastado com a crítica popular de que ele negligenciaria totalmente esses limites. Por exemplo, Leszek Kolakowski denuncia a ideia "utópica" de Marx:

> Marx dificilmente admitiria que o homem é limitado seja pelo seu corpo, seja por condições geográficas. Como sua discussão com Malthus mostrou, ele recusou-se a acreditar na possibilidade da superpopulação absoluta, determinada pela área da Terra e pelos recursos naturais. [...] O fato de Marx ignorar o corpo e a morte física, o sexo e a agressividade, a geografia e a fertilidade humana – que ele transforma em realidades puramente sociais – é um dos aspectos mais característicos, embora negligenciados, de sua Utopia.[45]

Marx enfatizou a possibilidade de uma melhora tecnológica na agricultura e de modificações da fertilidade natural no contexto de sua crítica a Ricardo e a Malthus. Contudo, ele não negou as condições "geográficas" nem outras condições naturais. Em vez disso, focou em condições naturais tal como a fertilidade do solo durante sua leitura de Liebig, como se depreende de seus cadernos. As propriedades materiais do solo desempenham um papel como uma categoria econômica em sua economia política, pois fornecem uma base material à categoria da renda fundiária. Assim, Marx teve que estudar cuidadosamente

---

[45] Leszek Kołakowski, *Main Currents of Marxism: Its Rise, Growth and Dissolution*, v. 1: *The Founders* (Oxford, Oxford Unviersity Press, 1978), p. 413-4.

química agrícola, fisiologia e geologia. Sua investigação de 1865 sobre o problema dos rendimentos decrescentes mostra que ele reconheceu claramente diversas limitações insuperáveis do mundo material e que se afastou decisivamente do otimismo tecnocrático sugerido por Kolakowski. Ele compreendeu que a produção futura não pode transcender tais limites, mostrando que a crítica de Kolakowski é reducionista e falsa.

Como discutido no capítulo 3, Marx rejeitou o desenvolvimento unilateral da tecnologia trazido pelo capitalismo, que inevitavelmente esgota tanto os trabalhadores quanto a terra. O mais importante é que ele não acredita ingenuamente que o uso socialista da tecnologia resulta automaticamente em efeitos positivos e transcende todos os limites naturais. Em vez disso, estava mais preocupado com as consequências negativas do modo de produção capitalista como uma manifestação das contradições do capitalismo, que resulta em sua negligência em relação aos limites naturais.

Consequentemente, a exigência por Marx de uma regulação consciente da interação metabólica entre humanos e natureza consiste na percepção de que, precisamente devido aos limites naturais, a produção social precisa ser radicalmente reorganizada, com atenção particular à interação entre os humanos e seu ambiente. Marx reconheceu claramente os méritos do desenvolvimento das ciências naturais e das tecnologias modernas como condições materiais fundamentais para o estabelecimento da sociedade futura. Elas precisam ser aplicadas ao processo de produção de uma maneira fundamentalmente diferente daquela da sociedade capitalista, não para superar os limites da natureza, mas para conduzir uma interação metabólica sustentável entre humanos e natureza. Contudo, esse intercurso racional com a natureza não é possível no capitalismo porque o todo da produção social é organizado pelo trabalho privado e, consequentemente, a interação sociometabólica é mediada pelo valor. Para um gerenciamento democrático e sustentável da interação metabólica entre humanos e natureza, Marx argumentou que é necessário transformar a prática social que confere ao capital força independente, fora do controle humano. A singularidade da abordagem de Marx torna-se mais aparente se a contrastarmos com a recepção de Liebig por Wilhelm Roscher.

A recepção de Liebig por Roscher

Apesar de sua confusão, a teoria de Liebig contribui com a crítica da escola ricardiana, explicando cientificamente o que a última pressupôs. O tratamento científico do solo por Liebig permite uma análise rigorosa de várias causas de diminuição da produtividade da terra. Nesse sentido, um problema particular dos retornos decrescentes vai ao primeiro plano na teoria de Marx, qual seja, *o problema da intensificação agrícola característica da sociedade capitalista*.

Nesse contexto, um importante economista político contemporâneo de Marx na Alemanha, que testemunhou a intensificação da agricultura e que se referiu à *Química agrícola* de Liebig ainda antes de Marx, é Wilhelm Roscher. Carl-Erich Vollgraf já apontou a influência desse teórico alemão sobre a pesquisa de Marx a respeito da agricultura em 1865-1866[46]. Tal afirmação pode parecer dúbia à primeira vista, pois, nos *Manuscritos econômicos de 1861-1863*, Marx rejeitou Roscher sem reconhecer um único mérito em suas ideias. Ele até disse em sua discussão sobre a teoria da renda fundiária que as frases de Roscher "contêm tantas coisas falsas quanto palavras"[47]. De maneira notável, seus comentários negativos sobre Roscher não aparecem em sua discussão sobre a renda fundiária no manuscrito do Livro 3 de *O capital*, mesmo que ele continue a zombar de Roscher em outros contextos.

Na quarta edição aprimorada de *Nationalökonomie des Ackerbaues und der verwandten Urproductionen* [Economia nacional da agricultura e produções básicas relevantes], que constitui o segundo volume de seu *Sistema de economia nacional*, Roscher afirma no novo prefácio que ele "esforçou-se para integrar os resultados das pesquisas recentes de Liebig sobre química agrícola [...] à economia nacional"[48]. Roscher acrescentou passagens e notas de rodapé nas quais enfatiza a importância das novas descobertas de Liebig: "Mesmo que várias afirmações históricas de Liebig sejam muito discutíveis [...]; mesmo que ele deixe de ver alguns fatos importantes da economia nacional, o nome desse grande cientista natural sempre ocupará um lugar de honra comparável ao de Alexander Humboldt na história da economia nacional"[49]. Aqui encontramos uma similaridade clara entre Roscher e Marx, já que este também se refere afirmativamente a Liebig no Livro 1 de *O capital*: "Ter analisado o aspecto negativo da agricultura moderna de um ponto de vista científico é um dos méritos imortais de Liebig. Também seus esboços sobre a história da agricultura, embora não isentos de erros grosseiros,

---

[46] Carl-Erich Vollgraf, "Einführung", em MEGA² II/4.3 (Berlim, Akademie Verlag, 2012), p. 421-74.
[47] Marx e Engels, *Collected Works*, cit., v. 31, p. 352.
[48] Wilhelm Roscher, *Nationalökonomik des Ackerbaues und der verwandten Urproductionen* (4. ed., Stuttgart, Cotta, 1865), p. vi.
[49] Ibidem, p. 66.

contêm mais visões lúcidas do que todos os trabalhos dos economistas políticos modernos juntos"⁵⁰. Além disso, a lista de livros que Marx lia e possuía inclui vários autores que Roscher também discutiu, como Johann Heinrich von Thünen, Hermann Maron, Franz Xavier von Hlubek e Carl Fraas. Carl-Erich Vollgraf chega a argumentar que Marx foi levado à *Química agrícola* de Liebig em 1865 após ler o livro de Roscher. De fato, o livro de Roscher foi publicado em 1865, o que corresponde à afirmação de Marx em sua carta de 11 de fevereiro de 1866 já citada: "Concluí minha investigação sobre a renda da terra há dois anos. E muito foi alcançado, especialmente no período desde então, confirmando plenamente minha teoria".

Infelizmente, não há excertos do livro de Roscher nos cadernos de Marx. A cópia pessoal de Marx da quarta edição de *Nationalökonomik des Ackerbaues* [Economia nacional da agricultura] aparentemente foi extraviada[51]. Mas o tratamento de Marx da intensificação da agricultura como uma "lei natural da agricultura" parece possuir pontos em comum com Roscher. No manuscrito para o Livro 3 de *O capital*, Marx escreve:

> Decorre das *leis naturais da agricultura*, além disso, que dado certo nível da agricultura e o esgotamento correspondente do solo, o capital, que nesse sentido é sinônimo de meios de produção já produzidos, torna-se um elemento decisivo no cultivo do solo.[52]

A referência às "leis naturais da agricultura" no desenvolvimento histórico da agricultura como um processo de transição da agricultura extensiva à intensiva é impressionante. Roscher também fala sobre a "transição da agricultura extensiva à intensiva" como uma de suas "três leis naturais mais importantes"[53]. Por isso é interessante tratar dessa transição de acordo com o argumento de Roscher.

De modo similar a Marx, Roscher afirma que a transição ocorre porque a agricultura extensiva "esgota" o solo. Ele escreve:

---

[50] MEGA² II/5, 410 [ed. bras.: *O capital*, Livro 1, p. 573, modificada].

[51] A biblioteca pessoal de Marx continha outras edições do livro. Ver MEGA² IV/32, n. 1.136. Marx marcou páginas na última parte do livro, que Roscher acrescentara. Isso implica que Marx já tinha lido as páginas anteriores numa edição prévia.

[52] Marx, *Economic Manuscript of 1864-1865*, cit., p. 831, ênfase nossa.

[53] Roscher, *Nationalökonomik des Ackerbaues*, cit., p. v.

Entre os povos bárbaros, e em sua agricultura muito extensiva, o que está em jogo em primeiro lugar é obter acesso aos nutrientes para as plantas oferecidos naturalmente pelo solo com uma técnica bem pouco desenvolvida, máquinas pouco sofisticadas, tração animal etc. Assim, [eles cultivam apenas] a parte leve do solo, que, é claro, se esgota rapidamente, e pastagens naturais.[54]

Devido ao esgotamento do solo e ao aumento da população, argumenta Roscher, as pessoas são confrontadas com a necessidade da transição para uma agricultura mais intensiva pela introdução do cultivo de trevo, da drenagem e do fertilizante, como demonstrado no sistema de rotação de plantio em três campos. Mais capital e trabalho têm de ser investidos na terra. Roscher aponta que, a fim de cobrir o aumento de demanda por comida de uma população crescente, a transformação dos campos de pastagem em campos aráveis foi necessária. Estes podem produzir mais comida em caso de disponibilidade limitada de terras; mais tarde Wilhelm Abel, seguindo Roscher, chamará essa transição histórica de "desestocagem" (*Depekoration*)[55].

Roscher não vê qualquer contradição no processo de intensificação. Sua tendência a naturalizar o desenvolvimento histórico torna-se mais impressionante por causa de sua avaliação positiva da teoria do esgotamento do solo de Liebig. No parágrafo da quarta edição no qual Roscher introduz a diferença entre agricultura "extensiva" e "intensiva", ele acrescenta novos pontos retirados da *Química agrícola* de Liebig e enfatiza a importância da "*estática da agricultura*". Ele defende o "equilíbrio entre as operações que consomem a força do solo e as que a restituem" como a principal condição de uma agricultura sustentável[56]. Referindo-se à teoria mineral de Liebig, Roscher enfatiza que sem a reposição dos nutrientes minerais do solo absorvidos pelas plantas o solo cedo ou tarde se esgotará.

Roscher formula então o problema do aumento dos custos dos produtos agrícolas como resultado da intensificação da agricultura: "quanto menos pleno o suprimento de fundos naturais se torna, mais urgente torna-se a necessidade de tomar alguma medida contra isso, e os custos aumentam"[57]. Ele aponta que

---

[54] Ibidem, p. 98.

[55] Wilhelm Abel, *Agrarkrisen und Agrarkonjunktur: Eine Geschichte der Land- und Ernährungswirtschaft Mitteleuropas seit dem hohen Mittelalter* (Hamburgo, Paul-Parey, 1966), p. 240.

[56] Roscher, *National Ökonomie des Ackerbaues*, cit., p. 64, ênfase no original.

[57] Ibidem, p. 65.

os custos de reposição dos nutrientes do solo aumentam à medida que, com a intensificação, mais trabalho e mais capital precisam ser investidos. Nesse contexto, Roscher diz: "Da perspectiva da ciência natural, Liebig também está totalmente correto ao provar que a agricultura de roubo pode ser apenas disfarçada pelo adubamento do solo [...] e pela aragem do subsolo"[58]. A intensificação do capital (adubação) e do trabalho (aragem) pode aumentar as safras somente por um curto período de tempo. A assimilação intensiva dos componentes constituintes do solo é um resultado necessário do desenvolvimento da civilização, mas como o "roubo" do solo se intensifica, o esgotamento deste vem mais rápido e os custos das contramedidas também aumentam. Liebig tematiza essa dificuldade da agricultura intensiva moderna em sua análise da "agricultura de roubo".

Embora esteja consciente do perigo da prática da agricultura de roubo, Roscher acaba afastando-se da análise de Liebig. Chega a afirmar que o sistema de agricultura de roubo pode ser justificado: "Do ponto de vista exclusivo da ciência natural, Liebig está totalmente correto ao chamar a agricultura que não repõe totalmente as condições do solo de *agricultura de roubo*. Contudo, de um ponto de vista econômico, tal agricultura de roubo pode ser exatamente a escolha certa por um longo período"[59]. Assim, não é necessário seguir a lei da reposição de Liebig porque os altos custos de reposição podem frequentemente tornar a produção não lucrativa. Roscher acredita que o arrocho sobre as forças naturais, sem sua compensação integral, faz todo o sentido em muitos casos a partir de uma perspectiva "econômica", mesmo que não o faça do ponto de vista das ciências naturais. Posteriormente, a continuidade do roubo de forças naturais será entravada pela lógica do preço de mercado: quando a produção diminui, o preço de mercado aumenta. Roscher prevê que com um aumento do preço de mercado, mais capital será investido e as inovações técnicas reduzirão os custos de produção novamente.

Nesse sentido, o argumento de Roscher bebe do mito popular da onipotência regulatória do preço de mercado. Subidas e descidas dos custos de produção levariam automaticamente a uma solução do problema do esgotamento do solo porque, de outro modo, ou a produção agrícola não seria mais lucrativa, ou a taxa de lucro na indústria diminuiria devido ao aumento do preço da comida.

---

[58] Ibidem, p. 66.
[59] Ibidem, p. 64-5.

Segundo Roscher, o problema do esgotamento do solo em uma agricultura mais extensiva estará de acordo com leis naturais e será automaticamente substituído por um sistema mais intensivo e efetivo, não somente por causa do aumento da demanda da indústria, mas porque ele é mais lucrativo que o antigo sistema que esgota o solo. Nesse caminho, Roscher reconhece um "espírito reformista" na teoria de Liebig, que é útil na transição à agricultura intensiva por propagar a importância de uma reposição constante dos nutrientes do solo. Uma solução mais prática ao esgotamento do solo seria simplesmente deixada às futuras gerações[60]. Consequentemente, não há uma crítica séria à agricultura moderna na discussão de Roscher, embora sua referência explícita a Liebig alerte sobre a irracionalidade da agricultura moderna.

A recepção de Liebig por Marx difere do elogio acrítico de Roscher da tendência histórica à intensificação da agricultura. Em um contraste claro com Roscher, Marx sustenta que o obstáculo à realização de uma agricultura sustentável está em sua dependência em relação aos preços de mercado, como ele vê a contradição central entre as "condições permanentes" da natureza e a lei do modo de produção capitalista:

> Mas a forma como o cultivo de determinadas safras depende das flutuações dos preços de mercado e das constantes mudanças no cultivo associadas a essas flutuações de preços, bem como de todo o espírito do modo de produção capitalista, que é voltado ao lucro monetário *mais imediato*, está em contradição com a agricultura, que deve se preocupar com toda a gama de condições permanentes de vida exigidas pelas gerações humanas interconectadas.[61]

---

[60] Ibidem, p. 65. Johannes Conrad formula o ponto mais claramente: "Por que não é permitido ao agricultor retirar e fazer circular o que está acumulado em seu solo como constituintes minerais dos grãos, assim como o dono de uma mina faz com o ferro? As gerações seguintes podem enfrentar uma terrível necessidade de ferro devido a nosso esbanjamento, mas ninguém apareceu com uma ideia de limitar a mineração. Assim como o povo da Inglaterra deixa a seus descendentes a tarefa de encontrar substitutos para as minas de carvão, ele também pode deixar a eles com o mesmo direito a tarefa de construir instalações caras a fim de obter adubo de Londres para os campos quando a importação de guano parar ou fornecer à terra o cálcio fosfórico obtido dos [ossos dos] arenques, hoje em dia perdidos no rio Tâmisa. Johannes Conrad, *Liebig's Ansicht von der Bodenschöpfung und ihre geschichtliche, statistische und nationalökonomische Begründung* (Jena, Friedrich Mauke, 1864), p. 150.

[61] Marx, *Economic Manuscript of 1864-1865*, cit., p. 716, ênfase no original.

O texto de Marx não compartilha do otimismo de Roscher; em vez disso, alerta que, regulada unicamente pelo preço de mercado, a agricultura permanecerá longe de ser sustentável. Seu argumento é bastante compreensível, já o preço pode tornar a interação metabólica entre humanos e natureza ainda mais unilateral do que o valor faz, enquanto o manejo sustentável, a preservação e a melhoria do solo requerem um tratamento consciente e cuidadoso dos mecanismos do mundo material. A melhoria do solo no capitalismo não tem por finalidade uma produção sustentável em longo prazo, mas "o lucro monetário *mais imediato*", investindo capital e trabalho somente em terras produtivas, de modo que sua sobrecarga leva ao esgotamento rápido, ao passo que outras terras que podem ser melhoradas e cultivadas não recebem investimento de capital adicional suficiente ou são deixadas em pousio. Nem sequer são introduzidas melhorias de longo prazo como drenagem e irrigação quando não são lucrativas. Em contraste com o modo de produção capitalista voltado ao lucro imediato, que "está em contradição" com a agricultura sustentável, Marx exige explicitamente uma agricultura que não seja mediada pelo valor, mas sim, conduzida de uma perspectiva das "gerações humanas interconectadas".

A rejeição de Marx da intensificação insustentável da agricultura também está documentada em seus comentários críticos no Livro 3 de *O capital* sobre Leónce de Lavergne, um apoiador entusiasmado da agricultura inglesa. Lavergne elogia o progresso da agricultura devido à rotação de culturas, introduzida pela primeira vez em Norfolk, no leste da Inglaterra, no final do século XVII. A "rotação de Norfolk" abole o ano de pousio fazendo uma rotação de quatro etapas de trigo, nabo, cevada e trevo com azévém. Eles retiram nutrientes diferentes do solo, permitindo tempo de reposição. As lavouras de forragem não apenas nutrem melhor o gado e as ovelhas, cujos excrementos podem fornecer um rico adubo animal, mas o trevo, por exemplo, também fixa o nitrogênio da atmosfera no solo. Lavergne elogia esse eficiente sistema na Inglaterra, o que Marx documenta em seus cadernos com um breve comentário entre colchetes:

> Naquela época (na época da Revolução Francesa), surgiu a *rotação de Nortfolk* [...] as *plantas forrageiras* [segundo o sr. Lavergne, esta é uma teoria reconhecida não só por ele, mas por "todos"] derivam da atmosfera os principais elementos de seu crescimento, *enquanto dão ao solo mais do que dele retiram*; assim, tanto diretamente, quanto por sua conversão em adubo animal, contribuem de duas

maneiras para reparar os danos causados pelos cereais e pelas colheitas esgotantes em geral; um princípio, portanto, é que eles *devem pelo menos alternar com essas culturas*: nisto consiste a rotação de Norfolk.[62]

De maneira notável, Marx chama a explicação de Lavergne de "conto de fadas"[63]. É verdade que na época nem Liebig nem Marx conheciam a função exata do trevo na fixação de nitrogênio. A hipótese de Liebig e Schönbein sobre a fonte de amônia no solo mais tarde revelou-se falsa; o mecanismo exato de fixação de nitrogênio pelos rizóbios nas leguminosas foi descoberto em 1866 por Hermann Hellriegel e Hermann Wilfarth. Essa descoberta posterior não refuta a validade da "lei do mínimo" e da "lei da reposição" de Liebig, por isso é precipitado criticar Liebig e Marx somente por isso[64]. A rotação de culturas por si só não cumpre a lei do mínimo nem evita o esgotamento do solo, pois a produção mais intensiva retira não apenas nitrogênio, mas também outras substâncias minerais do solo. A rotação sozinha acelera o esgotamento do solo quando essas substâncias não são reabastecidas de maneira adequada. Mas Lavergne está interessado apenas no aumento das safras em curto prazo, que nada mais é que a causa do esgotamento rápido. Isso é exatamente o que Marx rejeita como um "conto de fadas".

Roscher, ao contrário, concordaria com Lavergne porque a abolição do pousio pela absorção constante de nitrogênio pressiona as forças naturais para a obtenção de um lucro maior. Depois de ler o livro de Roscher, Marx foi levado a estudar química agrícola novamente, especialmente em termos de agricultura extensiva e intensiva. No entanto, ele logo desenvolveu sua própria crítica da agricultura capitalista. Começou a compreender a especificidade histórica da diminuição dos rendimentos das safras na agricultura moderna como resultado da introdução de maquinários, a aplicação de fertilizantes químicos e a rotação de culturas. Como Marx reconheceu pela leitura da *Química agrícola* de Liebig, a relação causal entre intensificação capitalista da agricultura e as sucessivas quedas de sua produtividade, sua teoria da renda fundiária em *O capital* pôde pela primeira vez tematizar claramente, sem medo do malthusianismo, a distorção do mundo material que resulta da lógica de valorização do capital.

---

[62] Léonce de Lavergne, *The Rural Economy of England, Scotland, and Ireland* (Edimburgo, William Blackwood and Sons, 1855), p. 50-1; MEA, Sign. B 106, p. 214, ênfase no original.
[63] Marx, *Economic Manuscript of 1864-1865*, cit., p. 729.
[64] Existem alguns debates sobre esse ponto entre John Bellamy Foster e Paul Burkett, de um lado, e Daniel Tanuro, de outro. Ver Foster e Burkett, *Marx and the Earth*, cit., p. 27-30.

A INTENSIFICAÇÃO NEGATIVA DA AGRICULTURA MODERNA

Em *O capital*, Marx analisa claramente o problema do declínio da produtividade agrícola como uma contradição do modo operacional moderno da agricultura, cujo único objetivo é a produção de lucro monetário. No início da década de 1860, Marx já reconhecia a possibilidade do esgotamento do solo devido ao mal tratamento, mas atribuía sua causa à agricultura extensiva, encontrando um exemplo na contradição entre os estados escravistas do Sul dos Estados Unidos, onde proprietários de escravos produziam algodão para exportação até o esgotamento da terra. Marx escreveu em um artigo de 25 de outubro de 1861 para o jornal *Die Presse* [*A Imprensa*], de Viena:

> O cultivo dos artigos de exportação do Sul, o algodão, o tabaco, o açúcar etc., realizado por escravos, só é lucrativo enquanto for realizado por grandes grupos de escravos, em escala massiva e em grandes extensões de solo naturalmente fértil, que requer somente trabalho simples. O cultivo intensivo, que depende menos da fertilidade do solo do que do investimento de capital, inteligência e energia de trabalho, é contrário à natureza da escravidão. [...] Mesmo na Carolina do Sul, onde os escravos constituem quatro sétimos da população, o cultivo do algodão ficou quase totalmente estacionário durante anos devido ao esgotamento do solo.[65]

Para Marx, o problema do esgotamento do solo nos estados do Sul era resultado da produção extensiva de algodão baseada no trabalho escravo. Ele argumentou que foi precisamente esse esgotamento que tornou a "aquisição de novos Territórios [...] necessária". Notadamente, ele não problematizou a produção de grãos na União e sua exportação à Europa, o que também causava o esgotamento do solo, mesmo que sua análise deva ser lida em um contexto político de apoio à União durante a Guerra Civil. A necessidade de expansão constante em direção ao oeste existia também na Nova Inglaterra, bem como o rápido esgotamento do solo, contra o qual James F. W. Johnston alertou em seu livro *Notes on North America* [*Notas sobre a América do Norte*].

Nos *Manuscritos econômicos de 1861-1863*, Marx ainda argumentou no mesmo sentido quando escreveu:

---

[65] Marx e Engels, *Collected Works*, cit., v. 19, p. 39.

O desenvolvimento do poder produtivo não é uniforme. É da natureza da produção capitalista desenvolver a indústria mais rapidamente que a agricultura. Isso não se deve à natureza da terra, mas ao fato de que, para ser explorada realmente de acordo com sua natureza, a terra requer relações sociais diferentes. A produção capitalista se volta para a terra somente depois que sua influência a esgotou e depois de ter devastado suas qualidades naturais.[66]

Marx certamente reconheceu a realidade do esgotamento do solo, mas o que impressiona é sua causa. A própria produção capitalista "se volta para a terra" somente após o esgotamento do solo, com a introdução da maquinaria e a aplicação das ciências naturais. Aqui, Marx possivelmente voltou a pensar nos Estados Unidos. O problema do esgotamento do solo como resultado do cultivo intensivo, por contraste, não é discernível em seus longos *Manuscritos econômicos de 1861-1863*. Ele parecia acreditar que com a introdução da produção capitalista o "desenvolvimento do poder produtivo" também seria possível na agricultura.

Essa ênfase no lado positivo da agricultura capitalista parece bem diferente em *O capital*, escrito depois da leitura da *Química agrícola* de Liebig. Em *O capital*, Marx trata da diminuição da produtividade da terra precisamente em relação à forma intensiva capitalista de cultivo. A crítica de Liebig ao sistema de agricultura de roubo possibilita, em contraste com Ricardo, investigar as causas dos rendimentos decrescentes das safras como uma manifestação especificamente moderna dos limites materiais na esfera da agricultura. Como resultado do moderno sistema de roubo, o problema do esgotamento do solo assume uma forma mais radical e sua análise revela a contradição central da produção capitalista.

Primeiro, Liebig assinala que o cultivo intensivo por meio de investimentos adicionais de capital permanece condicionado pelas propriedades materiais do solo e por outros elementos naturais do processo de produção. Nenhuma operação mecânica ou química realiza um aumento infinito da produtividade porque está limitada pelos nutrientes orgânicos e inorgânicos do solo, pelo ar, pelo calor e pela luz e, finalmente, pelas funções fisiológicas das plantas. Esses elementos constituem o *aspecto material transistórico* do crescimento das plantas, que condiciona qualquer modo de produção.

---

[66] Ibidem, v. 32, p. 433.

Liebig também argumenta que as condições naturais da produção agrícola sob o capitalismo aparecem de uma forma específica quando a fertilidade da própria terra se torna a fonte da "renda fundiária". Em outras palavras, ele adverte que o cultivo intensivo nem sempre pode resultar no aumento das safras, podendo gerar decrescimento devido à violação da "lei natural da reposição". De acordo com Liebig, a industrialização moderna criou uma nova divisão do trabalho entre cidade e campo, de modo que os alimentos agora são produzidos como mercadorias e consumidos pela classe trabalhadora nas grandes cidades. No entanto, esses produtos não retornam mais ao solo e não restauram o solo original, mas, em vez disso, fluem para os rios pelo sistema de esgoto, sem qualquer uso posterior. Além disso, por meio da mercantilização de produtos agrícolas e fertilizantes, o objetivo da agricultura diverge da sustentabilidade e passa a ser a mera maximização dos lucros, sugando os nutrientes do solo para as lavouras no menor período de tempo possível. A manutenção do ciclo de nutrientes agora se torna muito mais difícil devido à longa distância entre cidade e campo. Esse desenvolvimento histórico da divisão social do trabalho, por um lado, exige um rápido aumento da produção agrícola para venda nas cidades. Por meio da troca de mercadorias com a cidade, o campo, por outro lado, recebe máquinas e fertilizantes químicos, que promovem a intensificação da agricultura e parecem aumentar sua produtividade. No entanto, de acordo com Liebig, não há um verdadeiro desenvolvimento das forças produtivas, pois esse processo apenas permite ao agricultor extrair rapidamente os nutrientes existentes no solo e deixar que as plantas os absorvam sem reposição. Afinal, mais produtos são vendidos nas grandes cidades, o que só reforça a tendência da agricultura de roubo. Liebig lamenta que se torne cada vez mais difícil e caro produzir a mesma quantidade de grãos; durante a produção, a cooperação das forças naturais torna-se mais frágil e um maior investimento em fertilizantes químicos torna-se necessário.

Não é difícil ver por que Marx ficou tão animado com a teoria de Liebig. No trabalho deste, Marx encontrou uma expressão científica para o tema do "antagonismo entre cidade e campo", um tópico importante para ele desde *A ideologia alemã*:

> A maior divisão entre trabalho material e espiritual é a separação entre cidade e campo. [...] A oposição entre cidade e campo só pode existir no interior da propriedade privada. É a expressão mais crassa da subsunção do indivíduo à divisão do trabalho, a uma atividade determinada, a ele imposta

– uma subsunção que transforma uns em limitados animais urbanos, outros em limitados animais rurais e que diariamente reproduz a oposição entre os interesses de ambos. O trabalho é, aqui, novamente o fundamental, o poder *sobre* os indivíduos, e enquanto existir esse poder tem de existir a propriedade privada.[67]

Referindo-se à teoria do esgotamento do solo de Liebig no famoso tópico sobre "Grande indústria e agricultura" de *O capital*, Marx criticou a perturbação irreparável do metabolismo natural e social como resultado da separação entre cidade e campo:

> Com a predominância sempre crescente da população urbana, amontoada em grandes centros pela produção capitalista, esta, por um lado, acumula a força motriz histórica da sociedade e, por outro lado, desvirtua o metabolismo entre o homem e a terra, isto é, o retorno ao solo daqueles elementos que lhe são constitutivos e foram consumidos pelo homem sob forma de alimentos e vestimentas, retorno que é a eterna condição natural da fertilidade permanente do solo. Com isso, ela destrói tanto a saúde física dos trabalhadores urbanos como a vida espiritual dos trabalhadores rurais.[68]

Com base na *Química agrícola* de Liebig, Marx apontou tanto a perturbação do metabolismo natural no sentido de roubo da fertilidade do solo quanto no sentido de destruição da vida do trabalhador urbano e rural. Dessa forma, o capitalismo esgota a força de trabalho e também a força natural.

Devido à ruptura do ciclo natural dos nutrientes das plantas, o "aumento relativo do preço" dos produtos agrícolas torna-se cada vez mais provável porque a produção não pode se efetivar pela apropriação de "uma força natural gratuita", mas somente pelo exercício do "trabalho humano"[69]. É precisamente nesse contexto que Marx se lembra da necessidade de consultar Liebig ao desenvolver ideias sobre "*o declínio da produtividade do solo quando sucessivos investimentos de capital são feitos*". Segundo Marx, essa certamente não é a tendência absoluta da intensificação agrícola capitalista, mas ele integra conscientemente esse aspecto do desenvolvimento negativo em sua teoria da

---

[67] Ibidem, v. 5, p. 64, ênfase no original [ed. bras.: *A ideologia alemã*, cit., p. 52].
[68] Marx, *Capital*, cit., v. 1, p. 637 [ed. bras.: *O capital*, Livro 1, cit., p. 572-3].
[69] Idem, *Economic Manuscript of 1864-1865*, cit., p. 882-3.

renda fundiária, que é um processo autocrítico considerando sua observação otimista anterior sobre o problema da intensificação. Na nova formulação, encontra-se uma nova visão crítica de que a agricultura orientada ao lucro sob as relações capitalistas não é capaz de melhorar o solo de modo sustentável e em longo prazo, e que os custos de produção aumentam devido ao aumento dos investimentos de capital como uma contramedida ao esgotamento do solo. Marx não compartilha da ilusão de que um aumento infinito da produtividade agrícola seria possível sob a moderna "revolução agrícola", mas reconhece a possibilidade de que a produtividade agrícola permaneça muito menor no capitalismo do que deveria ser, e isso não por causa das limitações materiais e naturais da agricultura, mas por causa da limitação econômica do modo de produção capitalista.

O nível e o tipo de esgotamento do solo na sociedade capitalista assumem uma forma diferente da apresentada no modo de produção pré-capitalista. A agricultura moderna de grande escala esgota o solo, mas não por falta de tecnologia e conhecimento científico, mas porque o objetivo absoluto torna-se pressionar as forças naturais:

> Em ambas as formas, em vez de um tratamento consciente e racional da terra como propriedade comunal permanente, como condição inalienável para a existência e reprodução da cadeia de gerações humanas, temos a exploração e a dilapidação das forças da terra (para não mencionar o fato de que a exploração se torna dependente não do nível de desenvolvimento social alcançado, mas das condições acidentais e desiguais dos produtores individuais). No caso da pequena propriedade, isso resulta da falta de recursos e conhecimentos científicos necessários à aplicação da capacidade produtiva social do trabalho. No caso da grande propriedade fundiária, ela resulta da exploração desses recursos para o enriquecimento mais rápido possível do agricultor e do proprietário. Em ambos os casos ela resulta da dependência do preço de mercado.[70]

A agricultura de grande escala esgota o solo de modo cada vez mais extremo, não apenas porque seu nível de dilapidação é muito maior devido à forte dependência de máquinas e fertilizantes, mas também porque a produção é orientada para a utilização máxima das forças gratuitas da natureza para obtenção de lucro. O progresso presumivelmente alcançado

---

[70] Ibidem, p. 797.

por meio da aplicação consciente da ciência natural e da tecnologia prova ser o roubo o fundamento de toda a riqueza. A relação entre humanos e natureza é emancipada das limitações tradicionais e comunitárias, e mesmo, aparentemente, de qualquer limitação natural imediata à expropriação econômica da terra como simples meio de produção de lucro e renda. Como resultado, uma economia puramente mercantil mostra-se incapaz de realizar o tratamento racional da "terra como propriedade comunal permanente, como condição inalienável para a existência e reprodução da cadeia de gerações humanas".

O problema não é apenas a destruição da fertilidade natural do solo, mas a falta de liberdade e a alienação dos seres humanos. Marx argumenta que o roubo da fertilidade natural está inevitavelmente ligado aos processos destrutivos da vida humana pelas crescentes forças produtivas da indústria:

> A grande indústria e a agricultura desenvolvida industrialmente andam de mãos dadas. Se elas são distinguíveis originalmente pelo fato de que a primeira destrói a força de trabalho e, portanto, as forças naturais do homem, enquanto a última faz o mesmo com as forças naturais do solo, elas se conectam no curso posterior do desenvolvimento, já que o sistema industrial aplicado à agricultura também debilita os trabalhadores, enquanto a indústria e o comércio, por sua vez, fornecem à agricultura os meios de esgotar o solo.[71]

A vida no campo, bem como a vida na cidade são fundamentalmente transformadas e destruídas pela lógica do capital. O desenvolvimento das forças produtivas e dos meios de transporte sob o capitalismo não só degrada a saúde física dos trabalhadores urbanos devido à sua utilização dos meios de produção como "meio de subjugação, exploração e empobrecimento do trabalhador", mas também aniquila a "vitalidade, liberdade e independência individuais" do trabalhador rural[72].

Contra essa forma de agricultura míope, Marx insiste continuamente na necessidade do cultivo sustentável do solo para as gerações seguintes, argumentando que nem os indivíduos nem a sociedade são os "donos" da terra, mas meros "ocupantes" e, portanto, responsáveis pela manutenção da fertilidade do solo:

---

[71] Ibidem, p. 798.
[72] Marx, *Capital*, cit., v. 1, p. 638 [ed. bras.: *O capital*, Livro 1, cit., p. 573].

Do ponto de vista de uma formação socioeconômica mais elevada, a propriedade privada da terra por determinados indivíduos parecerá tão absurda quanto a propriedade privada de um homem sobre outro homem. Mesmo uma sociedade inteira, uma nação, ou todas as sociedades existentes simultaneamente tomadas em conjunto, não são *donas* da terra. Elas são simplesmente suas *ocupantes*, suas *beneficiárias*, e devem legá-la em um estado melhorado às gerações seguintes como *boni patres familias*.[73]

As relações de produção capitalistas criam um "título" puramente econômico para a terra, convertendo-a efetivamente em um monopólio imobiliário. No sistema de propriedade privada, o uso egoísta da fertilidade do solo para obtenção de lucro aparece como um ato legítimo, pois o uso da propriedade privada é visto como um direito, um aspecto vital da liberdade individual. Mas a propriedade privada mostra-se claramente incompatível com o pressuposto material da realização de uma produção sustentável. Quem abriria mão de uma chance preciosa de um lucro maior sob a competição de mercado apenas em benefício das futuras gerações? Especialmente quando tal ato altruísta não seria compensado!

Com a abolição das relações de produção capitalistas e do sistema de propriedade privada, a relação humana com a terra precisa mudar de tal modo que o uso dos recursos naturais seja organizado não para a obtenção de lucros de curto prazo, mas para as gerações futuras. Ou seja, a natureza deve ser fortalecida pelo "homem como ser genérico". Porém Marx não reivindica apenas uma mudança em nossa perspectiva moral, em direção ao ponto de vista do ser genérico, mas sim que deve haver uma mudança radical, com as relações sociais reificadas substituídas pela produção consciente realizada por meio da associação de produtores livres. Somente essa emancipação do poder reificado do capital permitirá aos humanos construir uma relação diferente com a natureza.

Para pessoas como o sociólogo ambiental Ted Benton, a exigência de Marx de que os humanos se comportem como "*boni patres familias*" da terra soa como uma esperança prometeica de dominação da natureza[74]. Contudo, está claro que o que

---

[73] Marx, *Economic Manuscript of 1864-1865*, cit., p. 763, ênfase no original.
[74] Ted Benton, "Greening the Left?: From Marx to World-System Theory", em Ted Benton (org.) et al., *The SAGE Handbook of Environment and Society* (Londres, Sage Publications, 2007), p. 91-107.

Marx critica é a dominação alienada e reificada sobre a natureza, o que vai contra o potencial da humanidade de organizar uma interação universal e consciente com a natureza. O que está em jogo, portanto, é a necessidade futura de uma regulação consciente das trocas metabólicas entre humanos e natureza. Essa reivindicação é totalmente compreensível, não apenas porque a influência da produção universal dos humanos em todo o ecossistema é muito maior do que a de outros animais, mas também porque somente os humanos são capazes de mudar propositadamente sua interação com a natureza no processo natural e com o metabolismo social.

O novo intercurso social com a terra do ponto de vista do ser genérico só é possível, na visão de Marx, com o tratamento da dimensão material como um componente central do metabolismo entre humanos e natureza, que o capital leva em conta apenas de modo muito falho. Agora fica claro por que o projeto socialista de Marx deve ser entendido em sua relação com a recepção de Liebig. Quanto mais ele se torna consciente, por meio de seu estudo das ciências naturais, da deterioração das condições naturais de produção como uma contradição fundamental do capitalismo, maior é a importância estratégica adquirida pela transformação de nosso intercurso social com a natureza em seu projeto. Consequentemente, sua economia política atinge uma clara dimensão ecológica. Sua reivindicação é formulada principalmente por meio do reconhecimento do limite das modificações materiais, que o capital não pode reconhecer, mas apenas tenta superar.

Resumindo, graças ao trabalho de Liebig, em *O capital* Marx tornou-se capaz de apresentar conteúdo concreto aos limites naturais abstratos, que a lei dos rendimentos decrescentes simplesmente pressupunha. Ele deixa de ver os rendimentos decrescentes como um pressuposto abstrato da escola ricardiana e passa a entendê-los como uma manifestação específica das contradições do capital[75]. É possível observar o aprofundamento da visão de Marx sobre como a

---

[75] Em contraste, Heinz D. Kurz caracteriza essas observações em *O capital* como "o recuo de Marx à posição de Ricardo" e diz que o "caso de Marx é mais sério no que diz respeito à tendência de longo prazo da taxa de lucro do que o caso de Ricardo da diminuição intensiva e extensiva dos retornos, porque em Marx o uso de cada vez mais tipos de terra anda de mãos dadas com sua deterioração sucessiva". Sua compreensão é embotada pelo fato de Marx ter se distanciado intencionalmente da lei de Ricardo. A originalidade de Marx está em sua investigação sobre a causa da forma especificamente moderna de deterioração sucessiva do solo. Ver Heinz D. Kurz, "Technical Progress, Capital Accumulation and Income Distribution in Classical Economics: Adam Smith, David Ricardo and Karl Marx", *European Journal of the History of Economic Thought*, v. 17, n. 5, 2010, p. 1.183-222.

relação entre os humanos e a terra é transformada pelo capital em uma oposição alheia. Enquanto o capital modifica ativamente a natureza para sua valorização, as forças naturais também reagem a ele de modo "determinante", como se vê no esgotamento do solo. O aumento dos custos de produção, por si só, não representará imediatamente uma ameaça ao regime de acumulação de capital, pois o solo tem uma elasticidade material que pode ser explorada de forma intensiva e extensiva por meio da introdução de maquinários e fertilizantes químicos. Contudo, isso não transcende a contradição capitalista da relação entre humanos e natureza. A desestabilização material em várias esferas da vida não pode deixar de compelir os humanos a reconhecerem a necessidade de estabelecer uma relação totalmente diferente com a natureza transcendendo a reificação.

A afirmação de Ted Benton sobre Marx ter deixado de reconhecer os limites naturais prova-se equivocada em uma análise mais cuidadosa. Marx não acredita na possibilidade de superar todos os limites naturais por meio do desenvolvimento das forças produtivas. Em vez disso, ele estuda o problema dos limites naturais intensivamente no que diz respeito à contradição do capital. A afirmação de Perelman sobre o medo de Marx do malthusianismo também erra o alvo, pois na verdade Marx lida com o problema da escassez de recursos naturais como uma crítica ao capitalismo, cujo roubo sistemático visa dilapidar recursos para obter mais lucro ao custo da destruição ambiental. Nesse sentido, a esperança otimista de Roscher de regular o metabolismo social e natural pelo mercado e pelo valor não é suficiente para a realização da produção sustentável. Claramente, Marx não pretende que a transição para o socialismo resolva automaticamente todos os problemas ecológicos. Em vez disso, precisamente porque os recursos finitos devem ser tratados com grande cuidado para as gerações futuras, a realização da interação consciente com os limites materiais da natureza exige a abolição de um sistema social de produção baseado no valor.

CAPÍTULO 5
FERTILIZANTES CONTRA A AGRICULTURA DE ROUBO?

Como examinado no capítulo anterior, o problema dos limites materiais da natureza veio ao primeiro plano da economia política de Marx na década de 1860, na medida em que ele aprofundou sua crítica à teoria da renda fundiária de Ricardo, por meio de sua pesquisa em ciências naturais durante a preparação de *O capital*. Liebig desempenhou um papel essencial, embora não tenha sido a primeira vez que Marx tenha estudado intensivamente a química agrícola. Na década de 1850, ele já havia lido vários livros de ciências naturais.

Para rastrear o desenvolvimento da crítica de Marx mais precisamente durante as décadas de 1850 e 1860, dois cientistas naturais são de particular interesse – Justus von Liebig e James F. W. Johnston. O que os torna tão importantes no processo de surgimento da crítica ecológica de Marx à economia política, é o fato de ele ter lido cuidadosamente e diversas vezes os vários trabalhos desses autores: no início da década de 1850, como anotado nos *Cadernos de Londres* (1850-1853), e no meio da década de 1860, durante a redação dos manuscritos de *O capital*[1]. Quando examinamos os excertos de Marx, percebemos que o seu foco e interesse mudaram claramente ao longo do tempo. O novo desenvolvimento da teoria do metabolismo de Liebig e do "cultivo de

---

[1] Além disso, na década de 1870, Marx leu *Elements of Agricultural Chemistry and Geology* [Elementos de química e geologia agrícola] (Edimburgo, William Blackwood, 1856). Esse trecho está disponível em MEGA IV/26, mas não vou me deter nele porque o interesse de Marx pelas ciências naturais se expandiu ainda mais após 1868, relacionado à sua análise das sociedades pré-capitalistas e não ocidentais. Para revelar o projeto de Marx posterior a 1868, é necessário primeiro traçar o desenvolvimento teórico de Marx até 1867 com seus cadernos de excertos, o que será objeto deste capítulo.

roubo" ressoa como uma virada crítica significativa no projeto socialista de Marx, como a reabilitação consciente da unidade entre humanidade e natureza.

Sem dúvida, Marx deve à *Química agrícola* de Liebig o desenvolvimento de seu conceito de metabolismo como uma crítica da agricultura capitalista moderna[2]. Ao ler a obra do autor em 1865, Marx começou a estudar em detalhe as consequências negativas da agricultura moderna, que estava criando rupturas profundas na relação transistórica entre humanos e natureza. Nesse contexto, em 1851, Marx entrou em contato com a quarta edição da *Química agrícola* de Liebig e copiou cuidadosamente trechos do livro. Em 1863, leu outro livro de Liebig, *Sobre a teoria e a prática da agricultura*, publicado em 1856. No entanto, a recepção séria por Marx da teoria de Liebig não ocorreu até que ele redigisse um manuscrito para o capítulo sobre a renda fundiária do Livro 3 de *O capital*, em 1865. Em outras palavras, Marx, seguindo Liebig, desenvolveu relativamente tarde sua crítica da agricultura moderna como um sistema de roubo. Em contraste, seus cadernos de excertos anteriores sobre química agrícola mostram que ele estava de fato interessado em tais passagens otimistas do trabalho de Liebig, que explicam como a produtividade agrícola pode avançar enormemente pela introdução de fertilizantes químicos.

Liebig acabou se tornando mais crítico da agricultura capitalista e, portanto, sua crítica ao sistema de agricultura de roubo na sétima edição da *Química agrícola* (1862), especialmente em sua Introdução, deve ter contribuído decisivamente para a crítica de Marx à ruptura metabólica[3]. Contudo, isso não equivale a dizer que Marx não lia críticas à agricultura capitalista antes de 1865. Ele encontrou livros e artigos críticos no início da década de 1850, mas, surpreendentemente, quase não lhes deu atenção. Além disso, embora tenha se referido repetidamente a seus próprios cadernos em diferentes manuscritos econômicos e em *O capital*, Marx não usou os excertos de Liebig dos *Cadernos de Londres* (ver a seguir). Isso leva à hipótese de que Marx mais tarde viria a considerar seus cadernos sobre química agrícola insatisfatórios para sua investigação crítica do capitalismo, pois continham apenas aspectos positivos de seu desenvolvimento moderno. Nos *Cadernos de Londres*, o prometeísmo de Marx ainda é perceptível, mas, como resultado da integração crítica de Liebig, ele corrigiu sua visão otimista anterior sobre a potencial revolução agrícola na década de 1860.

---

[2] Foster, *Marx's Ecology*, cit., p. 155.
[3] Brock, *Justus von Liebig*, cit., p. 177-8.

Apesar do aparecimento nos últimos quinze anos ou mais de uma série de estudos pioneiros do pensamento ecológico de Marx, estes foram incapazes de lançar luz suficiente sobre o processo evolutivo real no qual a crítica de Marx da agricultura moderna emergiu durante sua tentativa de completar *O capital*. Seus cadernos de anotações sobre agricultura são indispensáveis na medida em que nos permitem ver precisamente como ele mudou sua atitude em relação à agricultura moderna no processo de desenvolver sua concepção materialista da interação metabólica entre homem e natureza mediada pelo trabalho. Mostraremos que Marx não apenas "copiou" a teoria de Liebig. Em vez disso, a aplicação dela à "questão irlandesa" abre um novo paradigma ecológico que vai além da visão de mundo político-econômica de Ricardo.

Pessimismo ou otimismo?

Após seu exílio em Londres em 1849, e apesar das graves dificuldades financeiras, Marx ia ao Museu Britânico todos os dias e preencheu 24 cadernos que hoje são conhecidos como *Cadernos de Londres*. Eles contêm um número substancial de excertos sobre química agrícola[4]. Como mostrado no último capítulo, o principal objetivo de Marx ao estudar ciências naturais era rejeitar uma suposição generalizada da "lei dos rendimentos decrescentes". Marx reuniu materiais para provar a falta de fundamento da pressuposição de Malthus e Ricardo, apontando o potencial de melhoria agrícola pela introdução de drenagem e fertilizantes químicos. A fertilidade natural do solo era tratada como algo fixado nos prognósticos pessimistas dos economistas políticos clássicos. Eles ignoraram as possibilidades existentes de melhoria do solo.

Marx já tinha aceitado esse ponto de vista em seus *Cadernos de Manchester* de 1845, nos quais tinha escrito sobre a possibilidade de aumentar consideravelmente a fertilidade natural dos solos, com base em trechos de *A Calm Investigation of the Circumstances That Have Led to the Present Scarcity of Grain in Britain* [Uma calma investigação das ciscunstâncias que levaram à presente escassez de grãos na Inglaterra] (1801). O agrônomo escocês e fazendeiro apoiou apaixonadamente a ideia da revolução agrícola. Nos cadernos, Marx resumiu a

---

[4] Marx disse a Joseph Weydemeyer em uma carta de 27 de junho de 1851: "Normalmente estou no Museu Britânico das nove da manhã às sete da noite. O material em que estou trabalhando é tão incrivelmente complexo que, não importa o quanto eu me esforce, só vou terminar daqui a seis ou oito semanas". Marx e Engels, *Collected Works*, cit., v. 38, p. 377.

crítica de Anderson a Malthus, indicando que aquele "explicitamente apresenta a *teoria da população* como o 'preconceito' mais perigoso". Marx então citou que "os meios de subsistência aumentaram mais do que diminuíram com esse aumento populacional: e o reverso. P. 55"[5]. Além disso, Marx documentou a afirmação otimista de Anderson, resumindo: "A terra pode ser *sempre melhorada* por meio de influências químicas e tratamentos. P. 38"[6]. Anderson argumentou também que o solo pode receber melhorias adicionais pela "indústria humana":

> Sob um sistema de gestão judicioso, essa produtividade pode ser aumentada de ano a ano, por uma sucessão de tempo cujo limite não se pode estabelecer, até que finalmente se obtenha *um grau de produtividade hoje impensável.*[7]

Como essa citação documenta claramente, Anderson promulgou a visão de um enorme aumento da produtividade agrícola, que na verdade parecia plausível na revolução agrícola inglesa.

Como forma de aumentar a produtividade, Anderson reconheceu a utilidade dos excrementos animais e humanos para todo agricultor que visasse ao tratamento racional do solo: "Claro, ele deve estar ciente de que toda circunstância que tende a privar o solo desse adubo deveria ser considerada um desperdício antieconômico altamente culpável"[8]. Como Marx também registrou em seu caderno, Anderson problematizou nesse contexto o "grande desperdício de adubo na Inglaterra" devido à separação entre cidade e campo: "*O adubo proveniente diretamente da imensa população de Londres é totalmente perdido para fins agrícolas. P. 73*"[9]. Anderson criticou esse "desperdício ineficiente de adubo [...] sem nenhum efeito benéfico" e reivindicou a realização do cultivo racional: "Se a *água corrente*, que é desperdiçada na Grã-Bretanha, fosse bem empregada, ela poderia sustentar quatro vezes mais que a população atual em cem anos. P. 77"[10]. Na última frase, Anderson criticou inequivocamente a teoria da população de Malthus. Ele estava firmemente convencido do aumento futuro da

---

[5] MEGA² IV/4, p. 64. Marx incluía números de páginas como referências dos trabalhos citados.
[6] Ibidem, p. 63.
[7] Ibidem, p. 62, ênfase nossa.
[8] James Anderson, *A Calm Investigation of the Circumstances that Have Led to the Present Scarcity of Grain in Great Britain* (Londres, John Cummins, 1801), p. 73.
[9] MEGA² IV/4, p. 64-5.
[10] Ibidem, p. 65.

produtividade agrícola e se esforçou para esclarecer as massas sobre os méritos da agricultura racional. Compreendia as causas do atraso da agricultura como "morais", "sujeitas à influência da sabedoria humana"[11].

Nesse contexto, não surpreende que em seu exame posterior do livro de Anderson, em 1851, Marx novamente tenha citado uma frase semelhante que é crítica à lei dos rendimentos decrescentes. Dessa vez, Marx leu *A Inquiry into the Causes that Have Hitherto Retarded the Advancement of Agriculture in Europe* [Uma investigação sobre as causas que até agora retardaram o avanço da agricultura na Europa], publicado em 1779, no qual Anderson apontou que a "infinita diversidade de solos [...] podem ser muito alterados de seu estado original pelos modos de cultura a que foram anteriormente submetidos, pelos adubos etc. [...] (5)"[12]. A intenção de Marx é clara, já que mais tarde, nos *Manuscritos de 1861-1863*, ele de fato citou essas passagens de seus próprios cadernos enquanto descartava a pressuposição da teoria da renda diferencial de Ricardo[13]. Em oposição à suposição deste, Marx continuou a valorizar as ideias de Anderson sobre o uso de drenagem e esterco para melhorar a produtividade dos solos a tal ponto que o suprimento de alimentos fosse suficiente para cobrir o aumento da população e o preço das safras permanececesse o mesmo ou até caísse.

No entanto, Marx expressou alguma reserva em relação a Anderson porque como "um agricultor prático" ele não tratou o mecanismo fundamental da produção agrícola e da melhoria do solo *"ex professo"* (como especialista), mas apenas como uma "controvérsia prática imediata"[14]. Após sua leitura de Anderson em 1851, Marx sentiu a necessidade de ler trabalhos científicos mais recentes de químicos agrícolas, a fim de obter um conhecimento detalhado sobre as formas de aumentar a produtividade agrícola, especialmente sobre a relação entre o uso de fertilizantes sintéticos e a fertilidade do solo. Nos *Cadernos de Londres*, há duas fontes principais para esse propósito: Justus von Liebig e James F. W. Johnston.

---

[11] Ibidem, p. 64. Anderson também afirmou que "Sempre que a população aumenta, a produção do país deve ser aumentada junto com ela, a menos que se permita que alguma influência moral perturbe a economia da natureza". Anderson, *A Calm Investigation of the Circumstances*, cit., p. 41.

[12] MEGA² IV/9, p. 119.

[13] Marx e Engels, *Collected Works*, cit., v. 31, p. 372, p. 374.

[14] Ibidem, p. 344.

Consta que Marx descobriu sobre as *Notes on North America* de Johnston por meio de dois artigos da *The Economist*. Datados de 3 e 24 de maio de 1851, os artigos resumem o livro de Johnston, com comentários positivos sobre sua contribuição científica para a análise do estado da agricultura nos Estados Unidos à época. É provável que essas análises tenham motivado Marx a estudar os livros mais teóricos de Johnston sobre química agrícola e geologia. Um dos artigos menciona que, apesar do intercâmbio comercial e cultural em constante crescimento entre a Inglaterra e a América do Norte, não havia informações suficientes sobre a capacidade agrícola do Novo Mundo. Consequentemente, prevaleceu entre os leitores ingleses um mito de que havia sido alcançada uma grande melhoria dos solos virgens e que este seria inesgotável na América do Norte. Com o propósito de refutar essa falácia, o resenhista valorizou *Notes on North America*, pois "o conhecimento do autor da ciência e suas relações práticas com a agricultura permitiu-lhe obter pontos de vista muito claros e precisos". De acordo com o artigo, "uma das conclusões mais importantes" é "que a capacidade de exportação de trigo da América do Norte não só foi muito exagerada, mas de fato está diminuindo lentamente", ou até mesmo "se esgotando". Johnston, além disso, mostrou que não é do interesse do agricultor manter a fertilidade da terra por meio de uma boa gestão, pois na verdade é mais barato vendê-la e se estabelecer em uma nova terra, indo mais para oeste quando a terra se torna menos lucrativa do ponto de vista agrícola. Assim, a diminuição das safras não é de forma alguma surpreendente, uma vez que "aprendemos que em muitos distritos a terra foi cultivada com o trigo por cinquenta anos, com nada mais do que *uma tonelada de gipsita por ano aplicada a toda a fazenda*"[15]. Resumindo sucintamente o livro de Johnston, para rejeitar uma ilusão generalizada sobre a agricultura nos Estados Unidos, a conclusão é que ela ainda está presa "em um estado muito primitivo", sem investimento ou gerenciamento adequado, o que esgota rapidamente os solos[16].

Ao ler esses artigos, Marx citou apenas uma frase a respeito do esgotamento das terras na América do Norte: os "Estados Atlânticos da União e a parte ocidental de Nova York, antes tão prolíficos em trigo, agora estão praticamente esgotados, e Ohio está passando pelo mesmo processo"[17]. Essa

---

[15] "North American Agriculture", *The Economist*, n. 401, 3 maio 1851, p. 475.
[16] "Husbandry in North America", *The Economist*, n. 404, 24 maio 1851, p. 559-60.
[17] MEGA² IV/8, p. 87.

frase não explica o motivo do esgotamento nem sua gravidade. Em contraste, Marx foi muito mais cuidadoso ao registrar os detalhes sobre como a introdução da drenagem foi difícil na América do Norte devido ao baixo custo das terras abundantes e porque uma escala maior de agricultura era "não lucrativa" e "não popular":

> Uma objeção à drenagem é feita nesse país. O custo dessa melhoria, mesmo com a taxa mais barata, digamos quatro *l.* [quatro libras inglesas] ou vinte dólares por acre, é [igual] a uma grande proporção *do preço atual da melhor terra neste rico distrito do oeste de Nova York.*
> É claro que há abundância de terras, que, com pouco trabalho e nenhuma habilidade, produzirão, ano após ano, safras moderadas.
> A agricultura de capitalistas ainda não está disponível na América do Norte [...]; mas em uma escala maior, a agricultura não é lucrativa. Além de comprar uma fazenda para uso próprio, não há muito o que fazer com a terra, pois o arrendamento de terras não é popular e, de fato, a condição econômica da América do Norte ainda não atingiu o ponto de tornar esse modo de gestão necessário ou desejável.[18]

Aqui, Marx parece mais atento às descrições de que não há tentativas sérias de melhorar o solo por meios mecânicos e químicos devido à falta de conhecimento e capital dos agricultores. As passagens extraídas dão a impressão de que ele estava menos interessado no estado de esgotamento dos solos na América do Norte do que nos relatórios de Johnston sobre o estado primitivo ou pré-capitalista da agricultura, o que ao mesmo tempo implica a possibilidade futura de aumentar a produtividade das terras.

Para examinar o interesse de Marx à época com mais cuidado, é necessário considerar outros trechos dos *Cadernos de Londres*. No *Caderno de Londres VIII*, Marx estudou *On the Nature and Property of Soils* [Sobre a natureza e a propriedade dos solos] (1838), de John Morton, um dos primeiros estudos sobre a relação entre a composição geológica e a produtividade da terra. Devido a um conhecimento inadequado da química, Morton não entendeu corretamente o papel dos materiais inorgânicos, que ele pensava que aumentariam a produtividade apenas pela mudança da "textura" do solo, melhorando assim a eficácia das plantas em absorver umidade, ar, calor e materiais orgânicos:

---

[18] Ibidem, p. 88-9, ênfase no original.

Todos os adubos minerais, como cal, giz, marga, areia, cascalho etc., atuam no solo apenas como uma alternativa, alterando os constituintes do solo e melhorando sua textura, e dando-lhe um maior poder de embebição e decomposição de água, ar e matéria orgânica.[19]

Como ele não compreendeu a função dos minerais e enfatizou a função essencial das plantas decompostas, Morton também insistiu com otimismo que "em um exame cuidadoso", se descobre que "*a produção de vegetais nunca esgotará uma terra*"[20]. Morton argumentou que "a qualidade do solo em cada lote de terra é infinitamente variada e aumenta de valor de acordo com o grau de cultura que recebe", e que o solo é "suscetível a uma melhoria contínua por cada nova aplicação de capital judiciosamente empregado. P. 221"[21]. Assim como Anderson, Morton apontou a possibilidade de melhoria da fertilidade do solo justamente por meio do cultivo constante. Esse é um aspecto importante de seu livro, e provavelmente é por isso que Marx realizou excertos dele.

Apesar do tom aparentemente otimista de Morton, que parece negligenciar o problema do esgotamento do solo, deve-se atentar para o motivo pelo qual ele estava ingenuamente convencido da fertilidade duradoura do solo. Segundo ele, os "poderes da natureza para criar produções vegetais parecem nunca diminuir", apenas porque "a deterioração de uma safra produz os nutrientes da outra"[22]. Mesmo que a visão de Morton seja restringida pelo conhecimento teórico e prático de sua época, essa limitação permitiu-lhe simplesmente pressupor o ciclo da nutrição entre as plantas velhas e novas como uma condição viável para a agricultura sustentável.

Nesse contexto, vale a pena examinar os excertos de *The Past, the Present, and the Future* [O passado, o presente e o futuro] (1848), de Henry C. Carey,

---

[19] Ibidem, p. 306-7. Morton errou ao escrever sobre o papel do solo no crescimento das plantas: "Os elementos mais importantes para a vegetação são a água, o ar, a luz e o calor; o homem, sem eles, pode gastar suas forças em vão. [...] O solo, sendo, portanto, apenas o reservatório de água, ar e calor e matéria orgânica em decomposição, pode tornar-se fértil ou estéril se lhe for dado o poder de armazenar e reter esses elementos para uso em uma quantidade muito maior do que antes ou se for privado do poder de receber, reter e transmiti-los às plantas". John Morton, *On the Nature and Property of Soils* (2. ed., Londres, James Ridgway Piccadilly, 1840), p. 123.

[20] MEGA² IV/8, p. 306, ênfase nossa.

[21] Ibidem, p. 309, p. 311.

[22] Ibidem, p. 305.

que Marx compilou no *Caderno de Londres* X. Como Johnston em *Notes on North America*, Carey desafiou explicitamente a tese de Morton, apontando que a reciclagem de nutrientes estava em perigo na América do Norte por causa de um manejo que esgota o solo. O alerta de Carey é baseado no entendimento de que o tratamento racional do solo requer a reposição dos elementos constituintes do solo para garantir o ciclo de nutrição. Se produtores e consumidores moram próximos uns dos outros e desistem do comércio de longa distância, a condição para a manutenção da fertilidade do solo pode ser facilmente satisfeita, de modo que a fertilidade geral pode aumentar por meio de um retorno efetivo de dejetos e excrementos ao solo: "Quando o consumidor e o produtor estão reunidos, o homem é capaz de obrigar os ricos solos a exercerem seus poderes dando os vastos suprimentos de alimentos de que são capazes, e retribuir dando-lhes todo o refugo"[23]. Carey apontou o estado real da agricultura dos Estados Unidos sob o domínio econômico e comercial britânico: "A tendência de todo o sistema dos Estados Unidos é tirar da grande máquina tudo o que ela produzir, sem dar nada em troca"[24]. Isso porque os assentamentos naquele país espalhados por uma enorme extensão de terra impediram a interação social, e a divisão social entre indústria e agricultura impossibilitou o retorno dos nutrientes ao solo. A situação ficou ainda pior porque a economia dos Estados Unidos era fortemente dependente de suas exportações de grãos para a Inglaterra. Carey repreendeu a nação dizendo que essa dilapidação proliferaria à medida que o comércio de grãos, com sua grande distância entre produtor e consumidor, aumentasse.

Carey forneceu alguns exemplos da perturbação do ciclo de nutrição na América do Norte devido à perda de adubo:

> O fazendeiro de Nova York cultiva o trigo, que esgota a terra. Ele vende aquele trigo, e tanto o grão quanto a palha se perdem. O rendimento médio por acre, originalmente *vinte* alqueires, cai *um terço*.
> O do Kentucky esgota suas terras com cânhamo e então desperdiça seu adubo na estrada, ao carregá-lo ao mercado. A Virgínia está esgotada com o tabaco e os homens abandonam suas casas para buscar novas terras no Oeste, para serem novamente esgotadas; e assim se desperdiça trabalho e adubo, enquanto a grande máquina se deteriora, porque os homens *não podem* tirar dela o vasto suprimento

---

[23] Henry Charles Carey, *The Past, the Present, and the Future* (Filadélfia, Carey & Hart, 1848), p. 299.
[24] Ibidem, p. 304-5.

de alimentos de que está carregada. [...] A Carolina do Sul tem milhões de hectares admiravelmente adaptados ao cultivo de ervas ricas, cujo adubo produzido enriqueceria os esgotados campos de algodão; mas ela exporta arroz e algodão, e perde todo o adubo.[25]

A divisão social do trabalho, que se baseia na "dispersão" proveniente do antagonismo entre cidade e campo, exige o transporte de longa distância de produtos agrícolas e, como resultado, desperdiça grande quantidade de adubo e mão de obra. A fim de evitar o esgotamento do solo devido à exportação e utilizar os recursos limitados de forma mais eficiente, Carey defendeu fervorosamente a "concentração", isto é, a construção de uma comunidade autárquica fundada em uma concentração de produtores e consumidores, o que acabaria com a oposição entre cidade e campo.

Apesar dessas observações explícitas de Carey sobre os solos esgotados dos Estados Unidos, semelhantes às que Marx encontrou na *The Economist*, Marx não pareceu dar atenção especial a elas. Não citou nenhuma dessas sentenças, embora tenha copiado várias passagens antes e depois delas. Isso é surpreendente porque a crítica de Liebig à prática moderna do roubo refere-se diretamente ao trabalho de Carey[26]. A negligência implica a indiferença de Marx ao problema do esgotamento do solo.

Contudo, os excertos de Marx têm outro enfoque. Ele se concentra nas tentativas de Carey de refutar a existência de limites naturais ao desenvolvimento agrícola pela escassez de solos férteis disponíveis. Carey sustentou, sem muita análise histórica concreta, que o desenvolvimento da sociedade permite o cultivo de melhores solos: "Descobrimos que, invariavelmente, quanto mais densa a população e quanto maior a massa de riqueza, mais os bons solos são cultivados"[27]. Carey formulou essa tendência histórica como uma crítica à lei dos rendimentos decrescentes. Marx reconheceu claramente esse ponto e anotou uma passagem na qual Carey argumentou contra o economista político clássico J. R. McCulloch, que, como ricardiano, insistia nos "limites" naturais intransponíveis do desenvolvimento agrícola devidos à escassez das melhores terras: "O homem está sempre indo de um solo pobre a um melhor,

---

[25] Ibidem, p. 305-7, ênfase no original.
[26] Justus von Liebig, *Naturwissenschaftliche Briefe über die moderne Landwirthschaft* (Leipzig, C. F. Winter'sche Verlagshandlung, 1859), p. 202-3; Foster, *Marx's Ecology*, cit., p. 153.
[27] MEGA² IV/8, p. 743.

e depois voltando sobre suas pegadas ao solo pobre original, e revirando a marga ou o cal; e assim por diante, em contínua sucessão [...] e a cada etapa desse curso, ele está construindo máquinas melhores. (129)"[28]. Carey insistia no crescimento unilateral da produtividade agrícola com o desenvolvimento futuro da sociedade.

Com uma linha vertical para dar ênfase, Marx também extraiu do livro de Carey que, ao contrário da lei dos rendimentos decrescentes, o aumento da população e o desenvolvimento agrícola se reforçariam mutuamente, realizando o progresso "harmonioso" da civilização:

> Em todos os lugares, com maior poder de união, os vemos exercendo maior poder sobre a terra. Em todos os lugares, à medida que os novos solos são postos em atividade e são capazes de obter retornos maiores, encontramos um aumento mais rápido da população, produzindo uma tendência crescente de combinação de esforços, pela qual os poderes do trabalhador individual são triplicados etc. (48, 49).[29]

Carey rejeita o "sistema de Ricardo", fundado no pressuposto da lei dos rendimentos decrescentes, como um sistema de "discórdias", e chega a dizer que o livro de Ricardo é "o verdadeiro manual do demagogo, que busca poder por meio do agrarismo, da guerra e da pilhagem. (74, 5)"[30]. Marx atribuiu uma anotação especial (linhas verticais) para marcar a passagem.

A animosidade de Carey em relação a tudo conectado à Inglaterra pode ser interpretada como uma crítica ao imperialismo britânico a partir de uma periferia colonizada. Marx não aceita tal polêmica porque Carey dissolve o antagonismo de classe sob o modo de produção capitalista na América do Norte na harmonia ilusória de uma comunidade de pequenas cidades. Apesar dessa diferença, Marx apreende a compreensão histórica de Carey sobre o aumento da produtividade agrícola em uma tentativa de reunir materials contra a lei dos rendimentos decrescentes de Ricardo e Malthus.

---

[28] Ibidem, p. 746. A tese de Carey sobre o crescimento futuro diz respeito principalmente à ordem progressiva de cultivo em solos mais férteis e não muito à melhoria de solos inférteis por meio de adubação e drenagem, embora ele não exclua tal possibilidade. O modelo de Carey, portanto, pressupõe certa fertilidade fixa do solo para ilustrar o processo unilateral de cultivo com uma lei oposta à de Ricardo.

[29] Ibidem, p. 744.

[30] Ibidem, p. 745.

Archibald Alison em seus *Principles of Population* [Princípios da população] (1840), que Marx também leu, argumenta contra a suposição de Malthus, apontando o aumento da população norte-americana, que dobrara a cada 33,5 anos desde 1640: "Essa longa e surpreendente multiplicação durante dois séculos é o fato mais luminoso que a história do globo já exibiu a respeito da superioridade fixa que o produto do trabalho humano é capaz de manter mesmo diante do enorme crescimento das espécies. (39, 40)"[31]. Na época, ainda havia uma opinião popular de que a agricultura dos Estados Unidos se desenvolveria com o aumento da população. Na verdade, ela refletia parcialmente a realidade. Nessa situação, na verdade não é tão surpreendente que Marx, durante sua leitura de Carey e Alison, não tenha prestado atenção especial ao problema do esgotamento da terra na América do Norte, um fenômeno que parecia de fato fortalecer a validade da teoria de Ricardo e Malthus.

Os *Cadernos de Londres* contêm pesquisas de vários livros sobre ciências agrônomas, enfatizando que apenas um manejo consciente do solo – seu potencial foi oferecido pela primeira vez pelas ciências naturais, tecnologias com fertilizantes químicos, drenagem e rotação de culturas – poderia realizar um grande avanço na produtividade agrícola. A pesquisa de Marx sobre a evolução agrícola nos séculos XVIII e XIX foi, nesse sentido, definitivamente produtiva no que diz respeito à sua crítica contra Ricardo e Malthus. No entanto, Marx ainda não se comprometeu com nenhuma crítica séria à situação real da agricultura, que se caracterizava por uma rápida diminuição da fertilidade do solo e estava longe de realizar o cultivo racional ideal baseado em um ciclo contínuo de nutrientes no solo.

Como consequência, Marx parecia muito otimista ao atribuir o problema do esgotamento do solo às sociedades pré-capitalistas e primitivas, não sendo analisado como um problema específico da produção capitalista moderna. Consequentemente, Marx enfatizou a importância estratégica de mais progresso agrícola para a revolução que se aproxima, como declarou em sua carta a Engels de 14 de agosto de 1851: "Mas quanto mais eu entro no assunto, mais me convenço de que a reforma agrícola, e, portanto, a questão da propriedade baseada nela, é o alfa e o ômega da revolução vindoura. Sem isso, Parson Malthus provará estar certo"[32]. A falácia teórica de Malthus, argumentou Marx, deve ser superada por meio do progresso agrícola.

---

[31] MEGA² IV/9, p. 257.
[32] Marx e Engels, *Collected Works*, cit., v. 38, p. 425.

Os químicos otimistas do século XIX

A tendência otimista de Marx continua nos *Cadernos de Londres* XII a XIV, nos quais fez excertos cuidadosos de Liebig e Johnston a fim de se apropriar de uma base sistemática e científica sobre a melhoria da produtividade agrícola. Nesses excertos, pode-se ver claramente a perspectiva otimista generalizada de muitos químicos europeus sobre o futuro desenvolvimento agrícola.

Liebig, um dos químicos alemães mais famosos do século XIX, é frequentemente considerado o "pai da química agrícola". Em seu livro que marcou época, *Química orgânica em sua aplicação à agricultura e à fisiologia*, cuja quarta edição Marx leu enquanto preparava o *Caderno de Londres* XII, Liebig aplica seu profundo conhecimento de química e fisiologia à agricultura e argumenta que essas ciências são bastante úteis para alcançar o "objeto geral da agricultura". Elas podem ser usadas para determinar os componentes dos solos e das plantas, como funcionam e como devem ser consumidos e suplementados de maneira eficiente. Marx anota a passagem:

> O objetivo geral da agricultura é produzir da maneira mais vantajosa certas qualidades, ou um tamanho máximo, em certas partes ou órgãos de determinadas plantas. Ora, esse objetivo só pode ser alcançado pela aplicação das substâncias que sabemos serem indispensáveis ao desenvolvimento dessas partes ou órgãos, ou pelo fornecimento das condições necessárias à produção das qualidades desejadas.[33]

A compreensão inadequada da química e da fisiologia vegetal leva à falácia da chamada teoria do húmus, famosa pela defesa de Johann Heinrich von Thünen, que presume erroneamente a contribuição direta dos resíduos bem decompostos das plantas como fonte de alimento vegetal absorvido pelas raízes das plantas. Liebig demonstra de maneira persuasiva, com base em seus experimentos químicos, que o húmus contribui apenas indiretamente para o crescimento da planta, fornecendo carbono e nitrogênio no processo de sua decomposição. Portanto, conclui de suas observações que a importância do húmus é muito limitada ou mesmo inexistente – em uma edição anterior da *Química agrícola*, ele tinha ido tão longe a ponto de dizer que o húmus "não rende quaisquer nutrientes para as plantas" – porque as plantas podem mais tarde absorver o carbono do gás carbônico na atmosfera por meio da fotossíntese e receber nitrogênio do solo na forma de amônia.

---

[33] MEGA² IV/9, p. 200.

A "teoria mineral" de Liebig, em contraste com a ênfase na matéria orgânica da teoria do húmus, enfatiza o papel essencial da matéria inorgânica no solo para o amplo crescimento das plantas. No entanto, de acordo com Liebig, ela pode ser esgotada pelo cultivo porque nem a atmosfera nem a água da chuva podem fornecê-la tanto quanto as plantas a absorvem. A perda de matéria inorgânica deve ser reduzida ao máximo para que o solo possa manter sua fecundidade original a longo prazo. Esse tratamento racional do solo ocorre, segundo Liebig, por meio de diversos métodos, como pousio, rotação de culturas e trevo. O pousio dá ao solo certo tempo durante o qual novas substâncias inorgânicas ficam disponíveis para as plantas por meio do intemperismo. A rotação de culturas visa a uma produção mais sustentável, pelo cultivo de diferentes tipos de plantas no mesmo terreno, de modo que diferentes substâncias minerais possam ser absorvidas a cada vez. O cultivo do trevo absorve nutrientes não utilizados de camadas profundas do solo e os disponibiliza para outras plantas (e, como mais tarde foi descoberto, fixa o nitrogênio da atmosfera), e o trevo também se torna forragem para alimentar bovinos e ovelhas cujos excrementos fornecem adubo animal. Não obstante, muitas vezes é necessário adicionar uma quantidade de minerais diretamente ao solo, seja para evitar um estado de esgotamento ou para aumentar sua produtividade: "A fertilidade de um solo não pode permanecer intacta, a menos que substituamos nele todas as substâncias das quais ele foi privado. Agora isso é feito com *adubo*"[34]. Segundo Liebig, a fertilidade aumenta, por exemplo, pela adição de excrementos e ossos de animais e humanos ao solo.

Liebig, portanto, reconhece a importância de suplementar as substâncias minerais com adubos para evitar o esgotamento do solo. Ao contrário da crença vitalista da época, a análise de Liebig da reação química dos adubos no solo chega a uma conclusão provocativa – que excrementos e ossos podem ser substituídos por outros materiais com a mesma composição química ou similar: "Os excrementos animais podem ser substituídos por outras substâncias que contêm seus constituintes essenciais"[35]. Uma vez que as análises químicas e fisiológicas das plantas podem mostrar de quais substâncias minerais elas precisam, Liebig espera substituir excrementos e ossos de animais por fertilizantes químicos produzidos em massa em fábricas no futuro, eliminando o sofrimento de coletar estrume do estábulo e ossos e jogá-los sobre o campo, como Marx documenta em seu caderno:

---

[34] Ibidem, p. 207.
[35] Ibidem, p. 209.

Que essa restauração seja efetuada por meio de excrementos, cinzas ou ossos é em grande parte indiferente. Chegará o tempo em que os campos serão adubados com uma solução de vidro (silicato de potássio), com cinzas da palha queimada e com sais de ácido fosfórico *preparados em fábricas de produtos químicos*.[36]

Como essa passagem mostra claramente, Liebig está bastante otimista sobre o desenvolvimento futuro das ciências naturais, que levará à produção de uma grande quantidade de adubo químico nas fábricas. Essa possibilidade, sugerida por um químico famoso, deve ter parecido a Marx um forte contra-argumento à lei ricardiana dos rendimentos decrescentes.

Certamente Liebig está ciente de que, uma vez que os materiais inorgânicos são finitos, a agricultura pode esgotar os solos se o cultivo continuar sucessivamente. Algumas passagens da quarta edição da *Química agrícola* reconhecem o estado de esgotamento dos solos na Europa e nos Estados Unidos, mas seu tom de crítica ainda permanece fraco. Liebig apenas menciona o fato do esgotamento do solo para enfatizar o papel essencial dos minerais contra a teoria do húmus[37]. Afinal, Liebig presume que o estado de esgotamento dos solos pode ser sanado com fertilizantes sintéticos. Marx estudou Liebig cuidadosamente não porque estava interessado no estado de esgotamento da terra devido à agricultura, mas porque se esforçava para compreender a função e o mecanismo da matéria orgânica e inorgânica para o crescimento das plantas e uma variedade de métodos para aumentar as safras, incluindo fertilizantes químicos.

A intenção de Marx ao estudar Liebig fica clara em seus excertos dos livros de James F. W. Johnston nos *Cadernos de Londres*. Em carta a Engels de 13 de outubro de 1851, Marx afirmou que tinha se "aprofundado principalmente em tecnologia, sua história e em agronomia" para que pudesse "formar pelo menos algum tipo de opinião sobre o assunto", e referiu-se afirmativamente a *Notes on North America* (1851) de Johnston, mesmo caracterizando-o como "o Liebig inglês" (embora fosse escocês)[38]. Marx já tinha lido as *Lectures on Agricultural*

---

[36] Ibidem, p. 210, ênfase no original.
[37] Ibidem, p. 202. Marx anota uma passagem na qual Liebig descreve o estado de esgotamento das terras da Nova Inglaterra, que produziam muito trigo e tabaco sem adubo, mas se tornaram improdutivas. No entanto, Liebig menciona isso apenas para substanciar sua reivindicação de realizar o sistema de "cultura racional" de pousio, rotação de culturas e fertilizantes sintéticos. Na verdade, Liebig não faz nenhum comentário crítico sobre a práxis agrícola que causou tal esgotamento do solo naquela região.
[38] Marx e Engels, *Collected Works*, cit., v. 38, p. 476.

Chemistry and Geology [Palestras sobre química agrícola e geologia] (1847) e o *Catecism of Agricultural Chemistry and Geology* [Catecismo de química agrícola e geologia] (1849) de Johnston e estudado cuidadosamente esses livros nos *Cadernos de Londres* XIII e XIV. Uma vez que Marx identificou Johnston com Liebig, os excertos nos ajudam a discernir mais claramente como Marx estava lendo Liebig e quais aspectos da química agrícola ele estava tentando aprender com esses proeminentes químicos agrícolas.

Johnston, químico e geólogo escocês, contribuiu para o desenvolvimento da práxis agrícola por meio da aplicação de conhecimentos químicos e geológicos adquiridos em suas várias viagens pela Europa e América do Norte. De maneira semelhante a Liebig, Johnston reconheceu que a matéria orgânica por si só não é suficiente para o crescimento amplo das plantas, mas que a matéria inorgânica deve ser constantemente devolvida ao solo depois que as plantas a absorvem[39]. Certamente é preferível cultivar terras em melhores condições naturais, então Johnston investigou o mecanismo de "formação geológica" de longo prazo, que revela a formação do solo por meio do intemperismo, e propôs fazer um levantamento geológico e preparar um "mapa" geológico que destacasse os solos mais férteis[40].

Além disso, a visão de Johnston da agricultura opunha-se à de Ricardo e Malthus, embora ele não se referisse diretamente a eles. Ele também acreditava firmemente, diferentemente de Ricardo, que "as características e a composição naturais" estão sujeitas a melhorias mecânicas e químicas. Marx estava consciente disso ao comentar: "As diferenças da natureza [são] muito grandes. Mas pode-se assumir o controle sobre as circunstâncias que elas criam e essas diferenças podem ser reduzidas"[41]. Johnston promulgou os benefícios das modificações artificiais da fertilidade do solo: O "fazendeiro pode mudar as características da própria terra. Ele pode alterar tanto suas qualidades físicas quanto sua composição química e, portanto, pode adaptá-la ao cultivo de outras espécies de plantas além das que ela carrega naturalmente – ou, se ele escolher, as mesmas espécies em maior abundância e com maior exuberância"[42].

---

[39] James F. W. Johnston, *Lectures on Agricultural Chemistry and Geology* (2. ed., Edimburgo/Londres, W. Black and Sons, 1847), p. 855-6.

[40] Idem, *Catechism of Agricultural Chemistry and Geology* (23. ed., Edimburgo/Londres, W. Black and Sons, 1849), p. 44.

[41] MEGA² IV/9, p. 277.

[42] Ibidem, p. 299.

Assim, é claro que, de acordo com Johnston, a suposição de Ricardo não é imediatamente válida na realidade, na medida em que a modificação da fertilidade do solo torna o processo histórico real de formação da renda diferencial muito mais complicado. Essa é de fato a linha do argumento de Marx até os *Manuscritos econômicos de 1861-1863*.

Para Johnston, a possibilidade de aumentar a fertilidade geral do solo desempenha um papel central, o que dá um tom otimista à sua discussão geral. Embora esteja certamente consciente do perigo do esgotamento do solo devido ao seu tratamento irracional, ele está convencido do futuro melhoramento agrícola com a ajuda da química e da geologia. Como Marx documenta do *Catecism* de Johnston:

> O esgotamento especial [pode ser] evitado pela devolução ao solo das substâncias específicas que minhas safras retiraram. Por exemplo, o ácido fosfórico é reposto por meio de pó de osso ou guano ou fosfato de cal. [...] No entanto, se o fazendeiro colocar no solo substâncias adequadas, nas quantidades adequadas e nos momentos adequados, ele poderá manter a fertilidade da terra, talvez para sempre. O fazendeiro deve pôr na terra pelo menos tanto quanto tira. Para tornar sua terra melhor, ele deve pôr mais do que tira.[43]

Aqui é possível observar o mesmo otimismo de Liebig, segundo o qual o esgotamento do solo poder ser evitado com o fornecimento de substâncias inorgânicas, e até mesmo a melhoria da fertilidade do solo está prevista. Para obter lucros constantes e maximizá-los sem esgotar o solo, o que é o objetivo da agricultura, Johnston defende o aumento da produtividade via a alteração da composição química da terra por meios mecânicos e químicos[44]. Para tanto, sugere também importar de países estrangeiros "guano" e "ossos" ricos em substâncias minerais, por serem adequados ao transporte em grandes distâncias, embora seja, como veremos adiante, exatamente a visão que Marx questiona na década de 1860 sob a influência de Liebig[45].

Agora podemos então compreender melhor por que Marx chama Johnston de "o Liebig inglês". Ambos apreciam o papel essencial dos minerais para o

---

[43] Ibidem, p. 380.
[44] Johnston escreve sobre o objetivo da agricultura: "Produzir as maiores safras com o menor custo e com o mínimo de danos à terra" (ibidem, p. 372).
[45] Ibidem, p. 381.

crescimento das plantas, porém, mais importante, compartilham o mesmo otimismo sobre a melhoria da produtividade agrícola em um grau considerável por meio da aplicação da ciência e da tecnologia naturais. No contexto da crítica à lei ricardiana dos rendimentos decrescentes, as afirmações feitas por Liebig e Johnston fornecem a Marx um fundamento científico das possibilidades da produção agrícola moderna com base nas mais recentes descobertas das ciências naturais. Diferentemente de Ricardo, que assume um limite natural estrito para a melhoria da produtividade de cada solo, Marx passa a acreditar em um grande avanço futuro da agricultura.

É claro que isso não significa que a fertilidade do solo pudesse ser multiplicada infinitamente, como se não houvesse limites naturais para a produção agrícola. No entanto, uma vez que Marx presume que o estado de esgotamento do solo pode ser sanado com fertilizantes sintéticos, guano e ossos, é difícil encontrar uma análise concreta sobre a relação entre o cultivo esgotante e os limites naturais do solo. Isso faz com que o tom geral dos cadernos de Marx de 1851 pareça às vezes muito otimista, atribuindo o problema do esgotamento do solo ao atraso tecnológico e moral da prática agrícola "primitiva". Criticando a compreensão *a-histórica* de Ricardo e Malthus do caráter natural do solo, Marx enfatiza muito fortemente *o caráter social* da produtividade agrícola, como se o limite natural imposto à agricultura não existisse realmente. Ao fazer isso, seu arcabouço teórico assume taticamente uma visão binária estática da relação entre natureza e sociedade, sem considerar adequadamente o emaranhado dinâmico da lógica interna do mundo material natural e suas modificações sociais e históricas sob o capitalismo. Contudo, graças à sua crítica da economia política, Marx mais tarde lida com o problema do esgotamento do solo no capitalismo e o vê como uma contradição da sociedade moderna.

A POLÊMICA EM TORNO DA PROBLEMÁTICA DE LIEBIG

Durante a redação de *O capital* na década de 1860, Marx novamente estudou intensamente as ciências naturais, lendo Liebig pelo menos duas vezes. Em julho de 1863, realizou excertos de *Sobre teoria e prática na agricultura* (1856) e, em 1865-1866, da sétima edição da *Química agrícola* (1862). Ambos os conjuntos de excertos são de grande importância porque documentam o desenvolvimento do projeto de Marx mediado pela virada crítica de Liebig[46].

---

[46] Esses excertos serão publicados em MEGA² IV/17 e IV/18 respectivamente.

Como visto acima, na quarta edição da *Química agrícola*, a teoria de Liebig ainda era otimista, acreditando no efeito quase infinito da melhoria do solo por meio de fertilizantes químicos com substâncias inorgânicas produzidas em fábricas. Depois de enfrentar uma série de críticas severas devido ao exagero de suas teorias dos minerais inorgânicos e ao efeito de seu próprio adubo comercial patenteado, ele começou a modificar seus argumentos. Essa mudança também se reflete em seu *Sobre teoria e prática na agricultura*. Ele então alertava para o perigo de esgotamento do solo, mas ao mesmo tempo enfatizava a onipotência do fertilizante químico com mais força que nunca. Essa ambivalência de Liebig é perceptível no debate entre "teoria mineral" e "teoria do nitrogênio", que foi iniciado por sua rejeição da necessidade de introduzir amônia artificialmente.

Liebig mudou sua opinião a respeito da fonte de nitrogênio para o crescimento das plantas na quinta edição da *Química agrícola*, publicada em 1843. Ele então passou a argumentar que a amônia (como a principal fonte de nitrogênio) como nutriente das plantas é fornecida ao solo em quantidade suficiente pela água da chuva[47]. Repetiu explicitamente a mesma opinião também em *Sobre teoria e prática na agricultura*, e Marx reconheceu esse novo ponto ao observar: "Os solos férteis contêm de quinhentas a mil vezes mais nitrogênio que o necessário para a maior safra de trigo, ou do que é dado a ela no suprimento mais liberal de adubo". Liebig argumentou que a amônia é "sempre e eternamente" transmitida do ar para o solo e, portanto, "inesgotável"[48].

Pode-se ver como é drástica a mudança de visão de Liebig sobre a amônia se compararmos essa afirmação com outra da quarta edição da *Química agrícola*, que Marx marcou com triplas linhas verticais em seus *Cadernos de Londres*: "As plantas cultivadas recebem a mesma quantidade de nitrogênio da atmosfera que as árvores, arbustos e outras plantas selvagens; mas isso *não* é suficiente para fins agrícolas"[49]. Liebig assumiu ainda a necessidade de introdução adicional de sal de amônia para atingir uma maior quantidade de safras. Um ano depois, na quinta edição da *Química agrícola*, Liebig surpreendentemente inverteu sua opinião na seguinte frase: "As plantas cultivadas recebem a mesma quantidade de nitrogênio da atmosfera que as árvores, arbustos e outras plantas silvestres;

---

[47] Justus von Liebig, *Die Chemie in ihrer Anwendung auf Agricultur und Physiologie* (Braunschweig, Friedrich Vieweg und Sohn, 1843), p. 368.
[48] MEA, Sign. B 93, p. 37-8.
[49] MEGA² IV/9, p. 189, ênfase nossa.

e *isso é bastante suficiente para fins agrícolas*"[50]. Em *Sobre teoria e prática na agricultura*, Liebig repetiu sua nova opinião: "O fornecimento de amônia é desnecessário e supérfluo para a maioria das plantas cultivadas"[51].

Essa mudança repentina de opinião, após uma viagem de pesquisa à Inglaterra, inspirou uma série de críticas severas que o repreenderam por sua subvalorização da importância do nitrogênio para o cultivo das safras. John Bennet Lawes, o primeiro produtor industrial bem-sucedido de fertilizantes químicos da Inglaterra, denunciou duramente a teoria mineral de Liebig. Por meio de uma série de experimentos conduzidos com Joseph Henry Gilbert em Rothamsted, Lawes demonstrou que o fornecimento de sal de amônia sem dúvida aumentou as colheitas. Devido ao fracasso total do adubo patenteado de Liebig, Lawes estava ainda mais convencido de que as substâncias minerais por si só não são capazes de aumentar as colheitas porque a quantidade de nitrogênio naturalmente existente no solo não é suficiente para o amplo crescimento das plantas cultivadas[52]. Ele concluiu que o agricultor deve prestar atenção especial ao esgotamento do nitrogênio do solo:

> Mas o que dizemos é que pelos métodos comuns da agricultura prática, por meio dos quais quaisquer solos são utilizados para produzir uma quantidade razoável de grãos e carne apenas, para a venda, seu esgotamento característico, como produtor de grãos, será de NITROGÊNIO; e que os constituintes minerais estarão, assim, EM RELAÇÃO AO NITROGÊNIO, em excesso.[53]

Essa crítica causou um debate acalorado (em retrospecto, superaquecido) entre a teoria mineral e a teoria do nitrogênio.

---

[50] Liebig, *Die Chemie in ihrer Anwendung auf Agricultur und Physiologie*, cit., p. 68, ênfase nossa.

[51] Idem, *Ueber Theorie und Praxis in der Landwirthschaft* (Braunschweig, Friedrich Vieweg und Sohn, 1856), p. 45.

[52] John Bennet Lawes, "On Agricultural Chemistry", *Journal of the Royal Agricultural Society of England*, 8, 1847, p. 226-60. As críticas contra Liebig intensificaram-se devido ao fracasso de seu fertilizante mineral. Seu adubo patenteado não funcionou devido à falta de nitrogênio e, mais tarde, ele admitiu a falha. Ver Brock, *Justus von Liebig*, cit., p. 123.

[53] John Bennet Lawes e Joseph Henry Gilbert, "On Agricultural Chemistry – Especially in Relation to the Mineral Theory of Baron Liebig", *Journal of the Royal Agricultural Society of England*, 12, 1851, p. 1-40.

Contra as tentativas de Lawes e Gilbert de demonstrar que o nitrogênio sozinho garante colheitas maiores, Liebig defendeu sua teoria mineral em *Sobre teoria e prática na agricultura*. Admitindo que um suprimento adicional de sal de amônia aumenta as safras ao longo de um certo período de tempo, argumentou que esse aumento temporário não altera a soma total das safras no longo prazo. Marx documentou a resposta de Liebig a Lawes e Gilbert:

> Se, agora, pela adição de amônia e ácido carbônico, ou apenas de amônia, a produção desse solo, em um ano, for dobrada, então o solo assim tratado fornecerá, em cinquenta anos, tanto produto quanto teria feito, sem amônia, em cem anos. O solo terá perdido, em cinquenta anos, tanto dos elementos minerais da nutrição quanto teria perdido, sem amônia, em cem anos. Com essa aplicação de amônia, o campo não terá produzido mais trigo, em geral, do que teria produzido sem amônia, mas apenas *mais no mesmo tempo*.[54]

Visto que a natureza pode suplementar lentamente as substâncias minerais por meio do intemperismo do solo, é absolutamente necessário adicionar adubo. O uso de amônia por si só não é suficiente para manter a fertilidade do solo.

O sal de amônia adicional esgota o solo mais rapidamente porque as plantas retiram outras substâncias minerais em proporção à quantidade aumentada de amônia. Assim, o adubo de amônia permite que as plantas absorvam o dobro, o triplo ou mesmo o quádruplo de nitrogênio e a quantidade proporcional de matéria mineral, embora a quantidade desta última seja mais limitada que a de nitrogênio: "A quantidade de produtos, nesses casos, é indiscutivelmente proporcional à quantidade de elementos minerais de nutrição presentes nos solos". Segue-se que "o esgotamento do solo pelo cultivo é diretamente proporcional à parte dessa quantidade ou soma que o solo rendeu anualmente à cultura cultivada nele"[55]. Todo nutriente necessário deve ser suficiente para aumentar o rendimento da colheita. Quando as substâncias minerais são retiradas do solo junto com o nitrogênio, é necessário devolvê-las ao solo. É aí que reside o cerne da "lei do mínimo" de Liebig – que o crescimento das plantas é condicionado pela substância cuja quantidade é menor no solo, ou seja, substâncias inorgânicas.

---

[54] MEA, Sign. B 93, p. 39.
[55] Ibidem, p. 38, ênfase no original.

Na quarta edição da *Química agrícola*, Liebig falou sobre o possível esgotamento do solo devido à falta de constituintes minerais do solo. Isso não teve nada a ver com sua virada crítica contra a agricultura moderna, pois seu comentário foi estrategicamente destinado a destacar a importância das substâncias minerais contra a teoria do nitrogênio. Isso é "estratégico" porque ele acreditava que o perigo de esgotamento do solo poderia ser facilmente superado com sua teoria mineral. Ele insistiu que a química devia abrir novas possibilidades para a agricultura, exigindo, por exemplo, que excrementos de animais fossem substituídos de maneira mais eficiente por adubos químicos. Reconheceu as dificuldades para a fabricação em massa de fertilizantes químicos ideais dado o conhecimento da química de então, mas sua química agrícola deveria em breve "iniciar uma nova era da agricultura"[56]. Afinal, Liebig não era apenas um químico, mas um produtor capitalista de fertilizantes químicos (seu adubo patenteado), e a influência crescente de sua teoria mineral está intimamente ligada ao aumento de sua riqueza.

Devemos ter em mente o interesse próprio de Liebig ao considerarmos sua afirmação em *Sobre teoria e prática na agricultura* :

> O objeto em vista era uma completa revolução da agricultura. O adubo coletado nos campos deveria ser totalmente excluído e todos os constituintes minerais removidos das lavouras deveriam ser restaurados pelo adubo mineral. As rotações costumeiras deveriam cessar. [...] O adubo deveria fornecer os meios para o cultivo, no mesmo campo, ininterruptamente e ainda sem esgotamento, da mesma safra, seja de trevo, trigo ou qualquer outra, de acordo com o desejo ou necessidade do agricultor.[57]

Liebig prevê um futuro semelhante em *Princípios de química agrícola*, publicado em 1855:

> Em nosso tempo, um problema que merece a atenção do agricultor científico é este: substituir a rotação de culturas por uma rotação dos próprios adubos, pela qual ele poderá cultivar em cada um de seus campos aquelas culturas cuja venda, de acordo com sua localidade e seu objetivo especial, lhe seja mais lucrativa.

---

[56] Justus von Liebig, "On Some Points in Agricultural Chemistry", *Journal of the Royal Agricultural Society of England*, 17, 1856, p. 284-326.

[57] Idem, *Ueber Theorie und Praxis in der Landwirthschaft*, cit., p. 59-60.

Quão amplamente simplificado seria o trabalho do fazendeiro se ele conseguisse cultivar, no mesmo pedaço de terra, a mesma safra ininterruptamente, sem danos ao solo![58]

A visão de Liebig sobre a revolução agrícola no século XIX é que, graças ao fertilizante químico, não haveria mais necessidade de pousio nem de rotação de culturas[59]. Ele ainda aguça sua reclamação contra Lawes e Gilbert para enfatizar os méritos de seu próprio adubo mineral. Dificilmente se pode deixar de ver sua supervalorização do adubo mineral nessa polêmica. Algum adubo químico futuro permitirá uma flexibilidade agrícola completa, de modo que o agricultor capitalista poderá satisfazer as demandas do mercado sem pousio e rotação de culturas, independentemente das propriedades naturais do solo. Essa negligência ingênua dos limites naturais na produção agrícola não reflete nada além do que a arrogância da ciência moderna, que trata as características e propriedades naturais como meios passivos que os humanos podem modificar arbitrariamente. Quando a nova tecnologia pode transformar essa natureza passiva livremente, de acordo com nossas necessidades, não há espaço para uma investigação ecológica séria.

Portanto, não é surpreendente que, apesar do alerta de Liebig quanto ao esgotamento do solo, ele não tenha desenvolvido uma crítica da prática da agricultura de roubo moderna até o final da década de 1850. Consequentemente, não seria plausível que seu trabalho inspirasse Marx no que diz respeito às consequências negativas da agricultura moderna, pois o tom dominante de *Sobre teoria e prática na agricultura* ainda é a transcendência dos limites naturais por meio da produção em massa de fertilizantes químicos. Mesmo que no início

---

[58] Idem, *Principles of Agricultural Chemistry, with Special Reference to the Late Researches Made in England* (Londres, Walton & Maberly, 1855), p. 47-8.

[59] Nos *Princípios de química agrícola*, Liebig apontou o desperdício de constituintes minerais do solo na Inglaterra: "Uma enorme quantidade dessas substâncias, indispensáveis à nutrição das plantas, é anualmente retirada do solo e transportada para as grandes cidades na forma de farinha, gado etc. É certo que essa remoção incessante de fosfatos esgota a terra e diminui sua capacidade de produzir grãos. Os campos da Grã-Bretanha estão em um estado de esgotamento progressivo por causa disso, como é comprovado pela rápida extensão do cultivo de nabos e de beterraba forrageira – plantas que contêm a menor quantidade de fosfato e, portanto, requerem a menor quantidade para seu desenvolvimento" (ibidem, p. 130). Nesse sentido, Liebig já reconhecia fatos que sustentavam sua crítica ao sistema de agricultura de roubo em 1862, mas não a desenvolveu porque ainda acreditava na onipotência do fertilizante químico.

da década de 1860 Marx tenha notado o problema do esgotamento do solo, os *Manuscritos econômicos de 1861-1863* são às vezes caracterizados como uma visão otimista das forças progressistas do capital. Mesmo depois de ler a ideia otimista de Liebig sobre a manipulação arbitrária dos limites naturais pelas ciências naturais, ainda não há uma reflexão detalhada a respeito dos efeitos destrutivos da produção capitalista nos manuscritos econômicos de Marx. Assim, é seguro concluir que a leitura de Liebig feita por Marx antes de 1863 não inclui uma atitude verdadeiramente crítica em relação à agricultura moderna. Isso muda em *O capital*, indicando quão decisiva foi a sétima edição da *Química agrícola* para o desenvolvimento por Marx de sua crítica da ruptura metabólica.

O SURGIMENTO DE UMA CRÍTICA DA AGRICULTURA MODERNA

Quando Marx estudou textos mais recentes sobre química agrícola em 1865-1866, durante sua preparação para o capítulo sobre renda da terra do Livro 3 de *O capital*, o desenvolvimento de sua economia política permitiu-lhe integrar as descobertas de Liebig que estavam "confirmando totalmente [sua] teoria"[60]. Certamente Marx acreditava ter criticado com sucesso a lei dos rendimentos decrescentes nos *Cadernos de Londres*. Como visto, estava ciente da realidade concreta do esgotamento do solo, mas não sobre suas especificidades. Em vez disso, ele tendia a adotar uma visão otimista do desenvolvimento agrícola futuro. Não investigou o caráter social da fertilidade do solo, toda a panóplia de relações sociais e técnicas que a determinam e que conferem a aparência de validade à lei de Ricardo. Quando escreveu o capítulo sobre a renda fundiária, Marx se concentrou mais cuidadosamente nessa questão. Lidou principalmente com a forma capitalista da agricultura; isto é, como a lógica alienada do capital modifica e até destrói o metabolismo transistórico entre homem e natureza, condição fundamental de toda produção. A humanidade precisa

---

[60] Marx sabia que Liebig ficou mais preocupado com a dificuldade de reciclar minerais para alcançar uma fertilidade duradoura das terras em 1860. Como ele escreveu no *Herr Vogt*: "Liebig critica acertadamente o desperdício sem sentido que rouba do Tâmisa sua pureza e do solo inglês seu adubo" (Marx e Engels, *Collected Works*, cit., v. 17, p. 243). Marx possivelmente obteve essa informação do artigo de Liebig no *The Times* (Londres, 23 dez. 1859). Como Brock aponta (*Justus von Liebig, the Chemical Gatekeeper*, p. 259), esse artigo no qual Liebig falava sobre "a questão do esgoto das cidades" foi muito lido naquela época. No entanto, Marx não integrou imediatamente a visão de Liebig em seus manuscritos econômicos.

trabalhar e transformar a natureza para ser capaz de reproduzir seu ser genérico humano-social distintivo. Contudo, o processo de trabalho, visto do ponto de vista de uma dada realidade concreta, e não simplesmente transistórica, sempre assume uma determinada forma (*Formbestimmung*) *econômica histórica*, associada a um determinado conjunto de relações de produção. Isso reflete a maneira particular pela qual os humanos realizam a interação metabólica com seu ambiente sob relações sociais constituídas de modo capitalista.

O capital de Marx revela que a forma capitalista do trabalho, ou seja, o "trabalho assalariado", transforma e reorganiza radicalmente as dimensões materiais do trabalho de acordo com a lógica da valorização. Surge a dominação do trabalho abstrato como única fonte de valor, que abstrai violentamente o trabalho de outros aspectos concretos essenciais da realidade e torna o homem mera personificação da coisa reificada, por meio da subsunção formal e real ao capital. O processo de acomodação da atividade humana à lógica do capital causa várias desarmonias na vida dos trabalhadores, como excesso de trabalho, transtornos mentais e físicos e trabalho infantil, como Marx descreveu nos capítulos sobre "A jornada de trabalho" e "Maquinaria e grande indústria". Essa dominação do capital vai além da reorganização do trabalho na fábrica, pois a esfera da mercantilização se amplia para subsumir a agricultura. Consequentemente, ela produz vários distúrbios no mundo material ao perturbar a interação metabólica natural entre humanos e natureza. Portanto, não é coincidência que os cadernos de Marx sobre química agrícola também reflitam uma mudança de interesse. Ele então estudou-o novamente para lidar com essas transformações destrutivas do mundo material sob o capitalismo.

Os excertos de 1856-1866 documentam por que a sétima edição de *Química agrícola* deve ter sido particularmente interessante para seus propósitos, pois Liebig também alterou seus argumentos na nova Introdução e reforçou sua crítica ao sistema de agricultura de roubo moderna. Ele desistiu do otimismo exagerado anterior e seu alerta sobre a decadência da civilização europeia tornou-se dominante. Como vimos, a química agrícola de Liebig é caracterizada pela necessidade de repor todos os nutrientes retirados do solo pelas plantas. Visto que a natureza sozinha não pode fornecer matéria inorgânica suficiente quando uma grande quantidade de nutrientes é removida anualmente, Liebig defendeu o uso de fertilizante químico mineral. Embora na década de 1840 ele ainda estivesse otimista quanto à possibilidade futura de produção em massa de adubo químico em fábricas, na década de 1860 Liebig relativizou essa tese, apresentando uma crítica severa à negligência generalizada da "lei da reposição".

Os excertos de Marx traçam cuidadosamente as explicações de Liebig sobre o mecanismo de esgotamento do solo e relatam a realidade concreta da perturbação do metabolismo entre humanos e natureza devido ao modo de produção capitalista. Liebig argumentou que o aumento míope da produção nada mais é que roubo do solo:

> Entende-se, assim, que o aumento de safras que visa à melhoria do solo por meios como drenagem e adubação não pode ter durabilidade devido à lei natural. Uma maior quantidade de colheita foi alcançada não porque a matéria nutritiva do solo tornou-se mais rica, mas porque foi baseada em técnicas que o tornam mais pobre mais rapidamente.[61]

Quanto mais o fazendeiro explora o solo com o objetivo de maximizar o lucro e a renda, mais difícil se torna a manutenção da fertilidade do solo. A agricultura moderna tira o máximo possível de nutrientes do solo, sem reposição. No lugar de sua previsão anterior, Liebig passou a criticar duramente a violação da lei natural de reposição como um crime contra a humanidade: "É a violação de uma das leis mais racionais da natureza se a geração de hoje acredita que tem o direito de destruí-la. O que está circulando pertence à geração atual e está destinado a ela. No entanto, o que o solo contém em seu ventre não é a riqueza da geração de hoje, porque ele pertence às gerações futuras"[62].

A moderna divisão social do trabalho perturba o ciclo nutricional das plantas, como Liebig pressagia: "Cada terra" tornar-se-á inevitavelmente "mais infértil, não apenas pela exportação contínua de suas safras, mas também pelo desperdício inútil dos produtos do metabolismo [*Stoffwechsel*] que se acumulam em grandes cidades". Continua: "É claro para todos que o trabalho como tal, gradualmente, mas constantemente, torna o solo mais pobre e ao cabo o esgota"[63]. A crítica de Marx à perturbação da interação metabólica entre humanidade e natureza no Livro 1 de *O capital* é baseada nessas passagens. Segundo Liebig, o crescimento populacional das cidades é resultado da industrialização, que aumenta a demanda por produtos agrícolas do campo; entretanto, as substâncias minerais contidas nos alimentos não retornam ao solo original, mas fluem para o rio como esgoto. Liebig aponta "o terrível fato

---

[61] MEA, Sign. B 106, p. 36, ênfase no original; Liebig, *Einleitung*, cit., p. 146.
[62] MEA, Sign. B 106, p. 37; Liebig, *Einleitung*, cit., p. 147-8.
[63] MEA, Sign. B 106, p. 30-1.

de que a Grã-Bretanha não está produzindo os alimentos necessários para sua população de 29 milhões" e argumenta que "a introdução de sanitários em muitas partes da Inglaterra resulta na perda irrecuperável de materiais capazes de produzir alimentos para 3,5 milhões de pessoas a cada ano"[64]. Portanto, Liebig argumenta que "o progresso do cultivo e da civilização" depende do problema dos banheiros urbanos[65].

Uma vez que o ciclo nutricional é interrompido, torna-se necessária a manutenção a curto prazo ou o aumento da fertilidade do solo por meio da adição de adubo. O adubo na forma de guano e ossos é levado à Grã-Bretanha de países estrangeiros desde que os grandes produtores possam arcar com custos de produção mais elevados. O problema é que o transporte de fertilizantes por longas distâncias aprofunda a ruptura no metabolismo natural e social, pois a importação de adubo pela Grã-Bretanha destrói as condições para a agricultura sustentável em países estrangeiros:

> A Grã-Bretanha rouba de todos os países as condições de sua fertilidade. Ela já vasculhou os campos de batalha de Leipzig, Waterloo e da Crimeia em busca de ossos. Ela arou e usou os esqueletos de muitas gerações acumulados nas catacumbas da Sicília. E ainda destrói anualmente o alimento para uma futura geração de 3,5 milhões de pessoas. Podemos dizer ao mundo que ela está pendurada como um vampiro na garganta da Europa, e até mesmo do mundo, e suga seu sangue vital sem qualquer necessidade real ou ganho permanente para si mesma.[66]

Liebig problematiza esse sistema imperialista de cultivo de roubo na Inglaterra como um fenômeno especificamente moderno, cuja solução é decisiva para toda a humanidade.

A mudança de tom em relação ao otimismo anterior de Liebig é óbvia. No desenvolvimento da agricultura moderna, ele agora reconhece o sistema destrutivo de produção. É surpreendente que sua crítica advirta contra a ameaça de rendimentos decrescentes, mas ele a diferencia da tese de Ricardo, pois não

---

[64] Ibidem, p. 56.
[65] Ibidem, p. 39. Liebig escreveu cartas ao prefeito de Londres enfatizando a urgência de tomar medidas contra esse problema. Ver Justus von Liebig, *Two Letters on the Subject of the Utilization of the Metropolitan Sewage: Addressed to the Lord Mayor of London* (Londres, W. H. Collingridge, 1865).
[66] MEA, Sign. B 106, p. 58.

analisa o fenômeno como uma mera lei a-histórica, mas como uma lei especificamente moderna. A razão pela qual Marx considera a teoria de Liebig atraente reside nesse aspecto. A crítica de Marx a Ricardo e Malthus não se baseia mais na previsão otimista anterior do desenvolvimento das forças produtivas por meio da aplicação da tecnologia e das ciências naturais. De acordo com sua crítica à economia política, ele revela as relações historicamente específicas que conferem uma aparência de validade geral à "lei" de Ricardo. Com as ciências naturais, Marx investiga de maneira exata como o desenvolvimento da tecnologia voltado ao lucro no capitalismo acaba causando consequências inesperadas e destrutivas, como o esgotamento do solo e a escassez de recursos naturais.

Além disso, os excertos que Marx fez em 1865 das *Notes on North America* de Johnston refletem o mesmo tom de seus excertos de Liebig. Como vimos, Marx não prestou nenhuma atenção especial ao esgotamento da terra na América do Norte quando leu os dois artigos na *The Economist* e os livros de Carey em 1851. No entanto, em 1865, citou uma frase da *Química agrícola* de Liebig sobre este ser "o curso natural da *agricultura de roubo*, que não foi praticada em nenhum lugar em uma escala maior que na América do Norte". Liebig, como Carey, escreve sobre o esgotamento do solo na América do Norte:

> A história da agricultura na América do Norte nos fez conhecer inúmeros fatos incontestáveis, que comprovam o quão proporcionalmente curto é o período em que as safras de milho ou de produtos comerciais podem ser obtidas sem interrupção ou adubação. Depois de algumas gerações, o excesso de nutrientes das plantas, que se acumularam no solo por milhares de anos, se esgotou, e colheitas lucrativas não podem mais ser obtidas sem adubo. Na Câmara dos Representantes em Washington, o representante Morell de Vermont apontou uma série de investigações estatísticas, que incluíram os estados de *Connecticut, Massachusetts, Rhode Island, New Hampshire, Maine* e *Vermont,* mostrando que, em dez anos, *de 1840 a 1850*, a produção de trigo diminuiu pela metade em comparação com o período anterior e as batatas em um terço; no Tennessee, Kentucky, Geórgia e Alabama, bem como no estado de Nova York, as safras de grãos diminuíram pela metade.[67]

---

[67] Ibidem, p. 46-7; Liebig, *Einleitung*, cit., p. 107-8.

O argumento de Liebig levou Marx a ler novamente as *Notes on North America* de Johnston, a fim de estudar o real estado da agricultura na América do Norte, apesar de em geral ele evitar relatórios de viagens. Dessa vez, Marx se concentrou claramente nas passagens que descrevem a diminuição da produtividade dos solos devido ao cultivo de roubo, que Marx chamou de "sistema de esgotamento [do solo] na América do Norte": "O sistema comum, de fato, na América do Norte, de venda de tudo que interesse ao mercado [feno, milho, batata etc.]; sem preocupação de devolver nada ao solo"[68].

Na década de 1850, Marx não fez excertos de comentários semelhantes de Carey nos *Cadernos de Londres*, mas, dessa vez, seguiu o relatório de Johnston cuidadosamente:

> Não havia, porém, motivação para os fazendeiros americanos que buscam apenas o lucro praticarem uma agricultura mais razoável com um bom manejo de seus solos porque hábitos agrícolas descuidados e imprudentes [...] foram assim introduzidos. [...] Era mais barato e lucrativo limpar e cultivar novas terras do que renovar as antigas.[69]

Consequentemente, os agricultores também não têm interesse em preservar ou melhorar a fertilidade de suas terras para os filhos: "O proprietário já fixou em sua mente um preço pelo qual ele [...] espera vender, acreditando que, com o mesmo dinheiro, poderia fazer mais para si e sua família se deslocando ainda mais para o oeste"[70]. Nessa situação, não há uma tentativa séria de melhoria do solo a longo prazo, e o que predomina entre os agricultores é a ociosidade e a ignorância:

> No Canadá, como em todas as outras partes do Nordeste da América, há tempo cultivadas por colonos europeus, a mesma mudança [está ocorrendo]. "Em toda parte, a ociosidade, a ignorância e *o espírito avarento* por parte dos cultivadores têm levado aos mesmos resultados, a diminuição da capacidade ou disposição do solo de produzir boas safras de trigo. O espírito de fertilidade está a cada ano se afastando mais para oeste, evitando o contato abusivo da indústria europeia."[71]

---

[68] MEGA² II/4.3, p. 239; MEA, Sign. B 106, p. 345.
[69] Ibidem, p. 346.
[70] Ibidem, p. 348.
[71] Ibidem, p. 355-6, ênfase no original.

Johnston conclui que o sistema na América do Norte levaria mais cedo ou mais tarde ao "esgotamento completo"[72]. Referindo-se ao livro de Johnston, Marx mais tarde escreve em seu manuscrito sobre a tendência ao rápido esgotamento do solo: "A possibilidade desse cultivo *superficial* é, obviamente, mais ou menos rapidamente esgotada na proporção inversa à fertilidade do novo solo e em proporção direta à exportação de seu produto"[73].

Enquanto a agricultura sob o "monopólio da propriedade privada" é realizada com base no cálculo do lucro, a prática do roubo prevalece sobre a sociedade simplesmente porque a exploração pródiga da terra é mais lucrativa no curto prazo, de maneira semelhante à exploração intensiva e extensiva da força de trabalho que não se preocupa com as condições físicas e espirituais dos trabalhadores. Assim como o capital não compensa o esgotamento prematuro da força de trabalho, que encurta a vida dos trabalhadores, a fertilidade natural do solo parece gratuita para o capital e a compensação por sua destruição e poluição parece desnecessária. Assim, há uma tendência imanente do capital de explorar tanto a força de trabalho quanto as forças naturais o mais rápido possível, sem pensar em suas consequências futuras. O capital ignora os limites do mundo natural, minando assim as condições materiais para uma produção sustentável.

Não obstante, Marx diverge de Johnston em um ponto decisivo. Enfrentando essa profunda contradição da forma capitalista de agricultura, "químicos agrícolas bastante conservadores, como Johnston (!), por exemplo, admitem que a propriedade privada impõe barreiras insuperáveis por todos os lados a uma agricultura genuinamente racional"[74]. Embora valorize o trabalho de Johnston, Marx o vê como "conservador" porque ele percebe os obstáculos à realização da agricultura racional, mas não os vê como manifestação da contradição imanente do modo de produção capitalista, e sim como incapacidade subjetiva, falta de educação, dos agricultores individuais. Johnston repetidamente tenta justificar a situação da época como um mal necessário mas temporário: "A emigração dessa classe de fazendeiros desmatadores de florestas e esgotadores de novas terras é um tipo de necessidade no progresso rural de um novo país. É algo para se comemorar, não do que se arrepender, como encontrei alguns de meus amigos de New Brunswick fazendo"[75]. A solução

---

[72] Ibidem, p. 356.
[73] Marx, *Economic Manuscript of 1864-1865*, cit., p. 829.
[74] Ibidem, p. 716.
[75] Johnston, *Notes on North America*, cit., v. 1, p. 54-5.

para a prática do roubo, sem a abolição do modo de produção capitalista, seria a administração estatal de todas as terras. Curiosamente, concentrando-se nas descrições sobre o estado de esgotamento da agricultura nesse sistema, Marx interrompe seus excertos pouco antes da passagem recém-citada e também ignora outras passagens nas quais o químico agrícola conservador enfatiza, em vão, a possibilidade de introduzir um sistema agrícola mais racional por meio da educação e do desenvolvimento da tecnologia sob o capitalismo.

Obviamente, Marx ainda reconhece a importância do "cultivo racional", uma ideia que obteve de Liebig e Johnston na década de 1850. Ele também deixa claro que não é o estado primitivo da agricultura na América do Norte, mas as relações capitalistas de produção que impedem tal forma racional de agricultura, forçando os fazendeiros norte-americanos a abandonarem as terras, indo mais para o oeste quando não produzirem lucros suficientes. Na verdade, o capital constitui um sistema de economia de roubo com "técnicas" de exploração gratuita da força produtiva da natureza; como escreve Liebig, "o puro roubo transforma-se em técnica de roubo". O esgotamento da terra na América do Norte tem sua origem justamente no desenvolvimento do capitalismo. Não é simplesmente devido ao atraso pré-capitalista de sua agricultura, como os artigos da *The Economist* indicavam de acordo com Johnston. Marx afirma claramente em *O capital*: "Cada progresso alcançado no aumento da fertilidade do solo por certo período é ao mesmo tempo um progresso no esgotamento das fontes duradouras dessa fertilidade". Assim, a prática popular de roubo nada mais é do que um produto especificamente moderno, e Marx caracteriza o caso da América do Norte como manifestação da dimensão destrutiva da produção capitalista:

> Quanto mais um país, como os Estados Unidos da América do Norte, tem na grande indústria o ponto de partida de seu desenvolvimento, tanto mais rápido se mostra esse processo de destruição. Por isso, a produção capitalista só desenvolve a técnica e a combinação do processo de produção social na medida em que solapa os mananciais de toda a riqueza: a terra e o trabalhador.[76]

---

[76] Marx, *Capital*, cit., v. 1, p. 638 [ed. bras.: *O capital*, Livro 1, cit., p. 573-4]. Também é possível observar em seus excertos do livro de Johnston uma mudança na visão que Marx tinha de Carey sobre outro assunto. No início da década de 1860, Marx parece acreditar na possível correção da sequência histórica do cultivo de Carey: "Portanto, é claro [...] que isso também é historicamente incorreto para o assentamento nos Estados Unidos que, em comum com Adam Smith, ele tem em mente; portanto, as objeções de Carey eram justificadas nesse ponto"

Esse processo destrutivo estende-se em uma escala global com a acumulação de capital[77].

Imperialismo ecológico e crises globais

Com relação a uma possível contramedida ao esgotamento das forças naturais, Marx escreve em *O capital*:

> Além de impulsionada por um movimento dos trabalhadores que se torna a cada dia mais ameaçador, a limitação da jornada de trabalho nas fábricas foi ditada pela mesma necessidade que forçou a aplicação do guano nos campos ingleses. A mesma rapacidade cega que, num caso, exauriu o solo, no outro matou na raiz a força vital da nação. Epidemias periódicas são, aqui, tão eloquentes quanto a diminuição da altura dos soldados na Alemanha e na França.[78]

(Marx e Engels, *Collected Works*, cit., v. 31, p. 525-6). Em contraste, depois de ler Johnston, Marx argumenta explicitamente contra a explicação de Carey, conforme escreve a Engels em 26 de novembro de 1869: "No que diz respeito ao desenvolvimento do cultivo nos Estados Unidos, o sr. Carey ignora até os fatos mais familiares. Por exemplo, Johnston, o químico agrícola inglês, mostra em seu *Notes* sobre os Estados Unidos [que] os colonos da Virgínia exploraram de forma tão abominável uma terra tão adequada em localização e fertilidade para o tabaco, seu principal produto, que tiveram de se mudar para Ohio, onde a terra era pior para o produto (se não também para o trigo etc.)" (Marx e Engels, *Collected Works*, cit., v. 43, p. 384).

[77] Um aspecto importante da fertilidade do solo ainda não tinha sido reconhecido pelos cientistas e, portanto, também por Marx. As plantas em geral não usam diretamente os nutrientes que fazem parte da matéria orgânica. Eles são primeiro convertidos em elementos inorgânicos que as plantas usam durante o processo de decomposição pelos organismos do solo. Agora entende-se que a matéria orgânica do solo é uma parte crítica da construção e manutenção de solos saudáveis e produtivos. Ela influencia positivamente quase todas as propriedades do solo – químicas, biológicas e físicas. Embora seja verdade que a matéria orgânica (ou húmus) não é absorvida diretamente pelas plantas, seu esgotamento dos solos é uma das principais causas da diminuição da produtividade. Adicionar apenas nutrientes químicos inorgânicos para repor aqueles removidos pelas plantações pode deixar os solos em más condições biológicas e físicas, levando a vários problemas, incluindo a erosão acelerada, solos secos (que armazenam pouca água), baixa capacidade de retenção de nutrientes, mais doenças e problemas com insetos e assim por diante. Na agricultura industrial moderna, isso é corrigido até certo ponto com a maior entrada de capital na forma de pesticidas, fertilizantes, equipamentos mais potentes e irrigação mais frequente. Ver Fred Magdoff e Harold van Es, *Building Soils for Better Crops* (College Park, MD, Sustainable Agriculture Research and Education Program, 2010).

[78] Marx, *Capital*, cit., v. 1, p. 348 [ed. bras.: *O capital*, Livro 1, cit., p. 313].

Marx vê a legislação da jornada normal de trabalho como um ganho importante para os trabalhadores, que ampliou seu tempo disponível. Os capitalistas são forçados a aceitar essa regulamentação devido a seu interesse de classe; caso contrário, a reprodução da classe trabalhadora e a acumulação de capital seriam impossíveis. De maneira semelhante, o fazendeiro inglês é levado a usar o guano como meio de manter a fertilidade do solo, mesmo que isso requeira custos adicionais. Porém, essa adubação não representa um progresso real, mas apenas aprofunda as contradições da agricultura capitalista. Aqui o limite da produção capitalista se manifesta claramente, mesmo que sempre pareça superar as várias dificuldades impostas a seu objetivo de acumulação de capital eficiente e regular. A crítica de Liebig à agricultura de roubo contribuiu para a teorização de Marx.

O guano é o excremento de aves marinhas nativas da América do Sul. Em 1802, Alexander Humboldt, durante sua curta estada no Peru, percebeu o uso local do guano na agricultura. Levou algumas amostras das ilhas Chincha para a Europa, na esperança de que o guano melhorasse os solos europeus. Pesquisas confirmaram seu efeito. Depois disso, o guano passou a ser considerado uma proteção superior contra o esgotamento do solo, graças a seu rico conteúdo de ácido fosfórico, nitrogênio e potássio. No século XIX, esse excremento era extraído em massa das chamadas ilhas de guano e exportado para a Europa. O sistema funcionou bem até que a reserva de guano foi totalmente saqueada.

Uma vez que Liebig passou a compreender a agricultura moderna de maneira mais crítica na sétima edição da *Química agrícola*, ele atenuou a eficácia desse novo adubo natural. Ele agora argumentava que a dependência do guano não contribui para manter a fertilidade do solo, mas, ao contrário, perturba a interação metabólica entre humanos e natureza em escala ampliada. Na quarta edição da *Química agrícola*, ainda tratou o uso de guano e ossos como forma eficaz de suprir a nutrição vegetal necessária. Assim como Johnston recomendou guano e ossos como um meio favorável de reforma agrícola devido à fácil importação de longa distância, Liebig escreveu sobre a utilidade do guano como adubo, como Marx documentou nos *Cadernos de Londres*:

> Basta adicionar uma pequena quantidade de guano a *um solo, que consiste apenas em areia e argila*, para obter a safra mais rica de milho. O próprio solo (na costa do Peru) não contém a menor partícula de matéria orgânica, e *o adubo empregado*

> *é formado apenas de urato, fosfato, oxalato e carbonato de amônia, junto com alguns sais terrosos.*[79]

A avaliação positiva que Liebig fazia do guano é compreensível, pois seu excelente efeito vem de suas substâncias inorgânicas e, portanto, comprova a correção da teoria mineral de Liebig. O guano foi coletado avidamente na costa do Peru e espalhado por terras europeias como uma salvação. A exportação para a Inglaterra aumentou rapidamente e, em 1859, chegou a 286 mil toneladas por ano. No entanto, isso ainda não foi suficiente para repor as substâncias minerais do solo consumidas pela agricultura.

A escassez da reserva de guano foi profundamente sentida no início da década de 1850, como Marx documentou, com base na sétima edição da *Química agrícola*:

> O almirante Moresby, que estava estacionado na costa do Peru, relatou em 1853 ao governo inglês que, de acordo com seus levantamentos e registros, que incluíam as ilhas Chincha, as reservas de guano naquela época totalizavam 8.600.000 toneladas ou 172 milhões de cwts [quintais]. Desde então (de acordo com Pusey) 3 milhões de cwts (150 mil toneladas) foram importados anualmente somente pela Inglaterra e ainda mais pelos Estados Unidos. [...] Assim, Moresby declara que, por um cálculo moderado das exportações, essas ilhas esgotarão seu guano de boa qualidade vendável ao mercado inglês em oito ou nove anos.[80]

A nova Introdução de Liebig à sétima edição foi publicada exatamente nove anos após o relatório de Moresby. Portanto, é razoável que Liebig acrescentasse passagens nas quais alertava contra a dependência excessiva em relação ao guano. Uma vez que existia uma profunda ruptura metabólica no ciclo dos nutrientes das plantas, devida ao antagonismo entre cidade e campo, o uso de adubo importado não poderia fornecer uma solução para o problema do esgotamento do solo, mas na melhor das hipóteses o adiaria. A agricultura inglesa cultivava trigo com um sacrifício cada vez maior de seus recursos naturais, de modo que as importações de guano acabaram por intensificar a perturbação do metabolismo entre humanos e natureza.

---

[79] MEGA² IV/9, p. 187, ênfase no original.
[80] MEA, Sign. B 106, p. 53; Liebig, *Einleitung*, cit., p. 122.

A ameaça de esgotamento do solo levou ingleses e norte-americanos a uma busca desesperada por novos reservatórios de guano e salitre, primeiro próximo das ilhas Chincha e depois em outras ilhas da América do Sul. Em 1856, o Congresso dos Estados Unidos aprovou a "Lei das Ilhas de Guano", que previa a anexação de dezenas de ilhas com reservas de guano. Esse roubo resultou na exploração econômica intensiva de terras marginalizadas, bem como na Guerra das Ilhas Chincha (a chamada Guerra do Guano) e na Guerra do Pacífico. Além disso, a produção capitalista não regulamentada na periferia causou a brutal exploração do trabalho humano na extração de guano e a violenta opressão dos habitantes originários e povos de outras colônias. Sob a dominação colonial, não apenas os aborígenes, mas também trabalhadores chineses foram escravizados e submetidos a condições brutais de trabalho e vida[81]. O ecossistema original também foi fortemente modificado. Por exemplo, os pinguins-de-humboldt faziam ninhos nas encostas de guano, de modo que a rápida exploração desses reservatórios inevitavelmente os ameaçava de extinção. Como um todo, o sistema de roubo de guano durou por um período histórico relativamente curto. O número de aves marinhas diminuiu à medida que seus ninhos foram destruídos durante a extração e, portanto, o guano não foi mais reproduzido.

Quanto mais urgente se torna a escassez de recursos naturais, mais violenta a política imperialista, como o exemplo do guano ilustra claramente. O processo, porém, é um círculo vicioso, pois a extensão da dominação imperialista acelera a extensão da exploração dos recursos naturais, o que provoca cada vez mais o esgotamento das riquezas naturais. Devido a esse imperialismo ecológico, a profunda ruptura metabólica se estende por toda a Terra.

A violenta exploração de recursos naturais e de trabalhadores em países periféricos, inerente à competição capitalista exemplificada pelo "imperialismo do guano" praticado tanto pela Inglaterra quanto pelos Estados Unidos, resultou na dilapidação do recurso no Peru. No entanto, não impediu o declínio da fertilidade do solo nessas duas nações ricas. O sistema de roubo causou apenas a deterioração da condição material universal de produção, interrompendo o ciclo dos nutrientes. Quando a América do Norte, depois de importar enormes quantidades de guano sul-americano, acabou exportando trigo para a Inglaterra, as terras americanas se esgotaram, como relataram Carey e Johnston.

---

[81] Brett Clark e John Bellamy Foster, "Ecological Imperialism and the Global Metabolic Rift: Unequal Exchange and the Guano/Nitrates Trade", *International Journal of Comparative Sociology*, v. 50, n. 3-4, 2009, p. 311-34.

Substâncias inorgânicas exportadas para a Inglaterra e absorvidas pelas plantas não retornaram aos solos americanos ou ingleses, mas fluíram para o rio Tâmisa na forma de esgoto, causando consequências dramáticas na qualidade de vida em Londres. Mesmo que o capitalismo inglês importasse mais guano, ossos, trigo e carne, possibilitado pelo rápido desenvolvimento dos meios de transporte de longa distância, o sistema existente de dilapidação dificilmente poderia subsistir no longo prazo[82]. Com o desenvolvimento do capitalismo global, a desertificação da Terra só foi acelerada.

Nesse contexto, é importante enfatizar que o problema do "imperialismo ecológico" de modo algum se limita à América do Sul. Marx planejou discutir o perigo geral do comércio internacional de grãos no capitalismo, devido à destruição da fertilidade do solo, como documentado nessa referência a Liebig em seu manuscrito para o Livro 3 de *O capital*:

> Por outro lado, a grande propriedade do solo reduz a população agrícola a um mínimo constante decrescente e opõe-lhe uma população industrial cada vez maior, aglomerada em grandes cidades, gerando assim as condições para o surgimento de uma ruptura irremediável no metabolismo social, prescrito pelas leis naturais da vida; dessa ruptura decorre a dilapidação da força da terra, a qual, em virtude do comércio, é levada muito além das fronteiras do próprio país (Liebig).[83]

Uma vez que Marx anotou apenas um nome relevante sem entrar em detalhes, essa passagem requer um exame mais aprofundado.

Marx apontou não apenas a aglomeração da população nas grandes cidades, mas também a desertificação dos solos devido ao comércio internacional. Reconheceu a exploração internacional de recursos limitados como a trajetória normal do capitalismo. Essa percepção confirma um desenvolvimento importante em sua ecologia. Em comparação com sua recepção inicial da química agrícola nos *Cadernos de Londres*, sua crítica se aprofunda nessa passagem na

---

[82] O esbanjamento do guano foi compensado pela produção industrial de adubo de amônia, graças ao método Harber Bosch. Nem é preciso dizer que o mesmo tipo de esbanjamento ainda pode ser encontrado em indústrias extrativas, como petróleo e gás.

[83] MEGA² II/4.2, p. 752-3, ênfase nossa. A nova tradução dos *Economic Manuscript of 1864-1865* infelizmente ignora o fato de que Engels modificou a frase e obscureceu seu significado: "Deste modo, ela produz condições que provocam uma ruptura irreparável no processo interdependente do metabolismo social, um metabolismo prescrito pelas leis naturais da própria vida" (p. 798).

medida em que problematiza não apenas a suposição abstrata de Ricardo da lei dos rendimentos decrescentes, mas também a *solução político-econômica* de seus proponentes para a questão.

De acordo com a lei dos rendimentos decrescentes, Ricardo e Malthus argumentam que o aumento da população requer o cultivo de terras menos férteis. Requer mais trabalho para produzir a mesma quantidade de safras e causa o aumento geral do preço do trigo, que também nunca deixa de aumentar o arrendamento da terra e os salários do trabalho. Correspondendo a esses aumentos, a taxa de lucro cai. Para eliminar esse obstáculo à acumulação de capital, Ricardo apoia a ideia de abolir as Leis dos Cereais e insiste em importar safras mais baratas de países estrangeiros e se concentrar no desenvolvimento industrial da Inglaterra, em vez de cultivar terras menos férteis, sob pressão por mais comida da crescente população. Malthus, como apologista ideológico do interesse dos proprietários, não só fala contra a abolição das Leis dos Cereais, mas também aplica a lei dos rendimentos decrescentes para legitimar a pobreza da classe trabalhadora, cujos membros causam superpopulação absoluta, um resultado inevitável do desenvolvimento natural da civilização. As suposições feitas por ambos os economistas são problemáticas; consideram apenas um recuo para terras menos produtivas, excluindo a dinâmica exclusivamente capitalista de esgotamento do solo de suas análises. Para eles, a fertilidade do solo é algo dado. Segundo a formulação de Ricardo, trata-se dos "poderes originais e indestrutíveis do solo"[84].

Ricardo reconhece certo limite natural imposto à agricultura em termos de diferenças de produtividade natural, mas ao mesmo tempo acredita que há terras férteis e inexploradas na Terra, pelo menos suficientes para o desenvolvimento do capitalismo na Inglaterra. Assim, negligencia o problema da dominação colonial e a perturbação global do metabolismo social e natural. Marx rejeita claramente a suposição etnocêntrica de Ricardo e argumenta que as importações de produtos norte-americanos, irlandeses e indianos apenas pioram o problema do ponto de vista do ser humano, já que "o comércio carrega essa devastação muito além dos limites de um único país". As forças naturais diminuem em todo o mundo à medida que o capitalismo inglês floresce.

Portanto, não é por acaso que os problemas ecológicos se manifestam mais claramente na periferia do capitalismo, fonte das exportações cada vez maiores

---

[84] David Ricardo, *Principles of Political Economy, and Taxation*, cit., p. 67. Anteriormente Marx apontou a falácia destes "poderes originais e indestrutíveis do solo", embora não explique por que a afirmação de Ricardo é falsa. MEGA² II/3, p. 888.

de produtos agrícolas e matérias-primas para o centro capitalista. Em *O capital*, Marx refere-se a um exemplo de esgotamento do solo devido ao colonialismo inglês na Irlanda: "Ainda que o produto também diminua proporcionalmente por acre, não se pode esquecer que já faz um século e meio que a Inglaterra tem exportado indiretamente o solo da Irlanda, sem proporcionar a seus lavradores nem sequer os meios para repor seus componentes"[85]. Marx não integrou a teoria de Liebig passivamente, mas aplicou-a altivamente à sua própria análise política. Na Irlanda colonizada, a terra era cercada independentemente das necessidades do povo irlandês. Por meio dos "clareamentos" da Inglaterra, as terras irlandesas foram transformadas em "um pasto para ovelhas e gado da Inglaterra" com o objetivo de aumentar a renda da terra e o valor da propriedade. Apesar da consolidação das propriedades fundiárias, o rápido despovoamento deixou muitas terras sem cultivo[86]. O resultado da "revolução agrícola" do século XIX para a população da Irlanda nada mais foi do que o aumento de seu insuportável sofrimento:

> O primeiro ato da revolução agrária, realizado na maior escala possível e como obedecendo a um comando recebido do alto, foi o de varrer os casebres localizados nos campos de trabalho. Desse modo, muitos trabalhadores foram obrigados a procurar abrigo nos vilarejos e nas cidades. Como se fossem velhos trastes, eles foram ali jogados em sótãos, buracos, porões e nos covis dos piores bairros. [...] Os homens têm, agora, de procurar trabalho com os arrendatários vizinhos e só são contratados por dia, portanto, na forma salarial mais precária.[87]

Referindo-se a várias estatísticas, Marx mostrou que o "progresso" na agricultura sob a revolução agrícola na Irlanda não trouxe melhorias, mas sim a destruição de vidas. A população caiu na pobreza e na fome: "A população da Irlanda aumentara, em 1841, a 8.222.664 pessoas; em 1851, reduziu-se a 6.623.985; em 1861, 5.850.309 e, em 1866, 5,5 milhões, isto é, aproximada-

---

[85] Marx, *Capital*, cit., v. 1, p. 860 [ed. bras.: *O capital*, Livro 1, cit., p. 775].

[86] Ibidem, p. 869 [ed. bras.: ibidem, p. 783].

[87] Ibidem, p. 865 [ed. bras.: ibidem, p. 779]. Marx acrescentou na edição francesa novas passagens sobre a condição da Irlanda. Engels não integrou todas as mudanças em sua edição alemã de *O capital*, que publicou após a morte de Marx, mas este parágrafo sim. A edição francesa possui seu próprio valor único para o estudo de Marx. Ver Kevin Anderson, "The 'Unknown' Marx's Capital, vol. 1: The French Edition of 1872-1875, 100 Years Later", *Review of Radical Political Economics*, v. 15, n. 4, 1983, p. 71-80.

mente a seu nível de 1801", o que está em claro contraste com o número crescente de bovinos e ovinos[88]. Esse processo de transformação resultou não apenas em uma emigração maciça da Irlanda, fornecendo novas forças de trabalho para as cidades, mas também em consequências físicas drásticas para os irlandeses, como surdez-mudez, cegueira e problemas psicológicos. Essa "revolução" teve bastante sucesso do ponto de vista capitalista, pois o arrendamento da terra e os lucros dos agricultores aumentaram. O motivo é simples: "Com a fusão dos arrendamentos e a transformação de lavouras em pastagens, uma parte maior do produto total se converteu em mais-produto"[89].

A crescente exportação de solos da Irlanda, juntamente com a diminuição de sua população, minou as condições materiais para a produção sustentável[90]. A transformação de lavouras em pastagens interrompeu o ciclo nutricional devido à consolidação de pequenos proprietários e à emigração de arrendatários que cuidavam bem da terra. Apesar dessa situação, o cultivo e a pecuária eram realizados de forma mais intensiva[91]. Marx escreve: "Resultado: expulsão gradual dos nativos. Deterioração e esgotamento graduais da fonte da vida nacional, o solo"[92]. A desarmonia do "metabolismo social" e também as crises ecológicas do "metabolismo natural" se cristalizaram na doença física e no esgotamento do solo da Irlanda, uma periferia do modo de produção capitalista. A transformação da agricultura inglesa encontrou "sua caricatura na Irlanda"[93]. A "modernização" da Irlanda ocorreu sem os benefícios da industrialização.

Nesse contexto, os excertos de *Rural Economy of England, Scotland and Ireland* [Economia rural da Inglaterra, Escócia e Irlanda] (1855) de Lavergne feitos por Marx são interessantes. Esse estudioso francês ilustra a superioridade da agricultura inglesa em comparação com a de seu país de origem. Marx citou

---

[88] Marx, *Capital*, cit., v. 1, p. 854 [ed. bras.: *O capital*, Livro 1, cit., p. 770].

[89] Ibidem, p. 860 [ed. bras.: Ibidem, p. 775].

[90] Eamonn Slater e Terrence McDonough, "Marx on Nineteenth-Century Colonial Ireland: Analyzing Colonialism as a Dynamic Social Process", *Irish Historical Studies*, 36, nov. 2008, p. 153-72.

[91] Marx escreve: "Desde o êxodo, a terra tem sido subnutrida e sobrecarregada, em parte devido à consolidação imprudente de fazendas, e em parte porque, sob o sistema de *conacre*, o fazendeiro em grande parte confiava em seus trabalhadores para adubar a terra para ele". MEGA² I/21, p. 19.

[92] Idem. Marx repete o mesmo ponto em outro texto para a palestra de 16 de dezembro de 1867. MEGA² I/21, p. 30.

[93] Ibidem, p. 28.

o livro em 1865 no mesmo caderno com os excertos de Liebig, documentando cuidadosamente a ilustração de Lavergne de como as ovelhas e o gado na Inglaterra são artificialmente modificados com o propósito de uma produção maior de carne em um período mais curto. O exemplo dessa "melhoria", que Marx usa em um manuscrito para o Livro 2 de *O capital* a respeito de Lavergne, é o das ovelhas de Bakewell, denominadas em homenagem ao criador britânico Robert Bakewell, conhecido como uma das figuras mais importantes para o desenvolvimento agrícola no século XVIII. Marx observa que Lavergne está animado com o progresso feito pelas ovelhas de Bakewell e descobre uma prova da superioridade da agricultura inglesa:

> *Bakewell.* Anteriormente as ovelhas inglesas, como as francesas de hoje, não serviam para o abate antes de quantro ou cinco anos. De acordo com seu sistema, elas podem começar a ser engordadas com um ano e, em todos os casos, atingem seu crescimento total antes do final do segundo ano. Por *Sistema de Seleção*. (19) (*Bakewell* – fazendeiro de *Dishley Grange*.) (Tamanho reduzido das ovelhas. Apenas os ossos necessários para sua existência) Suas ovelhas são chamadas de "novos Leicesters". "O criador agora pode enviar três para o mercado no mesmo espaço de tempo que levava para preparar uma; e com um melhor desenvolvimento das partes que dão mais carne. [...] Quase todo o seu peso é de carne pura."[94]

Lavergne está entusiasmado com a redução do tempo necessário para a maturação dos animais graças ao "sistema de seleção" de Bakewell, que também aumentou a quantidade da carne.

Desde o início do século XIX, muitos dos "novos Leicesters" de Bakewell foram trazidos para a Irlanda e cruzados com ovelhas nativas, criando novas raças, conhecidas como "Roscommon" e "Galway"[95]. O ecossistema original na Irlanda foi transformado na perspectiva de maximizar os lucros e a renda da terra, e esse é exatamente outro exemplo de imperialismo ecológico. Aqui, a saúde e a riqueza dos animais não são uma preocupação primária, mas o que é importante é sua utilidade para o capital. Notavelmente, esse tipo de progresso não impressionou Marx, e por isso ele escreveu sem hesitar em seu caderno particular: "Caracterizado pela precocidade, totalmente doentio, carente de

---

[94] MEA, Sign. B 106, p. 206, ênfase no original; MEGA² II/11, p. 189.
[95] Janet Vorwald Dohner, *The Encyclopedia of Historic and Endangered Livestock and Poultry Breeds* (New Haven, Yale University Press, 2001), p. 121.

ossos, desenvolvimento de gordura e carne em excesso etc. Todos esses são produtos artificiais. Nojento!"[96].

Nos excertos de *Die landwirthschaftlchen Geräthe und Maschinen Englands* [Ferramentas e máquinas agrícolas na Inglaterra], de Wilhelm Hamm, encontra-se uma observação semelhante de Marx. Reagindo ao elogio de Hamm à agricultura intensiva na Inglaterra – Hamm traduziu o trabalho de Lavergne para o alemão –, Marx chama a "alimentação no estábulo" de "sistema de prisão em cela" e se pergunta:

> Nessas prisões, os animais nascem e permanecem lá até serem mortos. A questão é se esse sistema está conectado ou não ao sistema de criação de animais de uma forma anormal, abortando ossos para transformá-los em mera carne e em um volume de gordura – enquanto os animais anteriores (antes de 1848) permaneciam ativos ficando ao ar livre tanto quanto possível – no final das contas isso resultará em séria deterioração da força vital?[97]

Essas observações de Marx devem surpreender aqueles que o denunciam como um ingênuo apologista antropocêntrico do desenvolvimento tecnológico de qualquer tipo. Seus cadernos documentam sua reação honesta contra a forma capitalista de desenvolvimento que ocorre à custa do bem-estar de um animal.

Além disso, na Índia, o processo de modernização penetra destruindo injustificadamente comunidades tradicionais:

> Lá a ampla base do modo de produção é formada pela união entre a agricultura de pequena escala e a indústria nacional, no topo da qual temos, no caso indiano, a forma de comunidades autossustentáveis. Na Índia, os ingleses aplicaram seu poder político e econômico direto, como senhores e proprietários de terras, para destruir essas pequenas comunidades econômicas. Uma vez que o comércio inglês teve um efeito revolucionário sobre o modo de produção na Índia, isso só ocorreu à medida que destruiu a fiação e a tecelagem, que formam uma antiquíssima parte

---

[96] MEA, Sign. B 106, p. 209. Vollgraf aponta que Marx leu mais tarde o livro de Hermann Settegast sobre a criação de ovelhas e marcou em vermelho passagens críticas sobre o fato de as tentativas modernas de maximizar a produção de lã terem causado uma deterioração na saúde das ovelhas, bem como na qualidade da lã. Hermann Settegast, *Welche Richtung ist der Schafzucht Norddeutschlands der Concurenz des Auslandes gegenüber zu geben?* (Breslau, Wilh. Gottl. Korn, 1869), p. 33; MEGA² IV/32, n. 1.231.

[97] MEA, Sign. B 106, p. 336.

integrante dessa unidade de produção industrial e agrícola, pelo barateamento (e venda abaixo do preço) das mercadorias inglesas.[98]

Por meio desses "experimentos econômicos" surgiu "uma caricatura da propriedade fundiária inglesa em grande escala", análoga ao colonialismo na Irlanda, em que o capital, apesar da dissolução do antigo sistema, não trouxe consigo os efeitos positivos da modernização[99]. Muito pelo contrário. Esses "experimentos econômicos" primeiro dissolvem as formas tradicionais das comunidades, depois transformam a unidade da agricultura e da indústria em sua separação antagônica e, finalmente, destroem toda a vida nacional. O colonialismo britânico na Índia não reconheceu a importância das reservas de água e da drenagem, antes controlada pelo Estado devido à sua importância para a população, mas depois abolida pelos colonialistas. Assim, não foi por acaso que, como resultado de uma seca severa, ocorreu uma fome catastrófica em Orissa em 1866[100]. Apesar de várias recomendações de envio de arroz, por exemplo, a administração britânica não tomou nenhuma atitude. Marx mostra as consequências negativas do colonialismo inglês quando escreve: "Recordemos apenas a fome de 1866, que custou a vida de mais de 1 milhão de hindus no distrito de Orissa, presidência de Bengala"[101].

Em oposição à recomendação de Ricardo de importar grãos e à simples aceitação por Malthus da pobreza das massas, Marx, referindo-se à teoria do cultivo de roubo de Liebig, investiga não apenas as causas históricas das consequências negativas da agricultura capitalista, mas também a brutalidade imperialista, que está fortemente conectada ao "progresso" capitalista. Ele analisa como as rupturas no metabolismo social e natural se globalizam quando aumentam as demandas por importação de matérias-primas e produtos agrícolas mais baratos. Marx chega à convicção de que, na medida em que o desejo infinito de acumulação de capital organiza a relação dos humanos com a natureza, não existe um método eficaz no capitalismo para evitar desastres

---

[98] Marx, *Economic Manuscript of 1864-1865*, cit., p. 439-40.
[99] Ibidem, p. 440.
[100] Marx leu diversos relatórios parlamentares sobre esse evento. A quantidade de chuva que caiu em 1865 não foi significativamente menor que nos anos anteriores, mas veio antes da estação chuvosa regular e não depois. Assim, a reserva de água para uso posterior era de grande importância, algo que os oficiais britânicos não foram capazes de reconhecer.
[101] Marx, *Capital*, cit., v. 1, p. 650 [ed. bras.: *O capital*, Livro 1, cit., p. 583].

produtivos. Embora o capital sempre tente superar essa contradição, ele produz barreiras a sua própria expansão: "A verdadeira barreira à produção capitalista é o próprio capital".

Em termos de uma perspectiva ecológica, a análise de Marx dos países coloniais marginalizados não deixa vestígios de uma fé ingênua no hiperindustrialismo. Embora Marx, nos artigos do *New York Daily Tribune* na década de 1850, tenha argumentado sobre o poder progressivo e civilizador da dominação colonial do inglês na Índia, sua descrição em *O capital* sem dúvida difere dessa visão anterior. Ele passa a enfatizar as consequências negativas e destrutivas do colonialismo[102]. Não há "grande influência civilizadora do capital" em ação, mas, ao contrário, há a dissolução das comunidades e comunas tradicionais, gerando mais pobreza e sofrimento sem esperança de progresso. Por trás dessa mudança de visão está o desenvolvimento de sua teoria do metabolismo.

As "caricaturas" do processo de modernização inglês presentes em países colonizados como Irlanda e Índia só servem para destruir a agricultura tradicional e sustentável. O argumento de Marx ressoa com a observação crítica de Liebig sobre a dissolução da agricultura de pequena escala e com sua advertência sobre a decadência da civilização, e ele observa cuidadosamente:

> A fertilidade da terra é mantida sem danos por milhares de anos somente nos lugares onde as pessoas que trabalham na agricultura se reúnem para viver em uma área relativamente pequena, e onde o cidadão ou o artesão das pequenas cidades espalhadas sobre o mesmo campo cultiva um pedaço de sua própria terra com suas próprias empresas. Por exemplo, quando de 3 mil a 4 mil pessoas vivem em um raio de uma milha quadrada, elas precisam de toda a produção da terra apenas para elas. A fertilidade dessas terras é mantida sob o ciclo regular de condições [para garantir a fertilidade]. [...] Pode-se pensar na mesma terra sob a propriedade de dez grandes proprietários. O roubo substitui a reposição. O pequeno fazendeiro repõe quase completamente ao solo o que dele retira, mas o grande fazendeiro exporta grãos e carne para grandes centros de consumo e perde as condições para a reprodução. [...] Essa é a razão inevitável para o empobrecimento das terras pelo cultivo.[103]

---

[102] Sunti Kumar Ghosh, "Marx on India", *Monthly Review*, v. 35, n. 8, jan. 1984, p. 39-53.
[103] MEA, Sig. B 106, p. 94.

Marx não idealiza a forma pré-capitalista de produção. No entanto, na teoria do metabolismo de Liebig, Marx encontra uma base científica para a "relação afetiva dos humanos com a terra". Isso ocorre porque Liebig explica por que a agricultura moderna deve esgotar o solo mais rapidamente em comparação com os modos de produção tradicionais, nos quais os produtos agrícolas são consumidos dentro da comunidade. Uma vez que o capital não leva em consideração a relação tradicional e mais sustentável entre humanos e natureza e a destrói radicalmente em prol da acumulação de capital "gratuito", emergem várias contradições materiais em uma escala maior que nunca[104]. A crítica de Marx à modernidade se aprofundou por meio de sua investigação das ciências naturais em 1865. Sua atenção ao tópico da sustentabilidade na sociedade pré-capitalista, além disso, parece corresponder a seus estudos etnológicos e agrícolas após 1868.

Da dilapidação à produção sustentável

Apesar do uso intensivo de fertilizantes químicos, a agricultura capitalista não pode deixar de esgotar o solo a longo prazo. Um projeto comunista, portanto, exige uma transformação radical da relação entre humanidade e natureza. Em contraste com Ricardo e Malthus, o projeto de Marx defende consistentemente a possibilidade de melhoria sustentável da produção agrícola sob a operação da "agricultura racional". Não há, nesse sentido, nenhuma virada "pessimista" no pensamento de Marx.

No entanto, ele é muito mais cauteloso quanto aos limites do mundo material, cuja análise, com base nas ciências naturais, é indispensável para qualquer visão futura de uma alternativa ao capitalismo. Precisamente porque a natureza tem limites, as interações sociais com a natureza devem ser reguladas conscientemente pela sociedade. Os argumentos de Marx vêm de sua percepção a respeito da incapacidade do capitalismo de atender a essa demanda sob relações sociais reificadas. O projeto de economia política de Marx enfatiza repetidamente a necessidade de uma transformação radical das relações de produção e de uma gestão consciente e racional do metabolismo natural e social por "produtores associados":

---

[104] Na sétima edição da *Química agrícola*, Liebig adicionou um novo apêndice baseado na viagem de pesquisa de Hermann Maron ao Japão. Maron encontrou um contraexemplo para a agricultura europeia naquele país, elogiando o uso eficaz de excrementos humanos nas grandes cidades e a ausência de dependência do guano e da criação de gado.

A moral da história, que também pode ser extraída de outras discussões sobre a agricultura, é que o sistema burguês vai contra uma agricultura racional, ou que uma agricultura racional é incompatível com o sistema burguês mesmo que, tecnologicamente falando, ela promova seu desenvolvimento e precise tanto do toque do pequeno cultivador privado quanto do controle dos produtores associados.[105]

A agricultura sustentável, por suas características e condições materiais, é incompatível com o modo de operação capitalista, que não reconhece tais limites. A reforma agrícola é, portanto, uma tarefa central da revolução futura. No entanto, o projeto de Marx em *O capital*, em contraste com os *Cadernos de Londres*, não visa a um aumento infinito da fertilidade do solo. Os pequenos proprietários mantinham a fertilidade seguindo conscientemente a tradição e as condições naturais dadas, produzindo principalmente para satisfazer suas necessidades concretas. A propriedade da terra constituiu uma base para o "desenvolvimento da independência pessoal"[106]. A produção agrícola capitalista dissolve a velha prática das famílias camponesas e reorganiza o processo de produção e suas condições materiais e tecnológicas unicamente na perspectiva da valorização do capital. Não obstante, isso resulta em várias desarmonias no mundo material, e estas requerem a transformação das relações de produção para serem resolvidas.

Contra a unilateralidade do processo de produção capitalista, a sociedade comunista deve realizar uma relação consciente com a natureza. Em uma passagem famosa sobre o "reino da liberdade", Marx enfatiza a importância da regulação consciente do metabolismo com a natureza na sociedade futura:

> Na verdade, o reino da liberdade começa apenas quando o trabalho determinado pela necessidade e conveniência externa chega ao fim; está por sua própria natureza além da esfera da produção material propriamente dita. Assim como o selvagem deve lutar com a natureza para satisfazer suas necessidades, para manter e reproduzir sua vida, também o deve o homem civilizado, e isso em todas as

---

[105] Marx, *Economic Manuscript of 1864-1865*, cit., p. 229.
[106] "A livre propriedade do camponês que cultiva sua própria terra é evidentemente a forma mais normal de propriedade fundiária para o cultivo em pequena escala. [...] A propriedade da terra é tão necessária para o desenvolvimento completo dessa atividade quanto a propriedade do instrumento de trabalho para o livre desenvolvimento do comércio do artesão. Ela forma aqui a base para o desenvolvimento da independência pessoal. É um ponto de transição necessário no próprio desenvolvimento da agricultura." Ibidem, p. 792.

formas de sociedade e sob todos os modos de produção possíveis. Esse reino da necessidade natural se expande com seu desenvolvimento, porque suas necessidades também se expandem; mas as forças produtivas para satisfazê-los se expandem ao mesmo tempo. A liberdade, nessa esfera, só pode consistir nisto, que o homem socializado, os produtores associados, governam racionalmente sua interação metabólica com a natureza, colocando-a sob seu controle coletivo em vez de ser dominado por ela como um poder cego; realizando esse metabolismo com o menor dispêndio de energia e nas condições mais dignas e adequadas à sua natureza humana. Mas esse permanece sempre um reino da necessidade. O verdadeiro reino da liberdade, o desenvolvimento dos poderes humanos como um fim em si mesmo, começa além dele, embora só possa florescer com esse reino da necessidade como base. A redução da jornada de trabalho é o pré-requisito básico.[107]

Marx sem dúvida reconhece o lado positivo da tecnologia moderna e das ciências naturais, que preparam as condições materiais para o estabelecimento do "reino da liberdade", ao capacitar os humanos a produzir produtos variados em menos tempo. Os produtores da sociedade futura poderão modificar seu ambiente com maior liberdade com o auxílio da tecnologia. Contudo, isso não significa a abolição das leis naturais. A natureza ainda mantém sua própria dinâmica.

Também na sociedade comunista, na qual a totalidadae da produção social não é organizada pela produção mercantil dos produtores privados, mas pela produção social dos produtores associados, o "reino da necessidade" permanece. Ele continua existindo porque a produção material é indispensável para qualquer sociedade. Mas, em contraste com outras sociedades, os produtores associados "governam racionalmente sua interação metabólica com a natureza". Essa interação não pode ser simplesmente abolida; sua regulação consciente persiste como uma necessidade eterna. Caso contrário, os humanos estariam ignorando a força da natureza. A regulação constitui assim as condições materiais essenciais para o "reino da liberdade", que promoverá o livre desenvolvimento humano. Marx está ciente de que a execução do trabalho por si só não é suficiente para o livre desenvolvimento humano, mas a atividade efetivamente livre só começa além do "reino da necessidade". Contudo, é preciso antes perceber a interação racional com a natureza e encurtar a jornada de trabalho.

---

[107] Ibidem, p. 885-6.

Como Marx enfatiza, o reino da liberdade só pode "florescer com esse reino da necessidade como sua base" e, nesse sentido, não há separação utópica entre eles. A atividade humana no reino da liberdade ainda faz parte do metabolismo transistórico entre humanos e natureza e não deve minar arbitrariamente sua própria base material. A construção consciente da unidade entre humanos e natureza não é, portanto, nenhuma dominação e manipulação unilateral do mundo sensível externo, mas visa à produção sustentável sem violar os limites da natureza. A crítica popular ao chamado prometeísmo de Marx é falsa. Marx não superestima o potencial desenvolvimento das forças produtivas no futuro, nem subestima as consequências negativas causadas pelo capitalismo[108].

O que Marx repete em *O capital* são os limites intransponíveis da natureza, com os quais os humanos devem ser cautelosos, porque toda produção depende fundamentalmente dela. Além da possibilidade objetiva de produzir mais, a capacidade subjetiva de interação consciente com o meio ambiente, que precisa ocorrer dentro dos limites da natureza, é essencial para o desenvolvimento das forças produtivas. Em contraste, é o capitalismo que se apega ao mito de mais inovações tecnológicas, porque ele não pode fornecer nenhuma solução para uma série de problemas ecológicos graves além de mais inovações tecnológicas[109]. Marx mostra que o sistema de produção orientado para o valor não pode realizar um verdadeiro desenvolvimento das forças produtivas. Nesse sentido, não há elogios ingênuos às novas forças produtivas, pois no capitalismo seu caráter material já está fundamentalmente modificado pelas "forças produtivas do capital". Se contribuem apenas para a acumulação de capital, mas não para a sustentabilidade, tais inovações não contam como "desenvolvimento" das forças produtivas, mas como mero "roubo". Mesmo assim, essa dimensão qualitativa da categoria de "forças produtivas" é frequentemente negligenciada,

---

[108] Costumava haver debates entre os marxistas se a tecnologia no comunismo seria transformada em uma tecnologia totalmente ecológica quando emancipada do uso capitalista. Grundmann aponta características negativas da tecnologia que não podem ser superadas com a mera abolição de sua forma capitalista. Ele critica os marxistas por lidarem com a forma da tecnologia sem discutir em profundidade seu conteúdo. No entanto, ele quase não presta atenção em como a própria forma capitalista é reificada (*versachlicht*) e materializada (*verdinglicht*) em uma coisa. Não apenas a forma, mas o conteúdo da tecnologia é certamente um problema, mas é necessário examinar como a forma capitalista modifica ativamente os conteúdos materiais da tecnologia, que aparecem como forças produtivas do capital. Reiner Grundmann, *Marxism and Ecology* (Oxford, Clarendon Press, 1991), p. 83-4.

[109] Pode-se pensar em novos projetos como o DESERTEC ou a gestão da radiação solar (SRM).

e sua caracterização como simples fator objetivo na produção material é inadequada. Em vez disso, o cultivo da capacidade subjetiva de controle consciente e sustentável da produção é essencial para o conceito de forças produtivas, visto de um ponto de vista mais amplo e racional. A ampliação do tempo livre disponível é indispensável para o cultivo dessa sensibilidade mais ampla.

Marx adverte contra uma atitude instrumental em relação à natureza com o propósito de valorização do capital, pois "em vez de um tratamento consciente e racional da terra como propriedade comunal permanente, como condição inalienável de existência e reprodução da cadeia de gerações humanas, temos a exploração e a dilapidação das forças da terra"[110]. Porém, uma vez que as graves crises das condições materiais de vida questionam a legitimidade do sistema capitalista, ele vê aqui a possibilidade de que pessoas com "enorme [nova] consciência", tanto subjetiva quanto objetivamente, possam resistir à lógica do capital e construir uma nova atitude em relação à natureza[111]. Várias crises ecológicas obrigam os humanos a lutar conscientemente com o problema da sustentabilidade, a fim de superar sua alienação da natureza e evitar a decadência da civilização:

> Mas ao mesmo tempo que destrói as condições desse metabolismo, engendradas de modo inteiramente natural-espontâneo, a produção capitalista obriga que ele seja sistematicamente restaurado em sua condição de lei reguladora da produção social e numa forma adequada ao pleno desenvolvimento humano.[112]

Na grave degradação do metabolismo social e natural, existe uma base fundamental para o surgimento de uma regulação consciente de toda a produção social. A afirmação de que o modo de produção capitalista cria "os pressupostos materiais de uma nova síntese, superior, entre agricultura e indústria"[113] não é uma previsão utópica, com a qual Marx esperava uma "absurda eliminação do problema da perturbação [ecológica]", mas uma demanda prática para o movimento socialista[114]. Marx reconhece que o domínio do capital pode perdurar enquanto sua valorização for possível, mesmo que uma grande parte da Terra

---

[110] Marx, *Economic Manuscript of 1864-1865*, cit., p. 797.
[111] Marx e Engels, *Collected Works*, cit., v. 34, p. 246.
[112] Marx, *Capital*, cit., v. 1, p. 637-8 [ed. bras.: *O capital*, Livro 1, cit., p. 573].
[113] Ibidem, p. 637 [ed. bras.: ibidem, p. 572].
[114] Kurt Jakobs, "Bruchstücke Sozialismus und Ökologie", *Das Argument*, 197, 1993, p. 31-46.

se torne inadequada para a vida humana[115]. O que ele vê como necessário é o sério engajamento prático em relação às crises ecológicas globais, porque o capital não pode pará-las, mas apenas acelerá-las[116].

Ao integrar a crítica de Liebig à agricultura de roubo, Marx aprofundou sua crítica ecológica ao capitalismo. É verdade que escreveu pouco sobre esse tema após a publicação do Livro 1 de *O capital*. No entanto, não se pode imaginar que, após esse estudo intensivo sobre os limites naturais contra a lógica formal da determinação da forma capitalista, ele tenha abandonado repentinamente sua pesquisa sobre questões ecológicas. Com um estudo cuidadoso de seus cadernos, logo se percebe que trata-se do oposto. Depois de 1868, Marx estudou ciências naturais seriamente, mas o significado teórico real disso em relação à conclusão de seu projeto de economia política permaneceu sem exame até hoje. Em seus cadernos de excertos de 1868, ele continuou sua pesquisa intensiva em agrociências e até mesmo modificou seu julgamento da teoria de Liebig.

---

[115] Burkett, *Marxism and Ecological Economics*, cit., p. 136.

[116] A contradição do capitalismo não é puramente formal. Ela se localiza entre a lógica formal do capital e a lógica material da natureza. Visto que esta última é modificável, não se pode deduzir apenas da contradição formal a necessidade do colapso do capitalismo.

CAPÍTULO 6
A ECOLOGIA DE MARX APÓS 1868

Nos últimos dois capítulos, vimos nos cadernos de Marx pré-1867 como a *Química agrícola* de Liebig e as *Notes on North America* de Johnston contribuíram para seu projeto de economia política em um sentido ecológico. Em oposição a seus escritos anteriores, Marx reconheceu claramente os limites naturais enquanto tais, afastando-se do mito de um aumento ilimitado da produção impulsionado pela tecnologia. Também tratou o esgotamento e a deterioração da fertilidade natural e dos recursos naturais como uma contradição entre natureza e capital, que este nunca pôde superar completamente, apesar de seus esforços infinitos para se apropriar da força de trabalho e da riqueza natural. Além dos capítulos sobre "A jornada de trabalho" e "Maquinaria e grande indústria" no Livro 1 de *O capital*, outras alusões em seus manuscritos e cadernos não publicados indicam sua intenção de explicar várias tensões entre a lógica formal do capital e as propriedades materiais da natureza, como em sua análise sobre a "rotação de capital" no Livro 2 e a "renda fundiária" no Livro 3 de *O capital*. Nesse sentido, é totalmente compreensível que depois de 1868 ele tenha continuado a estudar ciências naturais com o objetivo de completar *O capital*, e o fez com mais intensidade do que nunca. Embora o próprio Marx não tenha escrito muito sobre esse tópico após a publicação do Livro 1 de *O capital*, vale a pena reconstruir o recomeço de sua pesquisa em ciências naturais.

Infelizmente, teremos de esperar até a publicação completa da quarta seção da MEGA² para realizar um estudo completo dos cadernos de excertos posteriores a 1868[1]. Assim, este capítulo examina apenas seus cadernos de 1868,

---

[1] Os excertos de Marx sobre química, geologia, mineralogia e química agrícola das décadas de 1870 e 1880 estão disponíveis em MEGA² IV/26 e IV/31. Para uma análise mais completa, será necessário examinar os excertos sobre ciências naturais que afetam o horizonte teórico de Marx após 1868, um projeto que está fora do escopo deste livro.

a fim de mostrar que sua investigação das ciências naturais após 1868 foi não uma "fuga de *O capital*", mas um desenvolvimento posterior de sua teoria do metabolismo[2].

Os cadernos que Marx preencheu no inverno de 1868 revelam como seu horizonte teórico se ampliou após enfrentar o acalorado debate sobre a validade da teoria do esgotamento do solo de Liebig, que o levou a procurar pesquisas no campo das ciências naturais, como química, botânica, geologia e mineralogia nos anos seguintes. Uma figura esquecida nesse tópico é Carl Nikolaus Fraas, um agrônomo de Munique em meados do século XIX. Fraas é importante porque seus livros ocupam uma posição única nos cadernos de Marx. Embora esse cientista alemão fosse um crítico severo da *Química agrícola* de Liebig, que Marx citou favoravelmente na primeira edição de *O capital*, Marx elogiou a contribuição de Fraas e até encontrou em seu trabalho uma "tendência socialista".

Na literatura anterior, Fraas foi negligenciado, bem como sua influência teórica sobre Marx[3]. Aqui, examinaremos os livros de Fraas e trechos dos cadernos de Marx para entender por que a "física agrícola" de Fraas, que, em oposição à "química agrícola" de Liebig, enfatizou as "influências climáticas" na vegetação e na civilização humana, foi importante para o projeto de Marx de uma economia política. A teoria de Fraas foi tão importante para o desenvolvimento da teoria do metabolismo e da agricultura de Marx que este até alterou sua avaliação de Liebig na segunda edição de *O capital*. Essa mudança reflete a abertura de seu novo campo de pesquisa. Pode-se observar outra "emergência de uma teoria" em seus cadernos de 1868.

Dúvidas sobre Liebig?

No Livro 1 de *O capital*, Marx argumenta que a agricultura capitalista, ao desconsiderar as necessidades das gerações futuras, perturba seriamente a "interação metabólica entre os humanos e a Terra", por causa de seu gerenciamento míope do solo. Nessa passagem ele se refere à *Química agrícola* de Liebig e

---

[2] Carl-Erich Vollgraf, "Marx auf Flucht vor dem *Kapital?*", *Beiträge zur Marx-Engels-Forschung: Neue Folge 1994* (Hamburgo, Argument, 1994), p. 89-93.

[3] Referências a Fraas aparecem em Iring Fetscher, *Überlebensbedingungen der Menschheit: Ist der Fortschritt noch zu retten?* (Munique, Piper, 1985), p. 124-5; Grundmann, *Marxism and Ecology*, cit., p. 79.

especialmente à Introdução, enfatizando sua contribuição para a ecologia: "Ter desenvolvido do ponto de vista das ciências naturais o lado negativo, isto é, destrutivo da agricultura, é um dos méritos imortais de Liebig"[4]. Marx continua a argumentar que "seus esboços sobre a história da agricultura, embora não isentos de erros grosseiros, contêm mais visões lúcidas que todas as obras dos economistas políticos modernos reunidas"[5]. Essa avaliação surpreendentemente favorável à teoria de Liebig não é uma formulação descuidada. Marx já tinha expressado a mesma opinião em uma carta a Engels. Marx não encerrou seu exame do aspecto "negativo" e "destrutivo" da agricultura moderna com o livro de Liebig, mas isso foi apenas o início de sua nova pesquisa, posterior a 1868, o que não é surpreendente se considerarmos que após a publicação da sétima edição da *Química agrícola* de Liebig surgiu uma série de debates sobre a validade de sua teoria dos fertilizantes minerais e do esgotamento do solo. Os livros que Marx leu em 1868 indicam claramente que ele estava acompanhando cuidadosamente esses debates[6].

Ao ler as frases sobre Liebig que acabamos de citar, um leitor cuidadoso pode notar imediatamente uma diferença entre a primeira edição e as edições posteriores, embora ela tenha sido apontada apenas recentemente por um editor alemão da MEGA, Carl-Erich Vollgraf[7]. Marx modificou essa frase na segunda edição de *O capital* publicada em 1872-1873. Consequentemente, costumamos ler apenas: "Também seus esboços sobre a história da agricultura, embora não isentos de erros grosseiros, *contêm visões lúcidas*"[8]. Marx excluiu a declaração de que Liebig era mais perspicaz "do que todas as obras dos economistas políticos modernos reunidas". Embora ele ainda continuasse a elogiar a contribuição de Liebig, o tom tornou-se mais sóbrio. Por que Marx suavizou seu endosso às contribuições de Liebig em relação à economia política clássica?

Pode-se argumentar que essa retratação de sua afirmação anterior, de que Liebig era mais importante para a análise da agricultura do que todos os

---

[4] MEGA² II/5, p. 409.
[5] Ibidem, p. 410.
[6] Os cadernos de Marx de 1868 serão publicados, junto com seus excertos da *Química agrícola* de Liebig, em MEGA² IV/18.
[7] Vollgraf, "Einführung", em MEGA² II/4.3, p. 461.
[8] MEGA² II/6, p. 477, ênfase nossa [ed. bras.: *O capital*, Livro 1, cit., p. 573]. Este é um dos exemplos mais claros de como Marx na verdade mudou suas frases nas diferentes edições de *O capital*. O problema das edições baseadas na *Marx-Engels-Werke*, incluindo a *Marx Engels Collected Works*, é que elas só publicam a versão de Engels.

economistas, constitui apenas uma mudança trivial, destinada a esclarecer as contribuições originais de Liebig no campo da química agrícola e separá-las da economia política, a respeito da qual o grande químico cometeu alguns "erros grosseiros". Além disso, Marx estava muito entusiasmado com a compreensão de um determinado economista político sobre o problema do solo, a saber, James Anderson, que, diferentemente de outros economistas políticos clássicos, examinou a questão da destruição do solo. Por tudo isso, Marx pode ter pensado que seu modo de expressão na primeira edição de *O capital* foi um tanto exagerado.

No entanto, deve-se notar que a *Química agrícola* de Liebig foi avidamente discutida por uma série de economistas políticos à época, especialmente no que diz respeito à teoria da renda fundiária e à teoria da população. Wilhelm Roscher integrou-a em seu *Sistema de economia nacional*. O próprio Liebig incluiu uma seção sobre "Economia nacional e agricultura" na Introdução da *Química agrícola* e elogiou o reconhecimento por Adam Smith da singularidade da agricultura em contraste com a indústria. Portanto, é razoável supor que Marx, na primeira edição de *O capital*, estava intencionalmente comparando Liebig com aqueles economistas políticos que postularam um desenvolvimento transistórico e linear da agricultura, seja de solos mais produtivos para menos produtivos (Malthus, Ricardo e John Stuart Mill), ou de menos produtivos para mais produtivos (Carey e posteriormente Eugen Dühring). A crítica de Liebig ao sistema de cultivo de roubo, em vez disso, denuncia a *forma moderna* de agricultura e sua produtividade decrescente como resultado do uso irracional e destrutivo do solo. Em outras palavras, a historicização da agricultura moderna por Liebig forneceu a Marx uma base científica útil para rejeitar tratamentos abstratos e lineares do desenvolvimento agrícola. No entanto, entre 1867 e 1872-1873, a avaliação de Marx de sua contribuição para a economia política mudou um pouco. Será que ele tinha dúvidas quanto à validade da química de Liebig, assim como em relação a seus erros econômicos? Nesse contexto, o estudo atento das cartas e cadernos de Marx nos ajuda a compreender os objetivos e métodos mais amplos de sua pesquisa após 1868.

Analisando as cartas e os cadernos desse período, parece mais provável que a mudança em relação à contribuição de Liebig na segunda edição represente mais do que uma mera correção. Marx estava bem ciente dos debates acalorados em torno da *Química agrícola* de Liebig, então, após a publicação do Livro 1 de *O capital*, ele acompanhou cuidadosamente as discussões sobre a validade da teoria de Liebig. Em carta a Engels de 3 de janeiro de 1868, Marx lhe pediu que se aconselhasse com um amigo de longa data, o químico Carl Schorlemmer:

> Gostaria de saber de Schorlemmer qual é o melhor e mais recente livro (alemão) sobre química agrícola. Além disso, qual é o estado atual da discussão entre o pessoal do fertilizante mineral e o do fertilizante de nitrogênio? (Desde a última vez que examinei o assunto, todo tipo de coisa nova apareceu na Alemanha.) Ele sabe alguma coisa sobre os alemães mais recentes que escreveram contra a teoria do esgotamento do solo de Liebig? Ele conhece a teoria da aluvião do agrônomo Fraas, de Munique (professor da Universidade de Munique)? Para o capítulo sobre a renda fundiária, terei que estar ciente do estado da questão, pelo menos até certo ponto.[9]

As observações de Marx nessa carta indicam claramente seu objetivo de estudar livros sobre agricultura. Ele não estava apenas procurando a literatura recente sobre agricultura em geral, mas especialmente atento aos debates e críticas à *Química agrícola* de Liebig. No manuscrito para o Livro 3 de *O capital*, Marx estranhamente apontou a importância da análise de Liebig enquanto indicava que ela precisaria ser completada no futuro. Isto é, isso era parte do argumento que ele continuava pesquisando – e em áreas básicas como "o declínio da produtividade do solo" relacionadas às discussões sobre a queda da taxa de lucro.

Como visto no capítulo anterior, Liebig afirmou que a "lei da reposição" foi violada como resultado da transformação moderna da maneira como as pessoas viviam e que o consequente esgotamento do solo ameaçaria toda a civilização europeia. A provocativa tese de Liebig imediatamente causou grande debate, como Julius Au, um contemporâneo de Liebig, afirma: "As questões levantadas por ele tornaram-se o tema de conversas diárias para todos os homens cultos da prática: elas entraram na agenda de quase todas as reuniões sobre agricultura e, ao mesmo tempo, tornaram-se uma fonte fértil para especulações literárias e bibliopolas"[10].

---

[9] Marx e Engels, *Collected Works*, cit., v. 42, p. 507-8.
[10] Julius Au, *Die Hilfsdüngermittel in ihrer volks- und privatwirthschaftlichen Bedeutung* (Heidelberg, Bassermann, 1869), p. 85.

A tese de Liebig sobre o esgotamento do solo repercutiu positivamente em muitos economistas políticos. Henry Charles Carey já havia se referido ao desperdício da produção agrícola nos Estados Unidos devido à exportação de grãos para a Inglaterra. Ele citou o agrônomo George E. Waring: "O trabalho empregado para roubar da terra seu estoque de capital de matéria fertilizante é pior do que o trabalho jogado fora. [...] O homem é apenas um inquilino do solo e é culpado de um crime quando reduz o seu valor para os outros inquilinos que virão depois dele"[11].

A teoria da agricultura de roubo de Carey está intimamente ligada à sua crítica ao imperialismo britânico. Nesse sentido, ele, como Marx, discutiu as condições na Irlanda e na Índia como colônias britânicas em seu livro *Principles of Political Economy* [Princípios de economia política]:

> As facilidades de transporte em toda a Irlanda aumentaram muito no meio século que acabou de passar; mas, a cada estágio dessa melhoria, fomes e pestes aumentaram em número e em força. [...] Em cada um desses estágios, o poder de associação diminuiu – o solo empobreceu mais rapidamente – e agora os trabalhadores estão, em todos os lugares, fugindo das casas onde cresceram. [...] As ferrovias estão agora sendo feitas *para*, e não *pelo* povo da Índia, mas seus efeitos devem, inevitavelmente, ser os mesmos que os observados na Irlanda. Essas obras têm o objetivo de promover maior exportação da produção bruta do solo e estender o poder centralizador do comércio; do que deve seguir um esgotamento crescente da terra, o declínio do poder de associação entre seus ocupantes e a decadência mais rápida do comércio.[12]

Carey afirma que com o desenvolvimento de meios de transporte mais baratos para a Inglaterra, como ferrovias e navios, a exportação de matérias-primas da Irlanda e da Índia teve seu maior aumento. Essa nova economia resultou em um rápido esgotamento do solo, de modo que as populações e suas forças de

---

[11] Henry Charles Carey, *Letters to the President on the Foreign and Domestic Policy of the Union and Its Effects as Exhibited in the Condition of the People and the State* (Filadélfia, J. B. Lippincott & Co., 1858), p. 55; George E. Waring, "The Agricultural Features of the Census of the United States for 1850", *Organization & Environment*, v. 12, n. 3, 1999, p. 298-307, citação p. 306. Ver também Foster, *Marx's Ecology*, cit., p. 152-3. Liebig e Carey se conheceram pessoalmente depois que Eugen Dühring convidou Carey para ir à Europa em 1859.

[12] Henry Charles Carey, *Principles of Social Science*, v. 1 (Filadélfia, J. B. Lippincott & Co., 1858), p. 367-8, ênfase no original.

produção diminuíram sem a possibilidade de desenvolvimento de sua própria manufatura. No que diz respeito à crítica ao imperialismo, a semelhança de Carey com Marx é compreensível porque a teoria de Liebig desempenha um papel central para ambos. Carey denuncia mais uma vez a irracionalidade da dominação colonial das periferias como algo "pior que um crime"[13].

Assim, também para Carey, a "dispersão" ou "antagonismo entre cidade e campo", que penetra grande parte do mundo por meio do comércio internacional em favor (em primeiro lugar) do capitalismo inglês e piora a condição nacional das periferias, é a causa fundamental da perturbação do metabolismo entre humanos e natureza. Para combatê-lo, aumentando o poder de "associação" entre produtor e consumidor, Carey propõe uma "tarifa protecionista" para que novas manufaturas possam ser efetivamente promovidas nas periferias, caso contrário estas não teriam chance de prosperar. Ele explica que a produtividade agrícola também pode aumentar junto com as manufaturas nacionais porque estas oferecem novos meios para o cultivo dos melhores solos. Ele prevê o desenvolvimento construído sobre pequenas comunidades autárquicas dentro de uma nação por meio de políticas protecionistas, de modo que o refugo da indústria possa ser efetivamente devolvido aos solos que a cercam.

A política protecionista de Carey foi recepcionada pela primeira vez por Frédéric Bastiat na França, embora este tenha prestado pouca atenção ao problema do esgotamento do solo. Marx se correspondeu com Carey, que lhe enviou seu livro sobre a escravidão, o qual continha alguns de seus argumentos sobre o esgotamento do solo, e Marx estudou os trabalhos econômicos de Carey. Mas, na época, Marx também não deu muita atenção ao assunto. O papel de Carey no debate geral sobre o solo tornou-se mais evidente quando Marx encontrou o trabalho de Eugen Dühring. Marx começou a estudar os livros de Dühring em janeiro de 1868, depois que Louis Kugelmann lhe enviou a resenha de Dühring sobre *O capital* na revista *Ergänzungsblätter zur Erkenntniß* – a primeira resenha do livro a sair na mídia – publicada em dezembro de 1867.

---

[13] Ibidem, p. 371. Mesmo que Carey não tenha usado a teoria mineral de Liebig em sua crítica ao esgotamento do solo, ele citou longas passagens do *Manual of Political Economy* de Peshine Smith's (ibidem, p. 67). Referindo-se a Liebig e Johnston, Smith investigou no mesmo capítulo a causa do "esgotamento especial" devido à falta de substâncias inorgânicas necessárias. E. Peshine Smith, *Manual of Political Economy* (Nova York, George P. Putnam & Co., 1853), p. 36. Carey também estava ciente da explicação de Liebig sobre o esgotamento do solo. Ver Arnold W. Green, *Henry Charles Carey: Nineteenth-Century Sociologist* (Filadélfia, University of Pennsylvania Press, 1951), p. 77-8.

Foi Eugen Dühring, um professor da Universidade de Berlim e defensor entusiasta do sistema econômico de Carey, quem chamou a atenção claramente para pontos em comum entre Liebig e Carey. Ele integrou a teoria de Liebig à sua própria análise econômica como validação adicional da proposta de Carey de estabelecer comunidades autárquicas sem desperdício dos nutrientes para as plantas e, portanto, sem esgotamento dos solos. Em seu livro *Carey's Umwälzung der Volkswirthschaftslehre und Socialwissenschaft* [A revolução da economia nacional de Carey e as ciências sociais], Dühring enfatizou o significado da teoria do "esgotamento do solo provada por Liebig" para o sistema econômico de Carey, defendendo que ela tem "o sistema [de Carey] como um de seus pilares"[14]. Ele argumentou:

> Também o problema do esgotamento do solo, que já se tornou bastante ameaçador na América do Norte, por exemplo, será [...] interrompido no longo prazo somente por meio de uma política comercial baseada na proteção e na educação do trabalho doméstico. Pois o desenvolvimento harmonioso das várias instalações de uma nação resultará em atividades econômicas locais estáveis. Elas promovem a circulação natural de matéria [*Kreislauf der Stoffe*] e possibilitam que os nutrientes das plantas sejam devolvidos ao solo de onde foram retirados.[15]

Não é acidental que o protecionismo de Dühring esteja explicitamente direcionado contra a negligência em relação ao problema do esgotamento do solo na economia política. Isso ocorre porque qualquer preocupação séria sobre esse problema "inevitavelmente leva ao abandono do princípio do *laissez-faire*", uma marca da economia política clássica desde Adam Smith. Dühring pede uma "regulação consciente da distribuição da matéria" (*bewsste Regulirung der Stoffvertheilung*) como a "única contramedida" à produção perdulária, na medida em que ela superaria a divisão entre cidade e campo[16].

No manuscrito do Livro 3 de *O capital*, Marx imaginou uma sociedade futura para além do antagonismo entre cidade e campo, na qual "produtores associados governam sua interação metabólica com a natureza de forma racio-

---

[14] Eugen Dühring, *Carey's Umwälzung der Volkswirthschaftslehre und Socialwissenschaft* (Munique, E. A. Fleischmann, 1865), p. xv.

[15] Ibidem, p. xiii.

[16] Idem, *Kritische Grundlegung der Volkswirthschaftslehre* (Berlim, Alb. Eichhoff, 1866), p. 230.

nal". Ele deve ter ficado surpreso ao saber que Dühring também reivindicava isso, usando a teoria do esgotamento do solo de Liebig. Em outras palavras, a afirmação de Marx, junto com a de Dühring, refletia uma tendência popular da "escola de Liebig". Nos anos subsequentes, a visão de Marx sobre Dühring tornou-se mais crítica, uma vez que Dühring começou a promover seu próprio sistema como o verdadeiro fundamento da social-democracia. Isso provavelmente reforçou a suspeita de Marx quanto à interpretação de Dühring do esgotamento do solo e seus defensores, mesmo que ele continuasse a reconhecer a utilidade da teoria de Liebig. Em todo caso, no início de 1868, tal constelação discursiva levou Marx a estudar intensamente livros *"contra* a teoria do esgotamento do solo de Liebig", como os de Karl Arnd, Franz Xavier Hlubek, Carl Fraas e Friedrich Albert Lange[17].

O ESPECTRO DE MALTHUS

A teoria de Liebig tornou-se popular entre os economistas políticos na década de 1860 não apenas porque o esgotamento do solo era um sério problema social, mas também porque a teoria da superpopulação de Malthus ainda era influente. O alerta de Liebig reabilitou, para tomar emprestada a expressão de Dühring, "o espectro de Malthus", no sentido de que ele deu uma nova base científica natural ao problema da diminuição da produtividade agrícola como resultado da agricultura de roubo. Esse argumento malthusiano foi bem-sucedido no sentido de que Liebig, na sétima edição da *Química agrícola*, pretendia recuperar sua influência ao gerar debates significativos entre fazendeiros e cientistas agrônomos com suas novas polêmicas[18].

---

[17] Hlubek é considerado o último defensor da teoria do húmus. Marx já estava familiarizado com várias críticas a ela, visto que tanto Liebig quanto Lawes a criticavam fortemente. A leitura de Marx da *Teoria da agricultura* (*Landwirthschaftslehre*) de Hlubek publicada em 1853 indica quão abrangente era seu estudo da agricultura no início de 1868. Ele escreveu a Kugelmann em 6 de março de 1868 e refletiu que nos últimos dois meses, apesar de seu estado de saúde, ele havia "devorado enormes massas de 'material', estatístico e outros; isso por si só teria feito mal àqueles cujos estômagos não estão acostumados a esse tipo de forragem e à rápida digestão desta". Marx e Engels, *Collected Works*, cit., v. 38, p. 544.

[18] A expressão "espectro de Malthus" é empregada por Dühring, embora ele não relacione esse termo a Liebig. Dühring, *Carey's Umwälzung*, cit., p. 67. Karl Arnd, em contraste, indo direto ao ponto em sua crítica, chama a teoria de Liebig de um "espectro do esgotamento do solo". Karl Arnd, *Justus Liebig's Agrikulturchemie und sein Gespenst der Bodenerschöpfung* (Frankfurt am Main, H. L. Brönner, 1864).

O tom geral do argumento de Liebig mudou de otimista na década de 1840 até meados da década de 1850 para um bastante pessimista no final da década de 1850 e na década de 1860. Crítico severo da agricultura industrial britânica, ele previu um futuro sombrio para a sociedade europeia, repleto de guerras e fome, se a "lei da reposição" continuasse a ser ignorada:

> Em poucos anos as reservas de guano se esgotarão e então nenhuma disputa científica ou, por assim dizer, teórica será necessária para provar a lei da natureza que exige do homem que ele se preocupe com a preservação das condições de vida. [...] Para sua autopreservação, as nações serão compelidas a massacrar e aniquilar umas às outras em guerras sem fim, a fim de restaurar o equilíbrio, e, Deus nos livre, se dois anos de fome como 1816 e 1817 se sucederem novamente, aqueles que sobreviverem verão centenas de milhares morrerem nas ruas.[19]

O pessimismo de Liebig parece distinto nessa passagem e se aproxima da teoria da superpopulação absoluta de Malthus. Embora sua visão da agricultura moderna como um "sistema de roubo" mostre sua superioridade em relação à lei geral a-histórica dos rendimentos decrescentes, sua conclusão deixa ambígua sua relação com as ideias malthusianas. Na verdade, muitas pessoas criticaram sua "visão pessimista", argumentando que ele ignorou os dados estatísticos e enfatizou exageradamente o perigo de uma decadência da civilização[20].

Contudo, ao mesmo tempo, seu otimismo anterior parece ainda existir. Pelo menos é possível entender seu alerta sobre a agricultura de roubo de tal forma que a produtividade agrícola pudesse aumentar mais uma vez se o ciclo nutricional fosse reabilitado no futuro[21]. Carey e Dühring conseguiram tirar vantagem dessa ambiguidade porque os apoiadores de Liebig também eram críticos ferrenhos de Malthus, opondo uma visão otimista do aumento da produtividade agrícola à lei dos rendimentos decrescentes. De acordo com

---

[19] Liebig, *Einleitung*, cit., p. 125-6.

[20] Arnd, *Justus Liebig's Agrikulturchemie*, cit., p. 56. Liebig propôs a intervenção do Estado na construção de latrinas e esgotos nas cidades como uma solução para reabilitar o ciclo nutricional: "Para tornar possível a execução de um plano desse tipo, o governo e as autoridades policiais devem tomar medidas para garantir a construção adequada de latrinas e esgotos nas cidades, para evitar o desperdício dos excrementos etc.". Contudo, não está muito claro se ele ficou satisfeito com essa ideia como a contramedida mais eficaz. Justus von Liebig, *Letters on Modern Agriculture* (Londres, Walton and Maberly, 1859), p. 269.

[21] Au, *Hilfsdüngermittel*, cit., p. 151.

Dühring, a contribuição de Carey consiste em sua descoberta da tendência à "concentração" no processo de desenvolvimento harmonioso da civilização, de modo que "o espectro de Malthus se dissolve no nada"[22]. A agricultura primitiva deve primeiro lutar com solos inferiores – uma visão que já diverge de Ricardo, que pensa que o cultivo começa com o melhor solo. Mas com o progresso da civilização, solos mais frutíferos serão cultivados com melhores instrumentos e máquinas que a indústria fornece, de modo que a produtividade agrícola aumentará[23]. A situação na América do Norte parecia desfavorável sob o domínio britânico, mas Carey e Dühring acreditavam que sua política protecionista poderia acabar com a separação entre produtores e consumidores, o que ao mesmo tempo dissolveria a previsão pessimista de Liebig.

A demanda deles por tarifas protecionistas e proximidade espacial entre produtor e consumidor não é uma aplicação arbitrária da teoria da reposição de Liebig. Uma comunidade pequena é definitivamente mais adequada para organizar o ciclo nutricional sem desperdiçar os dejetos. Embora Marx compartilhasse a teoria de Liebig como base teórica com Carey e Dühring, ele não acreditava que as tarifas protecionistas por si só resolveriam o problema do esgotamento do solo e outras rupturas metabólicas sob o modo de produção capitalista. Ele também não concordou com a suposição deles de uma visão unilateral – que passaria continuamente dos solos piores para os melhores – do cultivo[24].

Enquanto Carey e Dühring assumem uma solução otimista para a visão de Liebig da agricultura moderna, muitas obras criticaram tanto Liebig quanto Carey do ponto de vista econômico, e Marx foi levado a lê-las após a publicação do Livro 1 de *O capital*[25]. Nesse contexto, os cadernos e livros de sua biblioteca pessoal são de interesse.

Friedrich Albert Lange, um social-democrata alemão, elucida sua crítica contra a escola de Liebig em seu livro de 1866, *J. St. Mill's Ansichten über die sociale Frage und die angebliche Umwälzung der Socialwissenschaft durch Carey* [As visões de J. St. Mill sobre a questão social e a suposta revolução da

---

[22] Dühring, *Carey's Umwälzung*, cit., p. 67.
[23] Carey, *The Past, the Present, and the Future*, cit., p. 34.
[24] Marx e Engels, *Collected Works*, cit., v. 43, p. 384.
[25] Notavelmente, até mesmo Hermann Maron, cujo relatório sobre a agricultura japonesa Liebig usou como apêndice de seu *Química agrícola*, mudou de opinião depois de 1862 e começou a criticar a teoria de Liebig sobre o esgotamento do solo em seu artigo "O espectro do esgotamento do solo". Ver Hermann Maron, "Das Gespenst der Bodenerschöpfung", *Vierteljahrschrift für Volkswirthschaft und Culturgeschichte*, 2, 1863, p. 146-61.

ciência social por Carey], cujo título zomba do livro de Dühring. Marx fez alguns excertos desse livro no início de 1868 e possuía uma cópia dele em sua biblioteca[26]. Esses excertos são importantes porque Marx se concentrou no capítulo 4, no qual Lange critica a visão de Carey e Dühring sobre a agricultura. Marx documentou uma passagem em que Lange rejeita a ideia de Carey do desenvolvimento harmonioso, especialmente seu tratamento de uma "tarifa protecionista" como "panaceia", que levaria automaticamente ao estabelecimento de uma comunidade autárquica. Marx destacou a crítica de Lange a Carey, primeiro escrevendo o resumo de Lange sobre o caminho ideal de Carey para o progresso social:

> Se, ao contrário, uma tarifa protecionista bem escolhida for introduzida, uma fábrica será construída próxima às terras cultivadas. Graças ao rico adubo feito com o refugo da indústria e à crescente população, a fertilidade do solo aumentará e se tornará duradoura: a agricultura racional pode se desenvolver e a agricultura consegue os meios para derrubar florestas, drenar pântanos – em uma palavra, os meios para a conquista de solos ricos em áreas frutíferas de baixa altitude etc.[27]

Lange rejeita a ideia da promoção da indústria nacional apenas por meio de tarifas protecionistas. A sociedade de Carey, diz ele, levaria a uma situação na qual o desenvolvimento da "indústria" nacional, de maneira similar ao "comércio", acabaria criando uma "tendência centralizadora", que resultaria em desigualdade econômica. Consequentemente, apenas algumas empresas seriam ricas, enquanto as massas "arrancadas da terra" cairiam na pobreza[28]. Afinal, argumenta Lange, a única solução que o sistema harmonioso de Carey pode oferecer é uma tarifa protecionista, mas em todos os outros aspectos ele se apega firmemente ao "princípio do *laissez-faire*", de modo que o problema social do empobrecimento da classe trabalhadora como resultado da economia de mercado permanece negligenciado. Lange conclui: "Se não for possível encontrar novos métodos para evitar *a centralização da indústria, além da centralização do comércio*, o sistema protecionista só piora a situação, em vez de melhorá-la"[29]. Lange afirma que a teoria de Liebig foi adotada por Carey

---

[26] MEGA² IV/32, n. 722.
[27] MEA, Sign. B 107, p. 31-2.
[28] Ibidem, p. 32.
[29] Ibidem, ênfase no original.

apenas para justificar a política protecionista e, portanto, acusa Carey de não levar os limites naturais a sério o suficiente, como se a produção agrícola pudesse ser infinitamente aumentada com a ampliação do poder de associação. De maneira semelhante a Roscher, Lange argumenta que, "apesar da correção da teoria de Liebig em termos de ciências naturais", o cultivo de roubo pode ser justificado da perspectiva "da economia nacional"[30].

Julius Au, um economista alemão, se opõe à visão de Liebig de uma maneira ainda mais detalhada. Marx possuía uma cópia de *Hilfsdüngermittel in ihrer volks-und privatwirthschaftlichen Bedeutung* [Fertilizantes suplementares e sua importância para a economia nacional e privada] de Au, de 1869, na qual fez várias anotações e comentários[31]. Au concorda com Liebig na rejeição da velha teoria do húmus, mas recusa-se a reconhecer suas conclusões "econômicas". A teoria de Liebig do esgotamento do solo é, de acordo com Au – em oposição à afirmação pessimista de Liebig –, não uma "lei natural", isto é, não tem validade "absoluta", mas é apenas "relativa" a certas condições[32]. Portanto, muitas vezes não faz sentido do ponto de vista econômico atender às necessidades minerais de Liebig em países como Rússia, Polônia e na Ásia Menor, dado que sua agricultura extensiva pode produzir safras por muitos anos sem esgotar o solo.

A crítica de Au chega ao ponto de minar a irracionalidade do cultivo de roubo como tal: "A alegação de que a reposição [dos nutrientes do solo] pode ser adiada até que a efetiva diminuição da fertilidade, ou seja, o esgotamento do solo torne-se discernível e enquanto as relações econômicas permitirem [...] não tem nada a ver com *'après nous le déluge'*"[33]. Ainda de acordo com Au, existe certo ponto além do qual o roubo não estaria de acordo com critérios econômicos porque a exploração dos solos deixaria de ser lucrativa. Como Roscher e Lange, Au também argumenta que os agricultores em busca de lucro seriam forçados, pela lógica do mercado, a parar de roubar o solo. Não há, portanto, "nenhuma ameaça ao bem-estar público, mesmo que a lei de reposição de Liebig não seja respeitada"[34].

---

[30] Albert F. Lange, *J. St. Mill's Ansichten über die sociale Frage und die angebliche Umwälzung der Socialwissenschaft durch Carey* (Duisburg, Falk and Lange, 1866), p. 203.
[31] MEGA² IV/32, n. 42.
[32] Au, *Hilfsdüngermittel*, cit., p. 179.
[33] Ibidem, p. 209-10.
[34] Ibidem, p. 212.

O comentário de Marx sobre Lange em uma carta a Kugelmann de 27 de junho de 1870, bem como seu comentário "burro!" e muitos pontos de interrogação em sua cópia pessoal do livro de Au deixam claro que ele não foi convencido pelas tentativas de Lange e Au de refutar a teoria de Liebig[35]. Eles estavam, como Roscher, presos ao mito da economia nacional de realização de uma agricultura sustentável por meio de flutuações nos preços de mercado. Uma vez que Marx também não estava disposto a apoiar os pontos de vista de Carey e Dühring, ele começou a estudar mais o problema do esgotamento do solo, a fim de articular uma crítica mais sofisticada do sistema de roubo moderno.

Resumindo: Marx pensou inicialmente que a descrição de Liebig dos efeitos destrutivos da agricultura moderna poderia ser usada como um poderoso argumento contra a lei abstrata dos rendimentos decrescentes de Ricardo e Malthus, mas começou a questionar a teoria de Liebig após 1868, à medida que os debates sobre o esgotamento do solo assumiam cada vez mais um tom malthusiano. Marx, portanto, recuou de sua afirmação um tanto acrítica e exagerada de que as análises de Liebig "contêm mais visões lúcidas do que todas as obras dos economistas políticos modernos juntas", enquanto preparava uma pesquisa mais extensa sobre o problema, que ele claramente pretendia realizar para os Livros 2 e 3 de *O capital*.

Schorlemmer respondeu a Marx em fevereiro de 1868:

> Eu quase não consegui acompanhar o progresso da química agrícola nos últimos anos porque não tive acesso à literatura. O *Relatório anual sobre o progresso da química* de 1866 ainda não foi publicado integralmente, e só receberei o volume que cobre a química agrícola no mês que vem. Não conheço a teoria da aluvião de Fraas melhor do que você [...]. [Dê uma olhada em] vários artigos de Lawes e Gilbert. No ano passado, eles receberam um prêmio da Royal Society. Para obter detalhes, consulte *Proceedings of the Royal Society*, v. 16, n. 96, no qual encontrará uma lista de seus escritos.[36]

Schorlemmer conhecia a crítica levantada contra Liebig por Lawes e Gilbert. No entanto, Marx havia seguido o debate em 1863, quando leu *Sobre teoria e prática na agricultura* de Liebig. Além disso, Schorlemmer não foi capaz de dizer

---

[35] Marx e Engels, *Collected Works*, cit., v. 43, p. 527; MEGA IV/32, n. 42.
[36] MEA, Sign. D 3986.

nada de concreto sobre a "teoria da aluvião" de Fraas. Portanto, é provável que sua resposta tenha sido decepcionante para Marx. Porém, Marx continuou a ler outros livros de ciências naturais, incluindo o trabalho de Carl Fraas nos meses seguintes.

UM ENCONTRO COM A FÍSICA "AGRÍCOLA"

Se as tendências malthusianas de Liebig constituíram uma razão negativa para que Marx alterasse a frase sobre Liebig na segunda edição de *O capital*, também houve uma mais positiva: Marx encontrou vários outros autores que se tornaram tão importantes quanto Liebig para sua crítica ecológica do capitalismo. Carl Fraas foi um deles.

O nome de Fraas aparece pela primeira vez no caderno de Marx entre dezembro de 1867 e janeiro de 1868, quando anota o título do livro de Fraas *Die Ackerbaukrisen und ihre Heilmittel* [As crises agrárias e seus remédios], uma polêmica contra a teoria do esgotamento do solo de Liebig[37]. Quando Marx escreveu a Engels, em janeiro de 1868, dizendo que "desde a última vez que examinei o assunto, todo tipo de coisa nova apareceu na Alemanha", ele provavelmente estava pensando no livro de Fraas. Embora Marx não tenha feito excertos desse livro e sua cópia pessoal esteja perdida, ele leu uma série de livros de Fraas, incluindo *Klima und Pflanzenwelt in der Zeit, ein Beitrag zur Geschichte beider* [O clima e o mundo vegetal, uma contribuição para a história de ambos] (Landshut, 1847), *Die Geschichte der Landwirthschaft* [A história da agricultura] (Praga, 1852) e *Die Natur der Landwirthschaft* [A natureza da agricultura] (Munich, 1857). Outros livros escritos por Fraas estão preservados em sua biblioteca pessoal, como *Historisch-encyklopädischer Grundriß der Landwirthschaftslehre* [Esboço histórico-enciclopédico da teoria agrícola] (Stuttgart, 1848), *Das Wurzelleben der Kulturpflanzen und die Ertragssteigerung* [A vida das raízes das plantas cultivadas e o aumento dos rendimentos] (Leipzig, 1872)[38].

Uma observação de Marx em sua carta a Engels de 25 de março de 1868 confirma as leituras das obras de Fraas:

---

[37] MEA, Sign. B 107, p. 13.
[38] MEGA² IV/32, n. 435-7. *As crises agrárias e seus remédios* de Frass consta na lista de livros extraviados da biblioteca pessoal de Marx e Engels. Ver Inge Werchan e Ingrid Skambraks, "Verzeichnis von verschollenen Büchern aus den Bibliotheken von Marx und Engels. Part 2", *Beiträge zur Marx-Engels-Forschung*, 12, 1982, p. 3-106.

> Muito interessante é o livro de Fraas (1847): *O clima e o mundo vegetal ao longo do tempo: uma contribuição à história de ambos*, nomeadamente como prova de que o clima e a flora mudam com o decorrer do tempo. Ele é um darwinista antes de Darwin e admite que até mesmo as espécies se desenvolvem no decorrer do tempo. Mas ele é ao mesmo tempo um agrônomo. Ele afirma que com o cultivo – dependendo de seu grau – a "umidade" tão amada pelos camponeses se perde (portanto, as plantas também migram do sul para o norte), e finalmente ocorre a formação de estepe. O primeiro efeito do cultivo é útil, mas ao cabo é devastador provocando desmatamento etc. Esse homem é um filólogo totalmente erudito (ele escreveu livros em *grego*) e um químico, agrônomo etc. A conclusão é que o cultivo – quando prossegue em crescimento natural e não é *controlado conscientemente* (como um burguês ele naturalmente não chega a esse ponto) – deixa desertos atrás de si, Pérsia, Mesopotâmia etc., Grécia. Portanto, mais uma vez, uma tendência socialista inconsciente! [...] Sua história da agricultura também é importante. Ele chama Fourier de "socialista piedoso e bem-humorado". [...] É necessário acompanhar de perto as novidades na agricultura. A escola *física* contrapõe-se à *química*.[39]

Essa passagem é a única na qual Marx discute o conteúdo do trabalho de Fraas. É impressionante que Marx tenha encontrado até mesmo uma "tendência socialista inconsciente". Seus excertos e anotações são úteis para entendermos por que Marx estava tão interessado na teoria de Fraas e por que a leitura de suas obras possivelmente o levou a alterar sua avaliação da teoria de Liebig na segunda edição de *O capital*. Por meio de uma análise cuidadosa de sua recepção da teoria de Fraas, podemos observar o surgimento de um novo horizonte para sua teoria do metabolismo após 1868.

Em sua carta a Engels, Marx deixa claro que considera importante a "história da agricultura" de Fraas. A expressão por si só não diz se a compreensão de Fraas da história da agricultura é mais importante que "o panorama da história da agricultura de Liebig", que supostamente "contém mais visões lúcidas do que todas as obras dos economistas políticos modernos juntas". No entanto,

---

[39] Marx e Engels, *Collected Works*, cit., v. 42, p. 558-9, ênfase no original. A referência de Fraas a Fourier vem de *Die Geschichte der Landwirthschaft oder geschichtliche Übersicht der Fortschritte landwirthschaftlicher Erkenntnisse in den letzten 100 Jahren* (Praga, Calve, 1852), p. 12. O texto de Marx em *Marx-Engels-Werke* não foi decifrado corretamente e eu corrigi a tradução aqui.

a declaração de Marx é ainda mais interessante porque a última frase implica que ele estava claramente ciente da polêmica de Fraas contra a teoria mineral de Liebig. Marx menciona o debate entre a escola "física" e a escola "química". Obviamente, "escola física" refere-se às teorias da aluvião e do clima de Fraas, e "escola química" inclui não apenas a teoria mineral de Liebig, mas também a teoria do nitrogênio de Lawes e Gilbert.

Em uma carta a Engels de 3 de janeiro de 1868, Marx expressou seu interesse pelo "estado atual da discussão entre os defensores dos fertilizantes minerais e os defensores dos fertilizantes de nitrogênio", isto é, a polêmica de Liebig contra Lawes e Gilbert. Depois de dois meses estudando agronomia, e especialmente devido à sua leitura de Fraas, o interesse de Marx mudou, contemplando o desacordo entre a "escola física" e a "escola química". Embora antes ele considerasse fundamental estudar os debates recentes sobre a *Química agrícola* de Liebig "até certo ponto", ele chegou a pensar, dois meses depois, que "é necessário ficar alerta ao que há de mais recente na agricultura". Admitiu a necessidade premente de novas pesquisas porque o estado mais recente do debate sobre o esgotamento do solo não se restringia à disputa entre a teoria mineral e a teoria do nitrogênio.

A referência de Marx ao assunto indica que ele já havia lido *As crises agrárias e seus remédios*, publicado por Fraas em 1866. Este não criticou a *Química agrícola* de Liebig desde o início, mas, ao contrário, valorizou-o como um químico talentoso, convidando-o em 1855 como consultor especialista em três estações experimentais da Baviera, onde Fraas trabalhou como diretor. No entanto, quando Liebig lamentou a falta de conhecimento científico dos educadores agrícolas e agricultores práticos da Baviera em artigo publicado em 1864, surgiu uma controvérsia acalorada entre os dois agrônomos, criando um relacionamento tenso[40]. Assim, só após 1864 Fraas começou a criticar explicitamente a teoria de Liebig, embora tivesse, na década de 1850, falado de um possível perigo da dependência excessiva da química agrícola e defendido a importância da "física agrícola" para o desenvolvimento da agricultura[41]. Ao

---

[40] Fritz Andreas Zehetmair, *Carl Nikolaus Fraas (1810-1875): Ein bayerischer Agrarwissenschaftler und Reformer der intensiven Landwirtschaft* (Munique, Herbert Utz Verlag, 1995), p. 178.

[41] Por exemplo, Fraas em seu *Esboço histórico-enciclopédico da teoria agrícola* falou de uma relação potencialmente antagônica entre a "escola física" e a "escola química". Seu tom não era tão crítico com Liebig. Ver Carl Fraas, *Historisch-encyklopädischer Grundriß der Landwirthschaftslehre* (Stuttgart, Franckh, 1848), p. 64.

examinar como Fraas mudou sua posição anterior em relação à química agrícola de Liebig após 1864, será possível mostrar o que Marx, em 1868, aprendeu com o debate entre os dois agrônomos alemães.

Em sua *Natureza da agricultura* (1857), Fraas inicia o prefácio reivindicando uma "cooperação da ciência" com o objetivo de um maior progresso na agricultura. Ele acredita que a "pesquisa agrícola da natureza" não deve simplesmente "melhorar" o processo ou os meios de cultivo, mas "investigar" os fenômenos por meio de uma série de experimentos que nos permitam compreender seu funcionamento. Nessa passagem, Fraas refere-se afirmativamente a "J. v. Liebig", cujo trabalho determina o caminho de sua investigação científica da agricultura[42]. Assim, Fraas fundamenta sua visão do sistema agrícola como uma continuação do programa de Liebig. Este é repetidamente e afirmativamente referido no texto principal quanto ao significado das substâncias minerais e da análise química dos solos. Isso não quer dizer que Fraas estivesse simplesmente seguindo a química agrícola de Liebig. Ao contrário, em sua *História da agricultura* (1852), ele apontou que os aspectos *físicos* do solo e do adubo frequentemente estão ausentes nas análises de Liebig[43]. A "física agrícola" de Fraas busca complementar o que o famoso químico, como entusiasta dos fertilizantes químicos, subestima, ou seja, os efeitos meteorológicos e climáticos sobre a formação dos solos e o crescimento das plantas. E é a essa dimensão que Marx dá atenção em seus excertos.

Enquanto James F. W. Johnston examinava a "formação geológica" e Liebig analisava a composição orgânica do solo em relação ao crescimento das plantas, a originalidade de Fraas estava em seu tratamento detalhado da relação entre clima e crescimento das plantas. De acordo com ele, as plantas podem absorver seus nutrientes do solo por meio das raízes apenas quando os nutrientes existem de forma dissolúvel no solo. O desgaste gradual das rochas em componentes friáveis é o processo essencial da formação do solo. Nesse processo, o que é química e mecanicamente significativo são, por exemplo, "as mudanças entre o quente e o frio, entre o úmido e o seco", "o oxigênio na atmosfera", "água contendo amônia e ácido carbônico" e movimentos de "corpos orgânicos vivos"[44]. Marx anota a afirmação de Fraas de

---

[42] Idem, *Natur der Landwirthscahft. Beitrag zu einer Theorie derselben*, v. 1 (Munique, Literarisch--artistische Anstalt, 1857), p. iii.

[43] Idem, *Die Geschichte der Landwirthschaft*, cit., p. 221.

[44] Idem, *Natur der Landwirthscahft*, cit., v. 1, p. 3.

que a investigação dos constituintes químicos do solo por si só não é útil na prática, porque "o objetivo é compreender que tipo e quantos sais tornam-se disponíveis em um determinado solo cultivado a cada ano, quando isso acontece e qual é seu nível de dissolução. Só depois de responder a essas perguntas, podemos decidir sobre a questão da necessidade de seu suprimento [adicional]"[45]. Mesmo que a análise química do solo mostre a existência de uma grande quantidade de substâncias minerais, o mesmo solo pode ser infértil, a menos que seja adicionado adubo quando o intemperismo é lento. Em contraste, sob condições climáticas favoráveis de calor e umidade, a reposição de substâncias minerais pode ocorrer sem adição de adubo porque o desgaste é rápido o suficiente. Marx anota: "A fertilidade mais rica do solo em países quentes e sem qualquer adubação ou apenas com adubação muito esporádica e escassa deve-se claramente a uma maior rapidez no intemperismo das rochas, seus produtos minerais e ao solo"[46].

Marx está ciente da afirmação de Fraas de que a análise química dos elementos do solo por si só não pode revelar totalmente as condições para o crescimento saudável das plantas:

> Existe uma prova mais convincente *contra* a grande importância atribuída aos compostos químicos do solo para a existência das plantas – devida à dependência destas em relação àqueles – do que a fornecida por geógrafos e fazendeiros de que a flora dos solos calcários dos *Montes Cárpatos* pode ser encontrada no solo de granito da Lapônia, e a flora de calcário da Suíça pode ser parcialmente encontrada no solo de granito dos *Montes Cárpatos*?[47]

De acordo com Fraas, as influências climáticas podem alterar as condições materiais para a existência das plantas de maneira tão decisiva que uma planta que geralmente requer certo tipo de solo (*bodenhold*) pode muitas vezes crescer em condições climáticas favoráveis (*bodenvag*): "É particularmente notável que *todas* as plantas cultivadas se tornaram *bodenvag*, e apenas algumas são *bodenhold*; entretanto, isso muda dependendo do clima, principalmente do clima geográfico"[48]. Assim, o trevo vermelho, por exemplo, que geralmente

---

[45] MEA, Sign. B 107, p. 89.
[46] Idem.
[47] Ibidem, p. 123, ênfase no original.
[48] Ibidem, p. 124, ênfase no original.

cresce em solo argiloso, pode crescer em solo de calcário se os verões forem úmidos o bastante.

Fraas argumenta repetidamente que a agricultura racional deve levar a sério os fatores climáticos. Assim, mesmo que os elementos inorgânicos constituintes do solo sejam "absolutamente necessários", o fornecimento artificial de fertilizantes químicos não é uma condição *sine qua non* para o amplo crescimento da planta, mas antes, funciona como um "ajuste climático".

> Na medida em que faltam condições climáticas favoráveis às plantas cultivadas e elas *não* podem ser substituídas de alguma forma, devemos tornar acessíveis as fontes nutricionais do solo, ou seja, devemos adubar melhor. [Não] porque os cereais consomem mais constituintes das cinzas (constituintes minerais) do que as plantas dos prados, mas porque são estrangeiros ao nosso clima e não têm calor suficiente para transformar os sais do solo e os gases do ar na quantidade de substância orgânica desejada por nós dentro de um tempo medido artificialmente e naturalmente.[49]

No entanto, Fraas não rejeita totalmente a teoria de Liebig. Ele atribui um papel particular ao ácido fosfórico, como faz Liebig, e elogia a descoberta de sua importância para o crescimento das plantas como a principal contribuição da química agrícola[50]. Porém, ao mesmo tempo, afirma que a química agrícola não deve ser superestimada. A assimilação e a difusão dos elementos do solo "ocorrem em função das condições climáticas"[51]. A influência climática sobre a vegetação constitui um objeto essencial da investigação científica da agronomia, pois também afeta significativamente o crescimento da produção agrícola.

Para Fraas, o problema do esgotamento do solo deve ser reelaborado nesse sentido, pois existe também em relação aos fatores climáticos. Na verdade, solos sem adubo podem fornecer safras bem-sucedidas por um longo período de tempo sob certas condições climáticas, como Marx documenta em seu caderno:

> No Sul da Europa, os cereais (cevada) podem ser cultivados com bastante sucesso na mesma terra todos os anos por muitos anos, mesmo sem rotação e sem adubo, talvez não milho e algodão, mas pelo menos melões. [...] Os cerais são, portanto,

---

[49] Idem, Sign. B 111, p. 2.
[50] Fraas, *Natur der Landwirthschaft*, cit., v. 1, p. 132.
[51] MEA, Sign. B. 111, p. 24.

plantas que esgotam o solo na zona de temperatura fria, visto que requerem um clima favorável, particularmente milho, durra, trigo, cevada, centeio e aveia, leguminosas e trigo sarraceno menos, e trevos, *nosso* pasto, aspargos etc. de jeito nenhum. Na zona de temperatura *quente e moderada*, os cereais e as leguminosas não são plantas que esgotam o solo, com exceção do milho, do arroz e da durra, mas dificilmente o tabaco que já é cultivado frequentemente sem adubo.[52]

Fraas sugere que sob condições climáticas favoráveis o cultivo pode ocorrer sem esgotamento, mesmo que os nutrientes do solo que as plantas absorveram não sejam devolvidos à terra pelos humanos. É por isso que a agricultura tradicional em condições climáticas tropicais ou subtropicais é frequentemente sustentável. Enquanto Liebig explica com entusiasmo a sustentabilidade da agricultura tradicional no Japão e na China, que organizou com sucesso o ciclo dos nutrientes do solo ao coletar de maneira eficaz os excrementos humanos, Fraas oferece outra imagem da agricultura sustentável tradicional na Europa, na qual o poder da própria natureza cuida da reposição dos nutrientes do solo. Enquanto Liebig pensa no fornecimento de substâncias minerais por mãos humanas como essencial, a visão de Fraas da agricultura sustentável enfatiza o poder da natureza e seus próprios ciclos metabólicos.

Apenas nas últimas duas páginas do volume 2 de *A natureza da agricultura* é que Fraas, referindo-se diretamente às *Cartas químicas* de Liebig, desenvolve sua crítica da teoria do esgotamento do solo, que Marx anota. Em primeiro lugar, Fraas argumenta que existiam "sociedades civilizadas antigas, como a Grécia e a Ásia Menor", nas quais as pessoas praticavam uma agricultura sustentável "sem nenhum adubo". A vida civilizada não resultou necessariamente em um sistema de agricultura de roubo. Em segundo lugar, mesmo que os agricultores vendam seus produtos no mercado, eles também recebem vários materiais úteis para a reposição de nutrientes do solo das "cervejarias, das destilarias e das fornaças de cal". Em terceiro lugar, a práxis de roubo não existe na silvicultura. Em quarto lugar, Fraas enfatiza que o pousio é um estado de intemperismo e, portanto, permite que mais nutrientes para as plantas estejam disponíveis no solo, mas Liebig subestima sua importância. Por fim, referindo-se à agricultura chinesa, Fraas lembra que até Liebig admite a possibilidade de aumentar a produtividade agrícola junto com o aumento da população. Em outras palavras, o pessimismo malthusiano não é uma conclusão inevitável da teoria mineral

---

[52] Ibidem, p. 17, ênfase no original.

de Liebig[53]. Fazendo o excerto cuidadoso dessa passagem, Marx aprende com a crítica de Fraas ao exagero da teoria de Liebig sobre o esgotamento do solo. Fraas discorda de Liebig ao enfatizar as possibilidades de agricultura intensiva sem esgotamento do solo, porque a reposição de substâncias inorgânicas ocorre de forma natural e artificial em vários lugares. Adverte contra uma generalização apressada do risco de esgotamento do solo como lei natural.

Embora a sétima edição da *Química agrícola* ainda não tivesse sido publicada, a tensão entre Fraas e Liebig é perceptível. Em *A natureza da agricultura* Fraas não conduz uma crítica implacável contra Liebig, o que seria o caso mais tarde, na década de 1860. Pelo contrário, Fraas argumenta que seu projeto é um "suplemento" da teoria mineral de Liebig e define assim a tarefa futura da "física agrícola":

> A química agrícola recentemente muito iluminou a agricultura por meio da determinação de quantias desconhecidas que designam a *riqueza* da terra, mas a área [de pesquisa] que ela queria designar como *atividade* do solo ainda é pouco estudada. Provavelmente será a física agrícola, embora não englobe completamente a área de estudo, que construirá o futuro dos esforços científicos agrícolas.[54]

Fraas não quer substituir completamente a química agrícola pela física agrícola. Em vez disso, elas devem apoiar-se mutuamente:

> Não apenas a teoria do fornecimento de nutrição vegetal, mas também a preparação para um uso amplamente abundante e adequado [da nutrição vegetal] com auxílio da química agrícola, da física agrícola e da fisiologia é a tarefa do futuro para a ciência agrária.[55]

Na opinião de Fraas, a química agrícola é uma especialidade da agronomia. É essencial para o desenvolvimento da agricultura, mas a análise dos constituintes químicos do solo por si só não deve ser absolutizada. Embora Marx não tenha anotado essas passagens, a intenção de Fraas era bastante clara ao longo do texto.

---

[53] Ibidem, p. 102.
[54] Fraas, *Nature der Landwirthschaft*, cit., v. 1, p. 357.
[55] Ibidem, p. 368.

Eventualmente, a relação entre Liebig e Fraas terminou em conflito, mas essa situação após 1864 é exatamente o que Marx chamou no início de 1868 de o "que há de mais recente na agricultura". É importante examinar com mais detalhes do que se trata o debate entre os dois agrônomos. Fraas tentou principalmente uma intervenção científica em um problema da agricultura da Alemanha, mas o que é mais interessante nesse contexto é sua tentativa de refutação da teoria de Liebig sobre o esgotamento do solo.

O CULTIVO DE FORÇAS E A TEORIA DA ALUVIÃO DE FRAAS

Em contraste com seus livros anteriores, *As crises agrárias e seus remédios*, publicado por Fraas em 1866, é caracterizado por uma polêmica contra Liebig. Ele chama ironicamente a teoria do esgotamento do solo de Liebig de uma variação do "quietismo", que considera a redução dos preços dos cereais na Alemanha como um fenômeno temporário, sem reivindicar contramedidas. De acordo com o pressuposto "quietista" de Liebig, resume Fraas: "Essa superprodução, mesmo que seja a verdadeira causa final do preço mais baixo [atual] das safras, deve acabar logo, como mostra a teoria da 'agricultura de roubo' [...] devido ao não reconhecimento da teoria do esgotamento e reposição"[56]. Fraas rejeita essa conclusão, argumentando que o alerta de Liebig é baseado em ilusões e promove uma falsa previsão sem prestar atenção a um problema mais urgente da agricultura na Europa Ocidental.

Mesmo que Liebig se mostrasse correto ao prever que "um dia" os solos em todo o mundo se esgotariam devido ao sistema de agricultura de roubo e seriam incapazes de fornecer alimentos suficientes para populações em crescimento, Fraas acredita que a realização da previsão de Liebig ainda levará muito tempo, a saber, até que os solos férteis da planície do Danúbio ou as extensas planícies da Polônia e da Galícia se esgotem totalmente[57]. Além disso, se o esgotamento do solo de enormes terras na América do Norte e no Sul da Rússia entrar no cálculo, os agricultores alemães e de outros países da Europa

---

[56] Carl Fraas, *Die Ackerbaukrisen und ihre Heilmittel. Ein Beitrag zur Wirthschaftspolitik des Ackerbauschutzes* (Leipzig, Brockhaus, 1866), p. 53.

[57] Segundo Liebig, a necessidade de uma guerra implacável é cientificamente fundamentada e garantida: "Para sua autopreservação, as nações serão obrigadas a massacrar e destruir umas às outras em guerras cruéis. Não são profecias vagas e sombrias nem sonhos de uma mente enferma, pois a ciência não profetiza, ela calcula. Não é se, mas quando, isso é incerto". Citado em Brock, *Justus von Liebig*, cit., p. 178.

Ocidental certamente não conseguirão sobreviver à competição internacional no mercado de grãos, que baixaria os preços até que ocorresse o esgotamento do solo mundial. No passado, as longas distâncias físicas funcionavam como uma "barreira de proteção" para os produtores europeus, o que equilibrava os custos de produção mais baratos das safras em condições climáticas mais favoráveis com o custo de transporte mais caro dos produtores estrangeiros que buscavam acesso aos mercados europeus. No entanto, o desenvolvimento dos meios de transporte, especialmente ferrovias, permitiu um transporte mais barato e rápido de produtos agrícolas para a Europa Ocidental, de modo que a "barreira de proteção" foi abolida.

Portanto, a crise moderna da agricultura não se caracteriza pela subprodução que preocupa Liebig, mas pela *superprodução*: "A crise dessa doença [da agricultura] surge com a importação de uma grande quantidade de safras de países que têm terras mais férteis e produzem mais barato"[58]. Como a importação de safras mais baratas corresponde às necessidades crescentes da indústria nos países ocidentais, os preços baratos dos grãos serão "crônicos" nas sociedades capitalistas: "Os períodos de safras baratas devem aumentar, e isso ocorre com um efeito gravemente deteriorante para os produtores"[59]. Fraas está pensando principalmente na situação econômica dos agricultores da Alemanha e, para protegê-los da ruína, ele insiste na necessidade urgente de uma reforma agrícola. Depois da queda da barreira de proteção natural, só resta um caminho para os agricultores alemães sobreviverem à competição internacional: "Produzir mais barato!"[60]. Fraas lamenta que a esperança de aumento dos preços das safras no futuro, aquela que o "quietismo" de Liebig propaga, contorna a necessidade de reformas essenciais.

Aqui, ao criticar Liebig, Fraas não nega a possibilidade de esgotamento do solo nem a utilidade dos fertilizantes minerais. O que ele problematiza é o *"exagero* de Liebig *por uma proposição que é correta em si mesma* ao argumentar que para que a população aumente e a terra mantenha suas forças é necessário devolver todas as substâncias minerais que são retiradas pelas safras porque elas existiam no solo apenas de uma forma esgotável"[61]. É verdade que a lei da reposição de Liebig está correta, uma vez que as substâncias minerais do solo

---

[58] Fraas, *Ackerbaukrisen*, cit., p. 81.
[59] Ibidem, p. 87.
[60] Ibidem, p. vi.
[61] Ibidem, p. 141, ênfase nossa.

são indispensáveis para o crescimento das plantas e podem ser rapidamente esgotadas pelo tratamento descuidado do solo. No entanto, Fraas duvida da suposição implícita de Liebig de que esse retorno de todas as substâncias minerais deve ser organizado apenas por mãos humanas, especialmente por meio de fertilizantes químicos. Dado que a sétima edição da *Química agrícola* de Liebig, em contraste com o otimismo de seus trabalhos anteriores, minimiza a onipotência do adubo químico, ele de repente cai em um pessimismo malthusiano, porque não consegue encontrar uma maneira alternativa de repor substâncias minerais de forma eficaz. Essa conclusão é, de acordo com Fraas, precipitada e falsa.

O que está faltando na argumentação exagerada de Liebig é uma investigação sobre a força eterna de reposição que existe *na própria natureza*, cuja utilização pode realizar a reposição total de nutrientes do solo:

> No entanto, como dito, a natureza oferece o reabastecimento completo por meio de intemperismo, aluvião, irrigação, chuvas, materiais meteóricos e uso de resíduos e excrementos como adubo.[62]

No entanto, "uma vez que o pressuposto é aceito, isto é, o esgotamento do solo, o restante do argumento segue automaticamente, e ninguém ousa fazer objeções ao pressuposto contra os fanáticos"[63]. De fato, como visto no capítulo anterior, Liebig primeiro introduziu a teoria do esgotamento do solo para enfatizar a necessidade de fertilizantes químicos minerais. Nem o poder da natureza, que traz ricas substâncias minerais, nem o tratamento cuidadoso das terras pelos fazendeiros recebem atenção suficiente na teoria de Liebig. Fraas propõe que o famoso químico enfatiza estrategicamente o risco de esgotamento do solo com o objetivo de popularizar sua teoria dos fertilizantes minerais[64].

---

[62] Ibidem, p. 142-3.
[63] Ibidem, p. 141.
[64] A ampla aceitação do exagero de Liebig, argumenta Fraas, deve-se aos interesses materiais da nobreza latifundiária em busca de uma figura ideológica para substituir Malthus porque a solução de Liebig para o problema do esgotamento do solo exigiu a intervenção do Estado. O senhor feudal falou com entusiasmo sobre o risco de esgotamento do solo, na esperança de reter algum privilégio político ou poder territorial sob novas políticas sociais. Em outras palavras, a manutenção da fertilidade do solo estava ligada à manutenção do poder dos proprietários, e a popularidade do discurso não era puramente científica, mas sim política. Ibidem, p. 143.

Em outras palavras, Fraas reconhece a importância do alerta de Liebig contra o roubo, mas argumenta que existem outras possibilidades para a melhoria da fertilidade do solo. Uma vez que a lei da reposição de Liebig é então amplamente aceita, se faz necessário dar um passo adiante em vez de cair no pessimismo malthusiano: "A consequência mais importante da nova teoria da nutrição das plantas não é a velha e agora geralmente aceita convicção sobre a necessidade de repor os constituintes do solo retirados pelas safras, mas a descoberta de numerosas fontes que os aumentam"[65]. A pesquisa de Fraas sobre as influências climáticas na vegetação abre uma maneira nova de gerar e manter uma produção sustentável. Ele chama essa nova forma de "agricultura de forças" (*Kraftkultur*), cuja introdução prevê basear-se na agricultura tradicional. Como Marx observou em sua carta a Engels, a "teoria aluvial" de Fraas é o método mais eficaz para a agricultura de forças, o que produz um claro contraste com a recomendação de Liebig de usar fertilizantes químicos. Como resultado, Marx encontra outra maneira de regular de forma consciente a interação metabólica entre humanos e natureza.

O renomado geólogo Charles Lyell define aluvião da seguinte maneira: "Terra, areia, cascalho, pedras e outros materiais transportados que foram lavados e lançados pelos rios, inundações ou outras causas em terras não permanentemente submersas sob as águas de lagos ou mares"[66]. Aluvião é uma formação geológica constituída por lodo que contém uma grande quantidade de substâncias minerais. A aluvião abunda na planície do Danúbio e nos deltas dos rios Mississippi, Nilo e Po; criada pela maré, fornece uma grande quantidade de safras ao longo de muitos anos sem adubo porque a água do rio carrega uma quantidade suficiente de substâncias minerais e substitui os nutrientes das plantas retirados do solo com as colheitas. Por exemplo, uma planície aluvial com ricos minerais constrói um solo de superfície fértil com "altura de sete a dez pés" em Chiana Valley e ao redor de rios na Toscana[67]. Inspirado por esses exemplos, Fraas sugere em *A natureza da agricultura*, em uma passagem que Marx anotou, construir aluviões artificiais como "o meio

---

[65] Ibidem, p. 156.

[66] Charles Lyell, *Principles of Geology, Being an Attempt to Explain the Former Changes of the Earth's Surface, by Reference to Causes Now in Operation*, v. 3 (Londres, William Clawes, 1833), apêndice, p. 61. Fraas também se refere a Lyell em sua discussão da aluvião em *Natur der Landwirthschaft*, cit., v. 1, p. 15.

[67] Ibidem, p. 19.

mais radical de cultivo"[68]. Ao construir canais e comportas, o lodo contido na água do rio é regulado para cobrir os campos, de modo a fornecer aos campos a nutrição vegetal necessária.

A crença de Fraas em novas possibilidades de aumento da produtividade agrícola é baseada nas forças da natureza: "A própria natureza mostrou [...] esse caminho"[69]. O que Fraas reconhece é a limitação da intervenção humana. A manutenção da fertilidade do solo não é possível sem a cooperação e o apoio da natureza. Isso explica porque ele atribui somente um papel secundário ao uso de fertilizantes químicos em sua visão de uma agricultura mais sustentável. Ele argumenta muitas vezes que o fertilizante químico costuma ser muito caro para os agricultores e, com a concorrência internacional, não é a melhor escolha. E, ao cabo, não é sustentável.

Fraas afirma explicitamente que "o remédio para o esgotamento do solo não é encontrado em fertilizantes químicos", porque seu efeito dura apenas um curto período de tempo, apesar de seus altos custos[70]:

> Os fertilizantes químicos são um excelente meio para aumentar as safras, desde que utilizados na composição e forma corretas para a necessidade e *condizentes com o cálculo de custo*. Mas, no geral, eles nunca podem proteger a terra do esgotamento porque seus constituintes são muito mais caros do que os mesmos constituintes que podemos receber: a) por meio do intemperismo do solo; b) por meio de irrigação e aluvião; e c) por meio de adubo natural de animais de fazenda, esterco e esgoto.[71]

De acordo com Fraas, o fertilizante químico não é uma panaceia, mas apenas um "ajuste climático". Seu tom difere aqui do otimismo anterior de Liebig.

Em contrapartida, Fraas exige urgentemente uma reforma agrária, usando métodos como a aluvião artificial, que continua a funcionar "eternamente" e sem custos adicionais de instalação porque a força da natureza é duradoura e gratuita: "O futuro da agricultura europeia depende da irrigação, e particularmente da aluvião artificial porque produzirá a *mesma quantidade com menos custos*.

---

[68] MEA, Sign. B 107, p. 94.
[69] Ibidem, p. 19.
[70] Fraas, *Die Ackerbaukrisen und ihre Heilmittel*, cit., p. 155.
[71] Ibidem, p. 141-2, ênfase no original.

É exatamente o que o progresso precisa, não o aumento de preços"[72]. Os fertilizantes químicos sozinhos não são capazes de atingir esse objetivo. A realização de uma produção agrícola verdadeiramente sustentável não é possível sem a ajuda de um metabolismo natural já existente. Na verdade, argumenta Fraas, o uso do poder natural é muito mais econômico e eficaz do que a forte dependência de fertilizantes químicos.

Lendo os livros de Fraas, Marx encontrou outra visão da agricultura sustentável, que tempera a teoria de Liebig sobre os fertilizantes minerais e o esgotamento do solo. Ele aponta a possibilidade de as forças da natureza poderem ser usadas para satisfazer as necessidades humanas de maneira mais eficiente e sustentável sem esgotar o solo, e também fornece uma explicação de por que fertilizantes químicos por si só não podem resolver o problema. Claramente, é por isso que, após dois meses de pesquisa intensiva sobre agricultura no início de 1868, o foco de Marx mudou do debate entre "defensores do fertilizante mineral" e "defensores do fertilizante de nitrogênio" para a polêmica entre a "escola física" e a "escola química". Ele reconheceu que o problema da sustentabilidade não se restringe a decidir qual fertilizante é melhor, o mineral ou o de nitrogênio. O novo interesse de Marx é na verdade um reflexo do que Fraas argumentou no debate. Segundo este, tanto os "defensores do fertilizante mineral" quanto os "defensores do fertilizante nitrogenado" dizem basicamente o mesmo, pois pressupõem o esgotamento do solo como algo dado. Na teoria do esgotamento do solo, diz Fraas,

> reside a reconciliação entre o nitrogênio e a teoria mineral. Ambas as teorias foram, desde o início, levadas ao extremo por seus "inventores", que dizem que a quantidade de nitrogênio é a única medida da estimativa de adubo, enquanto o ácido fosfórico também é usado para o mesmo propósito [pelos defensores da teoria mineral].[73]

Além desse debate, Fraas abriu uma terceira via para o arranjo racional do metabolismo entre humanos e natureza. Sua crítica a Liebig fornece uma razão provável pela qual Marx, em 1868, viu a necessidade aguda de mais estudos de ciências naturais para imaginar o metabolismo sustentável da sociedade futura. Sua concretização era importante para Marx a fim de dissipar "o espectro de Malthus".

---

[72] Ibidem, p. 164.
[73] Ibidem, p. 141.

A MUDANÇA CLIMÁTICA COMO PERIGO À CIVILIZAÇÃO

O interesse de Marx pela teoria de Fraas não se limita a sua crítica à teoria do esgotamento do solo de Liebig. Seus comentários sobre uma "tendência socialista inconsciente" em sua carta referem-se a outro livro de Fraas, *O clima e o mundo das plantas ao longo do tempo*. A razão pela qual Marx considerou o livro importante fornece uma dica útil de por que ele estudou tão intensamente as ciências naturais na década de 1870. Nesse contexto, os excertos de Marx provam-se úteis novamente[74].

Fraas baseou seu livro de 1847 em sua experiência e pesquisa durante sua estada na Grécia como diretor do Jardim Real de Atenas e professor de botânica na Universidade de Atenas (1835-1842). O trabalho consiste em vários relatos históricos sobre a influência das mudanças climáticas sobre humanos e plantas ao longo de um extenso período histórico. Esses relatórios fundamentaram sua tese sobre a importância do clima como condição material essencial para o crescimento das plantas. A tese provocativa de Fraas é que o cultivo conduzido por humanos traz uma mudança climática, que no fim das contas é o fator mais importante para a decadência da civilização. Isso ocorre porque as formas naturalmente desenvolvidas de agricultura devem deixar um deserto para trás devido à perturbação do metabolismo universal da natureza. Há também um desvio importante da visão de Liebig sobre a história da agricultura. Marx não fez excertos da visão geral de Liebig sobre o colapso das civilizações antigas, não apenas porque estava principalmente interessado na crítica de Liebig à agricultura moderna, mas talvez também porque Roscher já duvidava da validade da explicação histórica de Liebig[75]. Já que Marx concentra-se então na história da agricultura de Fraas, a comparação entre Fraas e Liebig é útil.

Em *Química agrícola*, Liebig ilustra a história das sociedades pré-capitalistas a partir da perspectiva da lei natural do cultivo de roubo: "É a mesma lei natural que controla a ascensão e a queda das nações. Roubar dos países as condições de fertilidade [do solo] causa sua ruína"[76]. Ele aponta os desertos modernos em lugares onde as civilizações antigas floresceram: "Nas áreas onde reinos poderosos floresceram e uma população densa obtinha alimentos e riquezas do solo,

---

[74] Marx também adquiriu uma cópia do livro enquanto fazia excertos e fez várias anotações marginais. Prestarei igual atenção a essas anotações para descobrir os interesses de Marx.
[75] Roscher, *Nationalökonomik des Ackerbaues*, cit., p. 66.
[76] Liebig, *Einleitung*, cit., p. 110.

hoje o mesmo campo não traz mais frutos suficientes para bancar o cultivo". A "única causa" para o desaparecimento de civilizações antigas é o "esgotamento do solo devido ao cultivo de roubo", e não guerras, fome e epidemias. Liebig argumenta que "o colapso de uma nação" é possível "somente quando a propriedade do solo mudou"[77]. O problema do esgotamento do solo determina o limite do progresso da civilização porque, com a diminuição da produção agrícola, a sociedade passa a sofrer com falta de alimentos e superpopulação.

Na Grécia, diz Liebig, o despovoamento e a emigração já existiam em 700 a.C. Como resultado, de acordo com Aristóteles, Esparta foi incapaz de recrutar mil homens aptos para a guerra, embora a cidade tivesse sido capaz de fornecer 8 mil soldados na Batalha de Plateias um século antes. O esgotamento do solo tornou-se muito pior depois de cem anos, tanto que Estrabão lamentou que, de cem cidades da Lacônia, restassem apenas trinta aldeias[78].

Além disso, Liebig afirma que o mesmo destino se abateu sobre as cidades romanas. Catão (234-149 a.C.) não falou sobre a diminuição das safras, mas sobre a grande fertilidade das terras romanas. Um censo realizado sob Júlio César (46 a.C.) confirmou uma diminuição da população, e sob Augusto (63-14 a.C.), a escassez de homens adequados para o serviço militar era tão grave que "devido à aniquilação de um pequeno batalhão sob a liderança de Varus, na floresta de Teutoburgo, a capital e seu governante foram submetidos ao medo e ao terror"[79]. A importação de safras para Roma continuava aumentando e sua população sofria com a inflação e a fome.

Liebig conclui:

> Embora externamente o Estado romano [na época de Augusto] apresentasse todos os sinais de prosperidade e a mais exuberante riqueza e poder, o verme maligno já estava ocupado destruindo sua marcha vital, e começou o mesmo trabalho há duas centenas de anos nos Estados europeus. [...] O que poderia o poder do mais poderoso, que, em sua presunção arrogantemente mandou construir seu próprio altar e fez as pessoas adorá-lo como um deus; o que poderia a sabedoria dos filósofos, ou o mais profundo conhecimento da jurisprudência, ou o valor dos comandantes mais competentes, os exércitos mais formidáveis e bem organizados, efetuar contra a operação de uma Lei da Natureza! Toda

---

[77] Ibidem, p. 109-10.
[78] Ibidem, p. 96.
[79] Ibidem, p. 98.

grandeza e força reduziram-se a pequenez e fraqueza, e no final ela perdeu até o vislumbre de seu antigo esplendor![80]

Para Liebig, a fertilidade do solo é o que de forma derradeira determina o curso do progresso da civilização. Se a lei da reposição é violada, a fundação de uma nação é necessariamente desestabilizada, o que leva à escassez de soldados e meios de subsistência, e isso mina as condições materiais para a prosperidade de uma nação. Referindo-se a testemunhos históricos, Liebig avisa que a mesma crise estava se aproximando dos países europeus modernos porque a prática popular da agricultura de roubo está perturbando o metabolismo universal da natureza mais do que nunca.

Fraas escolhe outra abordagem em seu *O clima e o mundo das plantas ao longo do tempo*. Ele coloca a mesma questão que Liebig ao abordar a desertificação em áreas que costumavam ter terras férteis, como a Pérsia, a Mesopotâmia e o Egito. No entanto, explica o surgimento e o colapso de velhas civilizações a partir de mudanças no "clima natural" (*physikalisches Klima*). Para ele, a influência climática mostra-se um fator mais importante para a vegetação que a composição química do solo. O fornecimento de nutrição vegetal utilizável depende do desgaste do solo, que é essencialmente determinado pela umidade, temperatura e chuva[81]. Utilizando diversos exemplos botânicos, Fraas ilustra como o processo cumulativo de mudanças no clima e no mundo das plantas é lento, mas muito maior a longo prazo do que normalmente se supunha[82]. Ele tenta demonstrar que essas mudanças do clima local têm um impacto significativo na civilização humana porque as condições modificadas, caracterizadas pelo aumento da temperatura e secura do ar, são desfavoráveis para as plantas locais. Em outras palavras, quando as condições materiais para o cultivo se deterioram, isso leva a civilização ao colapso. Assim, segundo Fraas, o efeito do clima sobre as plantas é o principal fator para o desenvolvimento da sociedade.

Em contraste com a subvalorização generalizada da influência humana sobre o clima, Fraas descreve a dinâmica histórica na qual as práticas humanas na construção de civilizações são transformadas pelo clima durante um longo

---

[80] Ibidem, p. 99.
[81] Fraas, *Die Natur der Landwirthschaft*, cit., v. 1, p. 11.
[82] Fraas argumentou que Alexander Humboldt não considerou suficientemente essa dimensão. Ver Alexander von Humboldt, *Fragments de géologie et de climatologie asiatiques* (Paris, Gide, 1831).

período. Segundo ele, não é o roubo de uma determinada substância mineral do solo, mas as mudanças no clima que causam tamanha perturbação na interação metabólica entre homem e natureza. Mesmo que essas mudanças ocorram tão lentamente que muitas vezes passam despercebidas ou subvalorizadas, elas podem ser reconstruídas se encontrarmos seus traços documentados na natureza. As plantas dão a Fraas indícios de que as condições climáticas mudaram gradativa, mas continuamente, de modo que a vegetação pode realmente parecer muito diferente ao longo do tempo histórico[83].

O impacto da mudança climática não deve ser subestimado. Como Fraas escreve:

> Grandes danos à vegetação natural de uma região resultam em uma transformação profunda de todo o seu caráter, e esse novo estado modificado da natureza nunca é tão favorável para a região e sua população como antes; certamente, as pessoas mudam com ele. Essas grandes transformações do estado natural da região dificilmente podem permanecer sem efeitos, ou, se ocorrerem extensivamente e conjuntamente em muitas regiões, nunca permanecerão sem efeitos e, é claro, o antigo estado de coisas não poderá ser reabilitado.[84]

Visto que a flora depende em larga medida das principais variáveis do clima local, a migração de plantas nativas do sul para o norte ou das planícies para as montanhas é um indicador que comprova a desertificação. Alguns tipos de plantas extinguem-se nesse processo porque não conseguem se adaptar ao novo ambiente; outras transformam seus órgãos, por exemplo, afiando suas folhas e estendendo suas raízes, para poderem usar menos água e nutrientes do solo. Quando as plantas nativas migram, plantas estrangeiras chegam, mas geralmente não substituem completamente a vegetação original e a flora muda. Gradualmente, o clima desértico torna-se cada vez mais aparente nos lugares onde muitas plantas costumavam florescer. A formação de estepes

---

[83] Os acadêmicos de hoje não necessariamente concordam com a afirmação de Fraas, e a opinião de Joachim Radkay sobre Liebig é mais positiva. Ver Joachim Radkau, *Nature and Power: A Global History of the Environment* (Cambridge, Cambridge University Press, 2012), p. 132. Neste capítulo, investigo primariamente o trabalho em relação a uma ampliação da teoria do metabolismo de Marx, que o levou a estudar mais intensamente as ciências naturais na década de 1870.

[84] Carl Fraas, *Klima und Pflanzenwelt in der Zeit, ein Beitrag zur Geschichte beider* (Landshut, J. G. Wölfe, 1847), p. xii.

começa de forma irreversível, trazendo consequências negativas para o cultivo original na área.

Como Marx resume em sua carta a Engels, Fraas argumenta que o "desmatamento" é a causa mais significativa da desertificação, na medida em que gera aumento da temperatura e menor umidade. Sobre isso, Marx documenta a seguinte passagem em seu caderno:

> *O desmatamento de uma região*, especialmente quando possui um solo muito árido e arenoso ou mesmo solo calcário, é considerado a causa mais poderosa de geração de calor. [...] A composição do solo [condiciona] a precipitação, provocando as influências climáticas descritas acima. As áreas de floresta cobertas por vegetação retêm a umidade com mais firmeza e são menos aquecidas pela luz solar do que as áreas inférteis. [Como resultado,] elas também atraem mais chuva e, portanto, essas áreas não são apenas frias, mas também distribuem o fluxo de ar fresco para as áreas quentes circundantes. A distribuição da umidade no ar altera muito a temperatura e várias capacidades de condução de calor da matéria na superfície da Terra.[85]

Marx então anota a observação de Humboldt: "A escassez ou ausência de florestas, sem exceção, aumenta a temperatura e a secura do ar"[86]. Com a erradicação das florestas, a mudança climática de toda a região prossegue, e um dia vários efeitos negativos tornam-se aparentes mesmo na área plana, como o aumento da formação de estepes, o desaparecimento de riachos, o estreitamento dos vales dos rios.

Fraas analisou a flora para ilustrar como a perda de umidade e o aumento da temperatura mudaram o mundo das plantas e impediram o futuro desenvolvimento das civilizações. Marx estava interessado na descrição concreta de Fraas das transformações históricas e da situação totalmente diferente de sua época. É útil examinar exatamente a que Marx prestou atenção.

A Mesopotâmia, onde no passado havia vários canais e valas com férteis solos aluviais entre os rios Eufrates e Tigre, estava então, segundo Fraas, "totalmente desolada e deserta sem aldeias e povoados, uma dilapidação fulminante! Agora, a erva-sal lenhosa, *capparaceae* e arbustos de mimosas cobrem o solo aluvial mais fértil cortado por numerosas linhas de canais secos e valas, mas é

---

[85] MEA, Sign. B 112, p. 45-6, ênfase no original.
[86] Ibidem, p. 46.

aqui que o 'jardim do mundo' costumava florescer"[87]. Não é difícil identificar a causa dessa desertificação nas mudanças climáticas:

> A grande transformação do clima e a mudança da vegetação são comprovadas de maneira mais convincente pelo grande aumento da *formação de estepes* e pela transição para um deserto completo nos lugares que os povos antigos conheciam como as regiões mais férteis do mundo. O solo único, fofo, salífero e muito fértil do Mesene costumava ser coberto por areia pedregosa e lama em todas as inundações. Mas se esse solo não é constantemente irrigado, coberto por lama e depois drenado, ele é exposto a uma transformação única, semelhante à decomposição da lama no rio Nilo no Egito como [Joseph] Rußegger ilustrou ou nas costas da Grécia como observamos. [Ou seja,] sal e areia pedregosa se tornam dominantes, e a vegetação de estepe entra em cena.[88]

Além disso, Fraas aponta um "recorde no passado de um inverno de dez meses e um verão de apenas dois meses"[89]. Essa comparação entre a fertilidade do solo do passado e a de hoje, disse Fraas, elimina quaisquer dúvidas quanto a uma grande mudança climática.

Depois de documentar algumas passagens sobre a Palestina, Marx faz anotações sobre o Egito. Lá, que nos tempos modernos é classificado como de clima árido ou desértico, a mesma transformação do clima e do mundo vegetal ocorreu ao longo do tempo histórico. Fraas deriva da "migração de tantas plantas de cultivo do sul para o norte" que "o clima presente hoje no Baixo Egito (totalmente diferente daquele do Alto Egito) se estendia mais ao sul nos tempos antigos"[90]. As mudanças climáticas foram tão extremas que a crescente secura do ar e a rápida mudança de temperatura durante o dia e a noite limitaram os campos aráveis à área costeira. A situação era dramaticamente diferente no passado. Como Fraas aponta, o curso superior do rio Nilo era "onde o cultivo dos povos mais antigos [*Völkerkultur*] ocorria" e onde existia "Tebas com cem portões há 8 mil anos"[91].

---

[87] Ibidem, p. 49.
[88] Idem.
[89] Fraas, *Klima und Pflanzenwelt*, cit., p. 24.
[90] MEA, Sign. B 112, p. 51.
[91] Ibidem, p. 52.

Em Meroe, uma cidade-ilha cercada pelo Nilo e pelo Atbara, a terra não só era cultivada com sucesso, mas também servia como centro do comércio de caravanas. Fraas recupera o relato dos gregos antigos sobre o estado de riqueza dos povos que viviam ao redor de Meroe:

> Meroe era cercada por vários povos e parcialmente habitada. De acordo com relatos dos antigos (Agatárquides, Estrabão), eles permaneceram longe de se dedicar à agricultura. Eles são glorificados por nós como *Troglodyten* [habitantes das cavernas] na montanha costeira do mar Vermelho, como *Ichthyophagen* [comedores de peixes], os mesmos que os nearchus encontrados no sul do Golfo Pérsico, embora desta vez no Golfo Árabe, e como *Makrobier* [pessoas longevas] que se alimentam de carne, que tratavam o pão de trigo como lixo; em suma, esses habitantes da antiga Etiópia eram "amados por Deus".

Esse fecundo presente da natureza não pode mais ser encontrado no clima desértico de hoje na região. Segundo Fraas, essa área também sofreu com as mudanças climáticas:

> Com o constante retrocesso do mundo vegetal do sul para o norte devido ao cultivo, as plantas procuram uma esfera de temperatura adequada. O processo continua até que a área de disseminação seja cada vez mais limitada devido à crescente influência de fatores climáticos, de modo que as plantas [espécies] quase sempre se extinguem.[92]

Por exemplo, Teofraso de Eresso (371-287 a.C.) registra que muitas acácias floresciam no Egito, mas, devido à crescente secura do ar, elas cresciam esparsamente na época de Fraas, e alfarrobeiras, que não eram encontradas na época de Teofraso, surgiam em seu lugar.

A grande transformação da vegetação egípcia também é comprovada pelo fato de que a agricultura no país passou a ser tão dependente do cultivo de algodão, que "a maior parte da exportação do Egito está relacionada ao algodão". Este pode crescer "somente em terras não inundadas": "Que diferença existe entre o antigo *morador do pântano que cultivava lótus* e o felá de hoje que cultiva algodão!"[93]. O exemplo do algodão poderia dar algum conforto

---

[92] Idem.
[93] Ibidem, p. 53, ênfase no original.

de que, mesmo sob novas condições climáticas, diferentes tipos de plantas úteis poderiam florescer, sustentando economicamente os agricultores? Fraas responde afirmando que o cultivo do algodão não está garantido no futuro se as mudanças climáticas continuarem: "Como resultado da diminuição constante da quantidade de água e do aumento da altura das margens [dos rios], é provável que um dia a fertilidade do Egito seja finalmente limitada a partes muito pequenas, onde a irrigação artificial é possível"[94].

A Grécia é a região mais importante para o estudo de Fraas, não só porque havia documentos disponíveis de investigações científicas feitas por gregos antigos, mas também porque o caso da Grécia é geograficamente esclarecedor para outros países europeus modernos. Sua história experimentou a mesma transformação histórica do clima e do mundo vegetal. Embora Fraas forneça provas detalhadas das mudanças climáticas na Grécia, o que vem em primeiro plano em seu tratamento é o problema do desmatamento, um tema também refletido nas anotações de Marx em sua cópia do livro[95]. A civilização consome uma enorme quantidade de madeira como matéria-prima para a construção de casas e navios, como combustível para a produção de ferro e açúcar. Os pastores de cabras precisam de campos abertos; os fazendeiros transformam o mato em cinzas para adubar suas terras; os curtidores precisam do córtex radicular. Plantar florestas madeireiras ou manter as florestas existentes, argumenta Fraas, é simplesmente "inviável" nessas circunstâncias[96].

Como resultado do desmatamento, as florestas das quais os antigos gregos falavam com frequência não eram mais encontradas na Grécia moderna. De acordo com Estrabão: "Eratóstenes disse que os cipriotas não podiam erradicar as florestas nas planícies por meio de operações de mineração e construção de navios, de modo que finalmente decidiram ceder um pedaço de terra a qualquer um que a desmatasse e preparasse para o cultivo". A situação mudou, disse Fraas, porque "hoje a Grécia moderna não tem

---

[94] Idem.

[95] Quando Marx leu as *Notas sobre a América do Norte* de James F. W. Johnston, ele não anotou passagens nas quais Johnston lamentava a rápida diminuição das florestas na América do Norte, que ele chamou de "pródigo corte de madeira". Ver Johnston, *Notes on North America*, cit., v. 1, p. 36.

[96] Fraas, *Klima und Pflanzenwelt*, cit., p. 67.

nenhuma floresta em regiões de fácil acesso"[97]. Existiam florestas em áreas mais altas que 3 mil metros onde a silvicultura ainda era muito cara devido à altitude e à distância das cidades: "Existem árvores amplas apenas nas montanhas mais altas, ou seja, em áreas onde a silvicultura continuava impossível até hoje e qualquer uso da floresta permaneceu extremamente difícil"[98]. Mesmo essas florestas logo desapareceriam com o desenvolvimento tecnológico, alerta Fraas.

Quanto mais árido se tornar o clima local, mais as plantas indígenas originais serão empurradas de volta para as montanhas – e isso apenas se puderem se acomodar a um clima montanhoso:

> A maioria dos carvalhos dos tempos antigos são remanescentes mutilados que sobreviveram a vários ataques do cultivo e da destruição, agora retirando-se para ravinas sombreadas de altas montanhas onde ainda há bastante água de nascente e o ar é mais úmido.[99]

Fraas observou que o cornizo, o carvalho, a ostrya, o azevinho, o freixo que costumavam crescer nas planícies, de acordo com Teofrasto, foram todos empurrados para montanhas mais altas. Em vez de florescer na planície, tornaram-se comuns "arbustos de folhas grossas e duras e cobertos com muitos espinhos", semelhantes às plantas da savana da América do Sul ou das estepes do Norte da Ásia: é assim que a formação de estepes ocorreu na Grécia.

Fraas notou também que, no passado, um grande número de rebanhos de gado pastava em ricos campos de várzea perto da costa, onde "grãos de inverno, bem como grãos de verão, como espelta, trigo selvagem, trigo e cevada" eram capazes de produzir grandes quantidades de safras, mas agora nessas regiões "dois terços da terra são dedicados a grãos de inverno mal manejados, sem qualquer adubo, e no verão o campo é inevitavelmente deixado em pousio"[100]. Ele supôs que a mudança climática deve ter afetado negativamente as pessoas na Grécia porque, embora tenha alterado as condições naturais, não alterou as condições do solo a ponto de outros produtos agrícolas poderem ser cultivados com sucesso.

---

[97] Ibidem, p. 63, anotação marginal de Marx em sua cópia pessoal.
[98] Ibidem, p. 65, anotação marginal de Marx em sua cópia pessoal.
[99] Ibidem, p. 63-4, anotação marginal de Marx em sua cópia pessoal.
[100] Ibidem, p. 96, anotação marginal de Marx em sua cópia pessoal.

A investigação histórica de Fraas mostra em detalhes que, com o comércio e a indústria, o cultivo provoca novas condições materiais que não são mais favoráveis às colheitas e aos humanos. A diferença entre Fraas e Liebig é explícita. Ambos concordam que uma diminuição da produtividade do solo devida à interação humana irracional com seu meio ambiente mina as condições materiais fundamentais da civilização. Porém, a causa final da diminuição, segundo Fraas, não é o esgotamento das substâncias minerais do solo, mas o desmatamento excessivo. A empolgação de Marx com o trabalho de Fraas expressa em uma carta a Engels documenta o aumento, em 1868, de seu interesse na perturbação capitalista do metabolismo entre humanos e natureza. Ele em seguida tentou integrar o novo conhecimento em sua própria economia política.

A MUDANÇA CLIMÁTICA COMO UM LIMITE DO MUNDO MATERIAL

A investigação histórica a respeito da influência das civilizações no clima leva Fraas a uma tese quase darwiniana de mudança ou mesmo criação de novas espécies ao longo do tempo histórico. Ele afirma que devido à mudança climática "as plantas emigram de seu ambiente nativo", a ponto de "dificilmente reconhecermos seu ambiente nativo novamente"[101]. Embora as plantas em migração não possam mais retornar ao seu ambiente nativo, a acomodação em novos climas é necessária para o bem de sua reprodução. Em *O clima e o mundo das plantas ao longo do tempo*, Fraas argumenta que "mesmo as características essenciais das plantas podem mudar por meio do efeito duradouro das relações climáticas"[102]. Características recém-surgidas podem ser passadas para a próxima geração. Exigidas pelas interações metabólicas com o meio ambiente, essas transformações geralmente ocorrem sem intervenção humana, embora os humanos também possam modificar a forma física e as propriedades das plantas direta e indiretamente[103]. É por isso que Marx chama Fraas de "darwinista antes de Darwin".

O trabalho humano transforma o processo natural de metabolismo de duas maneiras. Em primeiro lugar, ele se relaciona com a natureza de maneira proposital e consciente na indústria e na agricultura. A natureza fornece ao

---

[101] Ibidem, p. 31.
[102] Ibidem, p. 57-8.
[103] Ibidem, p. 32.

trabalho humano materiais para a produção, que podem ser modificados de acordo com as necessidades e desejos humanos. Essa elasticidade da natureza fortalece a atitude instrumentalista dos humanos em relação à natureza. Em segundo lugar, os humanos mudam a natureza sem querer, à medida que a indústria e a agricultura modificam o metabolismo universal entre humanos e natureza como um todo. O resultado cumulativo é, como Fraas ilustra em detalhes, o esgotamento do solo, a formação de estepes e a desertificação, que finalmente levam à decadência da civilização. Em outras palavras, os humanos não estão em posição de mudar e manipular seu ambiente à vontade. Em vez disso, o trabalho humano é confrontado com os limites do mundo material quando os humanos se encontram incapazes de regular as fissuras metabólicas devido ao seu tratamento instrumental da natureza. Suas ações intencionais causam diversos efeitos negativos durante longos períodos históricos. Fraas resume sua observação:

> O homem muda de várias maneiras o seu ambiente, do qual é bastante dependente, e muda a natureza mais do que normalmente se imagina. Na verdade, ele é capaz de mudar a natureza a tal ponto que mais tarde ela funcionará completamente como meio indispensável para a realização de um nível superior de desenvolvimento espiritual e físico, obrigando-o a enfrentar obstáculos físicos extremos. [...] Não há esperança de superar essa realidade.[104]

A produção social não é possível sem a cooperação do mundo sensível externo e, nesse sentido, ela depende essencialmente dele. No entanto, as mudanças no clima e no mundo vegetal mostram que a expansão da civilização acaba deixando um deserto atrás de si.

Em relação ao projeto de economia política de Marx como uma análise do emaranhamento dinâmico entre "forma" e "matéria", a investigação histórica de Fraas abre uma visão ainda mais ampla da ecologia do que a recepção anterior da teoria do esgotamento do solo de Liebig. A mudança climática é um elemento novo e importante para a investigação de Marx sobre as perturbações históricas do metabolismo natural causadas pelos humanos. Embora Fraas se concentre em civilizações antigas, *O clima e o mundo das plantas ao longo do tempo* torna Marx consciente de que esse desenvolvimento da produção capitalista moderna acelera a perturbação do metabolismo entre humanos e natureza devido a um

---

[104] Ibidem, p. 59.

desmatamento mais massivo do que jamais ocorrera. Marx documenta em seu caderno uma passagem na qual Fraas lamenta a rápida diminuição da floresta na Europa: "A França agora não tem mais do que 1/12 de sua área florestal anterior; na Inglaterra, de 69 bosques, restam apenas quatro grandes florestas; na Itália e no sudeste da península da Europa, os grupos de árvores nas montanhas são menores do que o comum até mesmo nas planícies do passado"[105]. O futuro da civilização europeia parece sombrio porque o desenvolvimento moderno das forças produtivas não só requer mais madeira, mas também permite o corte de árvores nas áreas de montanha mais altas que até então não eram acessíveis. A prática do roubo se agrava com o passar do tempo e prejudica as condições físicas universais de toda a produção social. Segundo Fraas, a única solução é regular ao máximo a velocidade do desmatamento:

> Estados civilizados com densa população inevitavelmente precisam adicionar a prados e florestas construções artificiais que danificam a natureza, substituir florestas por campos para cultivo, secar pântanos e brejos e queimar turfa e florestas que sustentam a umidade. Em suma, sem esses apoios, as sociedades civilizadas não podem ser o que são. No entanto, se não houver necessidade real, tais mudanças do estado da natureza nunca devem ser realizadas. [...] Ou seja, *as árvores em áreas montanhosas nunca devem ser cortadas sem a maior necessidade porque são as mais influentes*.[106]

Uma vez que a montanha fica calva, ela causa efeitos cada vez mais prejudiciais sobre o clima e a vegetação, e os interesses materiais das nações europeias podem ser ameaçados assim como os das civilizações anteriores. Fraas admite que esse alerta não será apreciado pelo público porque o desmatamento construiu a base econômica para as massas populares. Assim, ele conclui de forma pessimista que o "maior inimigo" da natureza é "o cultivo acompanhado do comércio e da indústria"[107].

---

[105] MEA, Sign. B 112, p. 45.
[106] Fraas, *Klima und Pflanzenwelt*, cit., p. 136, ênfase no original.
[107] Ibidem, p. 68. Fraas talvez fosse pessimista demais. George Perkins Marsh, em seu *Man and Nature*, publicado originalmente em 1864, valorizou o trabalho de Fraas como um pioneiro de seu próprio projeto. O livro de Marsh exerceu forte influência nos movimentos de proteção florestal nos Estados Unidos. Ver George Perkins Marsh, *Man and Nature: Or, Physical Geography as Modified by Human Action* (Seattle, University of Washington Press, 2003), p. 14.

Em oposição a Fraas, Marx pensa ser possível e necessário que a harmonia entre civilização e natureza seja realizada pela governança coletiva consciente do metabolismo pelos produtores associados. Mas "como burguês [Fraas] naturalmente não chega a esse ponto". Marx difere de Fraas porque, embora perceba que as grandes crises ecológicas ameaçam a base material da produção social, considera que os humanos serão compelidos a construir uma relação mais consciente e sustentável com a natureza. Nesse sentido, a teoria de Fraas ainda permanece no domínio de uma "tendência socialista *inconsciente*".

Marx argumenta, na mesma carta de 15 de março de 1868, que a pessoa muitas vezes fica presa em "certa cegueira de juízo", de modo que "mesmo as melhores mentes deixam de ver, por princípio, o que está diante de seus narizes". Uma "tendência socialista" surge apenas mais tarde como uma "reação" à situação anterior, para encontrar em toda parte os vestígios do que foi esquecido. O que Fraas encontrou "no que há de mais antigo", escreve Marx, é ao mesmo tempo "o que há de mais novo", o que também é significativo para a sociedade moderna. Nesse sentido, Georg Ludwig von Maurer, um historiador da época de Marx e Fraas, embora não se identificasse como socialista, encontrou nas comunidades pré-capitalistas uma tendência socialista "inconsciente" que era "igualitária em um grau que teria feito Proudhon estremecer"[108]. A investigação de Fraas das sociedades antigas também mostra a mesma tendência socialista em relação à necessidade de regulação consciente do metabolismo entre humanos e natureza. Portanto, Marx reconhece que o problema do desmatamento tratado pelo trabalho de Fraas não é um problema do passado, mas o "que há de mais novo". Em outras palavras, a realização da produção sustentável em relação ao clima e ao mundo vegetal é, como o igualitarismo, uma das tarefas práticas mais importantes da sociedade pós-capitalista. Aqui está a tendência socialista *consciente* de Marx.

Dada a ampla gama de pesquisas de Marx sobre a destruição ecológica da perspectiva de toda a história humana, também é importante esclarecer que as contradições ecológicas no mundo material com as quais a sociedade moderna é confrontada não são puramente econômicas. A compreensão disso nos ajuda a evitar cair no determinismo econômico[109]. Fraas mostra

---

[108] Marx e Engels, *Collected Works*, cit., v. 42, p. 557.

[109] Raya Dunayévskaya enfatizou o mesmo ponto em relação ao tratamento por Marx de questões de gênero em seus cadernos tardios sobre as sociedades pré-capitalistas. Ver Dunayévskaya,

que, apesar do surgimento da produção sustentável de longo prazo nas sociedades pré-capitalistas, sempre houve certa tensão entre natureza e humanos. O capitalismo sozinho não cria o problema da desertificação *ex nihilo*, que nada mais seria do que determinismo econômico. Em vez disso, ela transforma e aprofunda a contradição transistórica, reconfigurando radicalmente o metabolismo universal da natureza a partir da perspectiva da valorização do capital[110].

Marx afasta-se da compreensão popular reducionista de que uma unidade não contraditória entre humanidade e natureza existia antes do surgimento do capitalismo e deve ser reconstruída em um nível superior no socialismo. As rupturas no metabolismo natural existiram ao longo da história, pois a totalidade da relação humana com a natureza nunca foi arranjada conscientemente. Isso não significa, é claro, que o problema de uma interação inconsciente entre humanos e natureza permaneça o mesmo ao longo da história, mas a pesquisa de Marx sobre a contradição transistórica visa principalmente destacar a especificidade da perturbação capitalista do metabolismo. Em outras palavras, ele busca mostrar como a contradição transistórica da relação capitalista com a natureza se fortalece, de modo que enormes desarmonias passam a existir no mundo material.

A teoria de Fraas contribui para a compreensão do aprofundamento das rupturas do metabolismo, pois sua análise das transformações históricas do clima e do mundo das plantas alerta contra o desmatamento míope. A crítica de Liebig ao sistema de roubo não cobre inteiramente a tendência destrutiva da produção moderna, e Marx, lendo a obra de Fraas, pensa corretamente que é necessário estudar muito mais profundamente o aspecto negativo do desenvolvimento das forças produtivas e da tecnologia e sua perturbação do metabolismo natural no que diz respeito a outros fatores de produção. Marx visa fortalecer a crítica de Liebig à dilapidação de recursos naturais limitados em todo o ecossistema, indo além da análise de Liebig.

Embora nenhuma referência direta a Fraas seja encontrada nos manuscritos econômicos posteriores de Marx, seu interesse pelo desmatamento pode ser

---

Rosa Luxemburg, Women's Liberation and Marx's Philosophy of Revolution (2. ed., Chicago, University of Illinois Press, 1991), p. 180-1.

[110] A investigação de Grundmann sobre a ecologia de Marx, ao contrário, foca na dimensão transistórica, que existe em "todas as formas sociais", e assim não pode compreender a forma especificamente capitalista dos problemas ecológicos. Ver Grundmann, *Marxism and Ecology*, cit., p. 83.

confirmado em seus cadernos de 1868. No início desse ano, ele também leu a *History of the Past and Present State of the Labouring Population* [História do estado passado e presente da população trabalhadora], de John D. Tuckett, anotando os números das páginas importantes. Em uma dessas páginas, Tuckett argumenta:

> A indolência de nossos antepassados parece motivo de pesar, por negligenciar o cultivo de árvores e, em muitos casos, causar a destruição das florestas sem substituí-las suficientemente por novas plantas. Esse desperdício geral parece ter sido maior pouco antes de o uso de carvão marinho [para fundição de ferro] ser descoberto, quando o consumo para o uso de ferro forjado era tão grande que parecia que iria varrer toda a madeira do país. [...] Porém, nos dias de hoje as plantações de árvores não só aumentam a utilidade, mas também tendem a embelezar o país, e produzem telas que quebram as rápidas correntes de vento. [...] A grande vantagem de plantar um grande corpo de madeira em um país nu não é percebida à primeira vista. Como não há nada para resistir aos ventos frios, o gado criado assim tem crescimento atrofiado e a vegetação parece ter sido queimada pelo fogo ou espancada com um pau. Além disso, se dermos calor e conforto ao gado, metade da forragem irá satisfazê-lo.[111]

A semelhança temática com a obra de Fraas é explícita. Tuckett aponta o fato de que o desmatamento tem consequências econômicas significativas na agricultura e na pecuária.

A influência das ideias de Fraas e Tuckett é visível no segundo manuscrito do Livro 2 de *O capital*, escrito entre 1868 e 1870. Marx tinha anotado no manuscrito do Livro 3 que a silvicultura não seria sustentável sob o sistema de propriedade privada, mesmo se pudesse ser mais ou menos sustentável quando conduzida sob propriedade estatal[112]. Depois de 1868, Marx deu grande atenção ao problema do sistema moderno de roubo, que ele agora expandiu da produção agrícola para incluir o desmatamento. Nesse sentido, fez excertos detalhados do *Handbuch der landwirthschaftlichen Betriebslehre* [Manual de operações de negócios agrícolas] (1852) que apoiavam a incompatibilidade entre a lógica do capital e as características materiais do florestamento. Destacou

---

[111] MEA, Sign. B 111, p. 1. John Devell Tuckett, *History of the Past and Present State of the Labouring Population* (Londres, Longman, 1846), p. 402.

[112] Marx, *Economic Manuscript of 1864-1865*, cit., p. 716.

que o longo tempo necessário para o florestamento impõe um limite natural, obrigando o capital a tentar encurtar o ciclo de desmatamento e rebrotação ao máximo. No manuscrito do Livro 2 de *O capital*, Marx comentou uma passagem da obra de Kirchhof: "O desenvolvimento da cultura e da indústria em geral manifestou-se em uma destruição tão enérgica da floresta que tudo o que é feito, ao contrário, para sua preservação e restauração parece infinitesimal"[113]. Marx certamente estava consciente do perigo de que esse desmatamento causasse não apenas escassez de madeira, mas também uma mudança climática, que está ligada a uma crise mais existencial da civilização. Na verdade, Kirchhof também apontou a influência climática do desmatamento:

> Ao contrário, onde as florestas desapareceram, o ar torna-se desfavoravelmente seco e seus fluxos são mais selvagens e violentos. As fontes dos vales montanhosos e muitos riachos secam. Muitas regiões perderam sua fertilidade ao derrubar árvores, fazendo com que o equilíbrio das forças fosse perturbado.[114]

A semelhança temática entre Fraas e Kirchhof é clara. É provável que, em sua análise da rotação do capital no Livro 2 de *O capital*, Marx não estivesse pensando em implicações econômicas, mas em uma possível crise na civilização devido ao desmatamento.

Marx, no mesmo manuscrito, também se refere a Léonce de Lavergne ao analisar o mesmo problema dos limites materiais na redução da rotação do capital na pecuária. Dessa vez, ele complementa sua tese citando uma passagem das Political, Agricultural and Commercial Fallacies [Falácias políticas, agrícolas e comerciais] de William Walter Good (1866):

> Por essa razão, lembrando que a agricultura é regida pelos princípios da economia política, *os bezerros* que costumavam vir dos condados leiteiros para o sul para a criação *agora são amplamente sacrificados com uma semana e dez dias de idade* nos abatedouros de Birminghan, Manchester, Liverpool e outras grandes cidades vizinhas. [...] O que esses homenzinhos agora dizem, em resposta às recomendações da retaguarda, é: "Sabemos muito bem que valeria a pena lhes dar

---

[113] MEGA² II/11, p. 203.

[114] Friedrich Kirchhof, *Handbuch der landwirthschaftlichen Betriebslehre: Ein Leitfaden für praktische Landwirthe zur zweckmäßigen Einrichtung und Verwaltung der Landgüter* (Dessau, Katz, 1852), p. 57.

o leite, mas isso exigiria que primeiro colocássemos as mãos no bolso, o que não podemos fazer, e então teríamos que *esperar muito tempo pelos retornos, em vez de obtê-los de uma vez* com a venda do leite.[115]

O capital é confrontado com um limite natural, que impede a redução do tempo necessário de produção, devido à "necessidade fisiológica", pois vende o produto "antes que atinja a idade econômica normal, o que causa um grande prejuízo para a agricultura"[116]. Aqui, a visão ecológica de Marx descrevendo a contradição entre "capital" e "natureza" é bastante clara, e outros excertos da década de 1870 podem ser interpretados da mesma perspectiva.

Uma comparação com a escrita do jovem Marx ilustra esse dramático desenvolvimento de seu pensamento ecológico. No *Manifesto Comunista*, Marx e Engels escrevem sobre as mudanças históricas trazidas pelo poder do capital:

> Com o rápido aperfeiçoamento dos instrumentos de produção e o constante progresso dos meios de comunicação, a burguesia arrasta para a torrente da civilização todas as nações, até mesmo as mais bárbaras. Os baixos preços de seus produtos são a artilharia pesada que destrói todas as muralhas da China e obriga à capitulação os bárbaros mais tenazmente hostis aos estrangeiros. Sob pena de ruína total, ela obriga todas as nações a adotarem o modo burguês de produção, constrange-as a abraçar a chamada civilização, isto é, a se tornarem burguesas. Em uma palavra, cria um mundo à sua imagem e semelhança.[117]

Marx e Engels enfatizam aqui o caráter progressista do capital em oposição ao estado "bárbaro" da sociedade pré-capitalista. Embora seja notório que em uma discussão subsequente eles criticam os aspectos negativos do capitalismo na Europa, os problemas da dominação colonial permanecem fora do escopo de sua crítica. É como se os países marginalizados pudessem ser subsumidos pelo capital e modernizados por meio do colonialismo e do mercado mundial[118].

---

[115] MEGA² II/11, p. 188.

[116] Ibidem, p. 187.

[117] Marx e Engels, *Collected Works*, cit., v. 6, p. 488 [ed. bras.: *Manifesto Comunista*, trad. Álvaro Pina e Ivana Jinkings, São Paulo, Boitempo, 2010, p. 44].

[118] Anderson, *Marx at the Margins*, p. 10 [ed. bras.: *Marx nas margens*, cit.].

Marx e Engels também estão otimistas quanto à subjugação da natureza pelo capital a partir do aumento das forças produtivas como base para emancipar os humanos das forças alheias da natureza:

> A burguesia, em seu domínio de classe de apenas um século, criou forças produtivas mais numerosas e colossais do que todas as gerações passadas em seu conjunto. A subjugação das forças da natureza, as máquinas, a aplicação da química na indústria e na agricultura, a navegação a vapor, as estradas de ferro, o telégrafo elétrico, a exploração de continentes inteiros, a canalização dos rios, populações inteiras brotando da terra como por encanto – que século anterior teria suspeitado que semelhantes forças produtivas estivessem adormecidas no seio do trabalho social?[119]

Michael Löwy criticou essa passagem como uma manifestação da atitude ingênua de Marx em relação à modernização e ignorância sobre a destruição ecológica embutida no desenvolvimento capitalista: "Ao prestar homenagem à burguesia por sua capacidade sem precedentes de desenvolver as forças produtivas", escreve ele, "Marx e Engels celebraram sem reservas a 'sujeição das forças da natureza ao homem' e o 'clareamento de continentes inteiros para cultivo' pela produção burguesa moderna". A leitura de Löwy do alegado "prometeísmo" de Marx pode parecer difícil de ser refutada aqui[120].

Mesmo que sua interpretação reflita com precisão o pensamento de Marx à época, a crítica de Löwy dificilmente pode ser generalizada para toda a obra de Marx, uma vez que sua crítica ao capitalismo se tornou cada vez mais ecológica a cada ano que passou. Como visto, a evolução de seu pensamento subsequente

---

[119] Marx e Engels, *Collected Works*, v. 6, p. 489 [ed. bras.: *Manifesto Comunista*, cit., p. 44].

[120] Michael Löwy, "Globalization and Internationalism: How Up-to-Date Is the Communist Manifesto?" *Monthly Review*, 50/6, nov. 1998, p. 16-29; Foster fornece outra visão. Ver John Bellamy Foster, *The Ecological Revolution* (Nova York, Monthly Review Press, 2009), p. 213-32. A observação de Marx não é surpreendente se notarmos que contemporâneos seus como Carey também argumentaram com otimismo que o aço e o ferro substituiriam a necessidade de madeira na Europa do futuro: "A população aumenta e as grandes florestas e pântanos desaparecem, dando lugar a ricas fazendas, pelas quais passam estradas com pontes imensas, que permitem ao comerciante transportar sua lã e seu algodão para trocá-los com seus vizinhos agora ricos por seus excedentes de grãos e roupas". Carey acreditava que "os poderes quase ilimitados da terra são desenvolvidos com o progresso da população e da riqueza". Carey, *The Past, the Present, and the Future*, cit., p. 82. Aqui, a crítica de Carey ao esgotamento do solo desaparece repentinamente.

ao Livro 1 de *O capital* mostra que, em seus últimos anos, Marx ficou seriamente preocupado com o problema do desmatamento, e é altamente duvidoso que o Marx tardio, após ler Fraas e Kirchhof, elogiasse o desmatamento em massa em nome do progresso, sem levar em consideração a regulação consciente e sustentável da interação metabólica entre humanidade e natureza. Ao contrário, é muito mais provável que as questões ecológicas tenham alcançado uma importância estratégica cada vez maior para Marx na década de 1860 como uma manifestação das contradições do capitalismo, às quais o socialismo deve fornecer uma resposta prática. A "tendência socialista inconsciente" de Fraas é discernível em sua tentativa de demonstrar a necessidade prática de reorganizar conscientemente o metabolismo entre humanos e natureza. Com base nisso, Marx exigiu de forma muito mais consciente a emancipação humana por meio da abolição radical do caráter privado da produção e do trabalho assalariado e, assim, pela construção de uma interação metabólica totalmente diferente com a natureza de uma forma sustentável.

Pode-se ver mais claramente por que Marx estava interessado nas obras de Fraas. A polêmica entre este e Liebig mostrou-lhe que os problemas ecológicos da sociedade moderna não devem se limitar ao esgotamento do solo e que existem muitas outras questões como o desmatamento em massa e as mudanças climáticas. A teoria aluvial de Fraas fornece outra visão da agricultura que se torna mais sustentável graças ao poder da própria natureza. Essa teoria sozinha, é claro, não fornece uma solução final para as rupturas metabólicas capitalistas. O desmatamento por si só não explica a mudança climática. Marx estava testemunhando um rápido desenvolvimento das ciências naturais e das tecnologias naquela época, e ele acertadamente considerou essencial estudar várias disciplinas das ciências naturais com muito mais cuidado, a fim de descobrir até que ponto o capitalismo pode adiar a crise ecológica causada por ele próprio e que tipo de problemas estão de fato emergindo do desejo infinito de autovalorização do capital. Como ele posteriormente mudou sua avaliação de Liebig ligeiramente na segunda edição de *O capital*, um novo campo de pesquisa ecológica estava por trás dele.

CONCLUSÃO

Na década de 1970, Hans Jonas, em sua obra principal *O princípio responsabilidade*, insistia na necessidade de uma crítica da utopia precisamente porque "a utopia marxista, envolvendo o uso máximo da supertecnologia, serviu como uma versão 'escatologicamente' radicalizada daquilo que o ímpeto tecnológico mundial de nossa civilização já está levando adiante"[1]. Hoje, ninguém realmente acredita em tal utopia marxista, depois que seu poder de encantamento desapareceu sem deixar vestígios junto com o colapso do "socialismo realmente existente". Essa "crise" do marxismo, no entanto, forneceu uma nova oportunidade para os marxistas, porque o legado teórico de Marx pode ser analisado sobriamente, independentemente do dogma do partido. Pode-se agora investigar se Marx realmente imaginou tal emancipação tecnocrática. Na discussão deste livro, tornou-se claro que uma crítica popular do pensamento utópico e antiecológico de Marx nada mais é do que uma projeção retrospectiva da ideia prometeica dos séculos XIX e XX imposta ao pensamento materialista de Marx.

A nova edição histórica da *Marx-Engels-Gesamtausgabe* nos permite reconstruir como, no curso do aprofundamento de sua teoria da economia política, Marx desenvolveu seu pensamento ecológico como uma crítica ao capitalismo. Uma investigação mais completa de novos materiais publicados pela MEGA mostrou que a crítica estereotipada (e falsa) de sua indiferença em relação à escassez de recursos naturais e à sobrecarga de nossas escosferas, bem como

---

[1] Hans Jonas, *The Imperative of Responsibility: In Search of an Ethics for the Technological Age* (Chicago, University of Chicago Press, 1984), p. 201 [ed. bras.: *O princípio responsabilidade: ensaio de uma ética para a civilização tecnológica*, Rio de Janeiro, Contraponto/Ed. da PUC-Rio, 2006].

a crítica à sua superstição prometeica sobre o desenvolvimento econômico e tecnológico ilimitado não são plausíveis. Além disso, uma investigação mais sistemática de excertos e notas nos permite compreender o papel central da ecologia em sua crítica ao capitalismo. Podemos derivar a teoria ecológica de forma consistente de sua teoria do valor, como parte integrante da economia política de Marx. E, consequentemente, sua visão do socialismo inclui claramente um projeto para reabilitar o metabolismo social e natural que foi seriamente distorcido no capitalismo.

As discussões modernas sobre ecologia têm uma grande dívida com a profunda percepção de Marx sobre a natureza fundamental de uma sociedade de produção generalizada de mercadorias. Ele mostra que o valor como mediador do metabolismo transistórico entre homem e natureza não pode gerar as condições materiais para uma produção sustentável. Em vez disso, causa rupturas no processo de reprodução material. Quando o valor se torna o sujeito dominante da produção social como capital, ele apenas fortalece as perturbações e rupturas desse metabolismo, de modo que tanto a humanidade quanto a natureza sofrem com as várias desarmonias. Isso inclui excesso de trabalho, bem como doenças físicas e mentais e deformações, em relação aos seres humanos; e desertificação, devastação dos recursos naturais e extinção de espécies, em relação à natureza. De acordo com Marx, essa perturbação do metabolismo de seres humanos e natureza, em última análise, impõe limites materiais ao impulso incomensurável para a acumulação de capital e exige que os humanos tenham uma interação mais consciente com seu meio ambiente. É possível "fissurar o capitalismo" aqui[2]. É claro que Marx não estava pensando "ecologicamente" quando tentou desenvolver sua crítica do capitalismo pela primeira vez. No entanto, é importante reconhecer que nos cadernos de 1844 ele já exigia a abolição da alienação moderna como uma transformação radical da relação humana com a natureza, embora esse projeto do jovem Marx tenha sido esquecido por muito tempo devido à interpretação "filosófica" dominante de sua teoria da alienação. Considerando a história dos debates sobre ecologia,

---

[2] John Holloway, *Crack Capitalism* (Londres, Pluto Press, 2010) [ed. bras.: *Fissurar o capitalismo*, trad. Daniel Cunha, São Paulo, Publisher Brasil, 2013]. O projeto de Holloway para "fissurar o capitalismo" pressupõe de forma simplista e otimista um espaço fora do poder da reificação. No entanto, esse espaço não existe. A contradição sobre a qual Marx se concentra surge do antagonismo imanente entre a lógica do capital e a lógica do mundo material. Portanto, é necessário primeiro estudar cuidadosamente a lógica do capital e depois analisar suas várias contradições.

é importante enfatizar que Marx sempre atribuiu um papel central em sua crítica à sociedade moderna ao problema da "separação" dos humanos em relação à terra.

Recentemente, alguns ecossocialistas, em contraste com Marx, passaram a enfatizar a "síntese monística" de sociedade e natureza: "Não a separação *da*, mas o lugar da humanidade *no interior* da natureza, é crucial para a compreensão das condições da renovação capitalista (se houver) e da crise"[3]. No entanto, esse entendimento ignora a visão original de Marx de que a condição constitutiva do regime capitalista é a *separação* entre humanos e natureza. A unidade entre humanidade e natureza existe transistoricamente a partir de uma perspectiva geral abstrata, em que o trabalho humano não apenas sempre modifica a natureza, mas também é uma parte da natureza e é condicionado por ela. O que a análise de Marx mostra é a deformação *histórica* da relação entre humanos e natureza na sociedade capitalista moderna, que se baseia na alienação da natureza. Marx investiga, como tarefa primária de sua economia política, como essa condição material da produção social é transformada e deformada sob as relações sociais constituídas de maneira capitalista.

Apesar dessa continuidade teórica, subjacente a todo o seu pensamento, Marx corrigiu gradativamente sua visão otimista do domínio humano da natureza, seguindo sua ruptura com a filosofia em 1845. Em comparação com o *Manifesto Comunista*, em *O capital* ele rejeita claramente a ilusão de que o desenvolvimento das forças produtivas em termos tecnológicos permite a manipulação arbitrária da natureza, transformando completamente o mundo sensível externo em uma segunda natureza. Em *O capital*, Marx argumenta de forma diferente: a negligência das características materiais causa a deterioração das condições materiais de produção e impede o livre desenvolvimento humano. Em contraste com uma crítica generalizada de que Marx é um defensor cego do domínio absoluto sobre a natureza, sua visão da sociedade futura exige uma interação cuidadosa e sustentável com a natureza, baseada em um reconhecimento distinto de seus limites.

Contra a opinião popular de que a produção sustentável é possível com base nos mecanismos de mercado, a teoria do valor de Marx também demonstra de maneira convincente que o capital contradiz a limitação fundamental das forças e dos recursos naturais por causa de seu impulso em direção à autovalorização infinita. Essa é a contradição central do modo de produção capitalista, e a

---

[3] Moore, "Toward a Singular Metabolism", cit., p. 12, ênfase no original.

análise de Marx visa discernir os limites desse impulso incomensurável para a acumulação de capital no interior de um mundo material. A discrepância entre natureza e capital aparece em um número crescente de esferas, de modo que a dominação do capital subsume vários ramos da produção e organiza a totalidade da vida social e privada.

Nessa situação, Marx não pede o retorno à "natureza enquanto tal", existindo independentemente dos seres humanos, porque, como ele argumenta em *A ideologia alemã* em sua crítica a Feuerbach, essa natureza como tal existe apenas na cabeça do filósofo. Em vez disso, diz Marx, a "natureza" existe apenas em relação à produção social, e ele chama essa relação material fundamental de "metabolismo" entre humanos e natureza. A natureza e a sociedade devem ser compreendidas em sua inter-relação dinâmica, e sua análise científica explica a especificidade do modo de produção capitalista como a organização histórica desse metabolismo transistórico e a resultante desestabilização de nossos ecossistemas.

A teoria da reificação de Marx desempenha um papel central nesse contexto. Ela revela como as determinações da forma econômica são fortemente ossificadas como *propriedade de uma coisa* no curso do desenvolvimento capitalista, e como as necessidades humanas, junto com o mundo sensível externo, são radicalmente transformados de acordo com a lógica do capitalismo. As propriedades materiais são modificáveis, e toda a reorganização do mundo pelo capital é baseada nessa "elasticidade" material, embora o capital não possa, afinal, superar completa e arbitrariamente os limites naturais. A fim de elucidar a tensão fundamental entre capital e natureza, Marx desenvolveu sua teoria do valor em uma relação sistemática e próxima com o problema das rupturas metabólicas. Depois de se separar da filosofia, Marx parou de colapsar esse problema em uma compreensão ontológica geral da relação homem-natureza. Em vez disso, ele pretendia compreender os limites materiais sob as respectivas condições concretas das ciências naturais e da tecnologia. Onde exatamente essa contradição se manifesta não é um dado *a priori*; requer uma análise concreta de cada situação. As ciências naturais fornecem o conhecimento básico para tal análise. Do contrário, uma crítica só poderia dizer que o capitalismo deve destruir o meio ambiente. Marx nunca ficou satisfeito com uma tese tão abstrata.

Em vez disso, ele estava ciente de que a contradição entre capital e natureza não leva imediatamente ao colapso do regime do capital. Graças à elasticidade material, o capital pode, por exemplo, superar suas limitações, explorando intensivamente e extensivamente os trabalhadores, inventando novas tecnologias, descobrindo novas matérias-primas e abrindo mercados globais e colônias. No entanto, os limites materiais, como força de trabalho, recursos naturais, necessidades sociais, existem de forma objetiva, mesmo que possam ser deslocados pelo desenvolvimento tecnológico e científico em grau considerável, como visto na história do capitalismo. A manifestação concreta dos limites materiais é, portanto, bastante diversa, porque os resultados da lógica formal do capital se desenvolvem de várias maneiras, dependendo da relação do capital com as respectivas condições naturais. Para tematizar esses limites do capital com mais precisão, Marx estudou as ciências naturais com maior intensidade depois de 1868, a fim de terminar *O capital*. Embora *O capital* de Marx tenha permanecido incompleto, ele não apenas fornece uma fundamentação metodológica sólida para a análise do processo histórico do capital de antagonismo entre humanidade e natureza, mas também nos permite imaginar uma contraestratégia em relação à dominação reificada do capital e à alienação da natureza, a partir do ponto de vista do próprio mundo material. Nesse sentido, a crítica ecológica de Marx está longe de ser "apocalíptica".

Por falar em estratégia socialista, a formação gradual da teoria do metabolismo de Marx é paralela a outra mudança importante de sua visão da mudança social. Embora antes, no *Manifesto Comunista*, Marx tendesse de modo otimista a acreditar que uma grave crise econômica seria suficiente para uma revolução socialista, ele gradualmente abriu mão desse otimismo após o fracasso da Revolução de 1848 e a subsequente repressão política e restauração. O sistema capitalista revelou-se muito mais obstinado e capaz de sobreviver na crise econômica de 1857-1858. Como consequência, Marx começou a propalar restrições à reificação por meio do sindicalismo dos trabalhadores e da construção de uma forma mais sustentável de metabolismo social. Conforme ilustrado nos capítulos sobre "A jornada de trabalho" e "Maquinaria e grande indústria", o ponto de Marx é que a luta não é imediatamente sobre políticas, mas sobre uma transformação da própria prática social, uma prática que, sob o capitalismo, confere a uma coisa um poder social independente dos humanos. Essas reformas podem estender o domínio social e político e, assim, dar origem a mais mudanças progressivas contra o poder reificado do capital.

Marx enfatizou o mesmo ponto em relação à natureza. Não apenas em sua discussão sobre a agricultura moderna, mas também em sua referência à "tendência socialista" de Fraas, ele tentou compreender da perspectiva do mundo material a destruição dos ecossistemas em relação ao poder reificado do capital. A reabilitação do metabolismo universal da natureza perturbado pelo capitalismo só é possível quando o poder autônomo do capital é totalmente abolido. Mesmo que o capitalismo não entre em colapso automaticamente, apesar da escassez de recursos naturais, as desarmonias no mundo material impedem o desenvolvimento livre e sustentável da humanidade e obrigam as pessoas a lutar por um novo sistema social além do capitalismo. Contrariando a lógica do capital, uma forma mais racional de produção social deve ser realizada, e deve ser baseada na abolição do "trabalho privado" e do "trabalho assalariado". Para Marx, é necessário examinar os processos concretos de transformação do mundo material, pois ele leu uma série de relatórios parlamentares e de inspetores de fábrica ao escrever o capítulo sobre "A jornada de trabalho". Só assim torna-se possível uma estratégia socialista concreta contra a exploração reificada da natureza.

A investigação da ecologia de Marx por meio de seus cadernos também mostrou que a identificação do século XIX como um século de prometeísmo ingênuo mostra-se unilateral, já que vários teóricos como Liebig, Johnston e Fraas estavam seriamente envolvidos com os problemas da escassez e do esgotamento dos recursos naturais. Também a previsão de William Stanley Jevons sobre a diminuição das reservas de carvão na Inglaterra em seu famoso livro *The Coal Question* [A questão do carvão] (1865) se refere repetidamente a Liebig e causou discussões acaloradas no Parlamento britânico. Marx conhecia essa obra, pois em 1868 anotou o título em seu caderno e assinalou ao lado sua intenção de comprar uma cópia[4]. Matthias Jakob Schleiden, cuja *Physiologie der Pflanzen und Tiere* [Fisiologia das plantas e animais] (1850) Marx leu em 1876, escreveu sobre a "desertificação das florestas" em sua obra posterior *Für Baum und Wald* [Pelas árvores e florestas], na qual Schleiden se refere ao importante livro de George P. Marsh, *Man and Nature* [Homem e natureza] (1864)[5].

Diversas discussões sérias sobre a destruição do meio ambiente e a deterioração das condições de sobrevivência da humanidade estavam em andamento já na década de 1860. Não é por acaso que Marx, estudando constantemente novos livros e artigos em várias disciplinas, foi levado a integrar o surgimento do pensamento ecológico no século XIX à sua própria crítica da economia política,

---

[4] MEA, Sign. B 112, p. 2.
[5] Carl-Erich Vollgraf, "Marx über die sukzessive Untergrabung des Stoffwechsels der Gesellschaft bei entfalteter kapitalistischer Massenproduktion", *Beiträge zur Marx-Engels-Forschung Neue Folge 2014/15* (Hamburgo, Argument, 2016), p. 106-32.

já que essa dimensão havia sido amplamente negligenciada. Se examinarmos os cadernos de Marx e rastrearmos seu processo de trabalho, é difícil continuar afirmando que ele compartilhava uma ideia ingênua e otimista do progresso humano, que acredita no desenvolvimento infinito das forças produtivas. Carl Fraas é importante nesse contexto porque oferece outra visão de produção sustentável, que difere da dependência de Liebig de adubos sintéticos. Sua teoria da aluvião tenta mostrar a possibilidade de uma produção sustentável usando as forças da própria natureza propositadamente, mas sem esgotá-la. Sua investigação histórica também mostrou a Marx como as consequências do desmatamento excessivo eram sérias para os climas locais e para o mundo das plantas.

Entre os escritos de Marx, é possível encontrar vários argumentos claros que indicam seu forte interesse por problemas ecológicos. Se a afirmação de que a ecologia de Marx tem uma importância secundária para sua crítica da economia política foi aceita como convincente por longo tempo, a razão pode ser parcialmente encontrada na tradição do marxismo ocidental, que lidava principalmente com formas sociais (às vezes fetichizando ao extremo a *Ciência da lógica* de Hegel), enquanto o problema da "matéria" e do "conteúdo" foi amplamente negligenciado. Se a "matéria" se integra ao seu sistema, os textos de Marx abrem caminho para a ecologia sem muita dificuldade.

Nesse sentido, o presente volume é mais sistemático e completo do que os trabalhos anteriores sobre a questão da ecologia do Marx maduro, mas seu escopo ainda é limitado. Os manuscritos e cadernos que tratei neste livro são apenas parte do que Marx escreveu durante sua vida. Especialmente na década de 1870, sua teoria do metabolismo foi desenvolvida. Existem alguns exemplos que indicam essa tendência em sua biblioteca pessoal: Bernard Cotta, *Deutschlands Boden, sein geologischer Bau und dessen Einwirkung auf das Leben der Menschen* [O solo alemão, sua composição geológica e sua influência na vida humana] (Leipzig, 1858); Jean Charles Houzeau, *Klima und Boden* [Clima e solo] (Leipzig, 1861); Adalbert Adolf Mühry, *Klimatographische Uebersicht der Erde* [Visão geral climática da Terra] (Leipzig, 1862); e Robert Russell, *América do Norte: sua agricultura e clima* (Edimburgo, 1857). Marx também acompanhou os debates sobre a teoria do esgotamento do solo de Liebig: Adolf Mayer, *Das Düngerkapital und Raubbau* [Capital fertilizante e cultivo de roubo] (Heidelberg, 1869); Clement Mandelblüh, *Tabellen zur Berechnung der Bodenerschöpfung und des Bodenkraft-Ersatzes* [Tabelas para o cálculo do esgotamento do solo e reposição da força do solo] (Leipzig, 1870); e Johannes

Conrad, *Liebig's Ansicht von der Bodenerschöpfung und ihre geshichtliche, statistische und nationalökonomische Begründung* [A visão de Liebig sobre o esgotamento do solo e seu raciocínio histórico, estatístico e econômico nacional] (Göttingen, 1866). Essa é apenas uma amostra dos livros relevantes para os tópicos tratados aqui, e os próprios interesses de Marx a esse respeito são ainda mais abrangentes do que eles sugerem[6]. Como resultado dessas investigações, Marx percebeu, nos últimos anos, que as rupturas metabólicas eram o problema mais sério do capitalismo.

Nesse contexto, é importante ressaltar que suas pesquisas posteriores não se limitaram às ciências naturais. Marx também leu vários livros sobre sociedades e comunidades pré-capitalistas e não ocidentais, com foco particular na agricultura e na propriedade fundiária, como pode ser visto nos famosos *Cadernos etnológicos*[7]. Sobre esse tema, a expressão de Marx "uma tendência socialista inconsciente" é novamente perspicaz. Na mesma carta de 25 de março de 1868 a Engels, na qual Marx discutia *O clima e o mundo das plantas ao longo do tempo* de Fraas, ele também julgou de forma bastante positiva Georg Ludwig Maurer: "*Ad vocem Maurer*: seus livros são extremamente significativos. Não apenas a era primitiva, mas também todo o desenvolvimento posterior das cidades imperiais livres, dos proprietários com imunidade, da autoridade pública e da luta entre o campesinato livre e a servidão ganham um caráter inteiramente novo"[8]. Marx admitiu na carta que prestou pouca atenção à continuidade dos elementos pré-capitalistas (germânicos) até sua época. Nos anos seguintes, estudou seriamente as sociedades pré-capitalistas, engajando-se em um movimento autocrítico para superar esse ponto cego, chegando até a aprender russo para poder ler no original livros sobre as comunidades de aldeias e agricultura russas[9].

Como as ciências naturais e a etnologia se relacionam para o Marx tardio? Encontramos uma chave em uma conexão textual entre Fraas e Maurer: o próprio Fraas avalia positivamente a investigação histórica de Maurer sobre as comunidades germânicas porque esse historiador alemão mostra que "a primeira formação de aldeia germânica sempre seguiu a lei da necessidade para

---

[6] Ibidem, p. 113.
[7] Hans-Peter Harstick publicou uma grande parte desses excertos. A versão completa será publicada em MEGA² IV/27.
[8] Marx e Engels, *Collected Works*, cit., v. 42, p. 557.
[9] Ver Tomonaga Tairako, "A Turning Point in Marx's Theory on Pre-Capitalist Societies", *Hitotsubashi Journal of Social Studies*, v. 47, 2016, p. 1-10.

aumentar as forças do solo"[10]. Além disso, Fraas continua a argumentar sobre o modo de vida sustentável das comunidades germânicas com uma referência ao texto de Maurer:

> Se a aldeia de Mark não permitisse vendas de madeira, palha, esterco e até mesmo gado (porcos!), exceto entre os membros da aldeia, e também ordenasse que todas as safras colhidas no interior da aldeia, e até mesmo o vinho, fossem consumidos dentro da aldeia (dessa prática vários direitos banais [*Bannrecht*] surgiriam), seriam retidos os meios para a manutenção das forças da terra e, além disso, o uso de nutrientes adicionais de florestas e pastagens e mesmo o uso de prados adubados por rios serviriam para aumentar o poder [do solo] em todos os lugares (Maurer, op. cit. 313 seg.).[11]

A produção comunitária germânica com base na associação de Mark é, segundo Fraas, não só igualitária, mas também sustentável, porque tudo é produzido e consumido dentro da comunidade. É muito provável que essa referência tenha levado Marx a ler e fazer excertos do livro de Maurer no início de 1868[12].

No momento, não é possível investigar a enorme totalidade dos manuscritos e excertos de Marx pós-1868 porque nem todos foram publicados. No entanto, é razoável supor, com base em sua ótima avaliação de Maurer e Fraas e em sua caracterização deles como socialistas "inconscientes" na mesma carta, que ele queria estudar as várias formas concretas de organizar o metabolismo entre humanos e natureza por meio de comunidades e sociedades pré-capitalistas, especialmente em relação à agricultura e à propriedade da terra. Kevin Anderson argumenta em relação ao volume IV/27 da MEGA² que a pesquisa de Marx na década de 1870 concentra-se na agricultura pré-capitalista e não ocidental "em transição"[13]. Em outras palavras, Marx analisou até que ponto as formas anteriores de organização do metabolismo natural e social devem

---

[10] Fraas, *Ackerbaukrisen*, cit., p. 209.
[11] Ibidem, p. 210. Aqui Fraas refere-se a Maurer, *Einleitung zur Geschichte der Mark-, Hof-, Dorf-, und Stadt-Verfassung und der öffentlichen Gewalt* (Munique, Christian Kaiser, 1854).
[12] Marx leu o trabalho de Maurer novamente na década de 1870. De maneira surpreendente, leu o *Einleitung* de Maurer novamente e fez longos excertos, o que normalmente ele não fazia. Eles serão publicados em MEGA² IV/24.
[13] Anderson, *Marx at the Margins*, cit., p. VIII [ed. bras.: *Marx nas margens*, cit.].

ser modificadas por meio da subsunção formal e real ao capital, ou se podem resistir a ele. Nesse sentido, a relação entre humanos e natureza permaneceu central também no Marx tardio[14].

Algumas observações de Marx nos últimos anos de sua vida confirmam a conexão temática. Sabe-se que ele reconheceu a possibilidade de uma via alternativa à revolução socialista na Rússia em sua carta a Vera Ivanovna Zasulich, uma revolucionária russa. Referindo-se diretamente a Maurer, Marx apontou a grande "vitalidade natural" das comunas arcaicas e argumentou que as comunas aldeãs posteriores, especialmente aquelas que os alemães introduziram, "tornaram-se o único foco de liberdade e vida popular durante a Idade Média"[15]. De acordo com Marx, essa vitalidade estava fundada em uma organização diferente do metabolismo entre humanos e natureza – a forma comunal de produção. Assim, as comunas aldeãs russas poderiam funcionar como locais de resistência ao capital e estabelecer o socialismo sem passar pelo capitalismo. "Historicamente muito favorável à preservação da 'comuna agrícola' por meio de seu desenvolvimento posterior é o fato de ela não só ser contemporânea da produção capitalista ocidental e, portanto, ser capaz de adquirir seus frutos sem se curvar a seu *modus operandi*, mas também de ter sobrevivido à época enquanto o sistema capitalista permaneceu intacto"[16].

Ao mesmo tempo, Marx, na frase seguinte, aponta a "crise" do capitalismo na Europa Ocidental: "Hoje esse sistema encontra-se, tanto na Europa Ocidental quanto nos Estados Unidos, em conflito com as massas trabalhadoras, com a ciência e com as próprias forças produtivas que ele gera – em suma, em uma crise que terminará com sua própria eliminação, com o retorno das sociedades modernas a uma forma superior de tipo 'arcaico' de propriedade e produção coletiva"[17]. A "crise" emerge não apenas da experiência de alienação, cuja transcendência é exigida em alto som pelos trabalhadores, mas também do conflito do capital com a "ciência". Não basta que a ciência permita simplesmente a

---

[14] O interesse ecológico de Marx continuou a se expandir na década de 1870. Por exemplo, em 1878, Marx anotou em seu caderno: "A *extinção das espécies* ainda está acontecendo (o próprio homem [é] o exterminador mais ativo)". MEGA² IV/26, p. 233, ênfase no original.

[15] Teodor Shanin, *Late Marx and the Russian Road: Marx and "The Peripheries of Capitalism"* (Nova York, Monthly Review Press, 1985), p. 108 [ed. bras.: *Marx tardio e a via russa*: Marx e as periferias do capitalismo, trad. Bernardo Mançano Fernandes, São Paulo, Expressão Popular, 2017].

[16] Ibidem, p. 111.

[17] Idem.

invenção de novas tecnologias que aumentem as forças produtivas e preparem as condições materiais para a sociedade futura. Como é claramente visível em Liebig e Fraas, a ciência também destaca a crise do capitalismo ao demonstrar a irracionalidade do roubo sob o modo de produção capitalista e suas consequentes rupturas metabólicas, que exigem a realização de uma forma de produção mais sustentável. Levando em consideração o aprofundamento da teoria do metabolismo de Marx, é plausível que em 1881 ele reconhecesse não apenas vias multilineares e não eurocêntricas ao socialismo, mas também desenvolvesse uma visão mais ecológica do socialismo. No entanto, essa expansão do interesse de Marx tornou extremamente difícil concluir seu projeto de *O capital*.

Mesmo que o ecossocialismo do Marx tardio se torne mais aparente por meio de publicações futuras dos volumes da MEGA², o projeto de *O capital* permanece inacabado. Marx não respondeu a todas as perguntas e não previu o mundo de hoje, mas isso não quer dizer que sua ecologia seja inútil. É inegável que sua crítica ao capitalismo fornece uma base teórica extremamente útil para uma investigação crítica adicional da atual crise ecológica, e que, no que diz respeito à ecologia, os cadernos de Marx podem provar sua grande importância. O exame cuidadoso dos cadernos de excertos não é um trabalho "filológico" menor, e essa análise nos levará a dimensões desconhecidas da crítica de Marx[18]. É muito cedo para "esquecer Marx", como Immler declarou provocativamente. Ao fim deste livro, o imperativo oposto parece mais convincente: "Marx vive!".

---

[18] Recentemente, Lucia Pradella comentou um tanto ironicamente sobre o "novo modo" de estudo da MEGA. Ela disse que a quarta seção da MEGA² "fornece alguns elementos para avaliar a continuidade e as mudanças na elaboração de Marx com mais precisão, *sem sucumbir a uma tendência hoje influente nos estudos da MEGA de buscar um 'novo Marx'*". Contudo, como mostrado ao longo deste livro, um Marx totalmente desconhecido e, nesse sentido, "novo" existe em seus cadernos tardios. Ver Lucia Pradella, *Globalization and the Critique of Political Economy* (Londres, Routledge, 2014), p. 173, ênfase nossa.

REFERÊNCIAS BIBLIOGRÁFICAS

ABEL, Wilhelm. *Agrarkrisen und Agrarkonjunktur*: Eine Geschichte der Land- und Ernährungswirtschaft Mitteleuropas seit dem hohen Mittelalter. Hamburgo, Paul-Parey, 1966.

ADORNO, Theodor W. *Negative Dialectic*. Londres, Routledge, 1973 [ed. bras.: *Dialética negativa*. Trad. Marco Antonio Casanova, Rio de Janeiro, Zahar, 2009].

ALISON, Archibald. *Principles of Population, and Their Connection with Human Happiness*, v. 1. Londres, Thomas Cadell, 1840. caps. 1 e 2.

ALTHUSSER, Louis. *For Marx*. Londres, The Penguin Press, 1969 [ed. bras.: *Por Marx*. Trad. Maria Leonor F. R. Loureiro, Campinas, Editora Unicamp, 2015].

ANDERSON, James. *An Inquiry into the Causes that Have Hitherto Retarded the Advancement of Agriculture in Europa*: With Hints for Removing the Circumstances that Have Chiefly Obstructed Its Progress, v. 4. Edimburgo, T. Caddell and C. Elliot, 1799.

_____. *A Calm Investigation of the Circumstances that Have Led to the Present Scarcity of Grain in Great Britain*. Londres, John Cummins, 1801.

ANDERSON, Kevin. The "Unknown" Marx's *Capital*, vol. 1: The French Edition of 1872--1875, 100 Years Later. *Review of Radical Political Economics*, v. 15, n. 4, 1983. p. 71-80.

_____. *Marx at the Margins*: Nationalism, Ethnicity, and Non-Western Societies. 2. ed. rev. Chicago, University of Chicago Press, 2016 [ed. bras.: *Marx nas margens*: nacionalismo, etnia e sociedades não ocidentais. Trad. Allan M. Hillani e Pedro Davoglio, São Paulo, Boitempo, 2019].

ARND, Karl. *Justus Liebig's Agrikulturchemie und sein Gespenst der Bodenerschöpfung*. Frankfurt am Main, H. L. Brönner, 1864.

ARNDT, Andreas. "... unbeding das letzte Wort aller Philosophie": Marx und die hegelsche Dialektik. In: JAEGGI, Rahel; LOICK, Daniel (orgs.). *Karl Marx*: Pespektiven der Gesellschaftskritik. Berlim, Akademie Verlag, 2013. p. 27-37.

_____. *Unmittelbarkeit*. Berlim, Eule der Minerva Verlag, 2013.

ARTHUR, Christopher. *The New Dialectic and Marx's Capital*. Leiden, Brill, 2002.

AU, Julius. *Die Hilfsdüngermittel in ihrer volks- und privatwirthschaftlichen Bedeutung*. Heidelberg, Bassermann, 1869.

AUGUSTINS, Friedrich L. *Lehrbuch der Physiologie des Menschen*, v. 1. Berlim, Christian Gottfried Schöne, 1809.

AYRES, Robert. Industrial Metabolism: Theory and Policy. In: AYRES, Robert; SIMONIS, Udo E. (orgs.) et al. *Industrial Metabolism*: Restructuring for Sustainable Development. Tóquio, United Nations University Press, 1994. p. 3-20.

BACKHAUS, Hans-Georg. *Dialektik der Wertform*: Untersuchungen zur marxschen Ökonomiekritik. Freiburg im Breisgau, ça-ira-Verlag, 2011.

BAUMGÄRTNER, Stefan. *Ambivalent Joint Production and the Natural Environment*. Heidelberg, Physica-Verlag, 2000.

BELL, Daniel. *The End of Ideology*: On the Exhaustion of Political Ideas in the Fifties. Cambridge, MA, Harvard University Press, 2001.

BELLOFIORE, Riccardo. A Ghost Turning into a Vampire: The Concept of Capital and Living Labour. In: BELLOFIORE, Riccardo; FINESCHI, Roberto (orgs.). *Re-Reading Marx*: New Perspectives after the Critical Edition. Nova York, Palgrave, 2009. p. 183.

BENTON, Ted. Marxism and Natural Limits. *New Left Review*, 178, nov.-dez. 1989. p. 51-86.

_____. Greening the Left?: From Marx to World-System Theory. In: BENTON, Ted (org.) et al. *The SAGE Handbook of Environment and Society*. Londres, Sage Publications, 2007. p. 91-107.

BING, Franklin C. The History of the Word "Metabolism". *Journal of the History of Medicine and Allied Sciences*, v. 26, n. 2, 1971. p. 158-80.

BÖHME, Gernot; GREBE, Joachim. Soziale Naturwissenschaft: Über die wissenschaftliche Bearbeitung der Stoffwechselbeziehung Mensch-Natur. In: *Soziale Naturwissenschaft. Weg zur Erweiterung der Ökologie, ed. Gernot Böhme and Engelbert Schramm*. Frankfurt am Main, Fischer alternativ, 1985. p. 19-41.

BONEFELD, Werner. Abstract Labor: Against Its Nature and Its Time. *Capital & Class*, v. 34, n. 2, jun. 2010. p. 257-76.

_____. *Critical Theory and the Critique of Political Economy*: On Subversion and Negative Reason. Nova York, Bloomsbury, 2014.

BRAVERMAN, Harry. *Labor and Monopoly Capital*: The Degradation of Work in the Twentieth Century [1974]. Ed. do 25º aniversário. Nova York, Monthly Review Press, 1998.

BRENTEL, Helmut. *Soziale Form und ökonomisches Objekt*: Studien zum Gegenstands und Methodenverständnis der Kritik der politischen Ökonomie. Opladen, Westdeutscher Verlag, 1989.

BROCK, William H. *Justus von Liebig*: The Chemical Gatekeeper. Cambridge, Cambridge University Press, 1997.

BRUDNEY, Daniel. *Marx's Attempt to Leave Philosophy*. Cambridge, MA, Harvard University Press, 1998.

BÜCHNER, Ludwig. *Stoff und Kraft*: Empirisch-naturwissenschaftliche Studien. Frankfurt am Main, Verlag von Meidinger Sohn, 1858.

_____. *Force and Matter*: Empirico-Philosophical Studies, Intelligibly Rendered. Londres, Trüner & Co., 1864.

_____. *Force and Matter or Principles of the Natural Order of the Universe*: With a System of Morality Based on Thereon. Nova York, P. Eckler, 1920.

BURKETT, Paul. *Marx and Nature*: A Red and Green Perspective. Nova York, Palgrave, 1999.

_____. Marx's Vision of Sustainable Human Development. *Monthly Review*, v. 57, n. 5, out. 2005. p. 34-62.

_____. *Marxism and Ecological Economics*: Toward a Red and Green Political Economy. Chicago, Haymarket Books, 2009.

BURKETT, Paul; FOSTER, John Bellamy. The Podolinsky Myth: An Obituary Introduction to "Human Labour and Unity of Force" by Sergei Podolinsky. *Historical Materialism*, v. 16, n. 1, 2008. p. 115-61.

CAREY, Henry Charles. *The Past, the Present, and the Future*. Filadélfia, Carey & Hart, 1848.

_____. *Principles of Social Science*, v. 1. Filadélfia, J. B. Lippincott & Co., 1858.

_____. *Letters to the President on the Foreign and Domestic Policy of the Union and Its Effects as Exhibited in the Condition of the People and the State*. Filadélfia, J. B. Lippincott & Co., 1858.

CARUS, Carl Gustav. *System der Physiologie umfassend das Allgemeine der Physiologie, die physiologische Geschichte der Menschheit, die des Menschen und die der einzelnen organischen Systeme im Menschen, für Naturforscher und Aerzte*, v. 2. Dresden, Gerhard Fleischer, 1839.

CLARK, Brett; FOSTER, John Bellamy. Ecological Imperialism and the Global Metabolic Rift: Unequal Exchange and the Guano/Nitrates Trade. *International Journal of Comparative Sociology*, v. 50, n. 3-4, 2009. p. 311-34.

CLARK, Brett; YORK, Ricard. Carbon Metabolism: Global Capitalism, Climate Change, and Biospheric Rift. *Theory and Society*, v. 34, n. 4, jul. 2005. p. 391-428.

CLAUSEN, Rebecca; CLARK, Brett. The Metabolic Rift and Marin Ecology. *Organization & Environment*, v. 18, n. 4, dez. 2005. p. 422-44.

CONRAD, Johannes. *Liebig's Ansicht von der Bodenerschöpfung und ihre geschichtliche, statistische und nationalökonomische Begründung*. Jena, Friedrich Mauke, 1864.

CORNU, Auguste. *Karl Marx und Friedrich Engels*: Leben und Werk, v. 1. Berlin, Aufbau Verlag, 1954.

DANIELS, Roland. *Mikrokosmos*: Entwurf einer physiologischen Anthropologie. Frankfurt am Main, Peter Lang, 1988.

DOHNER, Janet Vorwald. *The Encyclopedia of Historic and Endangered Livestock and Poultry Breeds*. New Haven, Yale University Press, 2001.

DÜHRING, Eugen. *Carey's Umwälzung der Volkswirtschaftslehre und Socialwissenschaft*. Munique, E. A. Fleischmann, 1865.

_____. *Kritische Grundlegung der Volkswirtschaftslehre*. Berlim, Alb. Eichhoff, 1866.

DUNAYEVSKAYA, Raya. *Rosa Luxemburg, Women's Liberation and Marx's Philosophy of Revolution*. 2. ed. Chicago, University of Illinois Press, 1991.

ELBE, Ingo. Soziale Form und Geschichte. Der Gegenstand des Kapital aus der Perspektive neuerer Marx-Lektüren. *Deutsche Zeitschrift für Philosophie*, v. 58, n. 2, abr. 2010. p. 221-40.

_____. *Marx im Westen*: Die neue Marx-Lektüre in der Bundesrepublik seit 1965. Berlim, Akademie Verlag, 2010.

_____. Entfremdete und abstrakte Arbeit: Marx' Ökonomisch-philosophische Manuskripte im Vergleich zu seiner späteren Kritik der politischen Ökonomie. *Oldenburger Jahrbuch für Philosophie 2012*. Oldenburg, BIS Verlag, 2014. p. 7-69.

ENGEL-DI MAURO, Salvatore. *Ecology, Soil, and the Left*: An Eco-Social Approach. Nova York, Palgrave, 2014.

ESSLEN, Joseph. *Das Gesetz des abnehmenden Bodenertrages seit Justus von Liebig*: Eine dogmengeschichtliche Untersuchung. Munique, J. Schweitzer, 1905.

FAY, Margaret A. *Der Einfluß von Adam Smith auf Karl Marx' Theorie der Entfremdung*: Eine Rekonstruktion der Ökonomisch-philosophische Manuskripte aus dem Jahr 1844. Frankfurt am Main, Campus, 1986.

FERNANDES, Sabrina. *Se quiser mudar o mundo*: um guia político para quem se importa. São Paulo, Planeta, 2020.

FETSCHER, Iring. *Marx and Marxism*. Nova York, Herder and Herder, 1971.

_____. *Überlebensbedingungen der Menschheit*: Ist der Fortschritt noch zu retten? Munique, Piper, 1985.

FEUERBACH, Ludwig. *Principles of the Philosophy of the Future*. Indianapolis, Hackett Publishing, 1966.

_____. *Gesammelte Werke*, v. 5. Berlim, Akademie Verlag, 1973 [ed. bras.: *A essência do cristianismo*. Trad. José da Silva Brandão, Petrópolis, Vozes, 2013].

FEUERLICHT, Ignace. *Alienation*: From the Past to the Future. Westport, CT, Greenwood Press, 1978.

FISCHER-KOWALSKI, Marina. Society's Metabolism: The Intellectual History of Materials Flow Analysis, Part I, 1860-1970. *Industrial Ecology*, v. 2, n. 1, 1998. p. 61-78.

FISCHER-KOWALSKI, Marina et al. A Sociometabolic Reading of the Anthropocene: Modes of Subsistence, Population Size and Human Impact on Earth. *The Anthropocene Review*, v. 1, n. 1, abr. 2014. p. 8-33.

FISCHER-KOWALSKI, Marina; HÜTTER, Walter. Society's Metabolism: The Intellectual History of Materials Flow Analysis, Part I. *Industrial Ecology*, v. 2, n. 1, 1998. p. 61-78.

FOSTER, John Bellamy. *Marx's Ecology*: Materialism and Nature. Nova York, Monthly Review Press, 2000 [ed. bras.: *A ecologia de Marx*: materialismo e natureza. Trad. Maria Teresa Machado, Rio de Janeiro, Civilização Brasileira, 2005].

_____. *The Ecological Revolution*: Making Peace with the Planet. Nova York, Monthly Review Press, 2009.

_____. Paul Burkett's Marx and Nature Fifteen Years After. *Monthly Review*, v. 66, n. 7, dez. 2014. p. 56-62.

_____. The Great Capitalist Climacteric, Marxism and "System Change Not Climate Change". *Monthly Review*, v. 67, n. 6, nov. 2015. p. 1-18.

FOSTER, John Bellamy; BURKETT, Paul. *Marx and the Earth*: An Anti-Critique. Leiden, Brill, 2016.

FOSTER, John Bellamy; CLARK, Brett. Ecological Imperialism: The Curse of Capitalism. In: PANITCH, Leo; LEYS, Colin (orgs.). *Socialist Register 2004*: The New Imperial Challenge. Nova York, Monthly Review Press, 2004. p. 186-201.

FOSTER, John Bellamy; CLARK, Brett; YORK, Richard. *The Ecological Rift*: Capitalism's War on the Earth. Nova York, Monthly Review Press, 2010.

FRAAS, Carl. *Klima und Pflanzenwelt in der Zeit, ein Beitrag zur Geschichte beider*. Landshut, J. G. Wölfe, 1847.

_____. *Historisch-encyklopädischer Grundriß der Landwirthschaftslehre*. Stuttgart, Franckh, 1848.

_____. *Geschichte der Landwirthschaft oder geschichtliche Übersicht der Fortschritte landwirthschaftlicher Erkenntnisse in den letzten 100 Jahren*. Praga, Calve, 1852.

_____. *Natur der Landwirthscahft. Beitrag zu einer Theorie derselben*, v. 1. Munique, Literarisch-artistische Anstalt, 1857.

_____. *Natur der Landwirthschaft. Beitrag zu einer Theorie derselben*, v. 2. Munique, Literarisch-artistische Anstalt, 1857.

_____. Die Natur in der Wirthschaft: Erschöpfung und Ersatz. *Westermann's Jahrbuch der illustrirten Deutschen Monatshefte*, v. 3, 1858. p. 561-5.

_____. *Die Ackerbaukrisen und ihre Heilmittel. Ein Beitrag zur Wirthschaftspolitik des Ackerbauschutzes*. Leipzig, Brockhaus, 1866.

FROMM, Eric. *Marx's Concept of Man*. Nova York, Frederick Ungar Publishing, 1961 [ed. bras.: *Conceito marxista do homem*. Trad. Octavio Alves Velho, Rio de Janeiro, Zahar, 1983].

_____. *Marx's Concept of Man*: Including "Economic and Philosophical Manuscripts". Londres, Bloomsbury, 2013 [ed. bras.: *Conceito marxista do homem*. Trad. Octavio Alves Velho, Rio de Janeiro, Zahar, 1983].

FUKUTOMI, Masami. *Keizaigaku to Shizen Tetsugaku*.Tóquio, Sekaishoin, 1989.

GARISSON, Fielding H. *An Introduction to the History of Medicine, with Medical Chronology, Bibliographic Data and Test Questions*. Filadélfia, W. B. Saunders, 1914.

GHOSH, Sunti Kumar. Marx on India. *Monthly Review*, v. 35, n. 8, jan. 1984. p. 39-53.

GIDDENS, Anthony. *A Contemporary Critique of Historical Materialism*, v. 1: *Power, Property and the State*. Berkeley, University of California Press, 1981.

GILLESPIE, Alexander. *The Illusion of Progress*: Unsustainable Development in International Law and Policy. Nova York, Earthscan Publications, 2001.

GOODMAN, David C. Chemistry and the Two Organic Kingdoms of Nature in the Nineteenth Century. *Medical History*, v. 16, n. 2, 1972. p. 113-30.

GORZ, André. *Capitalism, Socialism, Ecology*. Londres, Verso, 1994.

GREEN, Arnold W. *Henry Charles Carey*: Nineteenth-Century Sociologist. Filadélfia, University of Pennsylvania Press, 1951.

GRUNDMANN, Reiner. *Marxism and Ecology*. Oxford, Clarendon Press, 1991.

HAECKEL, Ernst. *Generelle Morphologie der Organismen*, v. 2. Berlim, G. Reimer, 1866.

HARVEY, David. *The Enigma of Capital*: And the Crises of Capitalism. Oxford, Oxford University Press, 2010 [ed. bras.: *O enigma do capital*: e as crises do capitalismo. Trad. João Alexandre Peschanski, São Paulo, Boitempo, 2011].

HEINRICH, Michael. *Wissenschaft vom Wert*: Die Marxsche Kritik der politischen Ökonomie. Münster, Verlag Westfälisches Dampfboot, 1999.

_____. *An Introduction to the Three Volumes of Karl Marx's Capital*. Nova York, Monthly Review Press, 2004.

_____. *Wie das Marxsche Kapital lessen? Leseanleitung und Kommentar zum Anfang des Kapital*, parte 2. Stuttgart, Schmetterling Verlag, 2009.

_____. *Wissenschaft vom Wert*: Die Marxsche Kritik der politischen Ökonomie zwischen wissenschaftlicher Revolution und klassischer Tradition. Münster, Westfälisches Dampfboot, 2011.

HOLLOWAY, John. *Crack Capitalism*. Londres, Pluto Press, 2010 [ed. bras.: *Fissura o capitalismo*. Trad. Daniel Cunha, São Paulo, Publisher Brasil, 2013].

HONNETH, Axel. *Reification*: A New Look at an Old Idea. Oxford, Oxford University Press, 2012.

HUMBOLDT, Alexander von. *Fragments de géologie et de climatologie asiatiques*. Paris, Gide, 1831.

HUNDT, Martin. Der Fortgang der MEGA und einige aktuelle Debatten um Marx' Werk. *Z. Zeitschrift Marxistische Erneuerung*, 85, mar. 2011. p. 105-21.

IMMLER, Hans; SCHMIED-KOWARZIK, Wolfdietrich. *Marx und die Naturfrage*: Ein Wissenschaftsstreit. Kassel, Kassel University Press, 2011.

JAESCHKE, Walter. Ludwig Feuerbach über Spiritualismus und Materialismus. In: ARNDT, Andreas; JAESCHKE, Walter (orgs.). *Materialismus und Spiritualismus*: Philosophie und Wissenschaften nach 1848. Hamburgo, Meiner, 2000. p. 23-34.

JAKOBS, Kurt. Bruchstücke Sozialismus und Ökologie. *Das Argument*, 197, 1993. p. 31-46.

JOHNSTON, James F. W. *Lectures on Agricultural Chemistry and Geology*. 2. ed. Edimburgo/Londres, W. Black and Sons, 1847.

_____. *Catechism of Agricultural Chemistry and Geology*. 23. ed. Edimburgo/Londres, W. Black and Sons, 1849.

JONAS, Hans. *The Imperative of Responsibility*: In Search of an Ethics for the Technological Age. Chicago, University of Chicago Press, 1984 [ed. bras.: *O princípio responsabilidade*: ensaio de uma ética para a civilização tecnológica. Rio de Janeiro, Contraponto/Ed. da PUC-Rio, 2006].

KAUTSKY, Benedikt. Die Marx-Engels-Gesamtausgabe. *Die Gesellschaft*, v. 7, n. 2, 1930. p. 260-70.

KICILLOF, Alex; STAROSTA, Guido. On Materiality and Social Form: A Political Critique of Rubin's Value-Form Theory. *Historical Materialism*, v. 15, n. 1, 2007. p. 9-43.

KIRCHHOF, Friedrich. *Handbuch der landwirthschaftlichen Betriebslehre*: Ein Leitfaden für praktische Landwirthe zur zweckmäßigen Einrichtung und Verwaltung der Landgüter. Dessau, Katz, 1852.

KLEIN, Naomi. *This Changes Everything*: Capitalism vs. the Climate. Nova York, Simon and Schuster, 2014.

KLIEM, Manfred. *Karl Marx*: Dokumente seines Lebens 1818 bis 1883. Leipzig, Reclam, 1970.

KOŁAKOWSKI, Leszek. *Main Currents of Marxism*: Its Rise, Growth and Dissolution, v. 1: *The Founders*. Oxford, Oxford Unviersity Press, 1978.

KOVEL, Joel. *The Enemy of Nature*: The End of Capitalism or the End of the World? Londres, Zed Books, 2002.

KURZ, Heinz D. Technical Progress, Capital Accumulation and Income Distribution in Classical Economics: Adam Smith, David Ricardo and Karl Marx. *European Journal of the History of Economic Thought*, v. 17, n. 5, 2010. p. 1183-222.

LAITKO, Hubert. Marx' theoretisches Erbe und die Idee der nachhaltigen Entwicklung. In: VOLLGRAF, Carl-Erich; SPERL, Richard; HECKER, Rolf. *Beiträge zur Marx-Engels--Forschung Neue Folge 2006*: Karl Marx und die Naturwissenschaften im 19 Jahrhundert. Hamburgo, Argument Verlag, 2006. p. 63-81.

LANGE, Albert F. *J. St. Mill's Ansichten über die sociale Frage und die angebliche Umwälzung der Socialwissenschaft durch Carey*. Duisburg, Falk and Lange, 1866.

LAVERGNE, Léonce de. *The Rural Economy of England, Scotland, and Ireland*. Edimburgo, William Blackwood and Sons, 1855.

LAWES, John Bennet. On Agricultural Chemistry. *Journal of the Royal Agricultural Society of England*, 8, 1847. p. 226-60.

LAWES, John Bennet; GILBERT, Joseph Henry. On Agricultural Chemistry – Especially in Relation to the Mineral Theory of Baron Liebig. *Journal of the Royal Agricultural Society of England*, 12, 1851. p. 1-40.

LIEBIG, Justus von. *Die Organische Chenmie in ihrer Anwendung auf Agriculture und Physiologie*. Braunschweig, Friedrich Vieweg und Sohn, 1840.

_____. *Animal Chemistry, or Organic Chemistry in Its Application to Physiology and Pathology*. Londres, Taylor and Walton, 1842.

_____. *Animal Chemistry, or Organic Chemistry in Its Application to Physiology and Pathology*. Cambridge, John Owen, 1843.

_____. *Die Chemie in ihrer Anwendung auf Agricultur und Physiologie*. Braunschweig, Friedrich Vieweg und Sohn, 1843.

_____. *Chemistry in Its Applications to Agriculture and Physiology*. Nova York, John Wiley, 1849.

_____. *Principles of Agricultural Chemistry, with Special Reference to the Late Researches Made in England*. Londres, Walton & Maberly, 1855.

_____. On Some Points in Agricultural Chemistry. *Journal of the Royal Agricultural Society of England*, 17, 1856. p. 284-326.

_____. *Ueber Theorie und Praxis in der Landwirthschaft*. Braunschweig, Friedrich Vieweg und Sohn, 1856.

_____. *Chemische Briefe*, v. 1. 4. ed. Leipzig, C. F. Winter'sche Verlagshandlung, 1859.

_____. *Familiar Letters on Chemistry, in Its Relation to Physiology, Dietetics, Agriculture, Commerce, and Political Economy*. Londres, Walton and Maberly, 1859.

_____. *Letters on Modern Agriculture*. Londres, Walton and Maberly, 1859.

_____. *Naturwissenschaftliche Briefe über die moderne Landwirthschaft*. Leipzig, C. F. Winter'sche Verlagshandlung, 1859.

_____. *Einleitung in die Naturgesetze des Feldbaues*. Braunschweig, Vieweg & Sohn, 1862.

_____. *Two Letters on the Subject of the Utilization of the Metropolitan Sewage*: Addressed to the Lord Mayor of London. Londres, W. H. Collingridge, 1865.

LINDNER, Kolja. Marx's Eurocentrism. Postcolonialism Studies and Marx Scholarship. *Radical Philosophy*, 161, maio-jun. 2010. p. 27-41.

LIPIETZ, Alain. Political Ecology and the Future of Marxism. *Capitalism Nature Socialism*, v. 11, n. 1, mar. 2000. p. 69-85.

LIPMAN, Timothy O. Vitalism and Reductionism in Liebig's Physiological Thought. *Isis*, 58, 1967. p. 167-85.

LONGO, Stefano. Mediterranean Rift. *Critical Sociology*, v. 38, n. 3, maio 2012. p. 417-36.

LONGO, Stefano B.; CLAUSEN, Rebecca; CLARK, Brett. *The Tragedy of the Commodity*: Oceans, Fisheries, and Aquaculture. Nova Brunswick, NJ, Rutgers University Press, 2015.

LÖWY, Michael. For a Critical Marxism. *Against the Current*, v. 12, n. 5, nov.-dez. 1998. p. 33-4.

_____. Globalization and Internationalism: How Up-to-Date Is the Communist Manifesto? *Monthly Review*, v. 50, n. 6, nov. 1998. p. 16-29.

_____. *Ecosocialism. A Radical Alternative to Capitalist Catastrophe*. Chicago, Haymarket Books, 2015.

LUXEMBURGO, Rosa. *The Accumulation of Capital*. Londres, Routledge and Kegan Paul, 1951.

LYELL, Charles. *Principles of Geology, Being an Attempt to Explain the Former Changes of the Earth's Surface, by Reference to Causes Now in Operation*, v. 3. Londres, William Clawes, 1833.

MAGDOFF, Fred; ES, Harold van. *Building Soils for Better Crops*. College Park, MD, Sustainable Agriculture Research and Education Program, 2010.

MANDEL, Ernest. *The Formation of the Economic Thought of Karl Marx*. Nova York, Monthly Review Press, 1971 [ed. bras.: *A formação do pensamento econômico de Karl Marx*. Trad. Carlos Henrique de Escobar, Rio de Janeiro, Zahar, 1980].

MARCUSE, Herbert. *Studies in Critical Philosophy*. Boston, Beacon Press, 1972 [ed. bras.: *Materialismo histórico e existência*. Trad. Vamireh Chacon, Rio de Janeiro, Tempo Brasileiro, 1968].

MARON, Hermann. Das Gespenst der Bodenerschöpfung. *Vierteljahrschrift für Volkswirthschaft und Culturgeschichte*, 2, 1863. p. 146-61.

MARSH, George Perkins. *Man and Nature*: Or, Physical Geography as Modified by Human Action. Seattle, University of Washington Press, 2003.

MARTINEZ-ALIER, Joan. Marxism, Social Metabolism, and International Trade. In: HORNBORG, Alf (org.) et al. *Rethinking Environmental History*: World-System History and Global Environmental Change. Lanham, AltaMira Press, 2007. p. 221-38.

MARX, Karl. *Grundrisse*. Londres, Penguin Books, 1973 [ed. bras.: *Grundrisse*. Trad. Mario Duayer e Nélio Schneider, São Paulo, Boitempo, 2011].

_____. *Capital*, v. 1. Londres, Penguin Books, 1976 [ed. bras.: *O capital,* Livro 1. Trad. Rubens Enderle, São Paulo, Boitempo, 2011].

_____. *Manuscritos econômico-filosóficos*. Trad. Jesus Ranieri, São Paulo, Boitempo, 2004.

_____. Cartas dos *Anais Franco-Alemães* (de Marx a Ruge). In: _____. *Sobre a questão judaica*. Trad. Nélio Schneider, São Paulo, Boitempo, 2010.

_____. *Crítica da filosofia do direito de Hegel*. Trad. Rubens Enderle e Leonardo de Deus, São Paulo, Boitempo, 2013.

_____. *Marx's Economic Manuscript of 1864-1865*. Leiden, Brill, 2015.

_____. *Miséria da filosofia*: resposta à *Filosofia da Miséria*, do sr. Proudhon. Trad. José Paulo Netto, São Paulo, Boitempo, 2017.

_____. *Últimos escritos econômicos*. Trad. Hyury Pinheiro, São Paulo, Boitempo, 2020.

MARX, Karl; ENGELS, Friedrich. *Collected Works*, v. 3, 5, 6, 24, 34. Moscou, Progress Publishers, 1975.

_____. *Gesamtausgabe*. Seção IV, v. 32. Berlim, De Gruyter, 1976-.

_____. *A ideologia alemã*. Trad. Luciano Cavini Martorano, Nélio Schneider e Rubens Enderle, São Paulo, Boitempo, 2007.

_____. *Manifesto Comunista*. Trad. Álvaro Pina e Ivana Jinkings, São Paulo, Boitempo, 2010.

MAURER, G. L. von. *Einleitung zur Geschichte der Mark-, Hof-,Dorf-, und Stadt-Verfassung und der öffentlichen Gewalt*. Munique, Christian Kaiser, 1854.

MAYUMI, Kozo. Temporary Emancipation from the Land: From the Industrial Revolution to the Present Time. *Ecological Economics*, 4, 1991. p. 35-56

MCINTOSH, Robert P. *The Background of Ecology*: Concept and Theory. Cambridge, Cambridge University Press, 1985.

MERLEAU-PONTY, Maurice. *Adventures of the Dialectic*. Evanston, IL, Northwestern University Press, 1973.

MÉSZÁROS, István. *Marx's Theory of Alienation*. Londres, Merlin, 1970.

MOCEK, Reinhard. Roland Daniels' physiologischer Materialism: Der naturwissenschaftliche Materialismus am Scheideweg. In: DANIELS, Roland. *Mikrokosmos*. Frankfurt am Main, Peter Lang, 1988.

MOLESCHOTT, Jakob. *Physiologie der Nahrungsmittel. Ein Handbuch der Diätetik*. Giessen, Ferber'sche Universitätsbuchhandlung, 1850.

_____. *Kreislauf des Lebens*: Physiologische Antworten auf Liebig's Chemische Briefe. Mainz, Verlag von Victor von Zabern, 1852.

_____. *Für meine Freunde*: Lebenserinnerungen von Jacob Moleschott. Giessen, Verlag von Emil Roth, 1894.

MOORE, Jason W. Toward a Singular Metabolism. Epistemic Rifts and Environment-Making in the Capitalist World-Ecology. *New Geographies*, 6, 2014. p. 10-9.

_____. *Capitalism in the Web of Life. Ecology and the Accumulation of Capital*. Londres, Verso, 2015.

MORTON, John. *On the Nature and Property of Soils*. 2. ed. Londres, James Ridgway Piccadilly, 1840.

MUNDAY, Pat. Politics by Other Means: Justus von Liebig and the German Translation of John Stuart Mill's *Logic*. *British Journal for the History of Science*, 31, 1998. p. 403-19.

MUSTO, Marcello. Marx in Paris. Manuscripts and Notebooks of 1844. *Science & Society*, v. 73, n. 3, jul. 2009. p. 386-402.

O'CONNOR, James. *Natural Causes*: Essays in Ecological Marxism. Nova York, Guilford Press, 1998.

OTANI, Teinosuke. Shohin oyobi Shohinseisan. *Keizai Shirin*, v. 61, n. 2, 1993. p. 49-148.

_____. *A Guide to Marxian Political Economy*: What Kind of Social System Is Capitalism? Berlim, Springer (no prelo).

PASSMORE, John. *Man's Responsibility for Nature*: Ecological Problems and Western Traditions. Nova York, Scribner, 1974.

PAWELZIG, Gerd. Zur Stellung des Stoffwechsels im Denken von Karl Marx. In: GRIESE, Annelise; JÖRG SANDKÜHLERM, Hans (orgs.). *Karl Marx*: Zwischen Philosophie und Naturwissenschaften. Frankfurt am Main, Peter Lang, 1997. p. 129-50.

PERELMAN, Michael. *Marx's Crises Theory*: Scarcity, Labor and Finance. Nova York, Praeger, 1987.

PETERSEN, Thomas; FABER, Malte. *Karl Marx und die Philosophie der Wirtschaft*. Freiburg, Karl Alber, 2014.

PRADELLA, Lucia. *Globalization and the Critique of Political Economy*. Londres, Routledge, 2014.

QUANTE, Michael. Karl Marx. In: HÖFFE, Otfried (org.). *Klassiker der Philosophie*: Von Immanuel Kant bis John Rawls. Munique, C. H. Beck, 2008. p. 129-42.

_____. Kommentar. In: MARX, Karl. *Ökonomisch-philosophische Manuskripte*. Frankfurt am Main, Suhrkamp, 2009. p. 231, 258.

RADKAU, Joachim. *Nature and Power*: A Global History of the Environment. Cambridge, Cambridge University Press, 2012.

REICHELT, Helmut. *Zur logischen Struktur des Kapitalbegriffs bei Karl Marx*. Freiburg, Europäische Verragsanstalt, 1970 [Freiburg im Breisgau, ça-ira-Verlag, 2001].

RIAZANOV, David. Neueste Mitteilungen über den literarischen Nachlaß von Karl Marx und Friedrich Engels. *Archiv für die Geschichte des Sozialismus und der Arbeiterbewegung*, 11, 1925. p. 385-400.

RICARDO, David. *Principles of Political Economy, and Taxation*. Cambridge, Cambridge University Press, 1951 [ed. bras.: *Princípios de economia política e tributação*. Trad. Paulo Henrique Ribeiro Sandroni, São Paulo, Nova Cultural, 1996, p. 53].

ROJAHN, Jürgen. Die Marxschen Manuskripte aus dem Jahre 1844 in der neuen Marx-Engels--Gesamtausgabe (MEGA). *Archiv für Sozialgeschichte*, 25, 1985. p. 647-63.

_____. The Emergence of a Theory: The Importance of Marx's Notebooks exemplified by Those from 1844. *Rethinking Marxism*, v. 14, n. 4, 2002. p. 29-46.

ROSCHER, Wilhelm. *Nationalökonomik des Ackerbaues und der verwandten Urproductionen*. 4. ed. Stuttgart, Cotta, 1865.

_____. *Principles of Political Economy*, v. 1. Chicago, Callaghan and Company, 1878.

ROSDOLSKY, Roman. Der Gebrauchwert bei Karl Marx: Eine Kritik der bisherigen Marx--Interpretation. *Kyklos*, 12, 1959. p. 27-56.

ROTH, Regina. The Author Marx and His Editor Engels: Different Views on Volume 3 of Capital. *Rethinking Marxism*, v. 14, n. 4, 2002. p. 59-72.

RUBIN, Isaak. *Essays on Marx's Theory of Value*. Detroit, Black and Red, 1972 [ed. bras.: *A teoria marxista do valor*. Trad. José Bonifácio de S. Amaral Filho, São Paulo, Polis, 1987].

SAITO, Kohei. *Natur gegen Kapital*: Marx' Ökologie in seiner unvollendeten Kritik des Kapitalismus. Frankfurt am Main, Campus, 2016.

SALLEH, Ariel. *Ecofeminism as Politics*: Nature, Marx and the Postmodern. Londres, Zed, 1997.

SAMEZO, Kuruma; TAMANOI, Yoshiro. *Keizaigakushi*. Tóquio, Iwanami Shoten, 1954.

SANDKÜHLER, Hans Jörg. Wissenschaftliches Weltbild als naturalisierte Philosophie. Der Theorietypus Marx und die epistemologische Bedeutung der Naturwissenschaften im Marxschen Werk Teil 1. In: *AG Marx-Engels-Forschung, Naturwissenschaften und Produktivkräfte bei Marx und Engels. MarxEngels-Forschung heute 3*. Frankfurt am Main, IMSF, 1991. p. 11-23.

SASAKI, Ryuji; SAITO, Kohei. Abstrakte Arbeit und Stoffwechsel zwischen Mensch und Natur. In: VOLLGRAF, Carl-Erich; SPERL, Richard; HECKER, Rolf. *Beiträge zur Marx-Engels-Forschung 2013*. Hamburgo, Argument, 2015. p. 150-68.

SAY, Jean-Baptiste. *A Treatise on Political Economy or the Production, Distribution and Consumption of Wealth*. Filadélfia, Clement C. Biddle, 1880.

SCHMIDT, Alfred. *The Concept of Nature in Marx*. Londres, NLB, 1971.

_____. *Emanzipatorische Sinnlichkeit*: Ludwig Feuerbachs anthropologischer Materialismus. Frankfurt am Main, Ullstein, 1977.

_____. Vorwort zur Neuauflage 1993: Für einen ökologischen Materialismus. In: _____. *Der Begriff der Natur in der Lehre von Marx*. 4. ed. Hamburgo, Europäische Verlagsanstalt, 1993. p. xi.

SCHRADER, Fred E. *Revolution und Restauration*: Die Vorbereiten zum "Capital" von Karl Marx in seinen Studienheften 1850-1858. Hildesheim, Gerstenberg, 1980.

SETTEGAST, Hermann. *Welche Richtung ist der Schafzucht Norddeutschlands der Concurenz des Auslandes gegenüber zu geben?* Breslau, Wilh. Gottl. Korn, 1869.

SHANIN, Teodor. *Late Marx and the Russian Road*: Marx and "The Peripheries of Capitalism". Nova York, Monthly Review Press, 1985 [ed. bras.: *Marx tardio e a via russa*: Marx e as periferias do capitalismo. Trad. Bernardo Mançano Fernandes, São Paulo, Expressão Popular, 2017].

SHANTZ, Jess. *Green Syndicalism*: An Alternative Red/Green Vision. Syracuse, Syracuse University Press, 2012.

SIEFERLE, Rolf P. *Karl Marx zur Einführung*. Hamburgo, Junius, 2011.

SLATER, Eamonn; MCDONOUGH, Terrence. Marx on Nineteenth-Century Colonial Ireland: Analyzing Colonialism as a Dynamic Social Process. *Irish Historical Studies*, 36, nov. 2008. p. 153-72.

SMITH, E. Peshine. *Manual of Political Economy*. Nova York, George P. Putnam & Co., 1853.

SMITH, Tony. *The Logic of Marx's Capital*: Replies to Hegelian Criticisms. Albany, State University of New York Press, 1990.

SOHN-RETHEL, Alfred. *Geistige und körperliche Arbeit*: Zur Epistemologie der abendländischen Geschichte. Ed. rev. Weinheim, VCH, 1989.

SPERL, Richard. Der Beitrag von Anneliese Griese zur historisch-kritischen Edition der naturwissenschaftlichen Manuskripte von Marx und Engels. In: VOLLGRAF, Carl-Erich; SPERL, Richard; HECKER, Rolf. *Beiträge zur Marx-Engels-Forschung Neue Folge 2006*. Hamburgo, Argument Verlag, 2006. p. 10-25.

SWEEZY, Paul. *The Theory of Capitalist Development*: Principles of Marxian Political Economy. Londres, Dobson Books, 1946 [ed. bras.: *Teoria do desenvolvimento capitalista*: princípios de economia política marxista. Trad. Waltensir Dutra, Rio de Janeiro, Zahar, 1976].

TAIRAKO, Tomonaga. A Turning Point in Marx's Theory on Pre-Capitalist Societies. *Hitotsubashi Journal of Social Studies*, v. 47, 2016. p. 1-10.

TANURO, Daniel. *Green Capitalism*: Why It Can't Work. Londres, Fernwood Publishing, 2013.

TUCKETT, John Devell. *History of the Past and Present State of the Labouring Population*. Londres, Longman, 1846.

TUMMERS, Lars. *Policy Alienation and the Power of Professionals*. Cheltenham, Edward Elgar, 2013.

VOGT, Karl. Physiologische Briefe für Gebildete aller Stände: Zwelfter Brief. Nervenkraft und Seelenthätigkeit. In: JAESCHKE, Walter (org.) et al. *Der Materialismusstreit*. Hamburgo, Meiner, 2012. p. 1-14.

VOLLGRAF, Carl-Erich. Marx auf Flucht vor dem *Kapital*? In: VOLLGRAF, Carl-Erich; SPERL, Richard; HECKER, Rolf. *Beiträge zur Marx-Engels-Forschung, Neue Folge 1994:* Quellen und Grenzen von Marx' Wissenschaftsverständnis. Hamburgo, Argument, 1994. p. 89-93.

_____. Einführung. In: MEGA² II/4.3. Berlin, Akademie Verlag, 2012. p. 421-74.

_____. Marx über die sukzessive Untergrabung des Stoffwechsels der Gesellschaft bei entfalteter kapitalistischer Massenproduktion. In: VOLLGRAF, Carl-Erich; SPERL, Richard; HECKER, Rolf. *Beiträge zur Marx-Engels-Forschung Neue Folge 2014/15*. Hamburgo, Argument, 2016. p. 106-32.

WARING, George E. The Agricultural Features of the Census of the United States for 1850. *Organization & Environment*, v. 12, n. 3, 1999. p. 298-307.

WENDLING, Amy E. *Karl Marx on Technology and Alienation*. Nova York, Palgrave, 2009.

WERCHAN, Inge; SKAMBRAKS, Ingrid. Verzeichnis von verschollenen Büchern aus den Bibliotheken von Marx und Engels. Part 2. *Beiträge zur Marx-Engels-Forschung*, 12, 1982. p. 3-106.

WEST, Edward. *Essay on the Application of Capital to the Land, with Observations Shewing the Impolicy of Any Great Restriction of the Importation of Corn and that the Bounty of 1688 Did Not Lower the Price of It*. Londres, Underwood, 1815.

WESTON, Del. *The Political Economy of Global Warming*: The Terminal Crisis. Londres, Routledge, 2014.

ZEHETMAIR, Fritz Andreas. *Carl Nikolaus Fraas (1810-1875)*: Ein bayerischer Agrarwissenschaftler und Reformer der intensiven Landwirtschaft. Munique, Herbert Utz Verlag, 1995.

ŽIŽEK, Slavoj. *The Sublime Object of Ideology*. Londres, Verso, 1989.

ÍNDICE REMISSIVO

A ideologia alemã (Marx)
    interação metabólica entre humanos e natureza em, 91; materialismo em, 83, 90; rejeição do essencialismo filosófico em, 111-2; sobre a natureza, 321-2; sobre Feuerbach, 41-2, 71-3, 80-3, 113-4; sobre metabolismo, 24-6; sobre os Jovens Hegelianos, 76-7
Abel, Wilhelm, 206
Adorno, Theodor, 113
Adubo, 224-5, 229-30, 234-5, 246-8
    fertilizantes e, 241-4; guano como, 253-6
Agricultura, 31-2
    agricultura de forças, 295-7; Engels sobre, 283-6; física da, 284-93; intensificação negativa da, 211-9, 221-3; James Anderson sobre, 223-6; Liebig sobre minerais e fertilizantes para a, 238-44; Liebig sobre química da, 233-6; melhoria tecnológica na, 201-2; moderna, Marx sobre, 244-53; na Irlanda, 257-60; no capitalismo, 65-6, 161-3; nos Estados Unidos, 225-30, 247-50; otimismo de Marx sobre a, 237-8; pré-capitalista, 69-70, 299-301; química da, 192-204, 222-3; racional, 264-6; Ricardo e Marx sobre, 181-7, 189-92, 205-6, 208-9; Roscher sobre, 206-7; rotação de Norfolk na, 208-10; *ver também* Fertilidade do solo e produtividade
Agricultura de forças, 295-7

Agricultura de roubo, 170-1
    Liebig sobre, 117-8, 206-7, 212-4, 222-3, 245-6, 171-2, 273-5; Marx sobre, 251-3; moderna, 312-4; nas sociedades pré-capitalistas, 299-300; Roscher sobre, 207-8
Agricultura sustentável, 265-6
    Fraas sobre, 290-2, 297-8
Agronomia, 287, 290, 292-3
Alemanha, 294-5
    produção comunal na, 323-9
Algodão, 305-6
Alienação
    causa da, 40-1; como categoria filosófica, 41-53, 71-2; humanidade e natureza, 24-5, 63-4; mudança da visão de Marx sobre, 320-1; nos *Grundrisse*, 66-8; propriedade e, 53-62
Alison, Archibald, 179, 232
Althusser, Louis, 41, 43, 71
Amônia, 238-42
Amor, 47-9
Anderson, James, 195-6, 200-1, 224-9, 273-4
Anderson, Kevin, 31, 258, 315, 327-8
Animais, 45-6, 87-8
    criação de ovelhas para carne, 259-262; química dos, 92-3
Aristóteles, 115, 300
Arthur, Chris, 130-1
Árvores

em áreas montanhosas, 311; na Grécia, 306-7; na Itália e no sul da Europa, 309-10; Tuckett sobre, 313-4; *ver também* Desmatamento
Associação Internacional dos Trabalhadores (AIT), 163
Associação, 60-3, 70-1
Au, Julius, 275, 283

Backhaus, Hans-Georg, 26, 130
Bakewell, Robert, 260
Bastiat, Frédéric, 277
Bauer, Bruno, 76
Benton, Ted, 179-80, 217-9
Boisguilbert, Pierre le Pesant de, 54
Boussignault, Jean Baptiste, 93
Braverman, Harry, 163-4
Büchner, Ludwig, 87, 105-8, 120-1
    analogia orgânica usada por, 115-8; em Moleschott, 119-20; materialismo de, 118-9; teoria "termodinâmica" do valor em, 114-5
Burkett, Paul, 19-22, 126-7, 129-30

Cadernos de Londres (Marx), 31-2, 221-4
    prometeísmo nos, 222-3; sobre a lei dos rendimentos decrescentes, 244-5; sobre o guano, 253-4; sobre o metabolismo, 25-6, 93-5, 97-9; sobre química agrícola, 225-9, 232-6
Cadernos de Manchester (Marx), 223-4
Cadernos de Paris (Marx), 39-45, 70-1
    alienação nos, 55-7; Feuerbach nos, 48-9, 72-3; metabolismo nos, 127-8; práxis nos, 75-6; trabalho estranhado nos, 53-4;
Cadernos etnológicos (Marx), 325-7
Camponeses, 63-7
Canadá, 248-50
capital, O (Marx)
    incompletude do livro 3 de, 180-1; influência de Fraas e Tuckett em, 312-4; Liebig citado em, 255-7; Livros 2 e 3 de, 26-9; sobre a agricultura, 212-3; sobre a derrocada do feudalismo, 67-70; sobre a interação metabólica entre humanos e natureza, 131-2; sobre a manipulação da natureza, 321-2; sobre a produção capitalista, 158-64; sobre a propriedade fundiária, 64-6; sobre a variação nos processos de trabalho, 164-5; sobre metabolismo, 25-6, 31-2, 91, 104-5; sobre o desmatamento, 314-5; teoria da reificação em, 141-7; teoria da renda fundiária em, 187-9; traços antifilosóficos em, 90
Capital
    contradição entre natureza e, 165-75, 322-3; definição de Ricardo de, 147-8; dinheiro como, 156-7; elasticidade do, 125-7; fixo e flutuante, 114-7, 121-4; valor como, 156-9
Capitalismo
    agricultura no, 208-9, 212-3, 215-8, 250-3, 261-3; alienação no, 44-5; crises ecológicas no, 86-7, 129-30; destruição da natureza no, 26-7; dominação no, 58-9; rupturas metabólicas como um problema sério do, 325-7; insustentabilidade ambiental do, 180-1; interação metabólica no, 95-7; Marx sobre as crises do, 328-9; monopólio da propriedade fundiária como precondição do, 64-6; relação entre capital e natureza no, 31-2; segunda contradição do, 127-8; transformação do metabolismo no, 154-66
Carey, Henry Charles, 201, 228-32, 275-83
Carus, Carl Gustav, 118-9
Carvão, 323-4
Catão, 300
China, 291
Cidade e campo, 212-5
    antagonismo entre, 254-5, 276-9; desperdício de adubo na, 224-5; divisão social do trabalho entre, 229-30
Ciência, 168-9, 174-5
    na crise do capitalismo, 328-9; vínculo com a produtividade do solo, 179-80
Ciência natural, 121-2, 174-5
Clima, 285-92
Colonialismo, 261-5, 275-8, 315-6
Comida, 111-2, 212-4

Comunismo
   agricultura sustentável no, 265-7; Marx
   sobre, 47-8, 62-4
Consciência, 72-4
Conteúdo e forma, 146-54
Contribuição à crítica da economia política
   (Marx), 63-5
Crítica da filosofia do direito de Hegel (Marx),
   74

Dammsäure, 108-9
Daniels, Amalie, 99-100
Daniels, Roland, 96-100, 105, 109-10
Democracia, 74
Desertificação, 255-6, 300-4, 311-2
Desmatamento, 301-4, 306-17
   ver também Árvores
Deus, 47-9
Dia de trabalho (jornada de trabalho), 162-6,
   173-4
   Marx sobre, 251-4
Dinheiro, 151-3
   como capital, 156-7
Divisão social do trabalho, 136-9
Dühring, Eugen, 276-82
Dumas, Jean-Baptiste André, 92-3

Ecologia
   cunhada por Haeckel, 85-6; de
   Marx, 19-22, 40-1, 319-25; ecologia
   materialista, 113-4; ligação do
   capitalismo a problemas na, 129-30
Ecologia materialista, 113-4
Economia política
   alienação na, 48-9; forma e conteúdo
   na, 146-54; metabolismo na, 103-5;
   nos *Grundrisse*, 120-1
Economia, metabolismo na, 101-2
Ecossocialismo, 135
   primeira e segunda etapa, 19-24
Ecossocialistas do primeiro estágio, 19-24
Ecossocialistas do segundo estágio, 19-21
Educação, 164-5
Egito, 304-6
Elbe, Ingo, 130-1

Engels, Friederich
   O capital, Livros 2 e 3, editados por,
   26-7; projetos da MEGA sobre, 30-1;
   sobre a produtividade do solo, 179-81,
   195-6; sobre a subjugação da natureza,
   315-7
Esboço de uma crítica da economia política
   (Engels), 179-80
Escravidão, 67-8, 211-2
Esgotamento do solo, 211-7
   Fraas sobre, 289-98; Johnston sobre,
   236-8; Liebig sobre, 235-6, 238-42,
   245-6, 274-9; Marx sobre, 246-7,
   257-8; no capitalismo, 264-5
Esslen, Joseph, 194-5
Estado, Liebig sobre a origem do, 103-4
Estados Unidos, 251-3
   agricultura nos, 225-30, 247-53;
   aumento da população dos, 232-3;
   esgotamento do solo nos, 254-5, 275-6
Estrabão, 299-300, 306-7
Etnologia, 325-8

Faber, Malte, 18
Fertilidade do solo e produtividade, 167-8
   amônia e, 240-1; Carey sobre, 228-31;
   declínio das civilizações antigas e,
   299-301; Engels sobre, 179-80; Fraas
   sobre, 295-7; James Anderson sobre,
   195-6, 223-5; Johnston sobre, 236-8;
   lei dos rendimentos decrescentes, 182-4;
   Liebig sobre, 194-202; Marx sobre,
   184-6, 192-4, 202-3, 237-8; Morton
   sobre, 227-9; Roscher sobre, 206-8;
   teoria do nitrogênio da, 195-7; *ver
   também* Agricultura
Fertilizante
   Fraas sobre, 294-8; guano como, 253-6;
   Liebig sobre, 234-5, 238-46
Feudalismo, 53-65
   queda do, 67-70
Feuerbach, Ludwig, 24-5, 40-2
   A ideologia alemã sobre, 80-3;
   materialismo de, 71-3, 104-6,
   112-3; Schmidt sobre, 113-4; sobre
   "percepção sensível", 77-8; sobre a
   alienação, 44-9; sobre a matéria, 127-8;

sobre a natureza, 81-2; sobre a religião, 72-4; sobre metabolismo, 109-12; sobre o ser genérico, 76-7
Feuerlicht, Ignace, 51-2, 61
Filosofia dos Jovens Hegelianos, 111-2
   crítica de Marx à, 42-4, 72-3, 76-7; Feuerbach e, 48-9
Filosofia, rejeição de Marx à, 71-2, 75-8
Física agrícola, 272-3, 284-93
Fisiologia: nos *Grundrisse*, 119-28
   na metamorfose dos órgãos, 114-20
Forma e conteúdo, 146-54
Foster, John Bellamy, 19-21
   Moore sobre, 21-2; sobre Liebig, 93-5; teoria da ruptura metabólica, 129-30;
Fourier, Charles, 286
Fraas, Carl Nikolaus, 119-20
   física agrícola de, 284-93; Marx sobre, 316-7; sobre Carus, 118-9; sobre desmatamento, 310-5; sobre humanos modificando o ambiente, 309-11; sobre Maurer, 325-8; sobre metabolismo, 103-4; sobre mudança climática, 298-309, 311-2; "socialismo inconsciente" de, 33-4, 272-3; teoria aluvial de, 293-9, 324-5
Fromm, Erich, 50
Fukutomi, Masami, 52, 56, 68

Gilbert, Joseph Henry, 240-1, 284-5
"Glosas marginais ao *Tratado de economia política* de Adolph Wagner" (Marx), 150-1, 232-8
Good, William Walter, 314-5
Gorz, André, 21-3
Grã-Bretanha
   adubo importado para a, 246-8; agricultura irlandesa e, 257-60; esgotamento do solo na, 254-5; Índia submetida à, 261-2
Grécia (antiga), 299-300, 305-7
Grécia (moderna), 306-7
Grundrisse (Marx)
   fisiologia em, 119-28; metamorfoses dos capitais em, 114-5; sobre alienação, 66-8; sobre mercadorias, 146-9; sobre metabolismo, 25-6, 99-101, 103-5, 117-20; sobre valor de uso, 148-51
Guano, 253-6, 279-80
Guerra das Ilhas Chincha (Guerra do Guano), 254-5

Haeckel, Ernst, 85
Hamm, Wilhelm, 261
Harstick, Hans-Peter, 30-1
Hegel, Georg Wilhelm Friedrich, 31-2, 52-3, 71-3, 76-7
Heinrich, Michael, 130, 134-5
Hellriegel, Hermann, 210
Hess, Moses, 71, 73
Homem, *ver* Humanos
Homo oeconomicus, ilusão do, 145-6
Humanistas, 39-40, 42-4
Humanos (humanidade)
   alienação da natureza entre os, 24-5, 45-6; alienação dos outros humanos entre os, 47-8; ambiente modificado pelos, 309-10; interação metabólica com a natureza, 90-1, 100-1, 108-9, 155-6; mediação do trabalho dos, 87-9; metabolismo natural dos, 85-7; natureza e, 40-1, 320-3; processo de trabalho dos, 130-3; unidade entre natureza e, 52-65, 70-2
Humboldt, Alexander, 204, 253, 303
Hundt, Martin, 30-1

Immler, Hans, 19, 329
Imperialismo
   ecológico, 251-65; *ver também* Colonialismo
Índia, 261-3, 275-8
Irlanda, 257-61, 275-8

Jevons, William Stanley, 324
Johnston, James F. W., 31-2, 221-2, 233-4, 271-2, 288-9
   sobre a agricultura norte-americana, 211-2, 225-8, 247-51; sobre química agrícola, 235-8
Jonas, Hans, 319

Kautsky, Benedikt, 29
Kirchhof, Friedrich, 314, 317
Klein, Naomi, 21
Kołakowski, Leszek, 202
Kuruma, Samezo, 135-9

Laitko, Hubert, 23
Lange, Friedrich Albert, 279, 281-4
Lavergne, Léonce de, 32, 209-10, 259-61, 314-5
Lawes, John Bennet, 196-7, 240-1, 284-5
Lei da reposição
    Fraas sobre, 294-5; Liebig sobre, 194-6, 212-3, 245-7, 275-6, 279-80; Roscher sobre, 207-8
Lei das Ilhas de Guano (EUA, 1856), 254-5
Lei do mínimo, 241-2
Lei dos rendimentos decrescentes, 182-4
    Carey sobre, 230-1; em *O capital*, 188-90, 193-6, 200-2; James Anderson sobre, 224-5; Marx sobre, 180-1, 223-4, 244-5; na agricultura, 256-8; Ricardo sobre, 185-7;
Leis naturais, 112-3
Liebig, Justus von, 31-4, 225-6
    Carey citado por, 229-30; críticas de Moleschott a, 106-9; Fraas sobre, 285-300; impacto sobre Marx de, 180-1, 191-2, 212-5, 217-8, 221-4, 255-7, 271-3; mudança da visão de Marx sobre, 272-9, 317; o pessimismo de, 279-80; química agrícola de, 232-6; Roscher sobre, 203-10; sobre a agricultura de roubo, 213-4, 168-9; sobre a agricultura na América do Norte, 247-50; sobre a lei da reposição, 245-7; sobre minerais e fertilizantes, 237-45; sobre o declínio das antigas civilizações, 299-301; sobre o guano, 253-5; sobre os limites naturais, 192--204; sobre Ricardo, 237-8; teoria do metabolismo de, 87-8, 91-5, 100-1, 118-20, 264-5; Wendling sobre, 117-8
Limites naturais, 179-81, 182-4, 191-2, 221-2
    em Liebig, 192-204; em Marx, 219, 322-3

Lipietz, Alain, 21, 23
Löwy, Michael, 316-7
Luxemburgo, Rosa, 125
Lyell, Charles, 296

Mais-valor, 168-9
    absoluto e relativo, 159-62
Malthus, Thomas, 279-85
    Alison sobre, 232-3; James Anderson sobre, 195-7, 223-5; Marx sobre, 185-6, 200-1, 232-3, 237-8; sobre a lei dos rendimentos decrescentes, 256-7
Manifesto Comunista (Marx e Engels), 315-6, 321-4
Manuscritos econômico-filosóficos (Marx), 39-40
    alienação nos, 24-5, 41-5, 48-9, 70-2; Marcuse sobre, 48-50
Manuscritos econômicos de 1861-1863 (Marx)
    James Anderson citado nos, 224-5; sobre a agricultura, 188-90, 211-3, 242-4; sobre a exploração capitalista da natureza, 167-9; sobre a renda fundiária, 186-7, 192-3; sobre Roscher, 203-4
Marcuse, Herbert, 49-50
Marsh, George P., 324
Marx-Engels-Gesamtausgabe (MEGA²), 21-3, 26-31, 319-20, 328-9
    Reflexão publicada pela, 93-7
Marx, Jenny von Westphalen, 39
Marx, Karl
    Associação Internacional dos Trabalhadores e, 162-4; *Cadernos de Paris* de, 39-45, 48-9; ecologia de, 319-25; impacto de Liebig sobre, 180-1, 196-202, 204-9, 212-5, 232-4, 237-45, 317; Marcuse sobre, 48-50; materialismo científico natural de, 113-20; mudança de visão a respeito de Liebig, 272-9; projetos da MEGA sobre os cadernos de, 26-31; rupturas metabólicas em, 129-31; sobre a agricultura irlandesa, 257-61; sobre a agricultura moderna, 244-53; sobre a agricultura no capitalismo, 216-9, 250-3; sobre a agricultura racional,

264-6; sobre a alienação, 44-8, 50-3, 66-8; sobre a educação técnica, 164-5; sobre a elasticidade do capital, 125-7; sobre a escravidão, 211-2; sobre a exploração da natureza, 167-9; sobre a práxis, 72-6; sobre a propriedade, 52-62; sobre a reificação, 132-47; sobre a rotação de Norfolk, 208-10; sobre a subjugação da natureza, 315-7; sobre a tecnologia, 17-9; sobre a teoria do húmus, 109-10; sobre a unidade entre humanos e natureza, 62-5, 70--2; sobre as crises ecológicas, 310-1; sobre as importações agrícolas, 257-8; sobre as mercadorias, 147-52; sobre associação, 60-3; sobre capital fixo e flutuante, 121-4; sobre Feuerbach, 77-82, 111-2; sobre metabolismo, 23-4, 85-90, 93-106, 120-1, 127-8; sobre o colonialismo, 261-5; sobre o esgotamento do solo, 215-7; sobre o reino da liberdade, 265-7; sobre o trabalho abstrato, 152-4; sobre os limites naturais, 179-81; sobre Ricardo, 147-8; teoria da renda fundiária de, 181-93; trabalho definido por, 163-4; *ver também O capital*; *Grundrisse*

Marxismo, 319-20, 324-5
Marxistas humanistas, 39-40
Matéria (conteúdo), 146-51
Materialismo
de Feuerbach, 71-2; em *A ideologia alemã*, 83-4; materialismo antropológico, 105-14; materialismo científico natural, 113-20
Materialismo antropológico, 105-14
Materialismo científico, 113-20
Materialismo científico natural, 113-20
Materialismo ecológico, 113-4
Materialismo histórico
críticas ao, 30-1; sobre tecnologia, 31-4
Maurer, Georg Ludwig von, 249, 326-8
McCulloch, J. R., 230-1
Mercadorias, 147-52
Meroe (Egito), 304-5
Mesopotâmia, 303-4

Metabolismo, 23-4, 34, 81-4
desenvolvimento por Liebig, 91-5, 221-2, 264-5, 271-2; em *A ideologia alemã*, 24-6; em Büchner, 115-7; em Carus, 118-9; em Moleschott, 105-10, 112-3; em *O capital*, 19; processo de trabalho e metabolismo transistórico, 130-3; trabalho humano e, 308-10; transformação capitalista do, 154-66; uso no século XIX, 85-6; uso por Marx, 86-90, 93-106, 120-1, 127-8, 320-1, 323-4
Metabolismo orgânico, 96-9
Metabolismo transistórico, 130-3
Mill, James, 200-1
Mill, John Stuart, 194, 200-1
Miséria da filosofia (Marx), 63-4, 96-7, 181-5
Moleschott, Jacob, 87-8, 105-13, 119-21
Moore, Jason W., 22, 129
Moresby, Robert, 254
Morton, John, 227-9
Mudança climática
como limite natural, 308-17; como perigo à civilização, 298-309; desmatamento e, 314-5
Mulder, Gerardus, 108

Natureza
alienação em relação à, 24-5, 45-6; capital e, 31-2; como fonte de riqueza, 87-91; contradições do capital na, 165-75; contribuição ao valor, 18-9; destruição da, no capitalismo, 26-7; em Feuerbach, 81-3; em Schmidt, 112-4; humanidade e, 40-1, 320-3; limites materiais da, 221-2; limites naturais à manipulação da, 201-3; metabolismo da relação entre humanos e, 85-7, 90-1, 155-6; primeira e segunda, 151-3; subjugação pelo capital, 315-7; trabalho como interação metabólica com a, 99-100; unidade entre humanidade e, 52-65, 70-2
Nitrogênio, 195-7, 209-10, 238-42

Otani, Teinosuke, 135-6, 143-6
Ouro, 156-7

Ovelha de Bakewell, 259-61
Ovelhas, 259-61

Passmore, John, 17
Pawelzig, Gerd, 96-8
Pensamento, 106-8
Percepção sensível, 75-8
Perelman, Michael, 191-2, 202, 219
Peru, 253-6
Petersen, Thomas, 18
Práxis, 72-80
Primeira e segunda natureza, 151-3
Princípios da filosofia do futuro (Feuerbach), 82-3
Produção de mercadorias, 135-9
    reificação na, 142-4; valor na, 155-7
Produção em massa, 174-5
Produtivismo, 18-9
Produtores associados, 264-5
Prometeísmo, 17-21, 23-4, 222-3, 266-7, 319-20
Propriedade
    fundiária, 63-7; privada, 50-4, 60-4
Propriedade privada, 50-4, 60-4
    monopólio da propriedade fundiária como precondição da, 64-6
Proudhon, Pierre-Joseph, 181

Quante, Michael, 52, 90
Química, 91-5
    agrícola, 192-204, 222-6, 245-6; física agrícola e, 284-93
Química agrícola, 192-204, 222-6
    física agrícola e, 284-93
Química orgânica, 91-5

Recursos naturais, 169-71
    escassez de, 191-2
Reflexão (Marx), 93-9
Reichelt, Helmut, 25-6, 130-1
Reificação, 25-6, 130-1
    na teoria de Marx, 132-47, 321-3
Reino da liberdade, 265-7
Reino da necessidade, 266-7

Religião, 143-4
    alienação na, 44-5, 47-9; em Feuerbach, 72-4, 77-8
Renda, 63-4
Renda absoluta, 186-9
Renda diferencial, 188-9
Renda fundiária, 167-8
    agricultura e, 244-5; produtividade decrescente e, 201-2; teoria de Marx da, 181-93, 221-2
Riazanov, David, 29-30
Ricardo, David, 31-2, 39-40, 200-1
    Carey sobre, 230-1; definição de capital de, 147-8; Liebig e Johnston sobre, 236-8; sobre a lei dos rendimentos decrescentes, 256-8; teoria da renda de, 181-90
Rojahn, Jürgen, 39, 42
Roma (antiga), 299-301
Roscher, Wilhelm, 101-5, 219, 273-4
    sobre Liebig, 203-10
Rotação de Norfolk, 208-10
Rubin, Isaak, 134-5
Ruge, Arnold, 73
Rupturas metabólicas
    como um problema sério do capitalismo, 325-7; históricas, 311-2; imperialismo ecológico e, 255-6; Moore sobre, 21-2
Rússia, 327-9

Sasaki, Ryuji, 72, 165
Say, Jean-Baptiste, 49, 102
Schelling, Friedrich Wilhelm Joseph, 32
Schleiden, Matthias Jakob, 324
Schmidt, Alfred, 87, 105-9, 112-4, 121
Schönbein, Christian Friedrich, 192, 210
Schorlemmer, Carl, 275, 284-5
Ser genérico, 45-6, 52-3, 76-7, 79-80
Servos, 54-9, 67-8
Sieferle, Rolf P., 18-9
Sistema monetário, 95-7
Smith, Adam, 39, 49-50, 274
Smith, Tony, 130-1
Sobre a questão judaica (Marx), 74

Socialismo, nas comunidades pré-capitalistas, 310-1
Sohn-Rethel, Alfred, 152-3

Tamanoi, Yoshiro, 136
Tanuro, Daniel, 21-2
Tarifas, 282-3
Taylorismo, 163-4
Tecnologia
    em Marx, 17-9; na utopia marxista, 319-20; produtividade agrícola e, 201-3
Teofrasto de Eressos, 305-7
Teoria aluvial, 295-9, 316-7, 324-5
Teoria do húmus, 106-10, 233-4, 282-4
Teoria mineral, 233-5, 238-42
Teoria termodinâmica do valor, 114-8
terra, 53-63
    separação entre os produtores e a, 64-7; teoria da renda fundiária e, 181-92
Teses sobre Feuerbach (Marx), 40-2, 71-2
Thaer, Albrecht, 108
Thünen, Johann Heinrich von, 233
Trabalho
    alienação do, 44-8; como atividade humana, 85-7; como fonte do valor, 18-9; como interação metabólica com a natureza, 99-100; como metabolismo transistórico, 130-3; concreto e abstrato, 133-5; definição de Marx de, 163-4; metabolismo e, 308-10; natureza mediadora, 87-9; produção de mais-valor pelo, 159-62; trabalho assalariado, 59-62, 64-5; trabalho social, 69-71; visão científica materialista do, 114-5
Trabalho assalariado, 59-62, 64-5
Trabalho concreto útil, 133-5

Trabalho humano abstrato, 133-5, 155-9, 244-5
    caráter material do, 152-4; valor em, 139-42
Trabalho infantil, 161-3
Trabalho privado, 135-43
Trabalho social, 69-71
Troca de mercadorias, 139-43
    natureza e, 171-2; reificação na, 143-4
Tuckett, John D., 312-3
Tummers, Lars, 51-2, 61

Utopia, 319-20

Valor
    capital e, 156-9; como construção social, 133-5; na produção de mercadorias, 155-7; na troca de mercadorias, 139-43; teoria de Marx sobre, 321-2; teoria termodinâmica do, 114-8
Valor de troca, 150-1
Valor de uso, 120-1, 123-4, 147-51, 168-9
    na produção em massa, 174-5; na troca de mercadorias, 139-42
Vitalismo, 117-8
Vogt, Karl, 87, 105, 107, 110, 120
Vollgraf, Carl-Erich, 204-5, 272-3

Waring, George E., 276
Weller, Paul, 29-30
Wendling, Amy E., 87, 114-20
West, Edward, 182-3
Wilfarth, Hermann, 210
Wöhler, Friedrich, 91-2

Young, Arthur, 201

SOBRE O AUTOR

Kohei Saito nasceu em 1987. É professor associado de economia política na Universidade de Osaka, no Japão, e membro do conselho editorial internacional do projeto Marx-Engels-Gesamtausgabe. Com a obra *Karl Marx's Ecosocialism: Capital, Nature, and the Unfinished Critique of Political Economy* (Nova York, Monthly Review Press, 2017), agora publicada pela Boitempo em língua portuguesa, venceu o Deutscher Memorial Prize de 2018. É autor também de *Hitoshinsei no Shihonron* [O capital no antropoceno], que foi lançado em 2020 e já vendeu 250 mil cópias no Japão. Nesse mesmo ano, recebeu o prêmio da Sociedade Japonesa para a Promoção da Ciência (Japanese Society for the Promotion of Science – JSPS), distinção de maior prestígio concedida a pesquisadores em início de carreira em seu país.

Área de floresta derrubada e queimada e vista na zona
rural do município de Apuí, Amazonas.

Publicado em 2021, ano em que a organização Rainforest Foundation Norway divulgou em relatório que apenas um terço das florestas tropicais do mundo está preservado – sendo que, desde 2002, mais da metade da destruição e degradação desse tipo de floresta ocorreu na Amazônia –, este livro foi composto em Garamond, corpo 11/14,3, e impresso em papel Avena 80 g/m² pela gráfica Rettec, para a Boitempo, com tiragem de 4 mil exemplares.